皇天
蒼堯

民俗、傳說、史詩，
追溯遠古文明，見證帝堯崛起

喬忠延 著

| 堯之為君也，仁如天，智如神。|

帝堯，無疑是世人懸掛在太陽上銘記的第一人！
那麼，世人為何要將他懸掛在高高的太陽上銘記？

目錄

上卷

第一章　月亮告訴我的 …………………008

第二章　獻祭…………………………015

第三章　一股明………………………031

第四章　他若是死了，我也不活………042

第五章　遇事要一心，要用頭顱………056

第六章　攔魂…………………………068

第七章　祭天安神……………………086

第八章　犧牲…………………………102

第九章　且承…………………………121

中卷

第十章　四子皆可當王………………138

第十一章　狐頭………………………151

第十二章　認錯………………………165

第十三章　割髮………………………180

第十四章　借粟………………………195

第十五章　散宜頭……………………205

第十六章　神射手……………………213

第十七章　天堂………………………227

目錄

下卷

第十八章　稱王……………………………252

第十九章　陪葬……………………………263

第二十章　嫦娥……………………………280

第二十一章　於菟…………………………295

第二十二章　殯天…………………………313

第二十三章　好人難當……………………326

第二十四章　不打跑兔打臥兔……………342

第二十五章　冤枉…………………………352

第二十六章　握手聯族，你幫我助………369

第二十七章　血神聖靈……………………386

第二十八章　曆法雛形……………………398

第二十九章　天神喻示……………………415

第三十章　不讓走…………………………427

第三十一章　奪鹽池………………………436

第三十二章　入洞房………………………447

尾聲

打開這本書，你將走進一段古老的歷史。

　　這段歷史的主角是堯。堯是上古時期賢明的君王，孔子讚揚：「唯天為大，唯堯則之，蕩蕩乎民無能名。」司馬遷寫道：「其仁如天，其知如神，就之如日，望之如雲。」堯都臨汾的人們世世代代將太陽稱為堯王。文雅的古史典籍和粗俗的民間方言竟然驚人的相似：將帝堯視為太陽，將帝堯和他繼任者虞舜開創的時代稱作堯天舜日。

　　帝堯，無疑是世人懸掛在太陽上銘記的第一人！

　　那麼，世人為何要將他懸掛在高高的太陽上銘記？

　　這本書會告訴你其中的奧祕。

　　不過，掀開書頁你看不到堯的名稱。堯是後人為了感念他的恩德尊稱的廟號。在書中我們看到的是放勳，放勳就是堯的名字。很早的時候，我們的先祖曾以地望為姓，堯出生在伊村就叫做伊放勳。也有人叫他伊祁放勳，那是因為他的父親曾經住在祁地。

　　我們的故事就從放勳前往唐族開始吧！

上卷

■ 上卷 ■

第一章　月亮告訴我的

◆ 1

　　數千年後回望，放勳去唐族的那天，是一個劃時代的開端。可是，那一天在當事人眼裡平常得和以往沒有什麼兩樣。他們不會想到，走進的將是一場無法躲避的血光之災。

　　日頭躍上山肩，噴薄的光芒灑滿溝坡。剛剛還有些黯淡的河谷，轉眼間便明晃晃的。碧波粼粼的澮河鍍上了金輝，搖晃著光色緩緩流動。

　　澮河兩岸袒露著一片成熟的景象。

　　遍地是朝天高翹的軟棗樹。樹上蠶繭般的硬果變軟了，變褐了。風一吹，深綠的樹葉搖搖擺擺。風稍大些，就有軟棗跌落下來，跌在地上的草叢裡。

　　突然，一群錦雞從酸棗刺叢飛竄而起，飛過樹梢，才發出嘰嘰嘎嘎的驚叫。牠們的叫喚驚起同夥，一群又一群錦雞接連飛向空中，寂靜的河谷鬧嚷開來。

　　此刻，澮河灣裡的小路上走來一高一矮兩個男子。高個頭歲數稍小，瘦瘦的，卻很精神。他甩開大步走著，還嫌不快，時而跑動幾步，趕得落在後頭的矮個子氣喘喘的。瘦高個回頭看一眼，停下腳步，伸手去摘酸棗，鬧嚷的錦雞就是他摘酸棗時驚飛的。

　　這位瘦高的後生就是伊放勳。莫看他身穿葛麻，和平民沒啥兩樣，他可是高辛氏的兒子。不要說千載以後這位高辛氏將被眾人尊為帝嚳，就在當下他也是赫赫有名的大王。大地開闊，部族眾多，哪個氏族也有高掛圖騰的領袖，可是哪個領袖敢不聽從大王高辛氏的號令？就連為大王侍寢的

■ 第一章　月亮告訴我的 ■

　　姜嫄、簡狄、慶都、常儀也都是各部族選送的漂亮女人。伊放勛是慶都為大王生的兒子。

　　三載前，大王將兒子封為陶侯。那時他還是個稚氣未脫的男仔，去陶族的路上緊挽著放齊的手不敢放開，多虧娘為他找了這麼個好靠山。得知放勛被封為陶侯，慶都提著一顆心，十幾歲的男仔怎麼能當好領袖呢？弄不好會禍害眾人，也慣壞了仔子的性情。左思右想，她盯住放齊。放齊是兄長的兒子，比放勛大五六歲。別看個頭不高，心眼卻不少，為何不讓他去幫扶放勛？就這麼，放齊隨同放勛去了陶族。

　　時光好快，一晃就是幾載，陶族裡人丁興旺，有吃有穿，成為遠近有名的大部族。可大山深處的唐族卻鬧起了饑荒。這不，大王眉頭一皺，放勛由陶侯變成唐侯，是要他去打理那個亂攤子。在陶族日子輕輕鬆鬆，去唐族操心費力，還不一定能撲騰成個樣子，陶族的人都勸他回覆父王不去。放勛卻不，他說父命不可違背。

　　他上路了，不等唐族接應的人到來，不待隨從的人收拾停當，就和放齊輕裝先行。此刻，行走在河邊的放勛已長成個魁梧的男子。看著他虎步疾走，緊緊追趕的放齊暗暗心喜。

　　放齊擺動微微發胖的身子緊走幾步，趕上前來，放勛已離開河邊的小路，跳進高坎上的土地。

　　放勛跳上高坎，是看見遠遠近近的地裡都有人點種。他有些奇怪，這日子該收的都收回去了，樹葉的顏色深深的，還沒見嫩芽萌發，下種能收回嗎？放勛問點種的男子，那人抹一把汗，說：「行吧，這天兒一日熱過一日呀！」

　　天氣是有些熱，熱得還有點兒邪乎。別說地裡揮臂插土的人，放勛都走得汗涔涔的。不過，天氣熱就能下種嗎？他記得要熬過一段寒冷的日子才能下種。眼下是熱，可要是落籽後天氣變寒，那不是白費力氣？

　　放勛將心裡的顧慮說出來，那人指著遍地忙碌的人們，說：「唐爺讓

009

種，還會錯嗎？」

放齊見他沒有把放勛的話當回事，上前一步說：「兄弟，要是粟禾受了凍，怎麼辦？」

那人一聽，臉變了顏色，對著地上「呸、呸、呸」連吐三口，才說：「喪氣，喪氣，別說這喪氣話！這麼熱的天怎麼會變冷呢？」

放齊還想說什麼，放勛一拽他的手臂退後來。他們又跑過幾塊地，下種的人都是一樣的口氣：「唐爺讓種，還會錯嗎？」

唐爺是唐族的頭人。放勛不免心焦，對放齊說：「大哥快走，咱和族頭說說，別讓白費力氣，漚爛種子！」

他們哪裡知道，就為這下種的事唐爺正生氣呢！

✦ 2

唐爺是生羲仲的氣。

羲仲是巫首的兒子。他聰明伶俐，頭顱一轉一個點子。族人都說他靈動過人，巫首也這麼尋思，才為他起了這個名字。一聽羲仲，就明白了巫首的用意，孰不知道早先有個神靈的先祖伏羲，巫首豈不是想讓這小仔和先祖一樣精明神奇！這小仔也真爭氣，身板嫩得還像一叢草，卻懂得不少的世理，談天說地，頭頭是道，聽得鬚髮皆白的老頭也點頭稱是。大家都說這小仔以後會有出息，孰會料到他竟然攪得族人吃睡不安，簡直成了個魔人。

這不，明明天氣這麼暖和，族頭唐爺看眾人都餓怕了，就讓落籽播種，好多收些吃食。他一發話，族人就忙著工作了。偏偏羲仲不種，還擾害別人。唐爺不讓他嚷叫，他竟然指畫唐爺瞎撥弄。你道這唐爺是啥人都可以隨便指畫的嗎？唐爺是族頭，從來說一不二的族頭，孰見過有人敢和

■ 第一章　月亮告訴我的 ■

他頂嘴？沒想到這個嘴上沒毛的崽子竟敢冒犯，這還了得！若是唐爺說句話，就會有人碎裂了他。不過，唐爺沒有那麼小心眼，輕輕一抬手，木殖忙和族衛把他揎出窟去。

義仲掙扎著還要強辯什麼，巫首慌忙火急地跑過來，連拉帶罵，把他推搡回窟。巫首本想收拾他幾句，讓他明點事理，去對唐爺賠個不是。哪知，這小崽子非但不認錯，偏要一個窟窿鑽到底，硬說他是對的，還要找唐爺較真。巫首掄棒把他打出窟門，指望打服這個孽子。孰料，義仲不服，竟然又撲到唐爺門前叫喊。任他叫去，唐爺穩坐窟中不再理他。唐爺不急，義仲更急，他不能眼看大夥兒白白扔掉種子。一轉念，山頭上竟然響起他的叫喊聲。他邊敲空木，邊喊鬧：「族親們，快莫種啦！過不了幾日，天就寒啦！白費力氣不說，還會漚爛咱的種子！」

唐爺被驚動了！義仲那喊叫聲擾亂了族心，真有人不種了。這還能行？人誤地一時，地誤人吃食，沒有吃食族人豈不又要四處乞討？好不容易把飢餓的眾人找回族堡，難道又要被這崽子攪散？唐爺下巴上的鬍子抖著，他生氣了。巫首被喚來，站在唐爺的面前。一路上頂著日頭，背上焦熱，巫首沒有出汗。一看見唐爺那抖動的鬍子，他背上的汗水直流。唐爺還沒張嘴，他就說：「是我不好，沒有管住那孽種，惹唐爺生氣。」

唐爺不急不躁地說：「子高不由大，常事。只是再莫讓他擾亂眾人！」

巫首還彎著腰等待唐爺訓教，卻沒音了。他抬頭一看，唐爺的鬍子還在抖動，連忙說：「嗯，我這就去懲治那個小孽種！」

巫首勸不動兒子，拖不動兒子，就找幾個男子硬把義仲拽回窟去。怕他再跑出去喊嚷，就把他壓在地窖裡。可是，孰會料到他又溜出去呢！眾人都說：「義仲著魔了！真著魔了！」

山頂上的喊叫一聲連著一聲：「族親們，快莫種啦！風一刮，天就寒，白費力不說，還會漚爛種子──」

011

喊聲在山坳裡迴盪，渾厚而又清晰。

放勛和放齊離族堡還有一段路，就見那魔人站在高崖上一個勁地喊叫。旁邊的小仔、小妮蹦跳著嚷叫：「魔人讒叫啦！魔人讒叫啦！」

仔細聽，喊叫的那人卻不像魔人。魔人瘋語，嘴裡的話東插西掛，這人要真是魔了，為什麼不牽扯別的事，就衝著播種喊叫呢？放勛有些生疑，問放齊：「你說那真是個魔人？」

「難說。」放齊望著崖頂，猶豫地說。

這時候，那聲音又清晰地傳過來：「族親們，不要把我當成魔人，我不是瘋叫魔喊，是怕大家白撂種子，白費力氣哇！」

放勛再聽這喊聲，越發覺得不像魔人。他拽放齊一把，倆人加快腳步，沿著彎來拐去的小徑向山尖攀去。

✦ 3

爬上崖頂，喊叫聲已經停息，只見不遠處密密麻麻圍著不少人。放勛和放齊緊趕過去，人們只顧說話，孰也沒有注意他倆。人圈中是個頭髮蓬亂的後生，個頭不矮，卻瘦得出奇。放勛就很瘦，他竟比放勛還瘦，瘦的像是一根扞掉粟穗的光稈，緊刮三分鐘熱風好像就會吹跑。他面色憔悴，雙眉凝結，可眉下的兩隻眼睛就像夜晚閃爍的星星，眼皮一眨亮亮的。這哪像魔人？放勛看一眼放齊，放齊眼裡也惑惑的。

一個壯漢擠進人圈，響亮著喉嚨說：「你別喊叫啦，弄得我們沒了主意，連撂籽的心勁也沒了。」

魔人說：「早就不該種啦，種下也收不回來。」

「呸，呸！」那人吐過幾口，逼近一步，問：「你站著說話腰不疼，不種吃什麼？」

第一章　月亮告訴我的

魔人嘴一咧，想笑，卻沒笑出來，說：「不是不讓再種，是要種對日子……」

他的話沒有說完，就有人嚷：「怎麼種的不對？你去滄河看看，哪回不是水這麼高摺籽呀！」

「水是這麼高，」魔人說著指了指頭上的樹梢：「可你沒看這樹上的葉子顏色不對呀！往日下種，應該嫩嫩的，這會兒還深深的呢！」

嚷叫的是個比魔人還年輕的後生，看一眼樹葉，不知該說什麼。那個壯漢也不說什麼，拉著魔人的手就往圈外走。圍觀的人讓開一條道，他們鑽出人窩直走到山崖前，眾人隨後跟過來。壯漢左手一指崖畔邊的田地，那裡的粟禾已露出頭，撒開羊角般的葉片。他說：「你看沒看過，這些粟禾長得不是挺帶勁嗎？」

魔人仔細看一眼，臉上掛出少有的憂慮，嘆口氣說：「可惜了這些嫩禾，也可惜了咱的種子，大家要白忙乎啦！」

說到這裡，魔人看了看天，低沉地說：「唉，要刮涼風了，天一寒粟禾就蔫軟啦！」

聽見魔人這話，眾人鬨然大笑，壯漢拍拍汗水溼黏的肚皮，朗聲問：「你日哄人，日頭這麼好，這麼熱，天怎麼會寒呢？」

魔人被眾人笑得一臉窘困，他認真地說：「我不日哄你們，真要颳風啦！」

那人接口頂碰他：「你比你老子還能？怎麼知道的？」

這話夠噎人的。眾人都清楚，魔人的老子是巫首，族裡的大小事情都由他掐算指撥。他上知高天，下懂闊地，旱了祈天，澇時排水，即使出動群獵，哪一回能少了他占卜祈禱？就是這回下種，唐爺也讓巫首掐算過。你一個毛頭後生還會能過你那老子？這話確實噎人。魔人聽到不禁發怔，眾人就一起鬨笑：「說呀，哈哈，怎麼不說話？」

放勳沒有隨著眾人發笑，他瞪大眼睛瞅著魔人。種地這事他不知煩心過多少回，卻沒有像魔人這麼想過。他常常歉疚，先祖神農氏嘗百草，一日中毒幾次，辨識出能吃的粟禾，眾生才不為獵不到獸吃發愁。可是，過去這麼長的日子，我們還不該把準種粟的茬口呀！這事他曾經和放齊合計過，可說過撂過，沒有當成個事。聽魔人這麼一說，放勳不僅沒覺得他魔，反倒覺得他太精明，精明得沒人能夠理解他。正想著，就聽眾人連聲起鬨：「哈哈，說呀，怎麼不說話？」

眾人以為這麼一笑鬧，魔人準沒話再說。哪知他竟然說：「月亮告訴我的。」

眾人又是一陣鬨笑：「孰聽說過月亮會說話！」

「魔人，魔人瞎譏叫！」小仔、小妮笑鬧得更加歡實。

魔人幾次要開口，都被笑鬧聲打斷。放勳往裡擠擠，想給魔人幫個場，讓他說下去。剛要張嘴，放齊往他身邊湊湊，耳語道：「別急，我們剛到，多看看再說。」

見眾人鬨笑，魔人急得又喊：「就是月亮告訴我的！」聲音卻淹沒在笑鬧裡。沒人再聽魔人說什麼，只有那個壯漢笑著說：「管他說得對不對，歇歇筋骨再做。」

說著，走出人窩。他一走，眾人也散開，跟著說：「歇著去。」

眾人漸漸散去。魔人轉身要走，就聽有個人叫喊：「魔人，你還在鬼說妖道，蠱惑族人，有你的好果子吃！」

叫喊的是木殖，他膀闊腰圓，口氣生硬，撂下話就走了。魔人扭他一頭，追著眾人去了。

放勳對放齊說：「大哥，若不是你，我又冒失了。」

放齊說：「慢慢來，心急烤肉會焦糊。」

放勳和放齊慢慢朝堡裡走去，可是再慢也逃不脫羲仲激盪起的風波。

第二章　獻祭

✦ 4

　　唐氏堡是個天然的好住處。

　　沿澮河逆流而上，向山裡走去，走得寬闊的河道細瘦成一灣溪水，兩邊的樹木漸漸見少就快到了。再往上，兩邊是巨石陣，有的挺拔如柱，有的犀利如刀，也有的像是虎頭、豹肚，橫臥豎立擠滿天地。遠看不就是一座山嗎？近得前去，才知道巨石下面有著大大小小的洞窟。唐氏族的人就住在這些石頭下面的洞窟裡。

　　洞窟真好，熱不著，凍不壞。熱天，窟裡涼爽；冷日，窟裡暖和。最讓老老小小叫絕的是，堡前有個葫蘆口，放下滾木，啥猛獸也進不來。堡子裡髮白齒稀的長老都說，葫蘆口是消災免禍的保命崖。

　　有一回撲來一群狼。狼群是族人招惹的，有人把兩隻狼崽抱回堡裡。孰也沒料到這是抱回個要命的禍害！

　　天剛黑，堡裡的人就聽見刮哨呼風的聲音：嗥——哇，嗥哇——那風一陣緊過一陣，從遠處刮來。細聽，這風聲不大對勁，聽得人瘮瘮的，頭髮禁不住往起麥。就在這時，巫首闖進唐爺的窟門，喘著氣喊叫：「不好啦，不好……狼群撲來啦！」

　　「快放滾木，堵住葫蘆口。」唐爺想也沒想就說。

　　「放下了，可那廝們還往進撲。」

　　「快點火！」唐爺又說，聲音還是那麼果斷。

　　「點著了，狼群不敢再撲，就是不退。」

　　「走！」走字一出唇，唐爺就蹦到窟外，撒開腿一溜小跑，眨眼工夫

他已站在葫蘆頂上。

嗨呀！火光之外的黑暗中噴放著一束束綠光，那是群狼憤怒的眼睛。看一眼，身上都寒寒地發抖。隨著綠光噴放的還有群狼那嗥——哇，嗥——哇的吼叫。什麼樣的驚險事唐爺害怕過呢？可此時他禁不住發憷。他曉得群狼的厲害，若是進來，族人別想有一個活著，回頭喝斥：「還不快把狼崽放掉，等死呀！」

兩隻幼崽抱來了，順葛繩垂吊下去，落在狼群中。你看吧，那場景活像是人們獵到大獸，架著篝火狂歡。一隻老狼衝過來，擁起一隻，看看；又擁著另一隻，看看，發出一聲響徹山壑的長叫：嗥——喲——！這聲音像是喜悅的高唱，頓時群狼發出「嗥喲——嗥喲——」的歡叫，葫蘆口前沸騰了。群狼吼喊著，蹦跳著，踢裡跋拉，塵灰飛揚。

突然，像是旋風颳過，狼群跑走了。就在這時，葫蘆頂上所有的人都捏住鼻子，還有人被嗆得連聲咳嗽。

狼群走也沒有好走，留下一地的臭屁。

這事過去好些個歲月，族人想起來仍然後驚。要不是葫蘆口庇護，憤怒的狼群衝進來，族人早死光了。葫蘆口真是個保命崖。虛驚過後，族娘常帶人到這裡燒香磕頭。一來二去，葫蘆口成了族人敬祀的靈地。每當月圓的夜晚，靈地上會跪不少人，默叨天神保佑……

✦ 5

從葫蘆口往裡不遠有一眼清泉。泉裡流水淙淙，卻看不見泉眼。跳下岸來，站到泉邊的卵石上彎腰低頭，才會發現那石隙間有不少沙粒上去下來地跳躍，就是那些地方出水。且莫小瞧這細碎的泉眼，流出的水不僅養育著族人，還滋潤著花草樹木。

第二章　獻祭

　　從清泉往後，就是住人的洞窟。洞窟中間有一條人們踩踏出來的坡道，坡道上裸露著一塊塊凸凹不平的石頭，踩著這些石頭朝上走，便能到了各層的洞窟。頂部的那洞窟，住的就是族頭唐爺。

　　唐爺住在這裡，族堡裡的人們進來出去都看得清清楚楚。不過，唐爺從不站在崖畔看人，用眼睛看事的人難得清楚，用頭顱看事的人才算清楚。應該說，唐爺這輩子就是用頭顱看事的，也就清清楚楚過到如今。不容易呀，想當初唐爺剛當上族頭，那真是個窮光景呀！除過這族堡是個棲身的好住處，還有什麼呀？人不及現在的零頭，地還都被草叢覆著，填肚子的主要吃食是野獸，獵不到就餓得嗷嗷叫。後來每到禁獵日子，唐爺就領人打草墾地，土地多了，收回的粟禾也多了，唐族才興旺起來。偶爾，唐爺從山梁上走過，瞥一眼窟頂上的炊煙，聽幾聲族人們的嬉笑，心裡甜乎著哩！

　　可近來這甜味少了，煩心的事情多了。唐爺思索過這煩心事，這煩那煩，人多最煩。人人有張嘴，張嘴就要吃，吃不飽就要惹是生非。早先人少，隨便出一趟獵，打回一頭大獸，提回五六隻小禽，就能頂擋好幾日。現在不行啦，就是獵到五六個大獸，也對付不了幾日，大多數日子還得靠粟米充飢。粟穀的收成不常好，收多了還填不滿大夥兒的肚子，何況還常常收不下呢！吃食這事，唐爺想起來就心煩。不是他自找心煩，而是眾人給他招惹麻煩。最讓他臉上無光的是饑民出族討食，竟然討的大王都知曉了。要不是他趕緊獵獸聚人，饑民真敢去搶別族的吃食。

　　搶吃食的事唐爺不敢去想，想起來頭就疼。

　　那一回族人哄搶黎氏族的粟穀，被人家圍住族堡，唐爺趕緊息事。搶來的粟穀還給人家，還賠了頭剛獵到的野豬，才滅掉那場怒火。風波平息，他將眾人集攏到葫蘆崖下，好一頓喊地喝天地嚷罵。吼喊得嗓子都沙啞了，打他記事起從沒發過這麼大的火。他真的很生氣，若是見到人家的

東西就搶,這世道還能安穩嗎?吼是吼,喊是喊,唐爺卻沒有下手懲人的心思。族人也識火色,別看往日耍牛脾氣的大有人在,那一日都聽得囁囁息息。後來族人回想當時的情景,都說像是抿死蒼蠅,靜悄得沒一點雜音。

可惜,事情並沒有這麼輕易過去。唐爺發過火沒事了,天神卻不饒唐族。

當日夜裡天神暴怒,使勁地吼喊。天神這吼喊可不是唐爺那吼喊,響一聲不由得頭皮就發麻,渾身一抽。大人發驚,小仔們嚇得發抖,一聲接一聲的尖叫,像是被鬼抽住了筋。天神怒喊也罷,還噴放火光。這是要神火滅族。那火光真亮,像是要把唐氏族燒成一團灰。

好不容易熬到天亮,火光熄滅了,眾人以為這場災難總算熬了過去。出窟一看,卻驚得眼睛瞪得比核桃還圓。天火燒毀掉存放獵獸的草棚,幾隻兔子燒死不說,看棚的漢子竟被燒成灰燼。

唐爺嚇得臉色煞白,撲通跪在地上,仰頭長嘆:「天神啊,你就饒恕我們族人吧!」

緊挨唐爺跪倒的是巫首。他雙眼緊閉,兩手合十,活像一段毫無知覺的枯木。過了一會兒,又過了一會兒,巫首突然睜開眼,衝著唐爺就叫:「唐爺,不好!天神的怒氣未消,還有大災呀!」

話音未落,就見頭上濃雲鎖合,天色昏暗,明明已經亮堂的天似乎是要倒轉回去,回到那天火燃燒的黑夜。巫首的話族人聽得無不驚怕,唐爺膽怯地問:「快說,怎麼才能躲過這場災禍?」

巫首不答,又閉眼拜神,過了一會兒,才睜開眼低低地說:「不取盜首頭顱祭祀,消不掉天神的怒氣。」

唐爺又是一驚,這取盜首頭顱是要殺人呀!他愣怔一霎,才說:「看看,還有沒有別的法子?」

巫首正要閉目會神,卻聽見頭上一聲炸響,天地間又亮了個透澈。這

第二章 獻祭

一炸響，驚得族人全跪下埋頭哀告：「唐爺，取就取吧，要不，大家就都活不成啦！」

「唐爺，別再耽擱！」

……

唐爺看著驚恐不安的族人，無奈地說：「那就取盜首的頭吧！」

盜首不難找，不多會兒就被帶來，頭一個跑去搶粟的竟是個臉帶稚氣的小仔。他長得額高臉闊，雙腮豐盈，要不是嘴尖得如同雀喙，還真稱得上好看。他叫皋陶，族人都喊他鳥嘴。鳥嘴被按倒在祭壇，套上木枷，等著割頭祭天。突然，豕俟跳上前來，二話不說，對準鳥嘴就是一拳。手起拳落，鳥嘴頭一歪栽倒在地。族人看得驚疑，只聽豕俟大聲說：「這小仔還是嫩芽，懂球個啥？是我領頭去搶的，割我的頭祭神！」

見豕俟跳出來找死，族人奇怪地瞪大眼睛。這豕俟剛得小妮沒幾日，婆娘摘果墜崖摔死，獨個帶著小妮過活，他就是不想再活，也該替小妮想想呀！

眾人正為豕俟揪心，閉目會神的巫首睜開眼睛，仰頭一望說：「時辰到！」

手握石斧的族理看一眼被豕俟打昏的鳥嘴，這娃昏死在籠枷還沒醒來。按照族規，只有活人才能當犧牲祭神呀！這死樣子他無法下手，便把目光投向主祭的唐爺。

唐爺走近豕俟，盯住他，目光如兩支利箭，像是要射進他的心間。不待唐爺開口，豕俟動手解開鳥嘴身上的木枷，套住自己，衝著他喊：「時辰不能誤，唐爺，割我的頭吧！」

唐爺還是沒發一言，一拍豕俟的肩膀豎起拇指。他退後兩步，衝著族理點點頭，閉上眼睛。一股鮮血噴起好高，豕俟栽倒在地，他的頭提在了族理的手裡。

019

豕侯死了,他的頭成為犧牲擺上祭席。巫首點燃爐柴,青煙裊裊升起,跪在地上的族人叩首,再叩首。

……

濃雲漸漸變淡,慢慢散開,露出藍天,日頭出來啦!

逃過天神滅堡的唐族人又過上平常的日子。只有唐爺時常抱著一個小妮,她就是豕侯的女兒唐禾,他收養了這孤苦的小妮。

如今,唐禾長大了,出落得像是山崖上的一朵連翹花。

好些歲月過去,族堡裡平安無事,唐爺以為日子會這麼平平安安地過下去,怎麼也想不到族人會到處討吃。好不容易歸攏在一起,安下心來種地,卻又冒出個義仲擾害。一想,他就心煩。尤其是得知大王封來個唐侯,更是煩躁不安。這分明是嫌他老了,管不住族人啦,唉……

想想這些,唐爺哪裡還能坐住?他從洞窟踱出來走到崖畔想消散胸裡的煩憂。低處的風光還未進眼眶,頭頂的槐樹梢上傳來一連串黑老鴰的叫聲:呱──呱──

唐爺更加煩心。

✦ 6

唐爺轉身要回洞窟,聽見有人叫他。回頭見是木殖,看他急匆匆的樣子就知道是有緊事。沒等他問,木殖已跑上前來喘息著說:「唐爺,義仲又在鬼說妖道,蠱惑族人。」

這是怎麼啦?唐爺有些納悶。巫首告說,已把那魔崇壓在地窖裡,怎麼會又瞎鼓搗?

「真的?」唐爺下巴的鬍子繃直了。

木殖急切地回答:「真的!好多人聽信他那瘋話,不再下種!」

第二章　獻祭

「欺天啊！」唐爺的鬍子抖了抖，吩咐木殖：「去，快把巫首喚來！」

原以為巫首將兒子一關，這股歪風就會停息，孰料還會再颳起來。族頭當到這會兒，唐爺如背著一塊沉重的石頭。趁天暖，種粟禾，是為我嗎？還不都是為了大夥填飽肚子呀！我好賴是個族頭，頭大頭小都是頭，餓死身子和尾巴，也餓不著頭啊！當然，如果說唐爺沒有一點點別的想法，那也不可能。樹有皮，人有臉，唐爺是頭人，更講臉面。大王封來個唐侯顯然傷害了他的臉面，想想當初大王賞給他豹皮勒子（最早指沒有袖子的皮衣，類似於現在人們穿的坎肩）的風光，他很是憋屈。

好久前大王舉行宮會，四面八方的頭人都到了，王垣的宮場地坐得滿滿的，就聽大王揮舞著胳臂談天說地。談著說著，提高嗓門：「哈哈哈，這麼多族頭裡，我就服帖唐族的頭人。為什麼？不為什麼，就是人家的地盤上安然，沒啥禍事。大家都能過平安日子，不擾害別人，也不被別人擾害，這就是好光景。如果我們各族各堡都像唐族這般，天下都安安然然，我這大王多省心，多好當，哈哈哈！」

說到這裡，他彎腰從地上撈起一件褂子，大聲說：「我就把這件豹皮勒子賞給唐頭，哈哈哈！」

唐爺不記得怎麼走上前去的，只記得眾位頭人都啪啪啦啦地拍手，大王親手將勒子套在他的身上。他朝人群一瞅，下面的目光齊刷刷直射著他，眼熱著呢！他通身發熱，臉燙得像被火烤著。離開王垣，他走了幾個日出日落，回到族堡仍然熱熱乎乎的。

一晃那風光體面早已遠去，現在竟狼狽成這種倒楣樣子！唐爺不願憶想那些往事，越憶想就會越煩惱。煩惱族人竟然連肚子也填不滿，毀壞他在大王那兒的聲響。煩惱那個囟門剛合住的義仲竟敢欺天誑地，惶亂人心。他狠狠蹬了一腳，震得樹葉也簌簌發響，枝梢上的黑老鴰又呱——呱——地叫喚。

驚動黑老鴰的不是唐爺，是巫首，他跑得腳下有些慌亂。唐爺瞪他一眼，真想揮臂搧他幾巴掌。他沒有抬手，巫首卻比捱了巴掌還難受，怯怯地說：「我是把那賊胚子關在地窖裡，怕他鑽出來，還壓上塊石頭。」

「那他是怎麼出來的？真成妖魔啦！」唐爺的火還是噴出來，不光鬍子發抖，眉毛也在跳。

「我……」巫首張張嘴，想說什麼，知道說不清，就把話嚥下去。

唐爺厲聲斥道：「說啊！怎麼不說啦？」

巫首委屈地瞅著唐爺，哀嘆一聲，圪蹴在地上。

「沒說的啦？」唐爺逼近一步，緩口氣說，可那嘴裡的話更刺人：「你那是遮掩我的眼窩。」

說罷，撂下巫首，扭身就往窟裡頭走，身後卻傳來一聲脆響的話語：「大，莫怨巫叔，人是我放的。」

唐爺回頭看時，唐禾攀上石道，幾步就跳到他的身邊，亮亮的眼睛如往日一樣瞅著他，帶著常見的嬌氣。以往無論她捅下多大的婁子，無論唐爺有多大的火氣，只要看見這目光，就無法不寬容她。這會兒唐爺卻怔怔瞪著她，那眼神似乎在問：「怎麼會是妳？」

唐禾挽住他的手臂，嬌氣地說：「大，義仲是我放的，你莫怪巫叔。」

她還想像往常那樣拽住他的衣袖撒嬌，唐爺一甩手跨進窟門，只扔下滿臉的怒氣：「哼！」

✦ 7

唐禾說的不假，義仲就是她放的。她放義仲是因為喜歡他。她喜歡義仲是因為信服他，相信凡是他做的事都不會有錯。

起初，義仲在她眼裡可不是現在這樣子。

第二章　獻祭

　　別看義仲和她的歲數差不多，性情卻差遠了。義仲生來不隨群，常是一個人獨自玩耍。唐禾呢，最喜歡熱鬧，哪裡人多往哪兒湊。湊到一起無論玩啥，她都要掐個尖，拔個頭。這當然還是因為她是在族頭懷裡抱大的，唐爺對她疼愛得過分。族人說唐爺對唐禾那是頂在頭上怕摔著，含在嘴裡怕化了，只有抱在懷裡才妥貼。婆娘也抱，可只要唐爺不打獵，不出門，唐禾準貼在他的身上。

　　唐禾在唐爺身上貼大了，不光個頭長大了，脾氣比個頭還要大。大的往夥伴堆裡一站，指畫哪個，哪個都聽。那麼多的小仔，個頭高的，力氣大的，孰也沒當上這幫仔妮的領頭，唯獨她當了。她一開口，夥伴們張皇著，吼喊著，瘋跑。如果有一個不跑，那準是義仲。

　　有一回，夥伴們留下一地塵灰跑遠了，義仲還獨個站著。唐禾朝他喊：「快跑，快跑！」

　　義仲不僅沒挪步，還問她：「為什麼要跑？」

　　為什麼跑？唐禾沒想過，她高興讓跑，喊一聲，就有一群小仔、小妮愣跑。要問為什麼要跑？她確實沒有想過。義仲不跑，不聽她指撥，唐禾當然不樂。她沒有回答他，指著他嚷：「憨呆，你就憨憨待著吧！」

　　跑回來的夥伴見唐禾嚷叫，都相隨著起鬨：憨呆，憨呆！

　　往後，夥伴們湊到一起都叫義仲憨呆。若不是後來發生的那件小事，憨呆可能會代替了義仲的名字。

　　那件小事發生在天剛熱的日子。山川裡色彩奪目，石榴花還紅紅火火地開著，山梁上的杏兒已經泛黃。黃果果，紅花花，掛在綠葉間，比夜空的繁星還要招眼，唐禾領著她的那幫小仔小妮們可著勁地撒野。攀上山尖，來回在峰頭瘋癲。顛出汗來，哧溜哧溜滑到山腳下的澮河邊洗臉。洗過臉，唐禾有點累，就勢鑽進岸旁的石洞歇涼。夥伴們卻興致不減，繼續在河灣裡張狂。坐在深深的石洞裡，唐禾突然覺得孤零零的。要是別個，

跑出去和大夥張狂到一起不就熱鬧啦？孰讓唐禾是在族頭懷裡長大的呢，她不出去，使開性子拗上勁，哪個來叫也陰著臉不出去。木殖進來，她才淺淺一笑。

唐禾的笑其實不是衝著木殖的，是衝著他手中那黃燦燦的山杏。她伸出手掐了一顆。牙一咬，皮破了，果肉甜美了一嘴。木殖見她不再發躁，順勢說：「好好吃，吃完咱回，日頭偏西啦！」

唐禾故意一撅嘴，扭扭頭，說：「就不回，你摘的杏兒好酸，你有意害我！」

木殖連忙說：「是我不對，可日頭都偏西了，再不回去妳大著急哩！」

唐禾忽閃一下明淨的大眼睛，才說：「木殖，你們要是把我哄出去，咱就回。」

夥伴們隨著木殖都說好，於是，就變著法子往外招引她。這個說，河裡游著條無尾巴的魚；那個說，天上飛著隻沒翅膀的鳥。唐禾穩穩不動。鳥嘴皋陶說得更玄乎，一隻狼長著兩個頭，一個朝前，一個朝後。可朝前的說牠是朝後，朝後的說牠是朝前，正在外頭吵架呢！

唐禾搖搖頭說：「胡謅，胡謅，我不信。」

夥伴們的招數用盡了，唐禾還是不出來，只好把獨自在河灣裡撿石子的羲仲叫進來。他進來動動嘴，唐禾就跟了出來。這事過去好些載，唐禾想起來就罵他是個小精賊。她清清楚楚記得，羲仲不急不躁地說：「小禾不出來，妳們說得再多也是白搭，看我的。」

聽他說得這麼自信，唐禾心想我就不挪窩，你個憨呆敢把我拽出去？她故意問羲仲：「憨呆，你能把我哄出去？」

羲仲的回答實在讓她洩氣，他搖搖頭說：「不能。」

「不能，那看你逞啥能？」

羲仲沒有回答，看看洞外，又轉過頭來說：「妳看這外頭熱，裡頭涼，

第二章 獻祭

我能把妳從洞外面哄進來！」

唐禾頭搖得像風中的樹葉，心想到了外面我還和在裡頭一樣，任你說得天花亂墜，我打定主意不挪窩，看你能把我怎麼著？諒他也不敢把我拉進來。她接口就說：「說話算話，憨呆，你要把我哄不進來就學狗叫。」

「好，就學狗叫！」義仲痛快地答應著。

唐禾咯咯笑著一溜風竄到外頭，坐在洞口的石頭上摟定腿一動也不動。義仲出來看著她不吱聲，一個勁地發笑。笑著，笑著，汪——汪——汪——大喊，叫過才說：「小禾回家吧，這不把妳哄出來啦！」

夥伴們鬨然大笑，笑得唐禾也跟著發笑。她笑著捶打義仲一拳，說：「你是個小精賊。」

打那兒以後，憨呆變成了小精賊，唐禾孰都指撥，就是不指撥義仲。再往後，唐禾不光不指撥義仲，還打了個顛倒，義仲怎麼說，她就怎麼指撥那幫夥伴們。

日頭升起又落下，唐禾和夥伴們一日日長大。大得忽然間都長成大人，各有各的事做了。那老是跟著唐禾屁顛屁顛的木殖，一轉臉守了葫蘆口的堡門。那是因為唐爺看中他長得虎背熊腰，一瞅就是個壯漢；還有一點，他是族娘的兒子，族娘在族裡沒人不敬著。每一個男子都要經過她的試身才能變成男人。男人少時被稱作小仔，長大些成為男子，只有會和女人合歡，才算是個頂門立戶的漢子。而變成漢子不是隨隨便便的事情，這是一輩子的大事，更是族人興旺的大事。這樣的大事當然不能隨意，很早很早唐族就有了族娘，她是女人裡頭的人精，不光是個頭高，模樣好，還要伶牙俐齒，能說會道。男子到了成人的歲數，只要進到她的窟裡，她便會把他調教上她的鋪，調教上她的身，成為一個會給女人幹活的漢子。這樣的漢子才是真正的男人。至於小妮變成女人那就好辦了，有了真正的男人還怕她們變不成真正的女人嗎？可以說，唐族的男男女女成人，都離不開族娘，族人能不敬她

嗎？族娘就是族裡的女頭，和族頭唐爺一樣受人高看。

唐爺的婆娘去世後，沒有再找婆娘，也無心再找婆娘。有族娘侍弄，怎麼樣的婆娘也難如他的意。族娘不愧是調教男子成人的好把式，她那綿軟的小手一撲弄，唐爺就急著要在她身上出力氣，力氣大得活似在澮河裡翻騰戲游。這一手他那婆娘打死也不會。不光是他的婆娘，唐爺上過身的女人不少，孰也沒有族娘那滋味。族娘和他相伴，勝過唐爺的婆娘。族娘受人高看，兒子木殖也跟著沾光。當上門頭的木殖把唐爺敬得如同天神，他說啥就是啥。這回義仲妖言惑眾，唐爺就派木殖悄悄盯著他。木殖一點也不含糊，義仲被關進地窖他見了，真真切切看到巫首在窖口壓上塊大石頭。他心裡踏實了，才飛快報給唐爺：「義仲被壓在地窖裡，就是變成頭牛也拱不出來！」

他不會想到，唐爺更不會想到義仲不用拱就會出來。

木殖從唐爺的洞窟出來，走下坡道剛一轉彎，就有個身影跑過來。那是唐禾。聽說義仲被關到地窖裡，她心裡揪揪的。窖裡又潮又悶，那不把義仲憋死啦？她不敢多想，撒腿就跑過去，正好巫首不在，也去種粟。唐禾疾步跳到地窖前，伸手就推那塊大石頭。哪裡推得動呢？只好撲下身子，用肩膀去扛。她一用勁，不是她推石頭，倒像是石頭推她，腳尖一滑，膝蓋碰在地上，好疼！唐禾顧不上疼痛，繃直身子又拱。這一拱，石頭挪動一點點。能動一點點，就能全挪動！唐禾增了心勁，咬著牙，拱呀拱，一點一點，竟然真把那大石頭拱到了一邊。

義仲從地窖裡爬出來，剛一睜眼又閉上，亮光耀得他睜不開。待眼睛全睜開來，唐禾拉著他就跑。跑前兩步，義仲返身回來，把那石頭堵嚴這才跑過來。唐禾他一指頭，說：「好你個精賊！」

木殖再來看時，石頭仍然嚴絲合縫地蓋著窖口。巫首下地回來，石頭沒有挪窩。他們哪裡會想到義仲早就溜走了！

第二章　獻祭

✦ 8

　　義仲惹唐爺生氣，巫首比唐爺還生氣。從唐爺窟裡出來，他便去找這個不爭氣的惹事精。

　　在巫首心中，唐爺勝過他大和娘。他的大是孰，他不知道。打小他就跟著娘過。他問過娘，娘沒有說清楚。寡母孤兒的日子可想而知，好過不到哪裡去。一起玩耍的夥伴，說長就長，忽忽拉拉直往上竄，比拔節的粟禾長得還快。他一下子矮了半個頭。千萬別小看這半個頭，這讓他，跑不快，跳不高，總是落在人後頭。平日裡落在後頭就落在後頭，別人頂大說他是個囊包。囊包就囊包，早被叫慣了，他已不在意。偏偏打獵也落在人後頭，打獵是玩命的工作，只要唐爺一聲吼喊，哪個不是拚死拚活往上衝？落在後頭的人那是惜命，惜命是犯族規的。雖然族人沒有處罰過他，他心裡總是疚疚的。每回打獵他都落在後頭，獵到的那些獸既沒捱過他投的石頭，也沒捱過他掄的棍棒。唯一能做的是往回扛抬獵物，可他氣力太小，走不多遠就要人替換。有人不替，故意要看他壓得齜牙咧嘴的樣子。唐爺臉一沉，那人一縮脖子慌忙接替了他。

　　這些都不要緊，要緊的是逃獸他也落在後頭。逃獸可是要命的事，偏偏這要命的事就落在他的頭上。那一回，就是唐爺幫他撿回條命。撿命的那日亮陽高掛，大家心情好得沒法說，七嘴八舌亂侃著，還有人不過癮，放開喉嚨吼唱著：

　　在彼山中，

　　碩人獵獸。

　　力大如虎，

　　食肉起舞。

　　歌聲高亢，激盪著對面的山嶺，又從山頂返回來「嗚哇──嗚

哇——」的回聲。沒人再唱，都嗚哇，嗚哇地跟著回聲起鬨。按常規，出獵是不能弄出聲響的，大聲吼喊會驚跑山林裡的野獸。他們這麼吼喊，是因為剛入山沿，要獵到野獸還需翻過幾道坡梁，進到嶺後去。在前坡裡任由大夥樂哉，唐爺也沒有攔擋。

眾人「嗚哇，嗚哇——」鬧得正起勁，孰也沒留神這聲響中摻雜進來渾厚的嗚哇聲。待明白這聲音不對頭，一隻金錢豹已迎面猛撲過來。唐爺大叫一聲豹子，手指身後的石崖，喊道：快逃！

唐爺的命令沒錯，這當口金錢豹血氣正盛，拚命去鬥不一定能降服牠，還會傷害人命。身後的山崖不算高，可只有一條小徑能上去。上去把住徑口，居高臨下，若是豹子追來，那可是牠自己找死。唐爺一喊叫，獵手們飛腳起跳，雄鹿般迅捷地躍上石崖。憑著唐爺的工夫，他應該頭一個跳上崖端。他不跳，喊叫著指點眾人快上。這關頭，落在後面的還是個矮腿短的巫首。他拚著渾身的氣力猛跑，越跑越覺得缺勁，大腿打戰，小腿發軟，明明想跨過那條葛藤，腿卻沒抬高，腳被絆住。他展展跌了個嘴啃地，栽倒在豹子的嘴邊。

巫首撐起手臂一扭頭，哎呀，眼睛正對著豹子鼓圓的雙目。那廝張開大嘴，晃動著血紅的舌頭，喉嚨裡的腥氣都撲進他的鼻孔。「娘啊——」他大叫一聲，軟癱在地。

死，就這麼猝然降臨了！

不過，死的不是巫首，而是那隻張嘴要咬巫首的金錢豹。金錢豹是被一根戳進喉嚨的木棍捅倒的，那根大棒是唐爺捅進去的。唐爺在巫首倒地的那一霎間飛跳過去。金錢豹掛著垂涎的大口逼近巫首，這一口下去巫首就要濺血噴紅。崖端的獵手都驚叫起來！可是，眼明手快的唐爺沒有讓豹子得逞，順勢將手裡的木棍捅進牠大張的嘴裡。金錢豹立即領教到唐爺的力氣！粗壯的木棍沒有在牠柔軟的口中逗留，穿過喉嚨，直抵腹腔。金錢

豹五臟俱裂，在徹骨的疼痛中感受著對手的厲害，利爪一撓慘叫著跌倒在地！

　　伴著慘叫聲跌倒的不光是金錢豹，還有唐爺。唐爺幾乎是和豹子一起跌倒的，那廝的右爪撓住他的胸膛，他的血流了出來，倒在豹子扭曲的身旁，疼得歪咧嘴，亂蹬腿。

　　金錢豹倒下再沒能起來，衝上去的獵手用棍棒捶死了牠。

　　唐爺很快站起來，是巫首翻身扶起的。巫首看著唐爺被抓掉的乳頭和血肉模糊的胸膛，淚水刷刷地掉下來。唐爺大嚷一聲：「哭什麼！虧你還是個漢子！」

　　打那以後，唐爺不再讓巫首出獵。當然，這以前他還不是巫首，只是個拙劣的獵手。族裡的巫首是個婆子，婆子老了，脫光了牙，塌憋了嘴，說話再也收不住口風。走幾步路，像是一片懸在樹梢的枯葉，被風吹得直打旋。那日險些喪命的巫首被唐爺派去拜巫娘為師，仿效占卜、祭祀的神事。巫娘閉上雙眼化體為屍，直挺挺地躺倒好一會兒才醒過來。癟陷的嘴蠕動著說已把他上報給天神，從今往後他就進到巫事的門檻。神事沒有打獵吃力，他很快就能獨自敬祀神靈。

　　那一日，巫娘束起他披散的頭髮，讓他升空去會天神。起初，他跪地不動，難脫凡塵，以為難與天神有緣。睜眼看時，巫娘卻全神貫注地為他祈禱。他慌忙閉住眼睛，驅除凡念，入神入靜，靜得漸漸虛飄而起，飄出洞窟，裊裊上升，升到闊朗的天堂，飄進華麗的宮殿。啊——天神不言不語，慈善的眼睛看著他，看得他全身熱烘烘的。驀然一睜眼，他醒過來回到人間，面對的還是巫娘。巫娘塌陷的嘴泛出笑意，說：「你成了巫師。」

　　他說：「天神沒有說話呀！」

　　巫娘說：「天神怎麼會和你這草木凡人說話呢，看他的臉色就該明白

他的意思。」

就這麼，他當上巫師，還是族裡的頭一個男巫。日升日落，光陰將他捧成唐氏族的巫首。別小看這個巫首，那可是僅次於唐爺、族娘的頭人。這族事就靠唐爺、族娘和他執掌。他通天達神，常把神的旨意傳給唐爺，唐爺經常還得聽他指使。回想這一切，巫首由衷地感動。是唐爺幫他撿了條命，讓他活著，還讓他活得有頭有臉。他這個早先眾人眼中的囊包怎麼也不能忘恩負義，怎麼也不能讓這個不識好歹的兒子再惹唐爺生氣！

沒等唐爺發話，巫首就把羲仲領過來，還帶來一根桃木大棍。今兒個他要當著唐爺的面好好懲治一下這個違背天理的孽子，為唐爺出口氣，順順心。可惜，他掄起的桃木棍還沒打下去，就被唐爺攔住。他說：「打死他，也收不攏眾人的心！」

巫首氣惱地說：「難道就便宜了這個賊胚子！」

唐爺嘆口氣說：「我是想放過他，就怕他觸動天規，天神不容呀！」

見巫首惑惑地看著他，唐爺又說：「這幾日我左眼亂跳。右跳安，左跳災，唉呀！恐怕要出大事啦！唐族不幸，唐族不幸……」

巫首掄起的大棍緩緩放下，正不知該如何處治這個惹是生非的孽子，就見木殖大步跑進來。入窟就說：「唐爺，唐爺，那個唐侯來啦！」

「哦，這麼快就來啦！」

唐爺自語著，示意巫首把羲仲帶走，對木殖說：「走，快去迎他！」

第三章　一股明

✦ 9

　　唐侯來的第二日，唐爺傳出族令：義仲瘋言魔語，冒犯天規，惑亂人心，若不懲處將有災禍降臨。罰他長跪懸石頂，給天神謝罪三日。

　　族人無不吃驚，孰也沒有想到一向寬懷大度的唐爺會發出這樣的族令。

　　懸石頂遠離唐族堡，在太行山深處的三峰山上。山頂的巨石突兀射出，斜斜地刺向高空。巨石底下就是萬丈深淵，人站在上面無風也嗖嗖發涼。抬腳走一走，石頭發出轟轟的聲響，聽得人驚驚乍乍。那裡樹密林深，野獸成群，除過打獵，很少有人去，罰義仲謝罪，還要跪過三日，白晝還好對湊，夜裡猛獸亂竄，他怎麼能熬得過去？族人都說，這魔人怎麼也逃不過一死。

　　唐爺不是那種薄情寡義的人，這樣處罰義仲也是迫不得已。原本想訓教訓教那魔崽，收住他的野性了事，沒想到他不聽勸告，還接著擾鬧。如果再放縱他，觸怒天神，那遭難的就不是他小子一人，而是全族！為佑護族人，唐爺不得不咬緊牙下手。

　　怎麼個下手？打棍，能打爛皮肉，打斷骨頭，卻堵不住那魔崽的嘴？他有口亂說，還不照樣鬧得人心惶惶？最簡單的辦法是抽掉他的舌頭，這也不是不可以，天底下部族多了，比抽舌頭還重的懲罰多得是。唐爺曾碰上個鬼人。那是去王垣聚會，走在闊野迎面過來一人。他不看還好，一看禁不住打個哆嗦。那人沒有鼻子，該長鼻子的那兒亂蓬蓬長著長長的毛髮。毛髮亂散，兩邊的遮住了臉，下邊的掩住了嘴，怎麼看也不是人，活

活一個獸，還是個直立行走的怪獸。好在，那是個白晝，日頭明晃晃地照在額上，若是夜裡，不嚇掉魂兒才怪。

那人見他害怕，笑著說：「兄弟別怕，小的也是個人。早年犯事，被族頭割掉鼻子，就變成這麼個鬆樣子！」

聽說是受刑破了相，唐爺這才定下心。那人走過去很遠了，他心裡仍舊怪怪的，鑽進個蒼蠅般的噁心。好端端一個人怎麼能懲得人不人，鬼不鬼。打那會兒起，他懲人從不毀臉面。唐族的人都敬他，說他肚子大得能撐筏。大肚子的唐爺也是人，是人，遇到不順心的事少不了要生氣。這個魔崽再三惑眾生亂，攪散了族人的心。最好的處罰就是抽掉他的舌頭，讓他有口不能再亂言。可惜，唐爺下不去這種手，他不能把人變成獸，也不能變成鬼。左思右想，只有罰他到懸石頂上跪祭神靈。雖說這樣死多活少，可總比抽掉舌頭人不人，鬼不鬼地活著強吧！何況，天神要是寬恕，他小子興許還能活著回來呢！

族令一傳，頭一個坐不住的不是別人，竟是新來的唐侯放勳。

唐侯來的路上，看見播種的人心裡沉甸甸的。到底該啥會兒下種，他心裡沒有一點底，總覺得這麼種不對勁，就是說不出個道道來。聽到魔人那麼一說，突然間眼前豁亮，他對放齊說：「這個魔人不一般。」

放齊故意和他繞彎子：「一般人哪裡能瘋魔？」

唐侯笑了，笑著說：「我看他比哪個巫師都強。巫師都把天理神規掛在嘴上，可有哪個能說清楚？這個魔人說的在理，不可小看。」

放齊沒說什麼，點點頭像在沉思。唐侯接著又說：「我看這魔人會有用處。」

放齊卻有些疑慮：「看今兒這情形，能不能用上還在兩可。」

唐侯從放齊含糊的話中聽出點味道，走出幾步才說：「你是替他擔心？」

第三章　一股明

放齊抹一把額頭上的汗，甩掉說：「恐怕他有禍。」

放齊一點撥，唐侯也覺得事情複雜，要小心，千萬別纏進荊棘窩去。沒想到麻煩這麼快就旋捲過來，想躲也躲不開。若是義仲把命擱在懸石頂上，那他心裡的希望豈不破滅啦？唐侯焦慮不安，在洞窟裡來回踱步也生不出什麼好法子，只好去見唐爺。

剛要出門，就被放齊攔住，他勸唐侯說：「先別冒失，這麼去會和族頭弄僵！」

唐侯急切地說：「咱可不能見死不救。」

放齊說：「來日方長，我們剛來，不能因為一個魔人得罪族頭。得罪了頭人，我們還怎麼在這裡待下去？」

唐侯一想，放齊說得有理，不過，若是撒手不管那義仲真丟掉命可怎麼辦？他顧不得那麼多，還是要去見唐爺。

放齊又攔他一把，說：「這樣救不下他。」

「救不下我也要盡心。我看唐爺還不像那種不通情理的霸道人。」

唐爺是很通情理，唐侯來後照護得蠻好。騰出祖窟給他們住，這可不是一般人能做到的。祖窟是唐爺他大那輩住過的，洞高窟大，是唐族堡最高的一層。站在窟前，能看清各窟；轉後去，能上到山頂。一峰分二嶺，山前山後的風光全在眼鼻下邊。大和娘過世後，族人都勸唐爺住到那兒。他不住，說二老身去魂在，不敢去打擾他們。如今，他竟然把唐侯安頓進祖窟，還吩咐唐禾，得空便過去照料。唐爺這麼通情達理，是個明白人，唐侯不信有啥話和他說不清楚。

放齊怕事情不這麼簡單，要是唐爺不聽唐侯的，就傷了他的臉面。二人一合計，還是由放齊先去探個口風。放齊一進窟，唐爺熱情請他落座，問起他們的吃住笑得像是和煦的暖風。可是一提義仲，唐爺滿臉的溫煦倏然不見了，臉冷得像是寒天的厲風，看的放齊徹身發涼。進入他耳朵的更

033

是冷冰冰的話語：「這小崽心早魔亂啦，違背天理，妖言惑眾，不懲治不行啦！」

「那不能……」放齊想說那不能在堡裡懲治嗎？話沒說出來，就被唐爺堵回去：「你和唐侯剛到，別管這燙手的事情。懲罰的事遭人記恨，就讓我背這罵名吧！你們吃好、住好就行。」

唐爺這般開明，放齊還能說什麼？不說又不甘心，先說些感謝唐爺關照的客氣話，轉個彎又想繞回義仲身上。他說：「我們來到唐族，咱就是一家。一家人就應同甘共苦。唐侯說，該替唐爺幫把手，哪能讓你一個人捱罵。」

「好，我承情，那就往後吧！這回你們先歇著，這根扎手的刺我一人來挑。不然，扎傷唐侯的手我真不好給大王交代。」

唐爺語氣和善，卻沒有留下一點兒合計的餘地。放齊是個很會應酬的人，多少麻纏事，他一出面就會理出個頭緒。可是，他還真沒什麼法子能讓唐爺回心轉意。還想說什麼，看見唐爺再無談興，他只好悻悻退出窟來。

回到自家窟裡一說，唐侯的心像被人揪扯住一般地難受。

✦ 10

巫首也沒有料到唐爺會罰兒子去懸石頂謝罪。

昨日將兒子帶去請唐爺懲治，他企圖暴揍這賊胚子一頓，哪怕亂棍打得他頭破血流，貼倒在窟裡不能動彈。孰料事不湊巧，唐爺還沒出了那口惡氣，唐侯到來，沖掉了他的一片苦心。

天很晚了，他吃不下東西，睡不踏實。四處靜得沒有一點聲音，他的頭顱還轟轟作響。他心煩意亂，就攀著天梯向高空爬去。天梯是院裡那棵

第三章　一股明

銀杏樹。銀杏樹長得真高，高得孰也看不見樹梢。他攀呀攀呀，費了不少氣力才登上高天。一抬頭，正對的竟是兩束利刃般的目光。他不敢看那目光後頭的臉色，撲倒在地就拜：「天神恕罪，是草民沒有管好小兒。」

請過罪，他伏在地上等候天神責罰。他一動也不敢動，唯恐稍有不慎惹怒天神，罪上加罪。他斂住氣，也沒聽到天神的聲音。跪過一會兒，他悄悄抬起頭一瞥，哎呀，眼睛又對了那利刃般的目光。那目光直剜他的心肝，他疼得一聲驚叫，打個寒顫清醒過來。

他不知道那是個夢，他以為真是見到了天神。醒來後並沒有擺脫天神，那利刃般的目光仍然在他身上裁割。他知道觸犯天理族規會有殺身之禍。可是，他不願兒子去死，他請求天神寬恩。豈料，天神也有怨氣。好在天神無語，他便存著一絲希望，匆忙出窟占卜，求解天神的意思。他畫了個小得不能再小的死圈，這有些違神。然而，鬼差著他就這麼畫定。

巫首緊閉雙眼，低語禱告，祈求天神明喻兒子的生死。然後將雙手伸向空中，那裡捧著一顆光滑的河蚌。手一展開，河蚌在月亮的清輝下放出淡淡的微光。隨著巫首輕輕一聲：天神明示──，河蚌落在地上，卻不偏不倚掉在那個小小的死圈當中。

啊──巫首一聲驚叫，軟在地上。

好一會兒巫首才又撐跪起來。他不甘心兒子就這麼死去，心裡忽閃一下，何不重新占卜？倒不是他要否卻這占卜的結果，是要三占二卜。他很為這突生的靈活快慰，又捧起死圈中的河蚌。這一回比上一回更為精心，河蚌下落時他有意將手一抖，果然那個精靈跌在圈外蹦蹦跳跳，他暗暗有點寬心。孰料，圈外的河蚌蹦跳著竟又鑽進圈內。巫首一頭栽在地上，徹身透心地發涼。

這一夜是怎麼過去的，巫首不記得。只記得天色亮起沒多會兒，窟外就傳來空木聲。木鼓一響，是有族令。那鼓響一聲，他驚一下。鼓聲一

停，他便聽到木殖在喊叫：族人聽著——羲仲欺神擾民，責罰他去懸石頂謝罪！

巫首卜出了兒子的殺身之禍，卻沒料到災禍來得這麼快。他打開窟門放出羲仲，雙手捧住他的臉頰，一句話也說不出來。

看著大的淚水流滿臉上的皺紋，羲仲心疼地跟著流淚。窟頂上木殖的喊聲扎耳刺心，他猛然跪倒，說：「兒子不孝，給大惹禍了！」

巫首蹴在羲仲身邊，說：「憨兒子，你就不能回頭改過，順應族規呀！」

羲仲抹一把淚說：「大，你常說神事不敢含糊，要謹遵天理，對吧？」

巫首沒答，他清楚兒子說的沒錯。

羲仲又說：「兒這麼做，是替天神布道呀，大！」

見兒子仍然犯倔，巫首又氣又急：「替天布道？替天布道天神怎麼不保你的命？」

「我……我和你說不清！」

話一出口，羲仲才發現大已軟跌在地。他撲過去，緩口氣連聲說：「是兒子不孝，不孝……」

說著，不由得泣聲流淚。

這時，皋陶來了。他是族理，唐爺讓他往懸石頂押送羲仲。

✦ 11

放齊回來後，唐侯知道唐爺已狠下心懲處羲仲，坐立不安，哪能在窟中待住？他走出葫蘆口，向山野走去。轉過一圈，沒有減輕麻煩，還增添了憂愁。對這個時候下種，能不能收了，沒有一個族人心裡有底。但說到唐爺，都眾口一詞說他是給族人主事的好頭，大夥都靠他過活呢！

第三章　一股明

　　這話語氣不重卻沉甸甸的，更為加重唐侯心頭的分量。若是遇上個不得人心的族頭，還可以和他掰個手腕，而唐爺深得族人喜歡，是不能和他撐勁的。否則，傷害了族人的心，往後真沒法扎腳啦！初來乍到就碰上這麼麻纏的事情，真讓唐侯進退兩難。

　　唐侯悶悶不語地走著，放齊明白他還是放不下羲仲，緊走兩步，挨近他說：「這事你不要太在意。咱落腳未穩，左右不了唐族，即使羲仲有個好歹，也怪罪不到咱頭上。」

　　唐侯沒好氣地反問：「你看我是怕人怪罪？」

　　「不是，不是！」放齊隨口推卻，「可咱還有啥法子？」

　　「哼！」唐侯瞥放齊一眼，氣惱地問：「難道咱就見死不救？」

　　放齊想給唐侯寬心，孰料卻吃了嗆白。他知道唐侯心神不安，沒有生他的氣，仍然不急不慌地說：「不是不救，是救不下他。」

　　唐侯越發煩躁，急切地說：「救不下也得救！」

　　甩下這句話，唐侯加快腳步，將放齊撂在後頭好遠。放齊雙手一攤，自語道：「小仔脾氣啥時才能沒了？」

　　回到洞窟時，唐禾已舀好洗臉水，等唐侯一進門就端上前來。她撂下水瓢要走，卻被唐侯叫住。雖然剛剛落腳，唐禾的風行俐落已進入唐侯的耳目，這麼精明幹練的女子他還沒見過。他問：「唐爺和羲仲這事，你說孰對？」

　　話一出唇，唐侯就有些後悔，這難題讓她怎麼答呢？豈料，唐禾接口就答：「都沒錯！」

　　唐侯不免生奇，人們論事總是有黑有白，有對有錯，哪像她這麼含糊不清，還回答得乾脆俐落？他停住伸進水瓢的手，臉上的水滴滴答答掉著，奇怪地問：「怎麼會倆人都對？」

　　唐禾毫不含糊地說：「都是為了族裡。我大怕不種餓著眾人，羲仲怕

037

種下收不到手耽誤大家，都是操好心！」

唐侯用葛麻巾擦去臉上的水，聽得直點頭。他還沒來得及說好，就聽隨後進門的放齊誇獎：「少見，少見，說得好！」

唐侯沒有誇她，跟著話頭就問：「那就不能讓你大與義仲和好？」

這話實在唐突，唐侯沒有主意，又急於救義仲，就貿然出口。唐禾搖搖頭說：「他倆的事要能管了他倆的人辦，你要管不了，孰也沒法子。」

放齊插話說：「唐侯想管，可剛來，真不知該怎麼管。」

放齊是想讓唐禾幫忙支個招，話剛說到這裡，皋陶急步進來，手裡揚起一隻兔子，鳥嘴一張，說：「這東西撞到我的臉前，被我抬腳收拾了，給唐侯祭牙吧！」

唐侯、放齊正要謝他，就聽唐禾說：「鳥嘴，你不是去送義仲嗎？」

皋陶應聲說：「省下我的腿啦，剛到二峰山你哥趕來了，說唐侯有事吩咐，你大讓他去送，我便往回走。嘿嘿，順便還逮住個活物。」

「唐侯，你找他有事？」唐禾張嘴就問。

唐侯奇怪地看著皋陶，說：「沒有啊！」

「好你個木瓜！」唐禾往皋陶頭上戳了一指頭，說：「不好！義仲蹩了，要死在我哥手裡！」

說著一拉皋陶，衝出窟去，倆人火急火急地跑走了。

✦ 12

這世上有種人被眾人視為一股明。一股明的眼光只瞅他認準的道，不左看，不右瞧，更不會回過頭朝後張望。在唐族，義仲就屬於這種人。他一心要弄清天神的規矩，痴迷得觀天以外的事啥也不過問。就說這罰他去懸石頂謝罪，孰都以為死多活少，恐怕他要把性命撂在那裡。義仲也犯

怯，見大揪心他很難過。可一走出族堡，就變換了心情。他早就想去三峰山，尤其想夜晚待在懸石頂好好看天。偏偏大說這是鬧險，死死攔擋不讓他去。

按照義仲的性情，他想做的事沒有孰能擋得住的，只是，他最怕的就是讓大擔心。大不讓他去懸石頂，他一直不敢去，唯恐獨自溜去，驚嚇著他老人家。

這日走在去懸石頂的小徑上，轉過幾道彎，義仲早忘掉這是讓他去謝罪，覺得能在那兒看高天，看日頭，看月亮，還暗暗僥倖。身邊的皋陶怕他憂慮，說些話為他寬心，他卻心不在焉，有一答沒一答的。皋陶不再多說，義仲埋頭走著，心裡卻忽閃著看過的天光。

登上二峰山，放眼望去，層巒交疊，一重一重鋪展到天邊。這些山頭，義仲在望日峰上遠遠看過不知多少回了。正對的那個峰頭他稱暖山，早晨的日頭若從那兒升起，準是草木泛綠，山花初開；稍偏南的那個高嶺，他稱熱山，日頭要是從那兒爬出來，天一準很熱，熱得滿坡滿川的葉子都蔫了，窯窟前的狗也吊著長舌頭；偏過熱山就是涼山，一大早日頭就會從那個山尖露臉⋯⋯想到這裡，義仲朝頭上搗了一拳，明明現在是涼日，為什麼當成暖日？為什麼唐爺非要大家下種？為什麼眾人還真的就去種粟？難道是自個錯啦？他心煩意亂，悶悶地走著，真想快點到達懸石頂，恨不得一下看透天神的奧祕。

皋陶見他走得快了，緊走幾步跟上來。

倆人一前一後，轉過一道山崖，聽見後頭有人喊叫。回頭看時，是且承叫喚，他快步跑過來，對皋陶說：「你回去吧，唐侯和你有事，大要我替你去送義仲！」

聽說唐侯有事，皋陶沒有多想，不然為何讓且承趕來？他轉身就走。皋陶一離去，且承就衝著義仲怒斥：「走，快走。」

039

義仲仍在想著心事，對且承的怒氣根本沒有在意，他哪裡知道，危險已經降落在他的身邊。

且承走著，義仲也走著。且承不說話，義仲也不說話。且承不說話，是要等皋陶走遠；義仲不說話，是把且承當成了皋陶，該想啥還在想啥。

轉過一座山頭，又轉過一座山頭，突然，且承停住腳步，不再走動，大叫一聲喊住義仲。

義仲迴轉身看到的是一雙噴火的目光，和兩隻攥緊的拳頭。猛然一驚，臉前這個熟悉的夥伴他簡直不敢相認，怒氣抽搐著雙頰的肉，雙頰的扭曲使長臉變橫了。嘴裡蹦出來的話，比臉頰的肉還橫：「狗松，知道我來做啥嗎？」

義仲沒回答，疑惑地瞅著他，且承接著說：「我是來收拾你的！」

「收拾我？」義仲的心猛然揪緊了。

「還用問？你個狗松快把我大氣死啦！」且承指著他的鼻尖說。

義仲明白了，且承這是要為唐爺出氣。他和且承是從小玩大的，知道他一條腸子通屁眼，沒有那麼些拐彎的心。可要是惹惱，他又是個倔牛，任孰也拽不回頭。今兒這事鬧險，真要是動了手，且承壯得像只豹子，他就是長上三頭六臂也不是對手。此時，山悄悄的，林悄悄的，一個人影也沒有，偶爾有一兩聲鳥叫，更讓這深山空曠寂寥。難道真要把命撂在這裡？義仲有點恐慌，頭上冒出冷汗。可是，冒汗也不治事，還得想法子自救呀！他定定神，趕緊為且承消火氣，溫和地說：「我哪裡敢氣你大呀？是想替他生個好法子，這是為族人好，也是為你大好啊！」

且承鼻子一哼：「球，就這好法子？我大說東，你個狗松吵西，攪得族裡亂糟糟，你還是操好心？！」

「別著急，你聽我說。」義仲平心靜氣地解釋：「我真的是操好心。你想，要是種下去收不了，族人沒吃的，還不要你大受熬煎啊！」

且承將頭一搖，又一搖：「球，你還想哄我，我就知道你個狗松氣得我大吃不下東西。」

　　義仲接著解釋：「你聽我把話說完⋯⋯」

　　且承頭搖得更加厲害：「不聽，不聽，今兒個我就是要滅掉你個狗松。」

　　且承瞪圓眼睛，裡面是凶光，這頭倔牛瘋了。義仲渾身發涼，涼得徹心透骨。看來，真要死在這瘋牛手裡。這麼死他真不甘心，觀天測時剛摸到些門道，撒手扔掉實在可惜。他不由得嘆口氣，無可奈何地說：「死就死吧，只要你大不再生氣。」

　　說是這麼說，卻覺得天地間一團昏黑。

■ 上卷 ■

第四章　他若是死了，我也不活

✦ 13

　　唐禾和皋陶從唐侯窟裡出來，邊跑邊說她哥有鬼，說不定要害義仲，要不為什麼要把他日哄回來？皋陶也覺得上了當。他撒開腿瘋跑，唯恐去晚了且承把義仲打死。剛跑幾步，就聽唐禾喊叫：「別跑，再跑也太慢。」

　　皋陶停住步說：「那怎麼辦？又沒長翅膀！」

　　唐禾眼珠子一轉說：「不是有小徑嗎？」

　　皋陶怔怔地說：「那可太危險啦！」

　　「險，也得走。」唐禾咬咬牙說：「去遲了，義仲就死在我哥手裡。」

　　倆人轉身朝小徑跑去。說是小徑，其實是攀崖。只有攀登懸崖，才能直達磐石嶺，才有可能搶在前頭截住且承他們。這可是冒險哪！以往遇到猛獸逃命，才有人拚死走險。攀登崖壁，除過猴子其他大點兒的走獸都沒有這種能耐。這樣，人們就會甩掉猛獸，保住性命。只可惜這懸崖實在太陡峭，有人一失手摔跌下去，連個囫圇屍首都沒找見。這實在是沒有辦法的辦法，為救義仲他倆連命也拚上啦！

　　攀崖是從下坡開始的，下到溝底才能往上登攀。下坡的小徑他倆不是走的，而是滑溜下去的。這溜坡也是玩命的事，他們坐在山頂順著長滿草的坡道往下滑溜，若是滑偏，別說跌在岩石上，就是碰到樹根上，也會弄個半死不活。人一急，什麼都不顧了。皋陶探準草坡，雙手向後一推，滑溜下來。看著飛滑直下的皋陶，唐禾脊背上瘆瘆的，嚇得不敢動彈。這豈不要誤事？她暗罵一聲膽小鬼，連忙坐在皋陶起滑的地方，雙眼一閉，雙臂一撐，就聽見風呼呼在耳邊響起。她微微睜開眼，只見身邊的樹木正速

速向後倒去，倒去。樹木不倒了，站直了，那是她坐在了溝底。皋陶一把將她拽起，就朝對面的陡崖緊跑。

對皋陶和唐禾來說，攀崖不是難事，從小就在山裡鑽，多麼陡的崖壁也敢攀。只是今兒這攀崖和往日不同，要速快麻利，一點兒也不敢耽擱，耽擱了就等於斷送義仲的活路。唐禾要皋陶先攀，攀上去義仲就有救了。皋陶不幹，這麼陡的懸崖他怎麼能一人先上，先走？唐禾若是有個閃失連個照應的人也沒有，不行，他堅決不攀。唐禾勸不動皋陶，只好先攀。她絕對沒想到自個會這麼輕捷。先前攀崖，她總是小心翼翼，無論是拽住樹枝，還是摳住石縫，總要抓牢靠才移步。今兒卻不同，她下手又狠又緊，手到腳移，快得出奇。隨後攀躍的皋陶也有些吃驚，唐禾輕靈地比猴子還快捷。他在下頭緊攀緊趕，累得大汗淋漓，直吐粗氣。

皋陶在加勁，唐禾也在加勁。拽著爬著，爬著拽著，臉前驀然開闊，他倆攀上了磐石嶺。

磐石嶺上有條從族堡過來的山徑，皋陶累地坐在峰頂直喘粗氣。再看唐禾，她臉紅得如同暖日的桃花，卻沒停歇，踏上幾塊石頭探頭張望。林密樹盛不見人影，也聽不見一點點響動，難道義仲他們已經過去？她焦急地伸長脖子。

✦ 14

且承沒料到義仲情願去死，他原打算和這雜種廝打一場。他壓根沒把這瘦柴棍放在眼裡，一頓拳腳就會把他揍扁，順手攛下溝去。見義仲這麼開通，他心軟了，說：「念及咱倆一塊長大，我就讓你挑個死法。你說，是你尋死，還是我把你打死？」

義仲嘆息著說：「唉！我死就死吧，可我大怎麼辦呢！」

■ 上卷 ■

　　且承一怔,是啊,義仲和他一樣是個獨苗,他死了,他大怎麼辦?轉念一想,拍著胸膛說:「你別憂心,我養你大,回去就給他當乾兒子。」

　　且承說得毫不猶豫,那實誠樣令義仲動心。他的話從來說圓是圓,說方是方,不會走樣。義仲理會且承這不是和他記仇,只是不願讓他大生氣。他真頭痛,他不是要氣唐爺呀,事情怎麼會弄到這個地步?一霎間,他如同掉在個亂柴堆裡,怎麼也難把這紛亂的東西理出個頭緒。他不能再多想,且承直愣愣瞪著他,是逼他挑個死法。他俐落地回答:「還是咱的哥們!這我就放心了,死就死。我死也不能連累你,在這裡死了,會給你惹麻煩。趕到懸石頂,我跳進溝裡摔死,就與你無關了。」

　　從內心說,義仲不想死,是有意往後拖延,看看能不能碰上個救星。退一步說,即使沒人來救,好歹也遂了他要去懸石頂的心願。要遂這心願,本來應該懇求且承,他卻拐了個彎。且承就是且承,他當成世人全是他且承,哪裡能看透義仲拐的那道彎,隨口就答應:「你個狗松也夠哥們,臨死還替我操心。好吧,就讓你活到懸石頂!」

　　說完,且承在前頭甩開大步走著,後頭的義仲費力地跟著。義仲的雙腿從來沒有這麼沉重,趕得頭上直冒汗,也跟不上且承的腳步。他像是一隻被獵人捕到手的羊,明知這是一步一步去送死,不走還不行。雖然且承手中沒有拴著他的葛繩,可也逃不脫啊!

　　腳下的小徑模糊了,義仲眼眶流出了淚水。

　　山徑越走越險。遠遠看去,僅有一條草少枝短的縫隙,這是有人鑽過的痕跡。鑽荊棘也罷,腳下若是平坦也不算難,可腳下是一塊一塊疊壓著的石頭。扎腳的地方就是那些伸翹出來的石尖、石稜。且承身健力壯,爬起來費事卻不費力。義仲就有些艱難,渾身抽掉筋似的,雙腿乏力,不知道勁頭溜到哪裡去了。爬高幾層就呼呼地喘氣,不得不停下步歇腳。且承看他走不動,只好轉過身來拽他。有好幾處的高石層,他都是被且承使勁

拽上去的。他渾身出透了汗，臉上的汗一道一道流到身上。身上的汗溼溼麻衣，裡裡外外溼透了。且承看看他這樣子，說：「爬上這個山頭，讓你個狗松喘口氣。」

說著，他又伸過手去使勁往上拽義仲。攀爬一氣，倆人汗淋淋地登上磐石嶺。

磐石嶺峰高崖竣，將眾山摟在胸腹間。大大小小的山頭匍匐下一地，像在朝拜磐石嶺這高高在上的領袖。且承爬上來滿心得意，往常大總是訓他，長不大，不成器，立不起桿子。這一回他要立根桿子，辦件大想不到的事情，讓他看看他這個兒子給他出了氣，看他日後還敢小瞧自己嗎？他哪裡會想到，抹把汗，抬起頭，卻面對了兩支利箭般的目光。

皋陶的兩眼直直地盯著且承，一言不發，卻盯得且承寒寒的，如利箭穿心。他驚疑地囁嚅：「鳥嘴，你……」

跟在且承後頭的義仲，看見了跑過來的唐禾。哈呀，救星來啦！腿一軟，坐在地上。唐禾趕緊過去扶他。

皋陶沒管義仲，他滿肚子的火氣早就憋不住了，指著且承說：「沒想到你小子也日哄人，我一直說你實守，真瞎了眼窩！」

且承紅著臉辯解：「鳥嘴，你聽我說……」

「聽你說什麼？」皋陶打斷他的話，厲聲質問：「聽你說啥？說你大讓你來換我？說唐侯找我有事？」

「不，不，鳥嘴我是說……」

且承剛說出幾個字，又被皋陶打斷：「是說我這個憨蛋，不經日哄，對吧？」

皋陶滿肚子的火氣突突噴發，嗆得且承連話也說不出來。他懊惱地坐在一塊石頭上，扭彎著頭不再吭氣。哼，真敗興！原想哄走皋陶給大出這口惡氣，真沒想到他會返回來，毀掉他的大事，還落了個日哄人的醜名

聲。他不再還口，聽任皋陶指責：「好你個小子，若不是唐禾我真被你日哄啦！義仲要是被你弄死謝不成罪，我可怎麼給你大交代？」

皋陶衝著且承火冒竄天，且承自知理虧，圪蹴在崖畔死氣不吭。唐禾過來拉起他說：「哥，咱回吧！大還等著你做別的呢！」

說著，唐禾拽起且承，推他一把朝回走去。

且承站起，擰著脖子走了幾步，突然轉身就朝義仲撲去。跑近義仲，彎腰端起一塊石頭，舉過頭頂就朝他猛砸，剛剛掙脫死亡的義仲頓時又面對了死亡。

✦ 15

且承高高舉起石頭正要往下砸，定睛一看，眼前的人變成了唐禾。唐禾可真快呀，風一般旋過去擋住義仲，眼睛一眨也不眨地瞅著且承說：「哥，你瘋啦？」

且承一愣，早被跳過去的皋陶推掉舉起的石頭。他一拳搗在自個頭上，罵：「打你個窩囊鬼，窩囊鬼！」

連搗帶連罵也滅不掉他憋屈的惱火，若不是唐禾扳住他的手，他還會一個勁地捶打。他狠狠瞪唐禾一眼，竟然一屁股坐在地上失聲痛哭。哭聲撕扯著人心，啥時候他們見過一個男子這麼放開喉嚨的哭喊？沒有，皋陶與義仲都犯怔，呆呆地站著。唐禾擺擺手催他們走，倆人才挪動腳步。

放聲痛哭也發洩不盡且承滿腔的懊惱，他太後悔啦，後悔沒有提前下手治死義仲。義仲不死，他就為大出不了氣。出不了氣，大就還要生氣。大要是生氣，那就是他這個兒子沒出息。似乎他這個兒子的出息，就是不讓他大生氣。這樣認理，未免有些太簡單，然而且承就是這麼個簡單人。簡單得好多夥伴都叫他猿人，是說他頭顱和猿猴一樣簡單。不過這猿人且

第四章　他若是死了，我也不活

承只是頭顱簡單點，從來不做什麼欺負人的事，多數場合還是像他大那樣盡心幫別人。出去打獵，往回扛獸、背禽的是他，他勁最大；下河摸魚，水最深處，最險處伸手的是他，他膽最大。這和他大有關，唐爺就是個一心為眾生辦事的好頭人。且承的橫勁來自一條道上，就是不能聽見別人說他大不對。孰說，他就和孰急，急起來就動手抬腳。他的拳腳確實惹過不少麻煩，為這唐爺沒有少對人賠好話。

這回義仲起事，若不是唐爺再三叫他別插手，他早就把這小子捶扁了。他忍著，先是閉著眼睛忍著，再是捂著耳朵忍著，後來是咬著牙齒忍著。越忍火氣越大，看看他大生氣，竟然被這小子弄得吃不下，睡不著。且承再也忍不住了，打定主意要為大出這口氣。怎麼出這口氣？從來不用頭顱的猿人居然用了一回，還真把皋陶給日哄回去，他要悄悄把義仲打死，出這口惡氣！萬萬沒想到唐禾會把皋陶弄來，毀掉他費力謀劃的大事。

且承真後悔死了，後悔沒有等皋陶一走就把義仲搋下崖去。唉，這，這個唐禾！他氣得肝能迸破，肺能炸裂，心能碎掉。

他眼睛直直地瞪著唐禾，那個凶樣實在可怕，要是換個別的眉眼他真能一口吞下去。偏偏壞他這事的竟是他從小到大一點兒辦法也沒有的唐禾。塵世上的事就是這麼奇怪，一物降一物，好比天生個貓就是來逮老鼠。唐禾和且承不是貓和老鼠，卻好比貓和老鼠，柔弱的唐禾日日降服著強壯的且承。

與其說是唐禾降服著且承，還不如說是且承謙讓著唐禾。唐禾剛被唐爺抱回窟時，小鼻子小眼，哪兒都不中看。大和娘憐她，從來不訓她，把她看的比親生的還親，一再囑咐且承：「要護好小禾。」

護好唐禾，成了且承的唯一的大事。只要是外出去玩，哪兒有唐禾，哪兒就有且承。先是唐禾跟他出去，他走到哪兒，她跟到哪兒。唐禾像是

且承的尾巴。後來正好打個顛倒,唐禾有了主見,有了玩伴,不再跟著且承。且承擔心她磕著,碰著,更擔心小仔們欺負她,倒當上了她的尾巴,跟著她,護著她。

時光真快,且承大了,唐禾也大了。大得且承更撂不下了她。族人看見這情形都說,往後唐禾就給他哥當媳婦吧!這話傳到且承耳朵裡,他猛然醒豁了,原來他心裡就是這麼回事啊!別人不說他懵懵懂懂的,話一挑明,他心頭像是點燃一團火,驀然亮堂起來。他對唐禾依隨得更緊,緊得如同一個人。唐禾變成了他的頭,他則變成了唐禾的手臂腿。唐禾說東,且承不會朝西去。擱在往常,收拾義仲這麼大的事,且承是不會獨自做主的,怎麼也要和唐禾唸叨唸叨。對於唐禾,他舌頭尖下壓不住一粒米,什麼東西也能倒騰出來。這回要收拾的是義仲,他就咽口唾沫沒有說。

這不怪且承,是因為唐禾和義仲走得太近。

怪唐禾嗎?事情也沒有這麼簡單。從心底說,哥待她實在太好,好的不是用話可以說清的。她能覺出哥就是為她而活著,只要她不吃苦,他什麼苦也願意吃;只要她不受屈,他什麼屈也願意受。族裡人說的那話,她願意,和哥一起過日子放心踏實。不過,要說喜歡嘛,她喜歡的不是哥,是義仲。義仲與且承相比,一個靈動,一個實守。實守的且承可靠,靈動的義仲會讓日子時不時就添點新趣味。人生在世,黑夜睡,白日起;餓了吃,吃了餓,這麼過確實有些枯燥。如果同義仲在一起,就會少了這份枯燥,準不定啥會兒他就弄出個新的花招,讓你感到世道還會這般美妙!

義仲迷上觀天後,唐禾對他更為迷戀。她不懂那些天意神道,可每回聽義仲說起,都覺得新鮮有趣。她向大說道義仲那事,大卻沒有當回事,只說:「祖規不可改!」

她將這話傳給義仲,義仲問她:「祖規哪裡來的?」

她忽閃一下眼睛答:「祖先定的呀!」

第四章　他若是死了，我也不活

羲仲又問她：「祖先是人吧？」

她緊追著回話：「不是人是啥？」

羲仲嘿嘿一笑說：「這不就對啦！祖先是人，咱也是人。祖先是過去的人，咱是今兒的人。過去的人就比今兒的人精幹嘛？」

唐禾不知如何回答，只聽羲仲又說：「最早的人和猴子一樣，都是四肢著地的，那也算個規矩吧！那規矩對於後人來說也是祖規，若是事事都依祖規，那咱怎麼不像猴子那麼爬？」

唐禾點點頭，羲仲見她眼睛不眨地聽，又說：「人，有生就有死，今兒很快就會成為過去，往後我們也會成為祖先，我們就不能留下點有用的祖規？」

羲仲不說了，閉住嘴。唐禾還眼巴巴地瞅著他，等著他說。唐禾好生奇怪，眼前這個人是和她一塊兒長大的，吃的、穿的和大夥兒沒有兩樣，為什麼他那頭顱裡裝的東西就那麼新奇？這世上的人真是怪，如果說且承心甘情願圍著唐禾團團轉，那麼唐禾就心甘情願圍著羲仲團團轉。這是明擺著的事，且承就是再實守，終歸不憨不傻，要收拾羲仲當然不會給唐禾說破。

且承憋屈地大哭，哭得山梁山溝滿是哭聲。見哥這麼難過，唐禾心裡又酸楚又愧疚。她挨近且承說：「哥，別哭了，哭得我心快碎啦！」

且承瞥一眼唐禾，見她滿臉是淚，心頓時軟了，他忍住哭，怨怪地問：「小禾，妳說大和我，哪一點對妳不好？」

唐禾懇切地說：「都對我好，要不我哪能活到今兒個？」

「那妳怎麼手臂肘總往外彎？」說出這話，且承都覺得奇怪，啥時候自個也變得能說會道了？

且承真把唐禾問得無理可辯，她愧疚地說：「哥，你別說啦，是我不對。」

「這便好。」且承抹掉淚說:「我就知道妳懂事,不會繞在黑洞不出來。妳挪開,讓哥把羲仲那雜種除掉,好好給大出口氣。」

唐禾知道哥還窩憋在這裡,她頓一下說:「大讓你除羲仲?你別給他弄下亂子!」

「我給大出氣能弄下啥亂子!」

唐禾的心驀然提起,趕緊給哥解釋:「羲仲不是有意氣咱大,他辦的是正當事。」

聽唐禾這麼一說,且承剛剛熄滅的怒火復又燃起,他橫橫地說:「怎麼手臂肘又彎出去啦?哼!我就是要除掉這狗松。」

唐禾見且承犯渾,知道一時半會兒說不清楚,沒再張嘴。且承以為說服了唐禾,轉身又往山上走,邊走邊說:「等哥打死羲仲咱再回!」

唐禾慌了,脫口即說:「羲仲若是死了,我也不活啦!」

那聲音驚得且承不敢再動,他定定地瞅著唐禾,像瞅著一個從來也沒見過的人。

✦ 16

攀上懸石頂,羲仲甩掉剛剛過去的虛驚,觀天的心思悄悄主宰了全身。

懸石頂就是不一般啊!磐石嶺已經很高,頭上不再有山峰,卻還有一棵挨一棵的樹木。人再高也高不過樹去,樹在人上頭。這懸石頂高得連樹木也不長,上翹的是石頭,斜伸的是石頭,還是一整塊碩大無比的巨石。人站在石上,就是站在山巔峰尖,高得不能再高。看嶺,嶺在腳下,看峰,峰在腳下,更別說那些樹木花草。人在這個塵世上,雖然很渺小,卻可以站到最高處。

第四章　他若是死了，我也不活

　　義仲猛然明白了為什麼唐族要罰人在這裡謝罪？不就是因為懸石頂離天最近，天神看得清楚嗎？不過，令義仲慶幸的不是天看得清他，而是他看得清天。他早忘記是來謝罪的，卻在謀劃怎麼能把頭上的青天看得一清二楚，連皋陶和他說些什麼都沒有聽進去。

　　皋陶將義仲送到懸石頂便要回返，按照族規，謝罪只能一個人跪祭，任何人待在旁邊都可能擾亂天神。皋陶不能在這裡耽擱，必須回去，再遲會要摸黑，一個人在山裡走夜路實在可怕，說不定會碰上猛獸，成為牠們的吃食。即使僥倖碰不上，黑咕隆咚若是一腳踏空就會摔下深溝，死也落不下個囫圇屍首。皋陶要走，卻撂不下義仲。他一個人孤零零的，山高地偏，夜晚什麼惡獸不敢來？他深知義仲面臨的凶險，告訴他撿些石塊護身。義仲答應著，卻應得心不在焉。皋陶看看義仲痴迷地四處張望，就撿些碎石送過來。撂下後，他催義仲再撿一些，這才惴惴不安地離去。義仲去撿石頭是突然發現日頭快落下去，不撿就看不見了。撿起一捧，撂下又要去撿，猛一抬頭面對了青天。一見青天，他那臉轉不動了，痴痴地呆看著，怎麼也不會想到死亡正在朝他襲來。

　　義仲把什麼都忘了，他心裡只有頭上的高天。為什麼日頭掛在頭頂時又圓又小，卻亮豁得很，還照得地上光燦燦的？為什麼日頭彎過頭頂往下落時，越落越偏，越偏越大，不那麼亮了，卻紅得比火還要紅？

　　義仲這麼想著，那日頭已落在西邊的山尖，活像個巨大的人頭。要是人有這麼大的魔力該多好啊！他就站在那魔力染紅的色彩裡，興奮得手舞足蹈。日頭忽兒一閃滑落下去，只剩山尖還在那兒，卻漸漸變褐。義仲思索著這天地間的變化，黑夜不知不覺覆蓋了群山。

　　懸石頂上黑得除過頭上的天空什麼也看不見了，看不見高峰，看不見谷底，一團漆黑把義仲包裹在當中。他有點犯怵，這才想到還應該再撿些石塊。可惜撿不到啦，石頭早被漆黑掩蓋嚴實。黑暗中的義仲有點沮喪，

不過只一霎，他不僅不再沮喪，反而更加興奮。那是因為，天又變換了模樣，不再那麼黝黑，黑中透藍，藍天上閃爍著無數晶亮的星星。那星星有大有小，有稀有密，布滿整個天空。比在望日峰看到的大多了，發出的光一閃一閃明晃晃的。羲仲不敢像往常那麼久久地去瞅，一瞅就刺的眼睛發澀，只能瞇縫著去看那一個個小精靈。

羲仲興奮地仰臉張望，忽然目光滯住，停在那條星光輝映的溪流上。不，那光縷比溪流要大，要寬，活生生是條河。哈哈，天上也有河，自然就是天河。他早已觀望過好多日子，這天河若是南北時，地上就生暖發熱；若是東西時，地上就發涼變寒。現在天河已偏向東西，很快就要生涼變寒。這哪裡是下種的時日？可是，唐爺偏偏命令族人下種，這不是自尋倒灶嗎？

撲通一聲，羲仲跪在地上。他仰頭望著高天喃喃祈禱：

「天神啊，羲仲是個草民，絕不敢冒犯你。我知道你魔力無限，奧祕無窮，只是想探知一些，讓族人過好日子。若是冒犯了你，請你不要記恨。若真要治罪，你就治我羲仲，千萬不要給我們族人降下災禍……」

羲仲雙手揖禮，誠心誠意祈禱著。祈禱完，雙手扶地連著磕了三個頭。

磕過頭，羲仲側耳聆聽，想聽見天神的回應。此時，山很靜，溝很靜，滿天的星星也很靜。風也停息，一絲響動也沒有。虔誠的羲仲卻什麼都沒有聽到，身邊只有比黑暗還濃重的寂靜。

突然，羲仲的心顫抖了一下。有了聲音，卻不是天神的聲音，那聲音就在附近，雖然不高，卻令他禁不住發抖。

嗚——嗷——，嗚——嗷——

啊，是狼！

狼在嚎叫！

第四章　他若是死了，我也不活

狼來了，義仲慌忙躍起，竄到石塊前面。如果是一隻、兩隻還好對付，可那叫聲顯然是在呼喊同伴，真不知牠們能來多少。他匆忙伏在石頭邊上，他的命全靠這些石塊。危險來臨，義仲後悔了，後悔沒有聽皋陶的話多撿些石頭。現在晚啦，後悔也不頂事。啊，一隻狼已在數十步外死死瞅住他，兩隻眼睛放著賊亮的綠光。

天神沒有罪罰他，惡狼卻會吃掉他。義仲明白了，腿不由得打顫，手也在抖。他告誡自個沉住氣，不要驚慌！不然，要是被狼吃掉，唐爺還會以為你有罪，真被天神收走了。那麼，族人就難以清醒，還會有人被罰來謝罪，還會有人在這裡被狼吃掉，這倒楣的族規就還會繼續害人。對，不能死，他的心硬成了腳下的巨石。他長吸一口氣，吞進肚子，咬緊牙，握緊拳。

狼，不會明白義仲的心思。牠那綠光一掃，再一掃，挑釁地嚎叫一聲，見對方沒有一點兒動靜，當成是個軟蛋，害怕牠，猛然一跳向前撲來。狼失算了，頭上立即捱到重重的一擊，砸得牠一陣暈眩。正想這是什麼東西，脖子上又捱了一下，疼得牠嗷嗷尖叫，轉身就竄。義仲鬥勝啦！如果就這麼一隻狼，那麼義仲用兩塊石頭就保全了他的性命。可惜，事情遠不這麼簡單。這隻狼的嚎叫喚來不少同伴，轉身逃跑的牠壯起膽，張牙舞爪踅轉回來。

夜太黑了，義仲看不見群狼聚合撲來，看到的只是一點又一點的綠光。綠點晃動著變大，他知道是狼群步步逼近。先撲過來的還是那隻捱過打的狼，背後有同夥跟隨，牠燃起復仇的欲望，狂風般疾進。義仲揚起手臂，就要投擲手中的石塊，然而，石頭未出手他卻垂下手臂。不能扔，他的石塊有限，狼是一群，不能隨便擲出任何一塊。他用手中的石頭敲打腳下的巨石，巨石發出清脆的響聲。這聲音在山谷裡一迴盪，渾厚得像是猛虎怒吼。捱過打的那狼四肢一縮，調頭回竄，碰撞著竄近的狼群，嚇得群

狼退後就跑。那簇綠光看不見了，義仲膽氣更壯。

群狼退跑出沒有多遠，放慢步伐，停住腿。扭轉頭沒見什麼猛虎追來，更沒有遭受什麼打擊，隱約覺得是一場虛驚。狼當然不願意受這無辜的驚嚇，轉身就又撲來。不過，義仲眼中的綠光不是一簇，而是兩縷。很顯然，群狼不再冒失，將這條狼派來試探虛實。若是受到攻擊，群狼就會退逃，不至於全受傷害。狼，詭詐著呢！

這一招令義仲始料不及。如果義仲以石擊狼，如果還真能擊中要害，那麼，他就大獲全勝，他和群狼的打拚便可以結束。然而，義仲太珍惜那些石塊，每一塊石頭他都要用在緊要關頭。來了一隻狼，還值得使用這麼珍貴的石頭嗎？不，大可不必。他沒有用，他認為叩擊幾下就能嚇跑群狼，難道還嚇不跑這一隻狼嗎？因而，撲過來的那隻狼沒有捱了石塊，只聽到和剛才一樣的雷霆般轟響。

狼不再朝前猛撲，迅速調轉肢體，卻沒有逃跑。雷霆仍在響，卻沒有什麼猛獸追來，牠扭轉頭，用兩縷綠光探視著義仲。義仲看到那綠光，緊敲幾聲想嚇住那廝，頓時雷霆滾滾響起。孰料，那狼非但沒有被震住，還看穿了義仲是在虛張聲勢。牠前肢一蹾，調轉身體，疾速撲向義仲。無論義仲怎麼敲擊，那狼毫不減速，義仲只好投出手裡的石塊。

好，打中了，狼尖叫一聲就往後退。但是，退後的狼沒走多遠，就與後頭那些綠光會合在一起。牠那一聲尖厲的嚎叫重新聚合起群狼。狼群很快發動衝擊，義仲睜大眼睛，恨不得雙眼也能像狼那樣放出綠光。狼群很快逼近，更近了，義仲還是捨不得扔出他珍愛的石頭，他趕緊敲擊。

山在轟鳴，溝在回應，山野雷霆大作，響成一團。然而，群狼絲毫沒有被嚇住，緊跟著朝前猛撲，那些綠光倏然近前。不打不行了，義仲投出一塊石頭，打中了，捱了石頭的那隻狼尖叫著停下爪子。可旁邊的狼仍然朝前撲，他又投出一塊石頭，又是一聲尖叫，又打中了一隻狼。可惜一塊

第四章　他若是死了，我也不活

塊石頭只能讓狼傷痛，卻無法讓狼倒地斃命。傷痛的狼更為憤怒，一隻一隻發瘋地朝前猛撲，猛衝。義仲手裡的石頭一塊接一塊投出去，讓狼一聲接一聲不斷地尖叫！他激憤了，越投越快，越投越猛，狼的尖叫聲一聲比一聲高。

驀然，義仲停住手，低頭一看，哎呀，地上一塊石頭也沒了。看著凶猛逼近的群狼，他絕望地仰天大叫：

天神，救我──

懸石頂迴響起驚心動魄的呼號：

天神，救我──

第五章　遇事要一心，要用頭顱

✦ 17

　　唐禾拽著皋陶跑出洞窟，放齊鬆了口氣，對唐侯說：「你看有人救義仲，別再擔心！」

　　唐侯沒有回應，放齊一看，他的雙眉擰得更緊。放齊又勸說：「你看到了吧，為義仲操心的人多著哩，你別那麼擔心。」

　　唐侯擺擺手說：「大意不得。你不是打聽過嘛，先前去懸石頂上謝罪的人有幾個活著回來？」

　　放齊無言回答。打聽的結果他已給唐侯說過，被罰去謝罪的人沒有一個活著回來的。族人說，都因觸犯族規被天神殛殺啦！他怕唐侯擔憂，寬心說，先前那些都是有罪的人，這義仲嘛，沒有作惡，天神肯定不會殛殺他。唐侯還是放心不下，他說：「你以為那些惡人真是天神殛殺的？我看不像。懸石頂遠離族堡，山高地偏，野獸成群，依我看那些人也可能是餓獸啃食的。」

　　放齊一眼盯住唐侯，疑惑地問：「是嗎？你怎麼能知道？」

　　「你不是說，謝罪的人成了一具白骨嗎？」

　　「是這樣，收屍的人都這麼說。」

　　「你想，就算是人有罪，天神該殛殺，可天神不是野獸啊！野獸要吃肉，天神總不會也吃肉吧？那為什麼人會成了個骨頭架子？」

　　唐侯見放齊眼睛瞪得更大，也有了疑問，便肯定地說：「我看那些罪人不是被天神殛殺，都是被餓獸吃掉啦！」

　　放齊聽得心服口服。他不為謝罪的人死去犯疑，卻犯疑唐侯怎麼突然

第五章　遇事要一心，要用頭顱

間長大了？看來以往包攬的事情太多，總以為他小，事事擋在前頭。日後他再不能像在陶族主那麼多事，幫把手就可以。想到這裡，他說：「對頭！那麼，下一步怎麼辦？」

「怎麼辦？這不明擺著嗎，義仲一人待在懸石頂也會被餓獸吃掉，必須救他！」

「怎麼個救法？我們若是前去，唐爺肯定會知道，那不就和他鬧翻啦？」放齊怎麼想這救義仲都無法下手。

唐侯不說話，在窟裡來回走動，忽然停住說：「是這樣，我們要救義仲，還不能和唐爺鬧翻。」

放齊無奈地說：「可是，哪裡會有這麼兩面都好的法子？」

唐侯沒有回答，又在窟裡轉過一圈，才問：「你說我們那後續人手能走到哪兒？」

「估摸今兒個該到啦！」放齊應道。

唐侯說的後續人手是他從陶族帶過來的能人。接到父王的命令，他攜著放齊就走，囑咐這些人，收拾用品，隨後趕到。聽放齊說他們今兒個能到，他一拍大腿，說：「這便有了法子！你趕緊去堵截他們。遇到，就讓后羿抄小徑上懸石頂，無論如何要在日落前趕到。」

「好主意！」放齊禁不住叫好。

唐侯接著說：「告訴后羿，先不要驚動義仲，若平安無事便不要露面。真有惡獸撲來，就出手救命。你對他說清楚，不管使什麼招數一定要救活義仲。」

「好！」放齊說：「我安頓走后羿，即隨大夥兒一同回唐族，孰也不會發現我們派人去救義仲。哈哈，好主意！」

「就這樣，快去吧！」說著，唐侯將放齊送到窟外。

放齊不敢鬆氣，他怕後續人手走近唐氏堡被族人發覺，撒開腿小跑，

抬頭時已趕到虎跡坡。看看跑出族堡很遠，這裡又有拐往懸石頂的岔道，才坐在石頭上喘息。不多會兒，坡下響起腳步聲。

遠遠望去，走在前頭的就是后羿。別看他個頭不高，抬著頭，挺著胸，腳下步步生風，透著一股精幹氣。他手挽彎弓，背掛箭袋，一看就是個百裡挑一的好射手。

后羿的父親是大羿。大羿是個遠近有名的射手，天上飛的，他搭箭就能射下來；地上跑的，他挽弓就逃不脫。族人無不佩服，都把他尊為射手的領頭。后羿很小就喜歡射箭，拿著他大做的小弓短箭，成日都不鬆手。他先射粗樹幹，再射細樹幹，後來就射樹葉，練得箭箭射中。還比大人矮一頭，他就隨族人出獵，見到野兔，挽弓放箭，沒有一箭會落空。他箭法超群，臂力出眾，族人早就誇他是個神射手。

放齊跑步迎上去，將后羿拉到一邊，耳語幾句，后羿即說：「明白啦，這就去。」

說罷，就朝斜入山嶺的小徑走去。剛走兩步，回過頭說：「逢蒙，你跟我走吧！」

后羿一喚，人群中走出個稚氣未退的小仔。別看他還沒成年，卻是后羿的徒弟。后羿成為神射手，不少人都想跟著他學射箭，他選中的卻是歲數最小的逢蒙。逢蒙嘴巧，說出的話像是從花蕊中溜出來的，黏著蜜似的甜；逢蒙手巧，折根柴枝三扭兩削就是一支箭。后羿看中了他，帶在身邊還是個幫手。就這麼，后羿收下這個徒弟，他走到哪裡，逢蒙都跟在屁股後頭。人們笑說，逢蒙是他的影子。今兒上懸石頂，后羿也沒忘記帶上他的影子。

逢蒙這影子可比真影子有用。離開大夥，后羿和逢蒙抄小徑疾行，逢山攀山，遇澗涉澗。機靈的逢蒙如同一隻猴子，跑得比后羿還快。碰見陡峭的巖壁多是他先上去，探好扎腳的石頭，后羿才往上攀。這就省了不少

工夫。他倆趕到時，皋陶和羲仲還沒有來。后羿匆匆看過懸石頂，一拽逄蒙溜進後頭的山窩，找下個能隱身的巖洞。

他們早跑累了，真該躲進去好好歇息歇息。可是，這會兒哪裡歇得住呢？稍稍喘口氣，后羿便和逄蒙出來撿柴，撿那些從樹上掉下來的枯枝乾葉。山僻林密，樹下鋪著一層柴葉，很少有人在這裡撿拾，他倆撿柴很是容易。撿一捆，抱進洞；再撿一捆，又抱進洞。看看堆積的不少，方才住手啃了幾口乾糧。這時，外頭傳來響動，聽著踢踢踏踏的腳步聲，便知道是皋陶帶著羲仲來啦。后羿和逄蒙不再出洞，從那些樹枝中挑選些溼的，硬的，折削做箭。天快黑時，他們面前已擺好一堆。

天黑定了，伸出手連指頭也看不清楚，后羿和逄蒙才悄悄將柴枝抱到預先看好的闊石上去。即使再輕巧，柴枝落地也有些響聲，只是羲仲一心觀天絲毫沒有發現他倆。擺好柴草，星光在頭上開始閃亮，天不再那麼黑。他們剛挪後不遠，就聽見一聲狼嗥，匆忙隱身站穩，準備放箭。

后羿的箭沒有射出，逄蒙的箭也沒有射出，那是他們看呆了。黑暗中的羲仲鎮定機智，看得他倆無不吃驚。若不是面對群狼，若那狼僅是一隻兩隻，牠們肯定不是羲仲的對手。可是，狼確實太多，他倆怕羲仲出意外，不約而同挽弓搭箭……

✦ 18

晚飯吃得有點沉悶。

往常都是各吃各的，今兒個唐禾端上吃食，唐爺說：「叫妳哥過來吃吧！」

且承過來，唐爺想說什麼，卻沒說，只讓他坐下吃。且承知道大有話要說，又不知要說什麼，心裡揣摸著，莫非去害羲仲的事漏了風？又一

想，小禾肯定不會給大說，怎麼會透風呢？邊揣摸，邊吃，吃不出滋味，也不敢多嘴。看見大撂下陶碗，便說：「大，你多吃點。」

唐爺打個嗝兒，說：「就知道多吃，唉……」

這些日子唐爺實在心煩，不光是煩義仲。義仲惹煩他，他可以對人說，還可以懲治他。他煩的這件事只能擱在心上，無法對人說，更不能去懲治。他煩的是孰來接替他這個族頭。按說，他老啦，兒子接手便是順事，族裡就這麼個規矩。可是，他對且承這個兒子總不放心。他常想，兒子是個做現成事的料。你讓他幹活，他有的是勁，也肯出力氣。不過，這治理族人不能光憑力氣，要憑頭顱啊，遇事頭顱裡要能蹦出法子才行。不好撥弄啊，七股八叉，不出這事，就出那事。他動了一輩子頭顱，族裡才撲騰出這麼個眉眼。剛把討吃的人弄回來種地，卻又跳出個義仲擾害。他威震了這麼多載，族裡還有人隨著義仲那股風頭轉，要是換上且承主事還不亂了套嗎？他禁不住又嘆一口氣。

且承看著大連聲嘆氣，就說：「大，是我不好，給你出不了氣！」

他是急著給大寬心，唐爺一聽卻犯懵，這是哪兒對哪兒啊？就問且承：「出氣，出什麼氣呀？」

「還不是義仲那狗松惹大生氣啊，除掉他，你就氣順了！」

「你？」唐爺瞪住兒子，瞪過一霎才緩口氣說：「你怎麼就不想想，出口氣族裡就能順當？」

聽了大的話，且承不由得發懵，他真不清楚大這話的意思，連忙問：「那不出氣，怎麼辦？」

唐爺連且承也不看，再嘆一口氣，說：「去吧，你。」

且承出去後，唐禾收拾起東西要走，唐爺把她叫住。唐禾轉身坐下。她知道大有話要說，坐下等著他開口。大那嘴緊閉著就是不張，只用眼睛撫著她。往常，撫她的不只是目光，還有他那一雙手。她笑的時候，那手

第五章　遇事要一心，要用頭顱

逗弄得她笑得甜脆；她哭的時候，那手可以撫去她的淚水，撫出她的笑臉。如今她長大啦，儘管她在大面前從不拘束，大卻不再像以往那樣逗弄她。好一會兒大都沒有說話，似乎有什麼難以張嘴的事情。唐禾啥會兒讓大作難過呢？她說：「大，你有啥就直說，小禾是你帶大的，別說現在，就是再大也是你的小禾。你的話，我準聽。」

唐爺嘴角一咧，剛露出一點笑，卻又斂住，說：「當真嗎？」

「當真。」唐禾俐落地回答。

見唐禾這麼爽快，唐爺稍微輕鬆些。他遲遲張不開口，是怕說出的話掉在地上，丟他的臉面。這事關乎著唐禾的終身，他要把她嫁給且承。早先，族裡人嚷過這事，見到且承領著唐禾走動，有人逗說：「且承，領的孰呀？」

且承答：「小妹！」

那人說：「不對，是媳婦吧！」

且承記住了這話，娘再喊她領小妹玩耍，他就說：「不是小妹，是媳婦。」

娘就說：「別瞎說，再說我抽掉你的舌頭。」

且承不敢再說，族人仍然在說。後來，倆人都大了，族人不再瞎說，娘卻說：「他大，就讓小禾跟且承過吧！且承實守，小禾能替他拿些主意。」

且承娘說得對，唐爺甚而覺得，小禾要是個男子，他就毫不遲疑地讓她來當族頭。偏偏陰差陽錯，小禾錯成個女人身子，而作為男子的且承卻撐不起個架子！他倆過在一起對孰也好，對家裡，對族裡都好啊！且承娘說這話時已躺下撐不起身，是在交代後事，也是說她的心思。唐爺點頭答應，她安心地閉上眼睛。應是應下，唐爺卻明白強扭的瓜兒不甜，若是唐禾沒有這個意思，硬讓她跟上且承也過不好日子。這事一直窩在他的心裡

061

沒有出唇，是覺得茬口不到。窩到現在，實在不能再拖。唐侯來了，還帶來那麼多精明人，難道要把這唐族交給外人？真不能再拖下去，唐爺乾脆一口氣將心思全吐露給唐禾。

唐禾對這事沒有感到意外，她覺得遲早會有這一天。不過，她沒有想到今兒個大會把這事給她亮明。她不止一次掂量過這事兒。小時候，別人說她是且承的媳婦，她想哥把她照護得這麼好，就應該當她的媳婦。長大後，心裡活泛啦，要她挑男人，她就挑義仲。可這念頭一閃，她就心跳，覺得對不住哥。哥是天下難找的好男人，沒有啥事兒不依她的，你要他的心，他都會掏出來給你。哥的心思她完全明白，也知道她不吐口，就是陪她到老他也不會說的。

唐禾橫下心跟著哥過日子。主意一定，她還告誡自個再不要胡思亂想義仲。不過，唐禾想得有點過於簡單，她不明白為什麼頭顱直著走，身子卻會拐了彎。義仲的影子不時還在眼前閃，閃著閃著，就想去找他。找他做什麼？沒事，見了面，說兩句鹹不鹹淡不淡的話，她心裡溫乎乎的，夜裡睡覺就甜蜜蜜的。唐禾為這難過，不止一次罵自己下作。罵是罵卻改不掉，以後少不了再下作。

唐爺把這事亮明，唐禾先是一咯噔，眨眼間就定下心。大哪是說話？是伸手拽扯了唐禾一把。大是把她從泥沼裡往外拉，要不她還真難自拔。是呀，今後不必再為這事費心勞神，唐禾輕鬆了！她爽快地回答：「大是為我好，哥對我更好，沒說的，我就跟哥過日子。」

唐爺繃緊的臉上露出笑容，對唐禾的心思他做過很多猜想，唯獨沒有想到她會這麼開通。在唐爺看來，這是他倆的終身大事，也是整個唐族的大事。只有把他倆捆綁在一起，擰成一股繩，才能左右族人。為這事他謀劃過不是一日兩日，話不說破，就如一團烏雲籠罩在頭上，雖然不重，卻憋悶地難受。唐禾這麼痛快地應承，像輕風吹過，把罩在他頭上的那團烏

■ 第五章　遇事要一心，要用頭顱 ■

雲早不知刮到哪裡去了。頓時天開地闊，唐爺全身鬆豁，連聲說：「好，好！快叫妳哥，我還有話要說。」

這一日，且承實在太高興啦！他早就想和小妹說破這事，可就是張不開嘴。他只有一個心眼對她好，等著她說。他等的日子不短了，就是等不到這句話。他早就打定主意，小妹一日不說他等一日，一載不說他等一載，一輩子不說他等一輩子。沒想到今兒個大替他把話說破，更沒有想到小妹和他竟是一樣樣的心思，他興奮得滿臉通紅，渾身燥熱，卻不知該說什麼，坐下靜靜地聽父親吩咐：「你倆心思相投就好。趕明兒我讓巫首掐算個吉利日子，為你們合鋪。這事你倆不用操心。」

唐爺停一下，歇口氣，接著說：「我要對你倆多說的是，我歲數大了，往後族裡要由你們主事，這是遲早躲不過的。從現在起，你倆要多合計，不是合計那些雞毛蒜皮的小事，是要合計族裡的大事，無論如何不能讓唐族塌掉架子。若是塌了架子，別的族就會小看，就會受欺負。要想再撐搭起來可不是容易的，記住。」

且承接話就說：「記下啦，大。」

唐禾沒說啥，只點點頭。

唐爺瞅著且承又說：「我不放心的就是你，你總是用氣力做事，做事不用力不行，可光用力也不行，還要用頭顱。什麼也可以閒著，唯有這頭顱是不能閒的。小禾就比你強，她會用頭顱。你倆要撐成一股繩，記住，到什麼時候也要一條心。如果你倆各做各的，那族裡就會亂套，就會塌架子。」

且承和唐禾靜靜聽著，只怕有一言半語裝不進心裡去。唐爺說完，要他倆也說說想法。且承接著就說：「大，我沒啥說的，你說怎麼辦就怎麼辦。」

唐爺止不住苦笑了，笑著說：「不要忘記你有自己的頭顱。」

唐禾眨眨眼睛一動不動地瞅著大，大對她說：「小禾，妳說說。」

「這些日，這些日……」話一出嘴，她有些後悔，就停住，直直地看著唐爺。

唐爺從來沒見唐禾這種吞吞吐吐的樣子，對她說：「有話就說，怎麼突然怕起大啦！」

唐禾輕聲說：「我是怕你生氣。」

「我不生氣，大這一輩子啥世面都經過，哪能生氣呢！你說吧！」唐爺催她說。

「那我就說啦！」唐禾就把心理話倒出來：「我覺得這些日子族裡亂糟糟的。」

「是亂，都是義仲這小崽子攪害的，謝完罪就好啦！」唐爺不迴避族裡的紛亂，對收拾這亂攤子他蠻有把握。

唐禾聽見義仲心頭一揪，不知為何她還是丟不開那份牽掛。她瞅一眼唐爺，見他沒有生氣，又說：「我還有話想說。」

「說吧！妳和大還繞彎子？記住，大怎麼都不會怪罪妳們！」

「那我就照直說。」唐禾換口氣說：「大，你就沒想過義仲說的那意思？」

唐爺隨口就答：「我不能想。」

「為什麼呀？大。」

唐爺的話說得直截了當：「我下令在前，說出去的話，潑出去的水，收不回來。」

唐禾驚奇地問：「那要是義仲的話沒錯呢？」

「那也沒法更改。當族頭就不能隨著族人的風聲來回倒，倒來倒去，族人孰還會服帖你呢！」唐爺把累積在肚子裡的世故傾倒出來，可唐禾聽得糊里糊塗。見她犯懵，唐爺又說：「記住，族人只能聽族頭的話，不能孰的話也聽。要不，人多嘴雜，就會生亂。近日這事妳們都看到了，我說

得沒錯吧？」

且承搶過話頭就說：「大說得怎麼能會錯呢，沒錯，沒錯！」

唐爺見且承這樣，不知該搖頭，還是該點頭。話到這份兒上，還能怎麼說？唐爺就讓他倆去歇息。他們未走，他又叮囑：「還是那句話，遇事要一心，要用頭顱，記住。」

且承和唐禾說聲對，退出大住的那窟。

✦ 19

天神啊，救我 ——

羲仲扔出最後一塊石頭，發出絕望地喊聲。

喊過，轉身就往懸崖邊跑。他清楚喊也是白喊，天神不會救他，這偏遠的山野不會有人救他，他死定了。不過，死也不能被狼吃掉，他要跳下深溝，讓族人無法收到他的骨頭，讓他們明白不是天神殛殺他，他是摔死的。他甩腿就跑，幾步便跳到崖畔，抬腳就要往溝裡跳。可就在這當口，他聽到一聲回應：「不要怕，我來啦！」

絕望的羲仲一驚，收住腳，難道真會有人來救我？再一聽，可不，山谷裡仍然迴盪著響亮的聲音：

我來啦 ——

這聲音波及開去，迴盪過來，在山谷裡一次又一次迴響：

我來啦 ——

我來啦 ——

喊聲沒停，群狼不再朝前撲，慌亂地回過頭後竄，是后羿的利箭已射中一隻狼。中箭的狼不像捱了石頭，石頭砸在身上傷的只是皮毛，疼一疼就會減輕。利箭射傷的不光是皮毛，還有肌肉。何況后羿勁大，穿透肌肉

的利箭傷到狼的內臟。那狼又蹦又跳，疼痛非但沒有一點點減輕，還栽倒在地上。這隻狼哀叫一聲剛倒，又一隻狼哀叫著倒下。接連栽倒的幾隻狼，都疼得嗷嗷尖叫。群狼大為恐慌，互相碰撞著朝後退去。

真沒有想到會絕處逢生，義仲往過跑來，大聲問：「是哪位恩人救我？」

后羿上前答話：「是我。」

黑暗中互相看不清眉臉，但后羿話音剛落就聽見義仲撲通一聲，跪在地上，連聲說：「恩人，我給你磕頭！」

后羿俯首扶起義仲，說：「莫磕，要磕，磕給唐侯，是他讓我們來的。」

這時，逢蒙也跑過來，和師父一塊扶起義仲。只聽義仲問：「唐侯初來，怎麼會想到救我？」

后羿告訴他，要說話長，狼群不會甘心敗退，還要撲來，我們鬥過狼再說。果然，三人一瞅，遠處那些綠光又往一起聚集，簇擁，轉眼工夫綠點由小到大，腳爪踏地的聲響也聽得到真真切切。接著，傳來一聲嚎叫，叫聲未落，群狼狂風一般猛撲過來。后羿挽弓搭箭，彎臂一拉，就見綠光散亂，有狼嚎叫。連射幾箭，狼群不敢再往前撲，可也沒有後撤。后羿明白這些精賊是在試探虛實，如果知道就這麼幾個人，撲過來全都活啃了。他果斷地說：「點火！」

蹲在柴堆邊的逢蒙立即擊打火石。火石迸發的火星四處飛濺，濺到一捧枯葉上。他小心翼翼地握住，輕輕搖動，很快枯葉冒出淡淡的煙霧。

看到煙霧的群狼，像是第一次聽見義仲叩擊石頭那般恐慌，不知該進，還是該退，目光猶疑地瞅著頭狼。頭狼，怒火中燒，好幾個夥伴都被利箭射傷，牠恨得能把牙齒咬斷，決意穩住大陣，再撲過去。群狼看見頭狼斷然不動，壯壯膽稍微沉定些。可就在這時，又飛來一箭，又響起一聲

哀嚎。尖厲的哀嚎聲未散，那股淡煙驀然一噴，變成一團火。火光照亮近旁，那隻哀嚎的狼在地上疼痛著掙扎、呻吟。群狼膽怯怯地想要逃跑，頭狼卻仍咬牙硬撐，要撐住看個究竟。可惜，牠失算了，一轉眼那顆紅亮的火球，變成一團沖天的烈焰。烈焰熊熊，映紅半個山峰。頭狼撐不住了，顧不上下令後撤，掉頭就跑。

狼群敗退啦！

羲仲獲救啦！

狼群不敢逗留，逃竄到遠處，闊朗的懸石頂恢復了原先的寂靜。羲仲靜下心來觀看長天，有后羿這位神箭手守護，他再沒有什麼害怕的。

天漸漸泛亮，狼群沒再敢來。可是，孰又知道狼會不會再來？倘若再來，后羿和逢蒙能不能鬥過牠們？

第六章　攔魂

✦ 20

　　明天羲仲謝罪就夠三日了，天已烏黑，唐爺還沒有睡意，便讓且承去叫皋陶，他要早些安排後頭的事情。且承一去，他禁不住發笑，嘿嘿，明日的事情一完，看你們孰還敢在族裡搗亂？

　　唐爺發笑不是沒有道理的。往常謝罪的人，哪一個活著回來過？沒有，一個也沒有。唐族的規矩是，既然謝罪，就要讓天神動心。天神動了心才會饒恕族人。但是，很少有寬恕罪人的。天神怕他再在人間禍害，就拿上天去罰他受苦，專門為大神打水、掃地、劈柴。這就是神殛。不過，天神只收罪人的魂魄，不帶他的屍骨。這需要人們去送。人們去送，怎麼送上天去？天路倒是有，懸石頂後有棵檜樹，筆直高大，身幹粗壯得好幾個人也抱不住。站在根上，看不見頂梢，眾人說那是天梯。按說踏著天梯就能上天，偏偏孰也沒有那麼長的手臂，摟不住那樹怎麼上得去？看來天梯不是給凡人預備的，只能供天神上下。族人上不去就不上了，不再背著屍骨白費力氣。

　　唐族人有祖先傳留下的送屍骨辦法——火升，也就是堆些柴枝，燃火奉送。等火焰沖天燒起，眾人都跪在地上，跟著巫首高誦：

　　天神靈聖，

　　族民虔誠。

　　奉上屍骨，

　　庇佑眾生。

第六章　攔魂

巫首誦一句，族人誦一句，誦過，巫首高喊：送屍骨升天——

抬著屍骨的後生，接口高喊：

屍骨升天，

佑族平安。

喊過，一起將屍骨拋進熊熊的烈火堆中。頃刻，噼噼啪啪的火焰焚燒得響聲更高。不一會兒，屍骨在那聲響中漸漸不見了，化為一股青煙騰空而起，飛上天去。這時候，跪圍在火邊的人不再說話，不再抬頭，一律將頭伏在地上，閉住眼睛。直到聲響消散，火焰熄滅，巫首才說：「升天大成——」

眾人這才恭敬地又磕一回頭，站起身來。

站起後族人不散，手拉手圍住灰燼，右跳三圈，左跳三圈，邊跳邊喊：

屍骨升天，

族人大安！

跳完，喊畢，整個送屍骨儀式便告完成。

唐族的小仔沒經見過火升場面，唐爺對此卻是熟爛於心呀！是啊，謝罪完畢義仲不過就是一具枯骨？只要把這崽子的屍骨一送，就一了百了，族裡孰還敢再瞎讒亂叫？嘿嘿，那往後的事不光在咱家手心裡拿捏，還給且承挑淨了扎手的刺。

皋陶來後，唐爺交代，明日他去懸石頂，要多帶幾個人。多帶幾個人做什麼？唐爺沒有明說，不就是要往回背義仲的屍骨嗎？這話他不會說破，唐爺辦事從來都留有餘地。

送走皋陶，唐爺暗暗謀算，一定要把送屍骨的場面搞大，趁機讓唐侯開開眼，看看他主管的唐族人心有多齊，他唐爺完全管得住的這一方地盤。

✦ 21

　　唐爺失算了，義仲沒有死，從懸石頂謝罪回來啦！

　　這立刻成為唐氏族的熱火話。話沒長翅膀，卻比長著翅膀飛得還快。義仲還在回堡的路上，就有好些人跑去看他。最早去的是唐禾，她不是聽說義仲活著才去的，是走在半道碰上的。這幾日，她掐著指頭往過熬，出一個日頭，她揪一次心，不知義仲是生還是死。那日大為她和哥說定親事，她就暗自咬牙要把義仲從心窩剔出去。說什麼也不能再讓義仲纏著她，若再像過去那樣就會攪亂她和哥的好日子，毀掉大的一片苦心。偏偏事情並不這麼容易，像是神差鬼使，義仲時不時就會在她眼前徘徊出來，徘徊得她坐不穩，站不安。

　　唐禾是個勤快人。她喜歡早起，每日早早起來就去近堡的林子轉悠，摘些野果吃，若是撿到鳥雀蛋，更是一頓好吃食。今兒一早，她也是去摘野果。出了堡門卻越走越遠，定神看時已走到望日峰。此時，一輪紅日正從東面的峰頂緩緩升起，那個紅呀，紅得高高低低的山嶺，大大小小的雲團沒有不紅的，就連山頂上的樹木都披上一層紅彩。

　　站在望日峰的唐禾簡直要心花怒放。

　　令唐禾心花怒放的不是在望日峰看到的鮮紅景象，而是義仲就在這遍山紅妝中走了過來。他低著頭匆匆行走，翹首眺望的唐禾一眼就瞅見他，張開嘴便喊：「義仲，義仲——」

　　喊著，她飛也似的跑過去。義仲聽到那讓他心熱的聲音，抬頭一看，哈呀，果真是唐禾來啦！他飛跑起來，轉眼工夫倆人就站了個臉對臉。

　　唐禾定定看著他，瞅著，瞅著，淚水就從那亮亮的眼睛裡滑落下來。她脫口說：「你還活著？」

　　「活著！不要哭，我這不缺手臂，不少腿，不是好好的嘛？」義仲說

第六章　攔魂

著,撫去她臉上的淚水。

唐禾說:「你活著,可把人家的魂也嚇掉了。」

說著,拽著義仲的手就往回走,邊走邊說:「快回,你大快急瘋啦!」

二人跑下望日峰,轉過一道山嶺,碰上替人巡守唐堡的句木。句木是個獵手,這幾日沒有出獵,歇在窟裡。有個巡守扭傷了腳,句木便替他巡夜。巡夜的人整晚不能睡覺,一手拿段空木,一手拿根短棍,沿著族堡的外圍遊走,若是遇到歹人犯族,敲響空木叫喊:歹人來啦!快抓歹人——族人聽見就會蜂擁而來,那歹人若是跑不掉非被擒住揍扁不可。

這夜平安無事,天一亮句木便回堡裡去。突然,一隻兔子跳竄過來,他撒開腿就攆。三拐兩轉,兔子溜遠沒影了,他卻碰上義仲和唐禾。孰見過謝罪的人活著回來?義仲卻好端端地站在面前,這可是個稀奇事呀!句木驚訝地問長問短。

唐禾打斷句木的話:「別說了,你跑得快,快給巫叔報個信去!」

句木應聲就跑,剛跑幾步站住,側身便往山崖爬。爬上徑邊的山尖,衝著堡裡敲打手中的空木,邊敲邊喊:「義仲回來啦!義仲沒有死!義仲謝罪回來啦!」

義　仲　回——來——啦!義仲——沒有——死!義仲——謝罪——回來啦——

喊聲在山梁上傳揚開來,高一陣,低一陣,一直響到族堡裡。像句木第一眼見到義仲那樣,這稀奇的喊聲立刻驚動了唐族,不少人跑來看這長命的魔人。

癱軟在地上的巫首聽見喊聲,驀然一怔,兒子沒有死?他不敢相信。他幾日幾夜合不住眼,跪著禱告天神,跪破膝蓋也不敢起來,不就是哀求這結果嗎?他如願了,卻不敢相信。他哪敢相信呢,那一次一次去謝罪的都是活蹦亂跳的漢子,回來的卻是一具具白骨,白花花的骨頭讓多少人怵

071

目驚心呀！在族人看來，謝罪就是送死，難道義仲會這麼命大？他不信，真的不信。他匆忙爬起，夌著耳朵去聽。可跪破的膝蓋椎心地疼，腿一抖又跌在地上。他往外爬，爬到寬綽處仔細聽，聽清楚了，是兒子回來啦！哈哈，兒子沒有死，莫非真是天神顯靈饒恕了他這個心肝兒子？謝天謝地！他連忙往堡外爬，要去看他那長命的兒子。爬過一截，突然急火火調過頭，又往窟前爬。爬到祭壇前，點燃一枝黃櫨，叩著頭唸叨：「天神顯靈啦，寬饒了我那兒子，草民謝恩，草民謝恩！」

這邊巫首敬神還願，那邊聽到喊聲的唐爺卻奇怪地張大嘴，自語道：「日怪，怎麼會不死呢？」

走出窟來再聽，那喊聲真真切切的，義仲是沒有死。這確實是他沒有料到的，唐爺心一揪，嘆道：「日怪，真真日怪。」

唐爺獨自唸叨，難道真是上天有眼，不收這小魔崽？難道真是我有過錯？如果唐爺真能自省，那往後的世事可能會是另一種樣子。可惜，一忽閃這念頭就晃過去，唐爺心一橫，咬緊牙關。哼，這一輩子什麼大山大河都闖蕩過來了，還能在這麼個小溝窪裡栽跟頭？不能，一定不能！

唐爺不愧是理事老道的族頭，轉念就生出懲治義仲的法子。嘿嘿，不死也不能讓這個小魔崽輕輕鬆鬆地活著，也要讓族人受點驚怕。他沒有下傳這法子，卻向唐侯的住窟走去。

✦ 22

唐爺進來時，唐侯和放齊說的也是義仲。只是，他們的心情與唐爺打了個顛倒，沒有一個不欣喜的。

頭日，放齊藉口去陶族，出堡後繞到懸石頂。過去唐族謝罪的人沒有一個生還過，義仲活著回來眾人肯定奇怪。若是這日后羿和逢蒙再到唐氏

族裡，那必然會有人猜疑。別人猜疑也還罷了，要是唐爺看出漏洞，那以後他們就很難相處。唐侯和他合計的結果是，后羿和逢蒙暫時不要來唐族，仍然沿他們去懸石頂的小徑返回陶族，過幾日再來。

放齊和后羿一說，他也覺得這麼著妥當。看上去這是糊弄唐爺，可是不糊弄就救不下義仲。救下義仲探究天神的奧祕，對族人是件好事。日後，唐爺會慢慢明白的。他們合計過，讓義仲天一亮就回返，后羿和逢蒙悄悄退走。

一旁觀天的義仲聽見他們說話也湊過來。得知放齊是唐侯派來的，他熱淚盈眶，哽咽著說：「大恩人，不是你們來救，我早沒命了！」

放齊握著他的手，安撫道：「你是做正道事，讓你受驚了！」

義仲沒再說客氣話，稍一頓，眼睛閃爍著喜氣，說：「這一趟沒有白來，收穫可大啦！」

接著，不待放齊問他，便把心裡的話全倒出來。義仲說收穫大，那是真的。后羿來後，他一心觀天，看清了星辰的方位走向，從天河的變化斷定天氣很快就要變冷。過去的說法沒有錯，千萬不敢再下種。他觀察了日出，又留意日落，還和他平日遠望的情形做過比較，發現日頭出山的地方正往南偏，落山的地方卻向北移。這麼一來，日頭在天空的距離就會變短，白晝也會隨著變短。他越說越興奮：「這回我可弄清個大道理。原來天下的熱和冷都是它作弄呀！」他用手指著日頭，滔滔不絕地說：「日頭在天上的時分長，地上就熱；若是時分短了，還晒不熱就落下去，那地上肯定會冷。哈哈，沒想到天上和咱族人一樣也有規矩。我這才明白，我們為什麼敬天神，怕天神，因為人家天上那規矩管著咱這地上的事呀！咱的冷暖都捏在天神的手心哩！」

義仲說得好不激動，手舞足蹈地指畫著說：「往後再想個法子，把日頭給咱拴在頭頂。它走不動，落不下山去，地上就會日日暖和。唐爺想讓

啥會下種都能收回來，那該多好？」

看著羲仲得意的那樣子，放齊也替他興奮。他逗趣地說：「那日頭要是老在頭上不走，還不把地上曬著了火？」

可也是呀，羲仲不由得犯怔。怔了一霎，忙說：「不能讓它曬著火，熱夠了，咱就放開它。」

「哈哈哈！」放齊大笑著說：「這好，這法子好！若是天變涼，咱再拴住它。」

說得羲仲、后羿都笑個不停，逢蒙樂得在石頭上連翻幾個跟頭。

放齊回來說過此事，唐侯好不興奮，夜裡怎麼也睡不安穩。要是真如羲仲說的那樣，能摸準天神的規矩，那種粟便容易多了，就不用像現在這麼瞎摸揣。他閉住眼睛，心裡頭亮亮豁豁；睜開眼睛，窟洞裡一團烏黑。驀然覺得人世間雖然有白晝，有暗夜，但是大家好像都是鑽在暗夜，黑洞洞地亂摸亂爬，怎麼能不磕磕碰碰呢？一載十個長日，一個長日為三十個短日，這是先祖的規矩。這規矩就那麼對頭嗎？他早就有些疑惑。唐族按這法子種地，引起羲仲的反對。陶族雖然沒人反對，卻吃過不少的虧，種下去，剛發苗，天就變冷，沒有收成，還將種子白扔掉。這麼一想，更堅定了唐侯的看法，這羲仲救得很對，他這麼痴心尋摸天道，說不定真能探得天神的脾氣。要是那樣可就好啦，天下人不用再黑摸瞎揣，都能過亮豁日子。

他不知道什麼時分睡著的，只知道一睜開眼洞窟裡就亮亮豁豁的。匆匆吃過東西，放齊便走進來。他還沉浸在夜晚的興奮中，喜喜地說：「我看往後的要緊事就是和羲仲觀天。」

放齊說：「大王讓你做唐侯，是要你管唐族哇！」

「族裡那些事唐爺就管得了。」唐侯說。

「他管得了？人餓得跑出去，不是他管的嗎？」

第六章　攔魂

「是他管的。」唐侯回答著笑了，笑笑才說：「是有點兒亂，可這不全是他的過錯。我這幾日注意到，他有主見、有辦法。」

放齊更為納悶：「那還有孰的過錯？」

唐侯嘿嘿一笑說：「要說，這話真不當說，是祖先的過錯。」

「祖先有啥過錯？」放齊犯疑地問。他對眼前這個小弟越發不解？這幾載他長得很快，個頭快長了一頭。長得最快的是心眼，長得他都有點思索不透。就說這祖先，孰都恭敬如神，他怎麼竟敢指責呢？

就聽唐侯說：「你想，唐族人是因為吃不飽跑亂的吧！陶族沒有亂，是累積的吃食多，可是有種無收的事不也常有嗎？依我看，陶族那不亂比唐族這大亂還可怕！這裡大亂，是因為有人在探摸新路，你想新的，他守舊的，磕碰不是很正常嗎？陶族不磕碰是因為都守著祖先的老法子，再過多少載也不會往前挪一步，總是在原地打轉轉呀！」

放齊真沒有想到唐侯是這種想法：「這麼說，先祖的規矩真不對啦？」

「有可能。如果羲仲能幫大家把天神這脾氣瞅準，那就好啦！」

放齊漸漸聽懂唐侯的意思：「你是說，我們要做的該是羲仲這事？這才是大事。」

「對呀！唐族人外逃是吃不飽，吃不飽是因為種下沒收成。唐爺抓緊種地是為了族人能吃飽，可不知道種不對時分就收不到手，就吃不飽。我們要是把天神的脾氣摸清楚，吃飽肚子那還成問題嘛！」唐侯蠻有把握地說。

「那我們就和羲仲一塊兒做。」放齊痛快地說。

倆人正說得熱火，唐爺進來了，唐侯、放齊趕緊讓座。唐侯對唐爺說：「你歲數大了，有事叫且承喚一聲，我就過去，還讓你跑呀！」

唐爺開朗地說：「沒啥，跑跑對身子骨好。我這麼急著來是想和你合計羲仲的事。」

「聽說義仲謝過罪回來了？」唐侯問。

唐爺放慢語氣，心事重重地說：「回是回來了，可這不是好兆頭。」

聽見這話，唐侯和放齊都倒吸一口涼氣。原以為義仲謝過罪，就處罰完了，哪知道唐爺還咬住不放，麻纏著呢！他們沒有應聲，靜靜聽唐爺告說。唐爺說天神沒收義仲，是他謝罪不誠，這就消不掉天神的火氣。天神火氣不消，就會怪罪，那唐族就要遭大難，還是要趕緊想法給天神消氣。說到這裡，他將目光投向唐侯，懇切地說：「我想請唐侯做個主，對義仲施個刖刑。」

放齊沉不住氣了，忙問：「那不把人剁成個跛腿？」

「是這樣，我也不忍剁他，可不下狠心就滅不掉天神的火氣，族裡就有大禍！要顧大家，就得懲罰他，還是按族規辦吧！」唐爺聲音不高，聽來卻沒有更改的餘地。

唐爺這精明可不是一般的精明，對義仲施刖刑還不是和謝罪一樣，他說句話就能定點。往日是這樣，可今兒不同先前，唐族來了唐侯。那日他做主讓義仲謝罪，是唐侯剛落腳，不合計也說得過去。今兒如果他自作主張，唐侯若是不樂意，和義仲近乎的人就會怪罪他。以後要是他們跟著唐侯跑，唐族不更亂了？其實，嘿嘿，說是合計，是要把這個難事推給唐侯，唐爺料定他不會駁回自個的意思。

唐爺的心計唐侯當然不會想到。一聽要對義仲施刑刖足他便一驚，要是義仲跛了腿，上不去坡，下不去坎，那以後觀天這事不也毀啦？再說，義仲到底有什麼罪呀？這麼施刑實在不妥！不過，唐爺說，這一切都是按照祖制定規行事。也就是說，若是不對義仲施刑，就是不遵祖訓。他剛來當唐侯，就違背唐族祖上的規矩，那不是失禮嗎？他真為難。

放齊看出唐侯的難處，替他攔擋：「唐爺，這麼處罰有些重吧？」

「重是重些，」唐爺很會說話，沒有駁斥放齊，卻比反駁斥還厲害：「不

過，祖上這規矩是有道理的，刑罰不重就是對天神不敬。」

放齊張嘴要說什麼，話未出唇唐侯卻搶先道：「我看，唐爺說得對。」

放齊心一提，唐爺說得對就應按他的辦，那不把義仲治殘了？他瞥一眼唐爺，臉上皺紋平平靜靜，還浮著淺淺的笑意，像是對他說，怎麼，我說得不錯吧！他真焦慮，這事來得唐突，他倆未及合計，要是唐侯這麼輕率地答應，那不毀壞了大事？你剛還說要靠義仲探測天神的脾氣哩，義仲腿跛了探測個屁吧！他全身燥熱，有點坐不住。正焦慮如何應對唐爺，又聽唐侯說：

「是該施以刖刑。不過，我初來乍到，就施刑殘人恐怕不好。請唐爺擔待，換個罰法。我聽父王說過，為侯到族可以赦免些罪犯。義仲罪大，不能赦免，我們就換成象刑吧！這象刑父王早就說過，只是使個虛招。就說義仲要受的這刖刑吧，咱不剁他的腳，給他穿雙黑草鞋，讓他向天神請罪，多請些時日，直到天神滅掉火氣。唐爺你看呢？」

放齊長出一口氣，太好了，小弟這一招真好。瞅一眼唐爺，只見他的嘴角抽搐著，臉頰的肌肉鼓得要跳，卻沒跳開，只蠕動了一下。待唐侯說完，唐爺嚥下一口吐沫才說：「唐侯說的也是個法子。可我擔心這還消不掉天神的火氣。」

「咱先這樣，若是消不了天神的火氣，再重重懲罰。」唐侯接口咬定，又塞給唐爺個下坡的墊腳石：「就這也要聚齊族人施刑，讓天神看清咱的誠心，讓族人知道族規的厲害。」

唐侯說得通情達理，唐爺難受也無法不聽，只能說：「聚眾施刑好，唐侯想得周到。」

懲罰就這麼說定，唐侯、放齊將唐爺送出窟來。唐爺出來後，彎到自家的窟邊，心裡很是彆扭。他怪自個把唐侯看小了。不是他看小了，唐侯也就不大，看那模樣比且承、唐禾大不到哪兒去。這麼個崽子能有啥主

見？只要他編好圈，唐侯便會往裡鑽，鑽進去準套住不可。如果他同意剁掉羲仲的腳，那他倆就捆綁在一起。族人就是不滿，也不能只衝唐爺一人來，至少也有你唐侯的一半呢！他絕沒有想到唐侯沒有鑽進他的圈套，他卻不得不鑽進唐侯的圈套。他後悔地嘟囔：「這是何苦呢⋯⋯」

✦ 23

聚眾施刑弄得不錯，唐爺窩的那一肚子氣放了個乾淨。可惜羲仲一多嘴，把唐侯費心平靜的風波重又攪起，把唐爺推到了死亡的邊沿。

刑場上的人真多，族裡有腿能走的全來了。往常要是懲罰哪個人，唐爺說句話，打發皋陶帶幾個人下手一做就算完事。這回按唐侯的意思，木殖敲著空木在堡裡叫喊一圈，聽到的人呼啦啦都趕過來，圍成個圈子。看看人不少了，才由皋陶把羲仲推到當中。羲仲還算個硬骨頭，一個瘦成柴棍的人，竟硬折不彎。走進人窩，他不怯怕，仰著頭沖人們發笑。且承氣惱地喊叫：「笑球呀！上刑哩，還有臉笑？」

羲仲斂住笑，被皋陶一按，蹴在地上。

後頭的人就伸長脖子看他，他還是倔倔的。這時，唐爺開口訓話：「大家別再嚷嚷。今兒個是給羲仲施刑，也讓族人看個明白。羲仲謝罪回來了，天神沒收他。沒收他就是不寬饒咱族。不饒羲仲好說，殺他、殛他，是他一人的禍事。可是，大家都知道天神的脾氣，要是發怒那火氣就大得多，傷害的不會是他一個人。所以，按族規必須給羲仲施刑，給天神消氣。給他施啥刑呢？按族規應該剁掉他的腳，讓他一瘸一拐地走路，天神看見才會消氣，就不再降災禍。」

唐爺說到這裡，靜悄悄的人們都嘆出一口氣。每個人的聲音都很小，可是人多音眾，就匯成一股「絲絲」聲。唐爺聽出這是替羲仲擔憂，接著

■ 第六章 攔魂 ■

說：「大家別擔心。念及羲仲還年輕，唐侯又是初來，施重刑不吉利，這回咱不給他來真格的，就來個虛的，給他穿雙黑草鞋，讓他記著這個罪，日後不要再犯罪擾害。我們總算給天神有個交代。」

說到這裡，眾人頓覺輕鬆，齊聲說：「好，唐爺的主意好！」

說著，互相點點頭。

唐爺本想對大夥兒說，這是唐侯的主意。可是，話到喉頭，咽口唾沫又壓下去。他正要說施刑，就聽放齊說：「大家靜一下，聽新來的唐侯說幾句話。」

唐爺的心咯噔揪緊，真不如剛才亮亮灑灑地說這虛刑是唐侯的主意。讓他說話，他還不把好事往懷裡摟呀！這麼一來，豈不沖淡了族人對自個的恩念。想是這麼想，放齊話音一落，他趕緊拍著手說：「大家鼓掌！」

眾人也像唐爺那麼拍打了幾下。唐侯咳出一聲，話沒出口臉已有些發紅，說：「我沒啥說的。要我說，唐爺的話很對。這，這是懲戒羲仲，也是敬祭天神。天神消散火氣，唐族就不會再有禍事。唐爺這主意好，往後族裡的事大家還要像往常那樣，都聽唐爺的，不要七股八杈。」

唐侯話音一落，最先拍手的還是唐爺。這是真心實意地拍手，他看到唐侯不是和他耍心眼，是實打實地對待他。他一拍，族人跟著拍起來。

接下來就是施刑。不是真刑，並不慘烈，只是摘掉羲仲腳上的鞋，給他穿上一雙黑鞋。黑鞋編得很粗糙，自然有些硌腳。皋陶給羲仲往腳上一套，羲仲走動一搖一晃的。眾人說，這麼懲治魔人該長個記性，說著先後散去。族人一散，唐侯、放齊也回到自家窟裡。羲仲雜在人群中要走，被他大巫首叫住。

巫首撲通跪在地上就拜唐爺。往常施刑都要殘人，給兒子來虛的實在是唐爺最大的寬恩。唐爺讓且承拉巫首起來，巫首不起，衝著羲仲叫嚷：「快給唐爺磕頭，還等什麼！」

義仲便跪在唐爺面前，把頭彎到地上。這父子倆一拜，唐爺美滋滋的。他伸手拉著義仲說：「好啦，知過改過，就算沒過。」

若是事情到此為止那就好啦，孰也想不到事情會像流到深溝的河水，急轉直下，讓族人驚怕得手忙腳亂。

唐爺見義仲沒有吱聲，認為義仲真的後悔思過，又說：「你頭顱好使，只要日後不再和我作對，有你的用場。」

義仲覺得唐爺誤解了自己，接口說明：「唐爺，我確實不是和你作對。」

唐爺的臉猛然拉下，說：「還不是作對？我說東，你偏要西。族人都被你日哄的不下種啦，還不是作對？」

見又惹唐爺生氣，義仲連忙解釋：「不，不是，唐爺，我是說咱應該摸準天神那脾氣……」

義仲這一辯解，唐爺更加氣惱，指著他說：「你，你還瞎說……」

唐爺氣得不光鬍子發抖，聲音也發抖。義仲急忙給他消氣：「唐爺，我不是瞎說，這次在懸石頂謝罪，我把天河看得更清……」

「賊胚子，還敢倔嘴！」巫首打斷他的話喝道。

義仲話沒說出來，臉憋得發紅。他轉向巫首說：「大，你聽我給唐爺說明白。在懸石頂上天河看得更清楚，現在變過好多，快成東西方向，天就要轉冷。天一冷，我們種下的粟禾就會凍死。」

唐爺高聲嚷：「小崽子，你又瞎謅！」

唐爺一吵嚷，義仲更著急，趕緊說：「不，我不是瞎謅，……聽我的沒錯。」

「聽你的，聽你的，你把這族頭當了！好個小崽子，你還嫌族裡不亂……咳，咳，咳……」唐爺說著咳嗽起來，憋得氣喘不上來。

且承上前給大捶著背，氣呼呼喝道：「狗松，你還嘴硬個球！」

義仲委屈地說：「我，我怎麼啦？我是往清的說啊！」

「好，你說，你有理，是我瞎謅哩！」唐爺說著，咳得全身發抖。

且承大怒，轉身對準義仲用力一伸臂，將他揎倒在地上，三腳兩步跳過去，掄起拳頭就打。唐爺撐直身，喊道：「瘋啦！且承，你個賊胚子瘋啦！」

且承真是瘋了。就是這狗松攪得族裡不安，害得父親生氣，沒有把他揎死在溝底實在後悔。他那發瘋的拳頭落在義仲身上，一拳接一拳，打得義仲直叫喚。巫首拚力去拉，怎麼拉得動？再打下去，豈不把兒子揍扁了？他急得喊叫：「唐爺！唐爺！」

唐爺手臂抖索著指向且承高喊：「且承，你個賊胚子給我滾，滾……」

一聲未喊完，猛然栽倒在地。且承轉臉一看，慌忙跑過來攙扶，巫首也過來幫手。扶是扶起了，可唐爺眼睛不睜，嘴唇緊閉，一點人事也不省。且承急地叫喊：「大，大，你睜開眼，睜開眼！」

巫首也喊叫：「唐爺，唐爺，你說話呀！說話呀！」

無論怎麼呼喊，唐爺仍是嘴唇緊閉，眼睛不睜。義仲忍痛爬起，裹著一身土過來幫著攙扶。仨人將唐爺抬回窟裡，他還是嘴唇緊閉，眼睛不睜。且承又驚又怕，跪在身邊嚎啕大哭：「大──你不能死！不能這麼死呀！」

撕肝裂肺的哭聲揪扯著人心……

✦ 24

且承的哭聲驚動了唐禾。她去幫唐侯收拾洞窟，聽見哭聲慌慌忙忙跑回來。後頭，緊跟著唐侯和放齊。

唐爺直挺挺躺在草鋪上，唐禾見大昏死過去，哭聲比且承還刺耳穿

心。唐侯吃驚不小，脫口即問：「這是怎麼回事？」

巫首吞吞吐吐說了說情形，唐侯沒過問是非根由，焦急地說：「救人要緊，先救唐爺。」

哭鬧聲把族娘也驚來啦，她一進窟就將臉貼在唐爺頭上。唐爺溫熱仍在，氣息尚有，她忙用指尖掐他的手，按他的唇。掐過，按過，唐爺也沒醒來。她憂愁地說：「唐爺，唐爺，你可不能這麼走哇！」

見族娘不能起死回生，唐侯盯住巫首催問：「快說說，還有什麼法子？」

巫首看看用手段無法救唐爺，連忙說：「看來，只有攔魂。」

「攔魂？」放齊不理會是啥意思。

巫首知道唐侯和放齊不懂，就告訴他們，從唐堡到族墓有一段路程，要經過一個深溝，族人說是生死谷。人死後，靈魂先出竅，往墓地跑去，在那兒等待屍骨到來。屍骨一到，靈魂附體，就居住在地下，這便入土為安。因此，人剛剛死去如果能把靈魂攔住，截回來，就會起死還生。靈魂喜歡僻靜，最怕見人，出竅後就隱在地下快走。走到生死谷，一道深溝突然跌落下去，急忙行走的靈魂，來不及深鑽就露出地面。所以，常去攔魂的地方就在生死谷。

聽巫首這麼一說，唐侯看看紋絲不動的唐爺，急切地說：「那就趕緊攔魂，別再耽擱。」

「攔魂，人少了不行。」巫首說。

「快去喚人，越多越好。」唐侯緊著催說。

巫首出去一嚷，隨即回來，人交代給皋陶去喚。他散開頭髮，披上祭袍，懷裡揣了些祭品。唐侯留下族娘和唐禾照護唐爺，挽著且承就走。巫首順手拈起唐爺的葛衣塞給且承，說：「拿好，待會兒裹魂要用。」

走出窟，巫首前頭跑，唐侯緊隨著，放齊在後頭趕著。族人來的不

第六章　攔魂

少，他們身後響起輕輕悄悄的腳步聲。出堡後，已經匯成一道淙淙湧動的人流。剛才巫首一說攔魂，皋陶連忙吆喝幾個聯手分頭告人。按照族規，攔魂是件寂悄事，不能驚動靈魂。靈魂是個俏物，最怕喧鬧，降臨人間是出於無奈，人一倒下放鬆手腳，它趁空兒就往清淨處溜。溜出來，又有點懷戀往日的舊景，時不時回頭張望。要是發現有人來追，就會埋頭猛跑。靈魂要是跑起來，比鳥飛得還快，可不是一般人能追上的。因而，從告人到出發都是輕手輕腳的，相互只用眼神傳遞著意思。非說不可的話，就對著耳朵悄悄說。攔魂是生死攸關的大事，趕到生死谷，人越多越好。多了聚成一道人崖，擠擠挨挨，靈魂就難溜過去。所以，各窟的人只要聞說，不管做什麼的都停下手，擠進人流。今兒個又非同尋常，是為族頭唐爺攔魂，連脫齒落髮的老頭、婆娘也搖搖晃晃擠在人群裡。爬上仰頭峰，唐侯回望身後，絡絡繹繹的人們彎繞了好長一段山徑，活像搬家的螞蟻。人們不言不語，個個滿臉憂戚。他不由得心事沉重，暗暗祈禱：攔魂成功，唐爺再生！

　　從仰頭峰下去，就是生死谷。唐族在生死谷攔魂不是一回兩回，溝中有一塊大石頭，正好可以擺放祭品。巫首一落腳就將懷裡揣來的乾果和兔肉擺放上去，且承抹一把淚水趕緊幫手。祭品剛擺好，皋陶已將一枝黃櫨點燃。巫首接過，打拱鞠躬，插進石縫，青煙裊裊升起。來人陸續下到溝谷，巫首一擺手，齊刷刷跪倒在地。溝谷裡跪的滿滿的，背後的坡道上也跪著好多人。這陣勢最好，巫首明白今兒這靈魂要不插上翅膀準逃不過去。

　　他退後一步，跪入人中，雙目緊閉。片刻，起身一躍，趨前三步，抬頭向天，伸臂敞懷，披散的頭髮齊刷刷垂吊下來。接著，收縮雙臂，將兩手揖在胸前，輕輕祈禱數句。隨即雙膝下跪，頭磕得挨在地上。一個，又一個，連磕三個。身後的眾人不言不語，緊隨著巫首連連磕頭，磕過後都趴臥不敢

起立。別看人頭眾多,生死谷卻聲息靜寂,與空曠的山野沒有兩樣。

驀然,悠長的祈禱聲亮響開來:

天神顯靈喲,

地鬼莫勾喲,

還魂唐爺喲,

魂隨我歸喲 ——

這是巫首的聲音,粗獷而又蒼涼,在生死谷中一迴盪更為淒哀渾厚,聽得人全身發酥。唐侯迷迷糊糊,似真似幻,這一切都矇矇矓矓的。打破這矇矓的是天吼般的響聲,那是眾人的應和聲:

天神顯靈喲,

地鬼莫勾喲,

還魂唐爺喲,

魂隨我歸喲 ——

攔魂的成敗全憑這驚天動地的吼喊裡。一路的靜寂是為了不擾靈魂,不擾靈魂是為了攔住靈魂。這突然爆發的聲音如同山呼海嘯,如同山崩地裂,莫說靈魂到此,就是天神到此也會受到驚嚇。不管天神吃不吃驚,只要靈魂吃驚就行,靈魂受到驚擾就要尋找避難的去處。剛剛脫離主人的靈魂,頃刻間哪能找到別的肉身,無奈只好尋找熟悉的氣息,鑽進主人的葛衣,被帶回去重返肌體。帶回去,人就會死而復生。因此,隨著巫首的呼聲族人都使盡自身的力氣吼喊,雷霆般的響聲一次又一次迴盪在生死谷:

天神顯靈喲,

地鬼莫勾喲,

還魂唐爺喲,

魂隨我歸喲 ——

在眾生的吼喊聲中，巫首雙手舞起且承帶來的葛衣，時而向天，時而落地，時而拋向空中，時而摟入懷抱。族人的目光緊緊隨著他的舞動游移，他舞動不停，眾人吼喊不止。

猛然，靜了，靜得再沒有一點聲息，生死谷靜得像是沒有一個人的溝壑。那是因為巫首停止舞動，裹住了手中的葛衣。這便是收攏住靈魂，頓時，眾人緊緊閉嘴，不再出聲。

巫首將葛衣舉過頭頂，且承跪拜三次，雙手接過，捧起，喃喃祈禱：「大，咱回，咱回。大，咱回，咱回。」

隨著且承的祈禱，眾人一起磕頭。磕過後同時起立，齊聲高呼：唐爺還魂嘍——

喊過三聲，攔魂的人們踏上歸途。且承雙手捧起裹著靈魂的葛衣走在最前頭，巫首、唐侯和放齊緊緊擁圍著他。萬頭鑽動的隊伍絡繹跟隨，前頭的人默不作聲，是呵護靈魂。隊尾的人們害怕已被攔住的靈魂脫落逃走，每走百步就高喊一陣：唐爺還魂嘍——

人們翻過仰頭峰，神情肅然地往堡裡走去。

第七章　祭天安神

✦ 25

攔魂的族人進入堡門，且承走得更快，將族人拉在後頭好遠。

回到家窟，他躡手躡腳地走進去，族娘接過收裹靈魂的葛衣輕輕蓋在唐爺身上。淚眼模糊的唐禾痴痴地盯著唐爺，眼皮一眨也不眨。突然，她聽到一絲微弱的聲音：「哦——」

唐禾抹去淚水一看，啊，是大睜開了眼睛，忙叫：「大，大，你醒啦？」

「哦，醒了。」唐爺低沉地說著，和剛睡醒沒啥兩樣。

唐禾欣喜地問：「大，你怎麼啦？」

「沒怎麼呀！」唐爺回答：「渾身犯睏，好好睡了一覺。」

「睡了一覺？你差點沒把女兒嚇死！虧得大家給你把魂攔回來啦！」唐禾有點嗔怪地撒嬌。

這時候，窟外響起腳步聲，還有族人的呼喊：

天神顯靈喲，

地鬼莫勾喲，

還魂唐爺喲，

魂隨我歸喲——

唐爺一聽，驀然清楚是怎麼回事。他使勁撐起就要往外走，唐禾雙手按住他說：「別動，大，你千萬別動。」

說完，三腳兩步飛出窟去，衝著族人興奮地喊叫：「我大醒過來啦，

第七章　祭天安神

大醒來啦！」

唐侯驚喜地問：「唐爺醒啦？」

「醒啦！」唐禾答。

唐侯轉身激動地說：「族親們，唐爺返生啦！」

這一喊，眾人高興得又蹦又跳，又喊又鬧，唐氏堡裡響起少有的歡鬧聲。且承風一樣跑出來，撲通跪倒在地連連給族人磕頭。巫首跑到且承身邊，對眾人喊：「天神顯靈啦，大家快謝天恩！」

「拜謝天神！」族人高聲喊著，齊刷刷跪在地上，雙手上伸，仰臉向天。

眾人驀然看見天陰了。什麼時候日頭隱去的？沒人留意。什麼時候藍天消失的？沒人留意。大家的心思都在攔魂上，一心一意要把靈魂攔住，要讓唐爺起死回生，早把別的忘了個乾淨。此刻，抬起頭才看見天黑烏黑烏的，雲已壓得很低，看不見族堡外的山峰，就連高處的族窟也看不見了。巫首伸手一摟，往鼻孔邊一送，一團溼氣，裡頭捲著濃濃的潮味。他對唐侯說：「天要下雨啦，讓大夥兒回窟吧！」

「好吧！」唐侯說。

話剛出唇，天雨就落下來。雨點很大，打在臉上麻麻的。眾人一鬨而散，跑在後頭的就淋溼了。轉臉工夫雨點更為密集，打得樹葉「沙沙」作響。起初落在地上，打動的是黃塵，空氣裡瀰漫起一股塵腥味。只一霎，遍地積水，汪汪一片。水帶著泥土朝低窪的溝岔裡流去，衝出一條條混濁的小溪。

溪流太多了，遍地都是。地上爬的是，山坡掛的是，崖上落的是，一條條濁水都在朝澮河裡灌注。澮河水猛然漲高，波濤洶湧，撞在石頭上的碎為浪花，推著石頭不斷滾動。滾動的石頭在河底摩擦出嗡嗡的聲響，翻滾著跌下一個又一個坡道，更是轟隆隆震動。

天雨就這麼鋪天蓋地地下著，流著。

起初，眾人無不欣喜。唐爺還生了，緊跟著又落一場喜雨，那些種下去的粟禾肯定能發芽出土。出來的苗呢，喝飽水長得就會更旺勢。不僅族人這樣看，就連靠著窟壁歇息的唐爺也瞇笑著說好。

然而，孰也沒有料到天雨會流得這麼暴烈，暴烈得令唐爺也躺不住了。那河道裡石頭的轟響，波浪的喧鬧，驚擾得他一撐身子焦慮地說：「不好，天雨要成災啦！」

他要出去查看，唐侯忙按住他說：「你身子還弱，千萬別動，我去就行啦！」

唐爺憂憂地說：「天雨過暴，要成災。快去各窟轉轉，看漏水嘛。」

唐侯領著放齊要走，唐爺說：「且承也去，你路熟，領個頭。」

留下唐禾照顧著大，且承緊隨唐侯走出窟。到了外頭，唐禾追出來，將一件蓑衣披在唐侯身上，說：「大讓送給你，遮遮身吧！」

三人穿過密集的天雨來到東窟。東窟是石窟，裡頭擠著不少人，乾乾燥燥的，沒有進水的地方。倒是他們一進門，地上溼溼一片。他們不敢多待，返身就往西窟趕。

西窟沒有東窟幸運，情形十分糟糕。這是個土窟，窟頂上伸進不少樹根。落在窟頂的天雨順著樹根往下滲，滲透洞頂的黃土，沒了罣礙，就滴滴答答往下掉。人們便躲開那滴水的地方往別處站。過一會兒，地下的水多了，四面漫溼，弄得腳下又溼又泥。泥也罷，還能湊合，只是樹根流下來的水慢慢增多，流成一小股。人們也沒在意，就在窟地上挖道溝，往外排水。地上的水還沒排完，頭上的水更大，還往下掉泥團。眾人都很著急，七手八腳舉起句木用泥團去塞堵流水的頂洞。哪裡塞得住呢，句木狠狠用勁將一團泥堵上去，手一鬆，泥團就掉下來。弄得句木滿身泥水，活似泥猴。一窟的人都笑句木那醜樣子。

句木不笑，見泥團堵不住，跑出去撿回來個石頭。一抖身上的泥水，說聲快，眾人又把他舉上頭頂。句木將石頭塞在剛剛掉下泥團的洞口，用手按一按還怕不牢，再撈起一根木棍使勁狠搗，直到他覺得搗實才歇手。不錯，水堵住了。眾人重又露出笑容，這回是放心地笑哩！

唐侯在笑聲中走進來，窟裡的人有些意外，句木問：「天雨這麼大，唐侯你怎麼來啦？」

唐侯抖抖蓑衣上的水，遞給放齊，說：「唐爺讓我來看看大家，還好吧！」

大家你一言我一語告說著剛才堵洞的事。且承聽著，擼一把句木身上的泥，說：「還是你個傢伙能幹！」

唐侯朝窟裡走走，仰臉看堵在頭頂的石頭，瞅見石頭上水珠滴答，他問句木：「這牢靠嗎？」

句木比劃用木棍搗石頭的情形說：「牢⋯⋯」

「靠」字未出唇，「通」，那石頭跌在地上。若不是唐侯躲得快，就砸在頭上。鬧險呀！眾人禁不住驚怕。石頭一跌落，水嘩嘩啦啦流下來。句木跑出去，端塊更大的石頭跑進來又要堵：「球，就不信老子堵不住這破洞！」

且承往下一蹲，喊句木：「兄弟，踩著我上。」

放齊一把拉住句木：「停住，堵不住啦，大家快走。」

眾人不解地看著他，都不情願走。是啊，就這麼個存身的窩，要走也得有個去處呀！唐侯見人犯惑，也問：「真堵不住？」

「真的。」放齊肯定地說：「要堵，只能在上頭堵。天雨這麼大，上去也難堵住，這窟裡不敢再待啦！」

且承有些生煩：「不能待，到哪裡去？」

「是啊，到哪裡去？」眾人都附和且承。

唐侯接口就說：「到我那窟裡去，走，趕緊走！」

「到你那兒去？」

眾人有些遲疑。唐侯是侯，是大王封來管轄大家的族頭。不，是比族頭還大的領袖。往日，孰也不願輕易去他那兒。別說他，就是唐爺那窟裡去的人也不多。這麼多人要都到唐侯窟裡，擠擠攘攘的，他還怎麼歇息？

唐侯見眾人不挪窩，知道有顧慮，趕緊勸說：「我那兒是石窟，安穩些，快走，孰也別多心。」

邊說，邊攙起一位婆婆。放齊遞來蓑衣，他接過就披在婆婆身上。婆婆要解，他雙手按住，說：「你歲數大了，經不住雨淋。我年輕，硬實。」

唐侯攙著婆婆走出窟，放齊、且承催著眾人動身，大家才戀戀不捨地出來，擦擦滑滑地走著。沒走多遠就聽見撲通一聲悶響，回頭一看無不吃驚，西窟倒塌啦！大堆的泥土陷下去，將窟洞捂蓋了個嚴實。

眾人暗暗慶幸早出來一步，要是再遲一下就被砸死啦，都唸叨唐侯是救命恩人。唐侯則催大家快走，別讓天雨淋出病。

✦ 26

好久沒見過這麼大的天雨，澆塌西窟不說，還衝倒幾棵大樹。澮河裡洪水咆哮，族人待在窟裡那波浪聲喊鬧得心裡生煩。光是喊鬧也罷，大水溢位河道，河邊的土地全被淹漫進去。不用說，剛剛出土的粟禾也被連根拔掉，不知衝到哪裡去了。

一場天雨淋得族人臉都陰陰的。臉最陰沉的是放齊。放齊陰沉不單是因為天雨禍害，更多的是對唐侯有怨氣。這可好，把自家窟裡塞滿老老少少，每日擠在人窩裡，說個悄悄話的空地都沒有，就這他成日還樂呵呵的，真是小仔氣不退。放齊直怨怪放勛還嫩，沒有遠見，決斷事情還差欠

點。話悶在心裡沒人能說，他的臉也就陰陰的。

天雨可能是下累了，終於停歇。擠憋過數日的人們都鑽出石窟透風。唐侯和放齊登上堡梁，站在山脊朝下看，大水沖毀了幾條山徑，往日行走的小路塌陷成深深的河溝。唐侯和放齊議說過要急辦的事，就問：「大哥，你有啥事不順心？」

放齊脫口即答：「還用問嗎？都是你做的。族人擠在咱那窟哩，晝裡不安然，夜裡睡不穩，能順心嗎？」

「大哥，你將就幾日，天一晴先挖新窟，安頓他們。」唐侯歉疚地說。

放齊無奈地嘆口氣說：「這，我不說了，救難嘛！可你為什麼賣力地給唐爺攔魂？」

「什麼？」唐侯還真沒這麼想，他瞅住放齊像在發問。

放齊直吐胸臆，倒出滿肚子的氣：「他一死，咱不就掌管了唐族嘛！退一步說，你還要摸清天神的脾氣，那樣咱不就可以放手幹嘛？」

唐侯聽放齊說著，眼睛直瞅著他，不知該如何回答。

放齊見他不語，以為他自知理虧，不好回話，攤開雙手，露出一絲苦笑，說：「這下可好，唐爺又活了，咱還得聽他的指撥。」

放齊的話觸動了唐侯，他不由得搖搖頭。他不會那麼做，即使放齊當時給他出這主意，他也硬不下心，是啊，見死不救那怎麼行？他想開導大哥幾句，話沒出唇，且承來到面前，唐爺要他們過去。

唐爺有啥事呢？唐侯和放齊你看我，我看你，都想從對方身上看出個眉眼來，可是孰也弄不清那葫蘆裡的底細。他們默不作聲地走進唐爺窟中，唐爺一開口他們就更摸不到東西南北了：「你們看，天神咬住唐族不放，降災了吧？咱還得安神消災呀！」

安神消災？這話唐侯和放齊聽著突然，唐爺卻早在心裡翻騰過好多回。他活過來，一醒事就大為後悔。後悔不該聽唐侯的話對義仲施什麼象

091

刑，要是真把他的腳剁掉，他還敢犟嘴？自個還能差點被氣死？想到這裡他就憋悶得難受。幸虧天神有眼，明察好壞，把他重又放回人世。這麼想著，天雨下得更大，西窟倒塌了，他就斷定天神怒氣未消，不取義仲的人頭祭祀天神，唐族往後很難平安。

這幾日，天雨大一陣，小一陣，他的火氣盛起來，又被他強壓下去。他再三安慰自個息事寧人，料理族事。可是，一想到料理族事，義仲就橫在他的前頭，簡直是安定族心的絆腳石。要是不搬掉他，天神難消怒氣，就會再降災禍害，族人怎麼還會有安生日子？他想得心神不寧，便將唐侯叫來合計。

去叫唐侯，他又冒出一股火氣。往日這族事還不是他說怎麼就怎麼，一句話撂下去，碰到樹，樹搖，不搖就得倒掉；碰到石頭，石頭滾，不滾就得碰碎。而現在，哼哼，多了這麼個礙手礙腳的唐侯。

不過，唐侯和放齊站在唐爺面前，他一點煩躁也沒有，只平靜地告訴他們要趕緊安神。平靜得讓唐侯看到唐爺豁達的什麼都不計較。唐侯不知道唐爺要用啥法子安神，也不知該如何回答。好在他沒張嘴，放齊先發問：「唐爺，那怎麼安神？」

唐爺不緊不慢地說：「你們看，義仲真把天神氣惱了，謝罪不頂事，施刑也不頂事，還是給咱降下了災禍。咱不敢再虛晃，要實打實祭祀才能打動天神。」

放齊連忙問：「怎麼個實法？」

「用犧牲祭祀！還得緊辦。」唐爺仍很平靜，聲音卻很硬實。

用犧牲祭祀就是割下人頭祭神。這當然不能割別人的頭，只有割擾族作亂者的頭，也就是說義仲必死無疑。這樣一來觀天的事豈不完全泡了湯？唐侯心裡發顫，瞥一眼放齊，只見他眼中射出少見的冷意，似乎在問：怎麼，後悔了吧？他顧不得和放齊見高低，焦慮地問唐爺：「為什麼

這麼著急？」

唐爺不慌不忙地說：「不是我急，是天神著急。你看，樹拔倒了，窟沖塌了，族人擠在你那窟裡，成何樣子？再不真心祭神，恐怕還要遭大災！」

唐侯想攔擋，又沒有法子，只好說：「唐爺，天雨已經停住，天神降些災禍氣就消了，哪裡還會咬住不放呢？我看，當下咱先挖窟，安頓大家的住處。」

唐爺搖搖手說：「不那麼簡單，你歲數輕，經見少。天神那脾氣犟著呢，咬住哪個族，不咬服氣，絕不會鬆口。」側轉臉又對放齊說：「這你應該明白吧，你吃的粟米比唐侯要多嘛！」

這語氣明顯有些輕慢唐侯，放齊不免衝動，心底的話猛然躍出：「聽口氣，唐爺是要割義仲的頭當犧牲？」

放齊一衝動唐爺更為從容，他說：「是這樣。天神是他得罪的，當犧牲的只能是他。」

唐侯越發著急，越急越沒主意，不知該說什麼，憋得臉直泛紅。看看放齊，希望他能有個法子，可他暴著額前的青筋張不開嘴。唐侯只好說：「唐爺一向和善，真忍心這麼治死義仲？」

「怎麼能呢？」唐爺長長嘆口氣，挺心疼地說，「我也不好受。義仲是和我撐著勁，可他有主見，我喜歡這樣的後生，真不忍心啊！」

放齊追上唐爺的話頭說：「那麼，唐爺不能再使個別的法子？」

「我和唐侯一樣也想放過他，可天神咬住不放，真不敢再虛晃啊！」說到這裡唐爺稍一停頓，接著說：「還是給他留條生路。這回咱不直接割頭，先祖有天獵的規矩，咱就這麼祭祀吧！」

見唐侯和放齊不懂，唐爺解釋說，這天獵和割頭不同。割頭是祭神時現場割下人頭，擺上就祭；天獵也叫獵頭，是祭祀的當日，讓罪人去望日

093

峰上行走，射手們躲在不遠處放箭，若是射中就用人頭祭祀。若是射不中，那就是天神寬恕了義仲。

能看出，唐爺這麼做已給足唐侯面子。可哪有獵頭射不中的？射手不是一位，眾人亂箭齊發，碰也會碰上一支。這義仲還是難免一死。明知唐爺要治死他，唐侯、放齊還真沒有法子應對。放齊憂心地問：「唐爺打算哪日祭祀？」

「越快越好，就明日吧！」唐爺見唐侯沒有說啥，當即定點。

「祭天神總得天神能看見吧，現在雲靄罩天，你獵下人頭去祭，天神看不清楚，別又枉費掉咱的敬意。」唐侯忽閃著頭顱再攔一步。

唐爺沒想到唐侯一再攔擋，暗暗不快，便想否了他。話未出唇，又想，他又不是不准，遲兩日就遲兩日，心急吃不下火烤肉，何必和他擰勁呢！因而，咽口唾沫順從地說：「那就依唐侯的主意，天放晴再祭！」

從唐爺窟洞出來，放齊懊喪地說：「咱就這麼窩囊？由著族頭擺布？」

唐侯跺跺腳說：「你說怎麼著不窩囊，總不能和他翻臉吵架吧！」

放齊扭著脖子說：「是你管他，還是他管你？」

「大哥，別認死理。唐爺還算開通，他要是暗裡將義仲治死，你還不是乾瞪眼？」唐侯說完，見放齊還憋著氣，又說：「趁天沒晴，咱再想想法子嘛！」

✦ 27

唐侯和放齊沒有回窟，走出族堡，向山野邁去。雲還很低，卻不那麼暗烏，擁擁擠擠很是密實。上攀幾個山頭，人就鑽進雲中，迷迷濛濛，什麼也看不清楚。看樣子，一時半會兒天還難晴。這讓他倆稍稍鬆心，因為遲晴一日，他們就多一日挽救義仲的空隙。

第七章　祭天安神

　　這場狂暴的天雨禍害真大，沖壞不少地塊。溝邊的地破了相，有的衝開個口子，有的毀為一條小溝，這也無大礙，修修補補就能種。坡裡的地全遭了大難，有的塌陷下去幾人深，根本填補不起來。最可惜的是那些剛出土的粟禾，嫩嫩的，卻被衝倒不少，有的連蹤影也不見了。僥倖留在溝沿的，彎垂著身子，像是在呼喊救命。

　　哪裡還有心事救它們呢！此時，唐侯和放齊談的是天晴後立即和族人一塊壘邊補地。然而，一說到天晴，倆人都閉住嘴。他們巴不得天晴，卻又害怕天晴。天放晴就不會再受暴雨的禍害，可是義仲的死日也就到了。難道就這麼讓義仲去送命？他們不甘心，又沒好主意，行走在泥濘的山徑上，心事和腳步一般沉重。

　　彎過一道山梁，坡地上全是樹木。突然，撲嚓嚓三分鐘熱風起，兩隻錦雞從草叢中騰起，直向高高的樹梢飛去，是他倆驚動了牠倆。放齊看著飛遠的錦雞說：「多可惜，要是帶上弓箭，今兒又有了好吃食。」

　　唐侯煩躁地問：「你還有心思打獵？」

　　「捎帶嘛！你說這不是到嘴的肉讓溜啦？」放齊說。

　　「打獵」兩字一出口，唐侯便打個激靈，立即想到獵熊。獵熊要是一下打不中要害，那廝就會撲來，危險極了。好在熊逮到人不像狼和豹子那樣張口就咬，而是要摟緊人歇息，待緩過勁來再美美享用。摸準熊的習慣，人們就穿好木頭套衣再去打獵。萬一打不中，被熊逮住也不反抗，乖乖和熊睡覺。待熊睡實，脫掉木衣就能逃脫。當然，脫掉木衣的人不是敗走，會掏出石刀直刺熊心，將牠獵到手。

　　放齊說過，沒聽見唐侯應聲。轉身看時，見他雙眼閃光，喜滋滋的。正要發問有啥好法子，就聽唐侯獨自唸叨：「有啦，哈哈，有啦！」

　　「有什麼啦？」放齊不解地問。

　　「義仲有救啦！」唐侯一拍大腿回答。

「怎麼個救法？」放齊急切地問。

唐侯一說獵熊，放齊明白了：「你是想讓羲仲穿著木衣防箭？」

「是這樣。」唐侯欣喜地答。

「可這唐族的木衣哪裡敢用！」

唐侯往河邊的大石頭上一坐，對放齊說：「你快去叫木樫，讓他回陶族去取。」

「好辦法，好辦法！」放齊笑著一溜煙跑去，很快消失在迷霧中。

放齊找到木樫時他正和羲仲拉呱得熱火。木樫是後頭那撥來唐族的，他是個種地的能手。他哪是種地？完全是伺候土地。他要把邊邊角角都整好，不讓雜草長進來；要把土地杴得綿綿絨絨，才把種子撂進去。別人把種子撂進土裡再不管不問，他不，他還要過問，禾苗邊上長出草，他要拔掉。還要給禾苗鬆鬆土，說那樣長得才壯。最讓眾人奇怪的是，別人的地裡撂多少籽，長多少苗，還嫌苗少，他卻要將綠油油的小苗拔掉不少。見他拔苗，人們都說他不憨不呆，怎麼做蠢事？他不管別人怎麼說，就那麼蠢做。可就是這個蠢做的人讓眾人瞪圓眼睛看著他，他收回去的粟穀比孰的都多。人們向他討教，他嘻嘻一笑，摘顆枝頭的山果說：「一個人吃，挺美的。我們大夥吃，還不夠填牙縫。種地也一樣，禾苗太多，土地養活不起，哪能長好呢！」

眾人信服木樫，往後少不了常向他討教。唐侯將他帶來，就是指望他把種地的法子傳給唐族，讓大夥兒都能吃飽肚子。木樫來到唐族就有些嗔怨，怪不得他們沒吃的，地種得太毛糙。很少有人整地鬆土，在雜草中就把籽實撂進去。這麼出來的禾苗，擠在雜草窩裡，哪能長壯呢？更令他奇怪的是，這時候還在撂籽下種。他說出疑問，唐侯將羲仲的看法轉告訴他，他急於要見這個羲仲。只是，羲仲在懸石頂上謝罪，怎麼見得著呢！所幸，羲仲回來啦，木樫一見他就黏糊在一起，倆人滔滔不絕地談天說地。

第七章　祭天安神

　　在陶族裡，眾人雖說都服帖木樫那理，可是背下裡都說他高傲，不把別人放在眼裡。木樫聽到暗自發笑，他不想高傲，卻碰不上高人。和義仲一見面，木樫服氣了。他才覺得山上有山，人上有人。義仲是他眼中的山上山，人上人。

　　木樫說，種莊稼，人收一半，地收一半。意思是說，一半在種，一半在長。義仲說，有理，卻不完全。天神呢？天神的本事更大，若是天寒，地就準凍，地一凍顆粒不收吧？木樫點點頭。

　　木樫說，種莊稼，一半在種，一半在管。意思是說，光摺籽不管理，長不出好莊稼。義仲說，有理，也不全對。種是起頭等作用的，必須種在點上，也就是要種在天暖的日子。若是種錯茬口，連種子也會白摺。木樫又點點頭。

　　木樫不再張嘴，只能聽義仲說道。

　　義仲說，種莊稼靠人，人要管地，還要懂得天神的脾氣。木樫信服。

　　義仲說，天神什麼都管，地上的草木都得看他的臉色。天神讓它綠，它就綠；天神讓它黃，它就黃。人也一樣，也歸天神管。天熱可以少穿點，天冷就要多穿點，和天神擰著勁要吃大虧。木樫更為信服。

　　義仲還說，不過天神有天神的脾氣，不是說冷就冷，也不是說熱就熱，我覺得先祖已摸到些。不過，還沒摸準，應該變更變更……

　　木樫聽得入了迷，只有聽的份兒，哪裡還能插嘴呢！他看看眼前這個螳螂般的瘦人，就有些納悶，他怎麼會懂得那麼多事情。看來，種莊稼只伺候地和苗不行，還要像義仲那樣知曉天神的規矩。就這麼，木樫和義仲一連拉呱了幾日，還沒有過足癮。

　　放齊一叫，他跟著就走。到了外頭，放齊才告訴義仲要被獵頭祭神，他聽了憤憤不平。張嘴就罵唐爺瞎了眼窩，這麼個能人的話不聽，還要讓他當犧牲祭天。放齊對他說，唐侯叫你去就是要設法救義仲。木樫說：「只

要能救羲仲，讓我顛倒走都行。」

來到河邊，沒待唐侯說話，木樫就說：「快告訴我，讓我做什麼，我這就去！」

唐侯給他交代：「事情很急，你這就去陶族拿一套木衣趕回來。回來不要進唐堡，悄悄去望日峰等候羲仲，讓他穿著木衣再往峰頂走。羲仲能不能活著全看你啦！」

木樫一握拳頭說：「拚上命也要救他。」

放齊也說：「要快，還不能讓人知道。一旦碰上人，就說是要去獵熊！一定記住！」

木樫甩開大步去遠了，唐侯和放齊這才鬆口氣，緩緩返回族堡。

這時，天上的雲層略略升高了些，唐氏堡的峰脊顯露出來。身邊的樹葉微微搖動，颳起小風。

✦ 28

接下來的事應了一句俗語：人算不如天算。時光過去好多載後，唐侯仍然記著這話。這話裡有著他怎麼也無法忘掉的往事。

那日木樫走後，風說刮就刮。微風變成大風，呼呼，呼呼，一個勁地刮，竟然把多日不見的藍天紅日拉扯出來。

不用說，族人可喜歡啦！擠在唐侯窟中的人們蹦跳到外頭，高興地議說明日就打洞窟，不能再擠在一起攪擾唐侯。聲音叫得最響的是句木，是該高興啊，這些日子擠在一起放屁都不敢亮響，憋匣得要命。

唐侯臉上掛著笑容，和大家說道。胸中卻百爪抓撓，心煩意亂。天一晴獵頭祭祀天神就能看得清清楚楚，還有什麼理由再攔擋唐爺？木樫取木衣趕不回來，羲仲死定了。所幸，羲仲要被獵頭的事尚沒有傳出去，連他

第七章　祭天安神

大都不知道，知道了又該如坐荊棘。天黑定後，唐侯還無法入眠，頭顱轉來轉去，就是轉不出個招數。族人都已入睡，窟裡真靜寂，只有絲絲不斷的呼吸聲和一兩聲交替著的呼嚕聲。唐侯從這聲響中傾聽窟外的動靜，風聲已經停息，他悄悄生喜，風停後興許濃雲會捲土重來，他真巴望這樣。輕輕起身，走出窟來，孰料，滿天都是朝他擠眉弄眼的星星。他的心揪得更緊，天神哪，你就不能為羲仲留條活路呀！

這一夜，唐侯出窟好幾回，每回看到的都是失望。不光是失望，還有寒意。一站到窟外，他就冷得發抖。只是失望籠罩著身心，他忽略了寒冷。回到窟中，他頭顱紛亂，睡得迷迷糊糊。

「不好啦，天神殺禾啦！」一早句木的喊聲吵醒了族人。

人們爬起身跑出窟去，只見地上跌落著一層樹葉。昨日還黑綠的葉子，今兒全黃了，蔫了，活像是火烤過的。不知是孰喊道：「快去看咱的粟禾成了啥樣子！」

眾人提著心朝堡外走去。趕到地邊，都瞪直了眼，昨日還水靈靈的粟禾，今兒全都彎倒了，蔫軟了一地。一塊地，這樣；再走一塊，還是這樣。族人個個腿腳發軟，挪都挪不動，軟的就像那蔫軟的粟禾，沒有一點精神。

是啊！天神殺死粟禾，往後拿什麼東西填肚子？天神哪，你這哪裡是殺禾，簡直是殺人呀！

唐侯和放齊緊趕著眾人腳步來到地裡。一見蔫軟的粟禾，和那些比粟禾還蔫軟的族人，唐侯本來就煩亂的心裡更加煩亂。他看一眼放齊，像是在問，怎麼辦？放齊挨近他說：

「別讓眾人太熬煎，日後的吃食再想辦法。」

唐侯點點頭，大跨一步，跳上一塊高地正要張口喊話，卻見唐爺磕絆著走來。

且承和唐禾攙扶著唐爺，後頭緊跟著族娘。怕唐爺再犯病，族娘這兩日一直守在他身邊。聽到天殺粟禾他拄根木棍就往外走。且承、唐禾不讓他來，族娘也攔他，唐爺卻非來不可。且承和唐禾只好攙著他慢慢走。唐爺雙腿乏力，走得搖搖晃晃，不是倆人架著他，就會栽跌在地。

眾人不言不語，將一臉的憂戚全都拋給唐爺。他們習慣這樣，唐爺是大夥兒的靠山，沒有奈何的時候他就是族人的奈何。

唐爺不言不語，穿過憂戚的人們搖晃進地裡。一見滿地癱軟的禾苗，兩腿更軟，且承和唐禾哪裡架得住呢！他跌坐在地上，哭出聲來：「天神殺死粟禾啦，唐族不幸哇！羲仲作亂欺天，惹天神生怒，殺禾禍人啊！我唐族的日子可怎麼過活哇——」

唐爺沙啞的聲音並不高，族人卻聽得身上透涼，伸手拉他的族娘忍不住也哭出聲來。她一哭，幾位老頭婆娘也跟著哭。哭聲撕扯著人心，站在冷風中的人們都隨著流淚。

唐侯鼻子酸澀，不覺然淚水也流出來。他抬手抹了一把，他不能癱軟，這當口一定要挺住。他咬咬牙過來往起拉唐爺：「唐爺，快起來，別傷著身子，族人的日子還靠你支撐呢！」

族人也上前相勸：「唐爺，我們都靠你過活哩！」

唐爺忍住哭聲，使勁往起站。哪裡站得起呢，唐侯拉不起，且承和唐禾忙一起用勁攙扶，他才搖晃著站住。唐爺瞅一瞅眾人，抖著下巴的鬍子說：「噢，我老沒出息了，哭，哭有啥用？」

族人連忙附和：「唐爺，快為我們支個招吧！」

眾人的懇求聲給了唐爺心勁。他看到了，也聽到了族人對他的信賴，話再出嘴唇變得硬硬朗朗：「往後的日子往後再說。眼前的緊事是祭天安神，不然，天神再降災禍，就不是殺禾，就要殺人。我們都沒命啦！」

眾人聽得無不驚怕，催促說：「唐爺，那就快點祭天安神！」

第七章　祭天安神

「好！羲仲欺天辱神，禍害大夥，咱就獵他的頭，讓他當犧牲祭祀天神，你們說行嗎？」

「行！」

「行！行！」

喊聲沖天響起，蓋過一旁滾動的澮河水聲。唐侯看看放齊，放齊目光正瞅著他，無奈對著無奈。

「唐爺，何日祭天？」有人問。

唐爺即答：「事不宜遲，明日。」

唐侯趕緊插話：「祭天是件大事，要準備祭品，明日來得及嗎？」

他是想拖後幾日，那樣木樫就能趕回來，沒想到唐爺毫不鬆口：「緊事緊辦，來得及。」

「前番謝罪天神沒有領情，恐怕是咱禮數不周。這回又這麼匆忙，再有個漏洞，那天神能滿意嗎？」唐侯仍想往後拖延，他盡量平和地說，希望唐爺能聽進去。有人聽見他的話連連點頭，是覺得有理。

唐爺也覺得唐侯的話有道理，真不必這麼急切，緩個三兩日也無妨。不過，唐侯說話時他看見有人點頭。點頭就是贊成唐侯，這不是把自個的話不當事嘛！族裡跳出一個羲仲就弄下大亂子，要是再有人生二心，那唐族亂得還怎麼收拾？他下巴的鬍子顛了顛，鬢邊的筋脈鼓圓了，說話的聲音卻不高：「有犧牲獻祭，就是最全的禮數。明日就天獵祭祀，不敢拖啦！」

唐侯還是緊依在唐爺的身邊，卻像是被他一把推下河溝，跌進澮河，透心得涼。

第八章　犧牲

✦ 29

　　亂糟糟，亂糟糟，唐禾心裡亂糟糟的。天神殺死粟禾她心疼，好端端的一茬收成斷送了；地無收成她憂慮，為她那個當族頭的大著急哩，著急族人沒吃的。但是，她最為焦慮的不是這些，是她大唐爺要天獵羲仲祭祀天神。那是要剜她的心頭肉，她怎麼能不心疼？在地邊，唐禾聽見大的話，兩腿發軟，若不是託著大，她差點能栽在地上。她暗罵自個沒主見，為什麼老把羲仲擱在心上？大與她有恩，哥與她也有恩，她做事應該如他們的心，合他們的意。可要如他們的心，合他們的意，那羲仲就只有送死的一條道。可憐這麼精明能幹的人，為什麼就不能讓他再活著呢？

　　唐禾就為這事心裡亂得一團糟。唐侯讓大拖延幾日，她暗暗叫好。大駁掉唐侯的意思，她心火燒燎。她想給羲仲求個情，礙於人多，怕傷大的面子不敢吱聲。攙著大回到窟洞，她再也忍不住，焦急地說：「大，羲仲歲數還小，和我一樣不懂事，你饒過他吧！」

　　唐爺看一眼急火火的唐禾，不緊不忙地說：「不是我不饒他，是天神不饒他。不拿他祭祀，天神再發怒，族人就把命全撂了！」

　　大說得不急不躁，且承卻急躁地跺著腳嚷叫：「小禾，妳怎麼這麼糊塗，他把大差點氣死，這氣不出怎麼行！」

　　唐爺狠狠瞪一眼且承，嘆口氣，說：「唉，你怎麼就只有死腦筋呢！」

　　唐禾沒有留意大的眼神，只是為羲仲犯愁，又說：「我擔心這麼會冤枉羲仲。」

　　「他惹下的災禍，冤枉也要拿他收場！」唐爺話說得不快，每一個字

■ 第八章　犧牲 ■

都沉甸甸的，不容更改。唐禾還要辯說，族娘勸她讓唐爺安歇。不等她再張嘴，唐爺搖搖手要她和且承出去。

唐禾見沒啥指望，就悻悻地朝窟外走去。且承在背後喊她，她也不理，直接往羲仲窟裡走。她不是去找羲仲，是去找羲仲他大。她把僅剩的一絲希望放在巫首身上。他雖然是羲仲的大，可也是族裡的神事領頭。這祭祀天地的事情由他主管，他要是找個天神的由頭，大或許會聽。

跑到窟前，巫首正跪在當院面天禱告，身前是黃櫨柴升起的煙霧。一絲風也沒有，細細的青煙直直上升，飄進目光也看不到的高空。巫首仰頭瞅著煙霧，連唐禾進來也沒察覺。唐禾見他拜神，便悄悄站在身後看著，盼望天神寬恕羲仲。

然而，巫首很讓她失望。

那失望來得太突然。突然得她意想不到。巫首「哇」──地大喊一聲，栽倒在地，嘴裡一遍又一遍唸叨：「斃啦，羲兒的命斃啦⋯⋯」

其實，今兒最早知道天殺粟禾的就是巫首。多少載來，他有個迎日的習慣。每日早早就爬上族堡的山脊，呼吸天籟清氣。然後，面東而跪，等待日頭升起。日頭露臉時，他把頭挨在地上。隨著日頭的一點一點上升，他將頭一點一點抬高。日頭騰上山梁，懸在空中，他就站起身來伸展雙臂，像是要把那暖烘烘的光色擁入懷抱。這時候，他喜歡閉住眼睛，那雙臂如同鳥翅，一霎間將他帶入高空，進入天宮。有幾次，在炫目的光色中他見到天神。天神笑瞇瞇的，雖然沒有說什麼，但那笑容就是對他的滿意。巫首喜歡天神的笑意，他便痴迷著迎日。

連日多雨，巫首沒能見到日頭，也就無法迎日。他的腿不是腿，手臂不是手臂，鬆軟得沒有一點兒勁。好不容易熬到風吹雲散，星光閃爍，他從暗夜看到今日要豔陽高照，哪裡能錯過早晨的迎日。他早早便起來，走出洞窟就覺得不對勁，怎麼樹葉蔫蔫的？仔細看，是葉面上塗著一層蟬翼

般的薄粉。不好，是天神殺粟禾。他跑出堡，跑進地，一看那粟禾全都癱倒，一點救治的法子也沒了！那族人可怎麼活下去？

巫首忐忑不安回到窟裡，立即燃起黃櫨，向天祈禱：

粟禾已殺，

寬恕眾生。

天神顯靈，

賜吾笑容。

他唸叨一遍又一遍，緊閉的雙眼一絲也不敢睜開。唯恐天神顯靈，錯過目睹笑顏的時機。天神若是露出笑臉，那便是寬恕族人。他跪得雙腿生麻，也不敢稍微動一下，害怕得罪天神。黃櫨柴著完了，最後一點青煙也已消失，仍沒見到天神顯靈，他大為失望，喃喃唸叨著癱在地上。

唐禾趕緊上前，彎腰扶他坐下。

「不好啦！」巫首有氣無力地說：「我苦苦哀求，天神不理不睬，看來怒氣未消，唐族人還要遭難。這要救族人，只有讓惹事的義仲當犧牲。」

唐禾更慌啦！本來想靠巫首救下義仲，沒想到他竟然和大認一個死理，這可如何是好？她顧不得別的，脫口就說：「義仲是你兒，你就忍心他死？」

巫首哽咽著說：「我怎麼忍心呢！」

「你是神頭，變個法兒給我大說，讓他不要天獵義仲的頭。」唐禾替他支個招。

「怎麼，唐爺真要天獵義仲的頭？」巫首明知大勢不好，卻心存一點兒僥倖，巴望唐爺能像上次那樣用虛刑饒恕兒子。因而，聽到天獵還是有點驚怕。

「是啊！」唐禾答。

巫首頓時愣住，半晌不語，好一會兒才說：「唐爺是個善人。天獵就

■ 第八章　犧牲 ■

給他個小子留下條活路，就看他的命吧！唉……」

唐禾失望了，卻還不死心，她又說：「你編個神詞給我大，讓野豬做犧牲替下義仲。」

「不，不，我怎麼敢違背天神啊！」

唐禾聽得透心涼，連連打寒顫。

偏在這當口，傳來亂糟糟的吵嚷聲，很多人的聲音攪纏在一起，麻麻雜雜的。

✦ **30**

那吵嚷聲是義仲引發的。

這日巫首起得很早，卻沒早過兒子義仲。義仲沒學到父親迎日的習慣，卻養成了觀日的習慣。他觀日不在父親迎日的堡沿山脊，而是要翻過一架山上到望日峰頂。那裡山高嶺峻，少見遮攔，可以清楚看見日頭出山。自從跟著父親學巫，他就迷上日頭，在堡沿的山脊觀看遮掩多，不過癮，就摸尋到這個高峰。望日峰離族堡有一段路，他不在乎，只要天不落雨，準來。從懸石頂謝罪回來，他無端地又被施了象刑，心裡很是憋屈。他沒哭，天神卻替他冤屈得垂淚。這便夠了，一個草民還要怎麼著哩！

一大早義仲在望日峰站定，東天才開始泛紅。紅顏一陣濃過一陣，待漫天紅透，又變淡時，日頭才逐漸露臉。先是一絡，再是一片，那光濃烈得無法直視，一霎間又大又圓的火球躍上山梁。立時，照得山頂光燦燦的。義仲看得滿心喜悅，笑瞇瞇地挨近岩石，那上頭有他刻劃的道道。他將東邊的山峰畫成彎上伏下的曲線，上去的是山頂，下來的是山谷。然後，在那些曲線上刻劃豎道，那豎道就是他看見日頭出山的位置。他無法數清他刻下多少個道道，卻可以看到這些道道已經是第三個輪迴。他有意將那些道道作過對照，前兩個輪迴幾乎一模一樣。待這個輪迴走到底，他

105

就會進一步印證心底的思考，日頭的升起又落下是小輪迴，暖日轉寒天是大輪迴。掌握了大輪迴，地不就好種了嗎？族人，嘿嘿，不光是族人，就是整天謀劃族人光景的唐爺也不用再發愁。到那會兒，你們孰還敢說我是個魔人？可當下說我魔啦，我就是要魔。要是不魔，事事都聽唐爺擺布，啥時候種地也是瞎碰啊！

日頭躍出山頂，再沒遮攔，很快升上高空。羲仲刻劃好記號，沒了牽掛，輕輕鬆鬆往山下走。頭一晃，看見了蔫軟的樹葉，癱倒的粟禾。哦，天降涼啦！他沒有像族人那麼驚慌，說是天神殺禾。他早就記得，每回寒冷到來，天神都要降涼。這不奇怪，用他的話說，這可能是在輪迴。他不讓族人種粟禾，就是怕天涼，沒有收成。他仔細一看，可不，正是降涼，葉面上果然有一層白煞煞的粉末。那粉末日頭一照就會化為水珠。往後，這粉末將被他叫做霜。那時想想前事，羲仲就忍不住咧嘴要笑。然而，眼下羲仲卻要為這粉末蒙冤遭難。

羲仲不會想到大難將臨，他還有點激動。激動天神降涼應驗了他的看法。他的心血沒有白費，漸漸觸摸到天神的脾氣。他要將這脾氣告訴族人，別再捂著眼睛走路。他激動得一溜小跑，恨不得把這奧祕當即告訴唐爺，告訴族人！

羲仲急匆匆往堡裡跑，他哪裡知道這是跑向新的災禍。災禍是皋陶告訴他的。皋陶去望日峰上找他，未出堡卻碰見了，連忙告訴他要被獵頭，而且就在明日。這等於說，再一個日頭快上山梁時，就在他一次又一次觀看日出的地方，將有無數支利箭向他射來。他像條被圍獵的狼，將在累累的傷痕中悲哀地倒下、死去。而後，有人前來，用一把石刀割破他的脖子，砍斷他的骨頭，再將他那滴血的頭擺上供臺祭祀天神。

他——就要成為犧牲！

真如棒擊頭頂，羲仲頓覺天旋地轉，若不是皋陶伸手拉住他，他站都

站不穩。皋陶鼓鼓他那尖尖的嘴，嗔怪地說：「也怪你！眾人說你魔了，我看你就是魔了，只認你那個死理，這不把命也要搭進去。」

發過火，又覺得怨怪他不妥，忙說：「我不懂你那些理，卻也知道你是在做正當事。我要說錯，你別嗔怪。」

義仲不嗔怪皋陶，他在眼裡，皋陶是無話不說的兄弟。可是，這麼好的兄弟還不知道他做的是啥事情，那就難怪別人把他當魔人？既然這死無法躲過，那死不能白死，他要為族人說說探到的那些天理神規。不然，這幾載就白費心事，死也白死啦！義仲猛然來了勁，跳上一塊石頭，高聲吆喝：「族親們，義仲有話要說──」

魔人就要被獵頭當犧牲，還在喊叫什麼？聽到吆喝的人都圍過來，就連守護族堡的後生也跟著他們的頭目木殖跑來。義仲見族人來得不少，放開嗓門說：「我就要當犧牲了。當就當吧，只要大家能過活好，我死就死。我擔心的是，我死了，大家還是睜著眼窩摸黑，看不清天神的脾氣，走不準自家的道。天神有天神的脾氣。那就是來回轉，熱過冷，冷過熱，這大家都清楚。就是不知道啥會兒該熱，啥會兒該涼。這幾載我看到，日頭出來下去的地方有時靠南，有時偏北，天就有時熱，有時冷。就說這天神殺禾吧，不是天神發怒怪罪，是應該降涼了。我不欺哄大家，我是早就看到天要變涼，才不讓你們下種的。我知道種下也白搭……」

義仲的話真有人聽了進去，低聲嘀咕：「當初怎麼就不把他的話當事呢，唉，白白糟蹋掉種子，多可惜。」

也有人搖頭，說：「瘋話，還是瘋話，怪不得要天獵他的頭祭祀。」

說這話的人多是滿臉皺紋的，也有歲數小的，那是木殖。他娘和唐爺早就好得像一個人，唐爺把他當兒子待，他也就把唐爺當成了大。他滿頭顫裝的都是唐爺的話，義仲說的那理他根本聽不進去，隨著老輩人叫嚷：「瘋話，瘋話。」叫嚷得最凶的還不是木殖，是且承。他一到場，見人們悄沒聲地聽

羲仲講說，就冒火：「狗松，你瘋譖叫個球，還不堵住你那屁眼！」

羲仲沒有理他，皋陶卻大為不滿，過來拉拉且承：「他說得對不對，讓他說完，由眾人去掂量。」

且承將眼珠子一鼓，竄前兩步，叫喊：「那狗松放屁拉稀，你還嫌不臭！」

皋陶越發不滿，他最見不得耍蠻罵人：「你有話好好說，怎麼張嘴傷人？」

「傷人怎麼啦？我尿球他哩！」且承眼瞪得更大，剜皋陶一眼，從他面前跨過去逼近羲仲，「我還要打他個狗松的，你鳥嘴要怎麼？」

這話實在噎人。皋陶按住氣不和他計較，那是礙於唐爺的臉面，不願和他鬧僵。皋陶稍一疏忽，且承真的動了手。他一掄臂，就把羲仲摔倒在地。羲仲真是太單瘦，像是且承一個指頭抵倒的。倒下還不算，且承躍腿騎在羲仲身上掄拳就打。一拳下去，疼得羲仲嗷嗷叫喚。

皋陶忍不住衝上前去，一伸臂把且承從羲仲身上揪下來，甩出好遠。別看且承有股子勁，可那是蠻力，要真和皋陶鬥打，看樣子他還不是對手。他轉身過來沒理皋陶，還朝羲仲撲去，哪裡過得去呢，皋陶橫在中間。

唐禾聽見的吵嚷聲就是這會兒叫響的。且承要過，皋陶不讓過，氣得且承大叫大喊：「木殖，你們瞎了眼，這狗松的弄得天神殺禾，還不捶死他等啥！」

平日唐爺的話多是且承外傳，木殖和那幫守衛族堡的後生早把他的話當成唐爺的意思，聽他一喊，呼啦啦都擁上來。看著他們要動手，皋陶雙手往腰間一插，一撇腿，說：「你們敢！真沒了族規王法。」

皋陶說著也圍上一夥，為首的就是句木。句木是個跟頭王。別說在族裡，就是和臨近的族堡格鬥，也沒人能摔過他。別看跟頭王會摔跟頭，卻

不亂摔，凡事都要弄個根根梢梢。偏偏這世上的事還真難說個黑白分明，皋陶雖然不能說得頭頭是道，總能說得句木信服。信服了就愛往一塊湊，七湊八湊，他們好成一夥。眼看皋陶孤身一人，當然不能讓他吃虧。句木一跳竄，身後也跟著一群。

兩夥人就這麼對著臉，瞪著眼。吵著，嚷著，罵著，就要動手廝打。

皋陶真不願打鬥，喝住句木。句木擰且承一脖子，退後幾步。且承哪裡受過這般鄙視，氣惱地喊：「木殖，你個軟松還不動手，手臂折啦！」

木殖猛地抱住句木，摟著腰要摔。他輕看了句木，句木兩腿交轉，突然一停，就把木殖甩出好遠。門堡的那幫後生見頭目吃虧，哪裡甘心，一擁而上，摟腰的，抱腿的，捏臂的，將句木團團圍定，就差扔下崖去。句木這夥兒也不是軟蛋，沒人招呼就上了手，一人攬一個，撕扯住那幫堡衛，亂哄哄地打開來。

羲仲嚇蒙了，衝著他們喊：「別打！要打，打我，是我惹的禍！」

孰還顧上聽他的呢！一個被摺倒，疼得叫喚；又一個被摺倒，疼得叫喚。地上有了血滴，分不清是孰的，急得皋陶直喊句木：「住手，別打啦，別打啦！」

句木打紅了眼，說：「你別管！。」

說著，又把木殖掄出好遠。且承看見他的人手要吃虧，連忙喊：「聯手們，掄棍子！」

句木說：「球，孰怕孰！聯手們撿石頭。」

找棍子，撿石頭的人轉眼都跑回來，列成兩隊，一出手不打出人命才怪，急得羲仲、皋陶直叫喊。

恰在這時唐禾和巫首趕來了。巫首揪住羲仲吼喊：「殺才，你造孽，讓眾人跟著受害呀！」

喊著，要打羲仲，被皋陶拽住手臂。

唐禾見且承在這裡，就知道是他起事，說道：「哥，打出人命給大怎麼交代？還不快把他們領走。」

　　皋陶見有人息事，匆匆推著巫首，拉著義仲往外走。句木看著他們去遠了，打聲口哨，聯手們撂下石塊，跑著散開。木殖那夥族衛還在嘟嘟嚷嚷，卻沒了對手，氣呼呼地散去。

　　眾人全走了，唐禾拽著且承才走。且承不走，還氣哼哼的，臉憋得青紫。

✦ 31

　　看罷粟禾回窟，唐侯滿腹憂戚，一句話也不說。放齊知道他心煩，不去攪擾，趁著窟裡的人跑出去，讓他靜靜歇會兒。唐侯哪能歇得下，別說躺，就是坐也坐不住，在窟裡來回走動。走著，還嫌裡頭憋窄，乾脆踱到窟外。踱了一會兒，他喚放齊：「大哥，你說要是天獵不到人頭那該怎麼祭祀？」

　　這倒把放齊問住了，他不清楚唐族如何天獵祭祀。唐侯又說：「那你快去打聽打聽。」

　　唐侯還不死心，仍要救義仲。放齊不敢怠慢，匆忙出來在堡裡問些人，又匆忙跑回來。他告訴唐侯，老人們說獵不到人頭的有一回，是用豬頭頂替人頭。唐侯頓掃憂戚，忙問：「用豬頭當犧牲，天神不怪罪？」

　　放齊如實答：「老人們都說，那回祭祀還滿靈呢！本來是天晴的滴雨不落，日頭烤得禾苗快要乾枯，祭過沒幾日天便下了雨。」

　　「真的？」唐侯又問。

　　「真的。」

　　唐侯還有些不放心：「你打聽的人可靠嗎？」

■ 第八章　犧牲 ■

　　放齊說：「我就怕不可靠，一連問了好幾個老者，都是一個說法。回來時，還見過巫首。」

　　「巫首怎麼說？」唐侯追問。

　　放齊告訴唐侯，巫首說獵頭哪有獵不住的？五六個人射一個人，插著翅膀也難逃呀！我再問他，過去就沒有獵不住的？他停頓一下才說，哦，有，有一回，那是早先。不過，那一回是颳大風，箭射出去便隨風飄走，才沒獵到頭。後來就用豬頭代替。我還想問幾句，他煩躁得很，沒讓我再開口就嚷，你給唐侯說，義仲這崽子侮辱天神，就讓他當犧牲，獵他的頭！我沒有二話。

　　「這便好啦，這便好啦！」唐侯臉露欣喜，連聲說。

　　放齊納悶，好什麼？沒等他問話，就聽唐侯說：「你快把皋陶找來。」

　　看來唐侯要在皋陶身上打主意，皋陶是族理，行刑獵頭應由他辦。放齊趕緊出窟去找。

　　皋陶剛從打鬥場出來，一肚子火氣未消，臉還憋得通紅，鳥嘴張張合合，以為唐侯是過問打架的事情，進窟即說：「唐侯，我有過錯，可且承也太霸道！」

　　唐侯不知怎麼回事，問他，他才把剛剛打鬥的情形敘說一遍。唐侯聽得頭皮發麻，皋陶說完他緩口氣說：「多害怕呀！要真石頭、棍棒的打死個人那又何苦？這和眾人有啥相干！」

　　皋陶仍然有氣：「義仲就是犯了死罪，那也是族罪。唐爺讓獵頭，那是按族規處罰，可你且承打人，那是啥規矩？哼！」

　　唐侯沒有接話，卻覺得皋陶說的在理。放齊也覺得這話對頭，他即問：「依你看，且承不對？」

　　「是他的不對。義仲說得對和錯，讓他說，大家不是憨呆，能分清格的。為什麼不讓人家說完？我看且承仗著他大是族頭孰都不尿！」

111

看來皋陶的火氣還真不小。放齊聽見他不光生且承的氣，還為義仲鳴不平，趕緊說：「可這義仲為族人惹的禍不小呀！」

「這讓我怎麼說呢？我還犯糊塗哩！」皋陶放慢話語說。

「這還有含糊呀，唐爺說他侮辱天神，族人說他是魔人，怎麼，你不信？」放齊是追問，也是探問。

皋陶不說話，看一眼唐侯。唐侯明白他有顧慮，就告訴他：「說吧，咱這是拉閒話，有啥說啥。」

皋陶這才把他的看法全吐露出來：「我是真犯糊塗。往常，唐爺說啥是啥，我從來沒有含糊過。可義仲這事兒我覺得不對勁。說天殺粟禾是義仲激怒天神，這有道理，孰叫他攪擾下種呢！不過，我又這麼想，義仲為什麼攪擾下種，他不是提前就說有寒風要來，天要變涼，不讓下種嗎？這麼一想，就不是天神殺禾，倒是天神應驗了義仲的說法啊！」

皋陶的話迷住了唐侯，他眼中一閃一閃放著光，真對皋陶有點佩服。到唐族這些日，聽到不少人議說義仲，都沒皋陶說得這麼清楚。他接口說：

「有理。照你這麼說，不是義仲瘋魔，倒是唐爺不對啦？」

沒想到皋陶也困惑：「唐爺經見那麼多，能耐那麼大，怎麼會錯呢！」

放齊問：「要不是唐爺錯了，那就是義仲不對？」

「我覺著也不是。」皋陶更加困惑，「我說不清，真說不清。唐侯，你說呢？」

唐侯坦誠地說：「不是你說不清，我也說不清。不過，我和你一樣，覺得義仲不像是瘋魔，只是他說的話和祖先留下的規矩不對茬，大家就覺得他不正常，魔了。」

唐侯指指頭頂，又說：「你看，族人為什麼擠在我這窟裡？還不是因為這是石窟。孰都清楚石窟比土窟結實，怎麼知道的？一場天雨就看清楚

了，土窟塌倒了，石窟安安穩穩。土窟和石窟相比較，哪個好一眼就能看出來。而羲仲說的這事沒法比呀，也不是沒法比，是要過好些日子才看得出來，比得清楚。也許往後一比，他真弄錯了。他要是有意禍族擾民，讓他當犧牲祭神活該。可是，眼下還沒比較就夭獵他的頭，我擔心冤枉他。」

皋陶看著唐侯，雙目一動也不動，將他的話一字一句都擱在心裡。他聽得心胸豁亮，是啊，困擾他好幾日的難題化解了。對，唐侯說得對。事情是對是錯，比一比才清楚，為什麼不能讓羲仲的法子也比一下呢？他聽著，想著，脫口說：「我看不能讓羲仲這就去死！」

放齊故意驚詫地問：「那有啥法？唐爺已定下要獵他的頭祭祀天神，唉！」

放齊說完故意可惜地嘆口氣。皋陶決斷地說：「我來救他！我管獵頭，到時候我讓射手放空箭。」

唐侯懸在胸中的一塊石頭撲通落了地。他趕緊過來，握住皋陶的手說：「這是大事，可不要走漏風聲。我們也不是不聽唐爺的，是怕獵錯羲仲的頭後悔。人死不能再復活，我看還是你說得對，先留下他，即使他真錯了，往後處罰還不遲。這可是大事，一定要小心，不要弄出差錯。」

皋陶點點頭往外走，快出窟口，迴轉頭說：「唐侯放心，我會辦好的。」

✦ 32

皋陶見過唐侯沒走多遠就碰上且承，唐爺找他。

唐爺叫皋陶是安頓獵頭的事。這事情令唐爺頗費心思。按常理說，歲數越大對世事看得越清，可是，唐爺卻覺得近來總犯糊塗。這輩子闖蕩過

來，啥會兒也沒像現在這麼窩囊。早些載不是族頭，卻事事挑頭。挑頭挑成族頭，還被喚成唐爺。一頭黑髮就成了唐爺，可見眾人對他多麼敬重。如今頭髮白得真是個爺了，可族裡卻亂糟糟的，這是怎麼回事？

不過，孰要說唐爺糊塗，那可就錯了！有些事上唐爺清楚得很。唐侯說推遲獵頭祭祀，他立即看出這是和他有二心。準備祭祀的物品那是我唐爺的事，不用你閒勞心，用得著拖延嗎？上次對義仲施象刑就中了你的圈套，這次不能再心慈手軟。

當然，唐爺也不把唐侯當做他的對頭。他想，唐侯就是有二心也不足怪。他初來乍到，還不識他唐爺的威風，慢慢就會服氣，就會明白他說下鳥蛋都能變成石頭。他怕的是族人和他有二心。且承將皋陶今兒和他打鬥的事一說，險些沒把唐爺的鼻子氣歪。不過，唐爺沒有罵皋陶，卻罵且承：「你呀，長了個熊頭！」

他是罵且承不動頭顱。看上去，唐爺沒把打鬥當回事，心裡卻翻轉了好幾個來回。再咀嚼唐侯說要準備周全的話，這獵頭還真不能輕心大意。擱在往常，獵頭也罷，祭祀也好，都是熟門熟路，不用多操心。獵頭這事應由皋陶去幹，祭祀的儀式還由巫首去辦，他吩咐下去即可。可今兒個唐爺心裡忽閃開另一條縫，他不能再像往常那樣。對啦，還有押送義仲的事……不過，唐爺的心事沒有寫在臉上，也沒有露在嘴上，就是且承也不明白他大葫蘆裡裝的是啥籽粒。

皋陶進來，唐爺吩咐：「明日祭天，你早早帶人去獵頭。」

唐爺說話很平靜，平靜得像是不知道皋陶和且承打鬥過。

皋陶以為唐爺要收拾他，進窟時已做好準備。他不怕收拾，只怕唐爺猜疑他。若是那樣他就無法放過義仲。可是，唐爺肚子大得能撐筏，皋陶暗暗愧疚自個小心眼。他連忙回答：「唐爺放心，我一定盡力。」

答過，心裡咚咚亂響，好像是自個做賊去偷人。

唐爺又囑咐:「這獵頭是祭祀天神的大事,你辦事那是石頭碰石頭,實打實,我沒啥不放心。只是這不是你一個人去做,要對射手都說清楚,一點也含糊不得。」

「是,唐爺,我明白了。」張口應著,皋陶未免生疑,唐爺為什麼這麼叮嚀,難道看穿我要放羲仲的心思?好在,唐爺沒再說啥,就讓他去準備,他連忙退出窟來。

皋陶走後,且承對大說,這押送羲仲也是大事,不用別人了,他去。

唐爺看兒子一眼,說:「這倒是個主意,省些麻煩。只是,那麼做大就不像個族頭了。當頭要動手做事,那是做個樣子給眾人看。要麼是別人都做不來,自個再上手。當然一上手就要做成,讓大家只能點頭誇說,那才會服帖你。」

且承真服氣他大,什麼事該做,什麼事不該做,都有講究。他點點頭,說:「還是大的主意好,那讓孰押送羲仲呢?」

「巫首。」

「巫首?」且承的兩個眼睛瞪成了兩顆山核桃。

唐爺不緊不慢地說:「是巫首,你去叫他。」

且承叫來巫首,送走巫首,卻沒消解了他的疑惑,他禁不住問:「你不怕巫首把他兒子放跑?」

唐爺笑笑說:「不怕,跑了兔子跑不走窩。再說,巫首是管神事的,怕天神殛殺他。」

且承放心了,更為佩服他大的心計,激動地說:「大,你真是神啊!這下好了,就等明日獵頭祭祀。」

唐爺使勁地瞅瞅兒子,好一會兒沒有吱聲,緩口氣說:「你看,咱還有啥事要辦?」

且承順嘴就答:「沒啥,事情都有了著落,大安頓得很好。」

唐爺又問：「真沒啦？」

「真沒啦！」且承想不出還有啥事不妥，就答。

唐爺搖搖頭：「你覺得皋陶可靠嗎？」

「皋陶算個啥？」且承快嘴利舌地說，「別看那小子和我耍橫，你看，見到大就像老鼠碰到貓，你說啥他都乖乖的。」

唐爺彎轉一下身子說：「就是這乖，才讓我生疑。皋陶是個直槓子，既然覺得羲仲有理，為什麼不和我直說？若是和我說透，哪怕是頂牛都不可怕。唯只有這乖順，讓我覺得不踏實。」

且承被大繞昏了頭顱，糊里糊塗地問：「那大為什麼還要使喚他？」

「這你就不懂啦！哈哈，啥青瓜蛋子還想耍弄你大，太嫩啦！」

說著，唐爺嘿嘿笑了，笑得且承摸不到頭顱，想笑，又不知該不該笑。

✦ 33

這一日可真長啊！長得唐禾不知如何能熬過去。

勸完架，唐禾沒有往回走，彎到羲仲家窟裡。一進門，見羲仲蔫軟著，就犯急。她衝著羲仲火燒火燎地問：「你想死嗎？」

羲仲有氣無力地說：「不想又能怎麼？」

「不想死就快想個能活的法子！」唐禾焦急地說。

羲仲無奈地說：「這是祭祀天神，我不當犧牲，孰當？」

唐禾說：「管他孰當，只要你不當就行！」

「我不當怎麼行？你那大怎麼會放過我！」羲仲哭喪著臉。

唐禾嗔怨著說：「虧你還是個男子，就不能生個招數？」

羲仲怔怔待著，似乎在想招數，說出來的竟然是：「我真的啥法子也

沒有。」

唐禾說：「你沒有，那我幫你支個招。」

「啥招？」羲仲抬頭瞅著唐禾，灰暗的臉上浮起一絲希望。

「跑！」唐禾答得乾脆俐落。

羲仲臉面的灰暗未散，又添上一重灰暗，說：「不行！我跑走我大怎麼辦？還不得替我當犧牲！」

事情一急，唐禾把族規也忘啦。父事子辦，子罪父代。這規矩不知流傳了多少代。羲仲要是跑走，巫首當然要代替他當犧牲。羲仲一說，唐禾頓時醒悟了，脫口叫嚷：「狗屁規矩。」

無論族規是不是狗屁，顯然跑不是救羲仲的辦法。唐禾沒招了，直想哭，她不願在羲仲面前流淚，人還沒死就哭哭啼啼，像是弔喪一般的。她咬緊牙跑出窟來，雙腳不停地猛跑。待停住步時，竟然跑到了望日峰。這裡她來過無數次，多是和羲仲一塊來的：羲仲來這裡看日頭，她沒啥事就跟著來耍。掐一朵花，她插在自個的頭上；要是摘到一顆果，她捨不得吃，非塞給羲仲不可。常常是羲仲看過日頭，她也摘到好多山果。捧過去，坐在羲仲對面，同他一起咀嚼那些山果。羲仲吃著嚼著，突然笑了，笑說：「插啥花兒呀，多餘。」

她有些氣惱，問：「這不好看嗎？」

羲仲說：「妳就是花，何必再插花。」

唐禾就撲過去捶他，羲仲抓緊她的手說：「我也摘了一朵花！」

他倆就笑，放聲地笑，笑得峰上裝不下，落滿山谷。

這日，唐禾一個人孤零零地登上望日峰，呆呆地瞅著偏西的日頭。日頭在天上時，地上光燦燦的。日頭落到山頂上時，地上紅彤彤的。日頭不見了，地上還鋪著彩兒。稍過一會兒，光色收去，很快地上灰褐了。唐禾驀然覺得，羲仲就是那日頭，她只是地上的一苗草，一片葉。她不能沒有

日頭！沒有日頭，她的日子就暗烏得沒有一點光色，沒有一點兒活頭。唐禾眼淚不住地流著，模糊了顏面也沒減輕心裡的傷感。義仲要是不在了，她還活什麼意思？她真不想活了，打算跳下山溝去死，不再受這煩惱的煎熬。她一步步挨近懸崖……

再往前一步，唐禾就會栽跌下去，眨眼間摔個粉身碎骨。可就在這一霎間，一股熱血湧到頭頂，她停下腳步，打定了一個讓她都驚訝的主意。她死就死了，可義仲不能死，他死了他的那些事不是白做啦？那她死也不能白死，她要替下義仲，讓他活著，像日頭那樣接著發光。

唐禾退後來，走下山。她不再焦慮，不再傷感，只是有些歉疚。這麼做實在對不住哥，也對不住大。那該怎麼辦？她稍稍一想，便放開腳步，那是又有了心思。

回到窟前，且承在門口等著她。這早已成為習慣，晚間唐禾不回來，且承就不放心，總在門口望著。要是再晚些，還不見她露面，他便會四處去找。為這事大說過他不止一次：「一個大活人，長著兩條腿，跑東顛西的，你能找到？」

大說著，他應著，過後卻仍然身不由己，天晚了不見還是去找。且承見唐禾回來，鬆口氣說，你可回來啦！唐禾問過大，知道已經躺下，便沒去攪擾，拿些吃的，來到且承這邊窟裡。

松明子燃著，把窟裡照得亮亮的，角落裡比白日還亮。且承看著唐禾，火光照得她臉色紅潤，眼光靈動，比畫裡還耐看。他說：「去哪兒啦？也不早些回來，讓人焦心。」

唐禾沒有回答他的話，邊吃邊說：「哥，今兒個又讓你受屈了。」

「受啥屈呢，大又訓我，我總是惹事。」且承實誠地說。

「你看，還是受屈吧！其實，盤根說這事還是生在義仲那裡。他要是不生這是非，大就不會生氣，咱也沒有這些窩煩事。」唐禾看著厚道的

哥，禁不住替他難過，這話也是發自內心的。

且承從唐禾的話裡得到很大的寬慰，是啊，這個妹妹啥時候說話不是直楞楞的，少見今夜這般溫存。他說：「妳莫憂心，明日一獵頭祭祀，窩煩事就完結啦！」

唐禾的心緊緊一揪，她不能聽獵頭。一聽就頭顱發脹，眼前血肉模糊一團，像是義仲已被割掉頭，嚇得她一陣陣膽寒。她強壓下內心的惶恐，盡量平和地說：「那倒是，可是這前頭的事已讓人煩透了。想想我就難過，大氣得差點死去，你也憋滿一肚子氣。唉……」

說到這裡，唐禾嘆出一口氣，她真弄不清這是為義仲嘆息，還是為大和哥嘆息。或者，是為她嘆息，抱怨自個說話不頂事，大根本不聽她的話，眼看著事情越弄越糟糕。

且承卻被這話感動了：「我就說妳的手臂肘不會朝外彎嘛！」

唐禾吃完東西，眼巴巴瞅著且承說：「哥，你不怪罪我吧！」

「怎麼會怪罪妳呢！」且承懇切地說。

唐禾說：「不怪罪就好，大一個心思地投帶我，你從小就疼愛我，我不能為你們分憂，心裡不好受。」

且承見唐禾憂心，連忙哄她。自小就是這樣，且承什麼都不怕，就怕這個小妹流淚。他說：「妳別難受，大就要幫咱合鋪，好日子還在後頭呢！」

聽到合鋪，唐禾更為愧疚。她不敢再抬頭看且承，喃喃低語：「就怕我命不好，不能好好照料大和你。」

「不用妳照料我，我照料妳！」且承說的是真心話。

唐禾憂憂地說：「你壯實，沒人照料行。大老啦，沒人照料哪行？」

「有我呢！妳幫個手就行。」且承說得更痛快，唐禾知道他的性情，說到就能做到。可越是這樣，她就越是愧疚，嘆口氣說：「我是怕連個手也幫不上，你不怪罪吧？」

且承說：「不怪罪。」

說完，且承覺得有點奇怪，小禾這是怎麼啦？為什麼會連個手也幫不上？他正想問，就聽唐禾說：「哥，你說大為什麼還不給咱合鋪？」

「妳看這麻纏事一件接一件，顧不上嘛！」且承如實回答。

「合過鋪，我就是你的人了。」唐禾的眼睛忽閃著，像是跳動著兩團火。

且承看一眼她，心跳得砰砰作響：「是，其實，哦，不合鋪咱也是一家。」

「那好，我今晚就在你這裡歇息。」

話剛說完，唐禾側轉身就躺在且承鋪上。

這到底是怎麼啦？且承被唐禾搞糊塗啦！他伸手來拽唐禾，說：「好妹妹，今晚妳還是過去吧！」

一拽，沒拽起。小妹這手軟柔柔的，卻不是兒時那種軟柔，蓄著一股熱流。且承一挨，那熱流就流到心裡，湧遍全身。他的身骨酥軟酥軟，癱在鋪上。怎麼有了躺在族娘身邊的感覺？他一愣，想撐起雙手。哪裡撐得起呢？伸出的手居然握緊小妹的手。唐禾一轉身，滾進且承的懷抱。且承抱著唐禾，渾身發抖，似乎是在嚴寒裡行走那般的冷。可臉上卻在發燙，燙的像是松明子在雙頰燃燒，然而，貼著他雙頰的卻是小妹那一頭黑髮。這是怎麼啦？

且承更糊塗了。糊糊塗塗將唐禾摟緊，摟緊，使喚上族娘調教的法子。

松明子不聲不響燃著，燃到頭，火光一閃又一閃，熄滅了。

第九章　且承

◆ 34

　　人會不會笑醒？會。不管你有沒有這樣的經歷，且承卻有，這一日他便是笑醒的，醒來還聽見自個樂呵呵地發笑。

　　他在綠油油的草叢中行走，看見一朵很大很大的花兒，顏色招眼，還挺香的。他禁不住湊上去，用鼻子聞那花的香氣。啊呀！哪是花朵呢，分明是妹妹小禾那臉，那笑成一朵花的臉。他趕緊後退，剛抽腿小禾一把揪住他的耳朵，喝斥：「我讓你看，讓你看個夠！」

　　且承嘿嘿笑了，就是這麼笑醒的。醒了，再也睡不著，心裡吃過蜜似的發甜。別看窟裡黑洞洞的，他的眼豁然發亮，亮得把夜黑的事看得清清楚楚。小禾躺進他的懷裡入睡了，他和她沒有等到大給他們合鋪。他放心啦，小禾真成了他的人。哈哈，他的媳婦。

　　想到這裡，他伸手一摸，卻沒有摸到小禾。明明她是和自己睡的，怎麼不見啦？一轉念，他樂了。這小妹真精明呀，知道大還沒有給他倆合鋪，不等天亮就悄悄溜到她那窟裡去了。且承一笑，倒頭又睡。倒下後卻沒睡著，他有些不放心。趕緊爬起，摸摸索索出了窟，摸到小禾這邊。摸進窟門，又怕將她嚇著，不敢再往前摸索。悄悄叫：「小禾——」

　　喊聲不響，是怕驚醒大。喊喊，沒人應；再喊，還沒人應。小禾怎麼會睡得這麼沉實？且承又喊，不用說，聲音高了些，卻還是不見她答應。他不再猶豫，伸手就向小禾那鋪摸去。往前，觸到了鋪邊；往裡一摸，空的。小禾準是聽見了他的叫聲，也看見了他的身影，躲在一邊和他逗趣。她會突然間笑起來，跳起來摟住他的脖子。他悄悄地往裡摸，可是，摸遍

鋪上，摸遍窟裡，沒人摟他的脖子，也沒有他想要的笑聲。他問：「小禾，妳躲在哪兒呢？」

沒有回音，他急得求告：「好妳個小禾，別再耍逗我啦！」

窟裡囁息息的，還是沒有一點兒聲響。

小禾哪裡去啦？且承不無驚怕，差點跌坐在地上。他突然覺得那好事來得有些太早，有些太意外。小禾怎麼會急著要合鋪？不對頭！這一想，且承好不驚慌。想起她說的，怕連個手也幫不上。怎麼會幫不上手？大哥重她，還指望她給族裡主事呢，怎麼會幫不上手？我怎麼這麼糊塗！不好，她肯定有鬼。

且承大為驚慌。莫非她還牽掛著義仲？哎呀！壞啦。他不敢想下去，又往回想，哦，是早早起來去到外面撿吃食吧！他跑出窟來，外頭還黑黑的，不會是找吃食。且承又想起她那「連個手也幫不上」的話語，不禁打個冷顫，莫非小禾是要替義仲去死？糟了！他不再日哄自個，斷定她是跑上山去了。

且承大驚失色。多虧夜色黑灰，沒人看得見他。若是看見，且承那臉色真是嚇人，蠟黃蠟黃，黃得沒有一絲血色。且承不敢再想，不敢再耽擱，撒腿就朝望日峰跑去。他跑得飛快，無論如何也要把小禾攔上，拖回來。小禾呀，妳真是著鬼啦！

小禾──妹妹──妳慢點，慢點……

且承在心裡使勁地呼喊，這聲音沒有驚動山川，卻激盪著他的血脈。

跑出幾步，他猛然停住，轉身向一條小徑跑去。小徑近，他怕大道趕不及就跑向這邊。小徑很少有人走，荊棘叢生，一跑上去葛衣就被掛住。他哪裡還顧得上去解，用力一掙葛衣被扯破，人掙脫開了。

且承跑得更快了……

■ 第九章　且承 ■

✦ 35

　　天還烏黑，皋陶就已起來。按照從唐氏堡裡到望日峰的路程，重明鳥叫過頭遍動身就能趕到。重明鳥是那時候的說法，現在都叫大公雞。他怕睡沉實醒不來，睡前點燃一支黃櫨枝。黃櫨一燃就冒煙，煙積濃能將人嗆醒。他用指頭量過黃櫨枝的長短，這枝燃完就該動身。

　　皋陶是被重明鳥叫醒的。揉揉眼一看，黃櫨柴的火頭已快燃完，屋子裡盈滿柴香。他趕緊穿衣，出窟，一個一個叫醒射手。

　　叫過人，皋陶掂著弓先來到銀杏樹下，這裡是集合的地點。天仍然黑著，大地朦朦朧朧，銀杏樹還是一團黑影。從那黑影上望，天空深邃幽暗，不見月亮，只有星光閃爍，像是無數眼睛眨動。老輩人的話在皋陶心頭忽閃，星星是天神的衛士，人間的善惡他們都能看清楚。挽弓的手不由得一抖，他的舉動肯定逃不出星星的眼睛。若要是放過義仲，天神會不會懲罰他呢？這念頭一晃，他立刻壓下去，他相信義仲，相信他不是鬼說妖道，更不會有意侮辱天神。何況，他已向唐侯說過要救義仲，怎麼能反悔呢？他把弓攥得緊緊的，像是怕天神從手中奪走。

　　為救義仲，皋陶沒有少費心思。他不能對射手露底，還不能讓他們射中。昨日他悄悄去了趟望日峰，挽弓搭箭朝峰脊射去。射到了，那是在六十步開外。七十步，還射得到。他又退十步，再退十步，九十步外射不到了。還怕失手，他又後移十步，把射箭點定在百步之外。恰巧，這地方有一棵直溜溜竄向高空的椿樹。這是個標記，他記住，並由此向兩邊推移選好六個位置。

　　天獵的規矩就是這樣，六個射手每人站一個地方，手中各拿六支箭。天剛泛亮時，罪者從峰脊上露頭，由北往南飛快地奔跑，射手看見便一起開弓放箭。罪者被射倒，大家一擁而上割下頭，獵頭就告成功。倘若各人

的箭都射完，罪者還沒有倒下，那獵頭就放空了。放空，就是天神寬恕了罪者，只能回族用豬頭代祭。這麼一試，皋陶心裡踏實了，射出的箭再多也不會傷害義仲。

沒等多會兒，人已到齊，皋陶悄悄交代幾句，要他們看手勢行動。按照族規他們一出發就是代替天神行刑，既然是神當然不能再說人話。再者，若是說話，很可能讓罪者得知射手潛伏的地方，那就便於逃脫。這意思白晝雖然已經交代過，皋陶還是再叮囑一遍。

走出族堡，又響起一陣重明鳥的鳴叫。那聲音高亢嘹亮，但絲毫沒有打破四處的寂靜。族人還在安睡，一切都是這麼平和。皋陶就想，這麼平和的族堡為什麼就要獵頭殺人呢？天神怎麼就喜歡人間流血喪生祭祀他？皋陶想不通，只能快步趕路，五個射手隨後緊跟，頭上星光還密密麻麻的，他們已來到望日峰下。

看到高高的椿樹，皋陶停下步。將射手分頭安頓到選好的位置，他站到當中，那是便於照顧兩邊。這時望日峰黑糊糊的，還難分清天地，他示意射手們蹲下歇息。歇過一霎，又怕他們睡著，走過去一個個拉起。

黎明前的天地，像是裹了一層又一層的煙霧，黑得什麼也看不見。原來天亮就是將一層又一層的煙霧掀去。當然，這樣鋪天蓋地的煙霧，只有法力無邊的天神才能掀去。要不人們怎麼敬神，怕神呢？驀然，皋陶覺得天地間的暗烏淺淡了一分，那是天神掀去一層薄霧。他正考慮這感覺對不對，又覺得暗烏淺淡了一分。他不再猶豫，打個手勢，射手們都挺身站直，挽弓搭箭，瞅定山脊。

暗色消散得很快，濃黑變成淡黑，樹梢和山脊顯出輪廓。

獵頭的時分就要到了！

皋陶往左一看，射手箭已上弦，彎頭盯著山脊；往右一看，射手同樣嚴肅認真。他的心咯噔一跳，要是射中義仲怎麼辦？頭顱剛要嗡響，他鎮

■ 第九章　且承 ■

定了，相信他的試射沒錯。這幾個人的臂力、箭法都遜於他，不可能射到峰脊。即使臂力和箭法超過他，要射到義仲也不容易，他還後退了十步呢！皋陶冷靜下來，放心地盯著前方。

樹成了樹，山成了山，顏色還很混沌，輪廓卻已分明。皋陶輕輕咳嗽一聲，每個射手都清楚那是族理在提醒大家瞅準山脊！

突然，望日峰中間跑出個黑點。沒人放箭，以為是隻狼。然而，那黑點變大了，變長了，沿著山脊奔跑，哪是狼呢？是人，義仲這小子太不道地，不按規矩從北往南跑，竟然從中間逃竄出來，這不是想縮短山徑溜掉嗎？哪能讓你這廝得逞呢？不能！沒有人下令，颼——颼颼——，利箭一支接一支彈射出去。

皋陶見射手放箭，順手將搭在弓上的箭也彈射出去。勁頭不大，飄飄忽忽一截就跌落在地。他分明看見左右兩邊的箭也沒飛到峰脊。手中的箭放完，他鬆口氣，就等義仲跑到那頭。

孰料，突然發生的事令他雙眼發黑，頭昏腦脹。只見義仲不再奔跑，卻一跳好高，栽跌在地。不用說，是中了箭。

啊——義仲中箭啦！

這是怎麼啦？怎麼會射中呢？皋陶差點驚叫出來！他沒叫，射手們卻高叫起來：「天神獵頭啦！天神獵頭啦！」

這是獵頭的規矩，放箭射中，射手就要高喊。然後，就跑上前去割頭。割頭的石斧就別在皋陶的腰間。射手們真是高興，獵到頭就是族裡祭祀的功人。功人是有賞的，唐爺會賞一頓果酒，一人一瓢。待祭祀禮成，夜幕降下，便會燃起一堆篝火，烤上一隻肥羊。羊肉熟透，通體焦黃，油水下淌，他們便捧著瓢和族頭共飲。一瓢酒下肚，從胸腹熱到體外，熱得渾身舒坦。再撕下流油的羊肉，大口大口吞進肚子裡。那個痛快啊，孰也沒法說清！今日大夥兒獵到頭，就穩拿了這頓酒肉，實在痛快極啦！射手

125

們抽下皋陶腰間的石斧,蹦著跳著前去割頭。不用說,皋陶落在後頭,他們回頭吆喝:「快來,快割頭啊!」

皋陶臉色灰黃,兩條腿軟得沒有一條提得起勁,拖著地向峰脊挪去。邊挪邊嘆息:「真是活鬧鬼……」

✦ 36

沒跑幾步,射手們不跑了,站住了。

沒挪幾步,皋陶不挪了,呆住了。

峰脊已有人舉起頭顱高喊:「天神獵到頭啦!天神獵到頭啦!」

皋陶止不住發怔,這又是怎麼啦?就聽那人舉著人頭高嚷:「皋陶,你真不是個東西。把射手安置得那麼遠,怎麼射得中?多虧唐爺心眼多,才沒被你日哄了,嘿嘿!」

喊話的人是木殖。皋陶全身發涼,徹裡到外涼透了。沒救下義仲,還落個日哄人的醜名。

木殖喊著話,小眼睛眨個不停,儘管沒人看得見,那眼光撲閃的全是得意。木殖的得意是從昨日開始的。昨日唐爺把他喚去交代,要他帶領守堡的弟兄上山獵頭。他不明底細,開口即問:「這獵頭不是皋陶的事嗎?」

唐爺朝他一笑,低聲說:「你以為皋陶能靠得住?」

想想皋陶和他打鬥的事,木殖猛然明白了。唐爺拍拍他的肩膀,溫和地笑著說:「我看,這事就由你去辦。」

木殖挺直胸膛回答:「唐爺放心,我一定辦好!」

「說說怎麼辦好?」

木殖頭顱轉了轉,對唐爺說,他挑選五個弟兄,早早隱藏在望日峰下,只要義仲一露頭,就連連放箭。唐爺說,箭不能瞄準人放,要往人前

射。你的弟兄不是獵手，回去要練一練。木殖點頭記下，要走，唐爺又說：「不要等到重明鳥叫，要早點動身，趕在皋陶他們前頭藏好。」

　　木殖走到窟門口，唐爺又叮囑：「要靜悄，別讓人知道。」

　　木殖對唐爺的交代心領神會。走出窟，他便挑選好射手，隨即叫到一塊，躲在葫蘆口邊的空窟裡練箭。這空窟是個暗洞，在外頭只能看見一塊巨大的石頭。從堡門看只是一個小洞，洞小得只能鑽進一隻狗。然而，鑽進去裡頭卻寬闊得多。因此，凡外族生事，唐族的堡衛都聚在這裡候著，一有動靜，彎腰爬出去就上手打鬥。

　　木殖把射手們喚到窟裡練箭。有人問，為什麼不去外頭練？那才能射遠。木殖笑笑沒有回答，燃起松明才說，是要練射火。

　　練到天黑，木殖和射手們一塊在這窟裡歇息。別人睡了，木殖睡不著。他摸摸放在身邊的石斧，暗想，要是放箭射不著義仲怎麼辦？那不辜負了唐爺的信任？不，不能，射不中也要蹦跳前去砍下他個狗日的頭顱。反正是獵頭祭祀，只要割下頭就是犧牲。這麼想著，不由得咬緊牙，手中的石斧也被他捏得不能再緊，像是就要撲上去砍。

　　……夜很深木殖才睡著。睡沒怎麼會兒，醒了。心中有事，睡不實啊！看看時光還早，想再睡，又怕誤事，不敢再睡。不睡了，就回味唐爺那滿是信任的眼神。那眼神裡頭還有說法。緊辦的事，他說了。不急的事，就攢在他那眼神裡。那麼，他那眼神裡攢的是啥事情？他思索和皋陶有關。皋陶靠不住，那就等於說他那族理應換人。換孰呢？思索到這裡他獨自發笑。這不是明擺著嗎？是讓他代替皋陶哩！木殖愈加佩服唐爺，族人都說他很神，是神，就是和眾人不一樣。別人的心思都是用嘴說哩，他一笑就能笑出心思，確實神啊！當上族理，咱就可以管族人了，不像現在眉眼底下就是十來個人手。木殖心裡熱乎乎的，決計要把義仲的頭顱提回來，獻給天神。不，其實是獻給唐爺。

■ 上卷 ■

　　木殖帶著他的射手早早就藏在望日峰下。看距離也就是十來步吧！按說，至少應有二十來步的距離。天獵這規矩裡，就有對罪者的寬恕，即使死到臨頭，也還給他個死裡逃生的機會。唐族人心腸軟，祭神也一樣。木殖卻不敢讓弟兄們到二十步外去，他曉得他們那箭法不行，遠了沒有把握，因此，就在十步外鑽進樹叢。皋陶帶射手來時，他聽見響動，還真怕他們要是挨近搶走自己的功勞。響動在遠處停住，他暗自佩服唐爺真神，一眼就看穿皋陶的詭詐。

　　夜色稍微淡點，峰當中就有黑影露出頭。他暗罵義仲賊精，不從北邊來，還來得這麼早，是要趁黑溜過去。義仲，嘿嘿，你精過頭啦！他挽弓搭箭猛射出去。接著，刷刷的利箭直往前射，堡衛全出手了。義仲一跳，栽倒在地。木殖和他的弟兄叫喊著撲上前去。栽倒在地的義仲疼得來回滾動，木殖看也不看，掄起石斧就砍脖子。一斧下去，熱血迸濺，他的臉面噴濺上血點，義仲的頭卻沒被砍下來。他又砍一斧，又濺起一股熱血，頭還沒掉；砍一斧，再砍一斧，直到那頭滾落在一邊。他得手啦，提起人頭高喊：「天神獵到頭啦！天神獵到頭啦！」

　　喊著，大聲喝斥皋陶，他那喝斥聲裡滿是得意，似乎就要取代皋陶當上他那個族裡。

　　就在這時，一聲尖厲地叫聲扎進木殖的耳朵，那哭喊聲嘶力竭：「義仲啊──」

　　隨著喊聲，唐禾跑過來。她披頭散髮，衣衫破爛，跟跟蹌蹌撲向木殖。一下將他衝倒在地，奪過人頭，放聲哭號：「義仲啊，你真就這麼死啦！你真就這麼死啦！你怎麼就那麼急呀，哦呵呵……，你只要遲一步，我就來了，就替下你啦！哦呵呵……義仲啊──你怎麼不答應啊！」

　　唐禾呼天搶地，哭得走上前來的皋陶寒徹骨頭，淚水直流。他上前一步去拉唐禾，剛一彎腰，就聽有人喊：「唐禾莫哭，我在這裡呢！」

128

第九章　且承

孰？是孰應聲？是羲仲？這不是鬧鬼嗎？峰脊的兩撥人都聽得心驚肉跳。

「唐禾莫哭，我來啦——」

和那聲音一塊奔來的真是羲仲，射手們瞪大眼睛，嚇得連連後退，真像是見到活鬼。

唐禾撂下人頭，撲上來，雙手捧住羲仲的臉，左瞅右瞅，是羲仲。卻還是問：「你是羲仲？」

「是羲仲。」

「你沒死？」

「沒死！死了還能站著？」羲仲撫著唐禾散亂的頭髮說：「我大剛把我扔到這裡，說時辰已到，要我往過跑。」

「你大呢？」唐禾追問，似乎還不相信他是活人。

羲仲回答：「下山了，他老人家哭回去啦，他要主祭呢！」

真是羲仲！

那麼，這獵下的頭顱是孰的？活見鬼，活見鬼，峰脊上的人驚得頭髮直奓。

天像是驟然泛亮，皋陶揪一把草，擦去死者臉上的血沃，猛然跌坐在地上：「啊——且承！」

這一聲「且承」真如石破天驚！木殖跌倒在峰脊，射手們無不發抖。唐禾撂下羲仲，撲上來大哭：「哥啊——你怎麼死啦？！」

哭喊著跳過來撕扯皋陶，又撕扯木殖，厲聲問：是你殺死我哥？是你殺死我哥？！

皋陶無語，木殖無語，唐禾甩下他們，抱起且承的頭嚎啕大哭：「哥啊！哥啊——」

唐禾的哭喊聲撕扯著望日峰，峰頂溝底都是這驚乍地撕扯聲。看著唐

129

禾散亂著頭髮瘋跳哭喊，羲仲嚇得又拉又勸，拉也拉不住，勸也勸不住，止不住跟著流淚。

皋陶驚呆了，木殖驚呆了！

他們帶來的那些射手都直愣愣地待著，呆成一根根沒頭沒腦的木頭樁子。

✦ 37

一早的日頭紅得濃重。山上黑紅，地上褐紅，樹上赫紅，把澮河也映得血紅血紅。

唐侯一夜沒睡實，早早起來，和放齊走到河邊。日頭升起的當口，他看著血紅的河水不由得陣陣發怵，他知道今兒是個濺血飛紅的日子，卻怕濺血飛紅。他要皋陶放過羲仲就是要阻止這濺血飛紅，卻不知道皋陶辦得如何，禁不住為羲仲揪心。

放齊提醒唐侯，心事不要過重，走一步，說一步，顧慮再多也不頂用。唐侯不再多想，返身回堡，和放齊去看唐爺。

唐爺是被眼睛跳醒的。眼跳，就是眨眼，不自主地眨眼，眨個不停。眨得多了，人就生煩。歲數到唐爺這份兒上，覺少了，常常把夜晚睡不徹。昨夜睡得很晚，重明鳥快叫他才睡結實。啥時候眼皮跳的？他不知道，跳醒後披衣坐在鋪上，才知道是被眼跳弄醒的，而且是左眼在跳。族人說，左眼跳難，右眼跳閒。難是災難，閒是平安，是說左眼跳動不是好兆頭。不過，唐爺卻沒有把這事放在心裡，要什麼兆頭？在族裡，他能主宰別人的生死，孰又能把他怎麼樣？他沒挪窩，在鋪上乾咳一聲。

乾咳是唐爺的第一道命令，是說他起來了。聽見這聲音，小禾、且承就會給他弄水洗臉，端些吃食進來。洗過，吃過，唐爺再不緊不慢說道他

的第二道、第三道命令⋯⋯每日的時光都是這麼開頭，這麼過去的。

今日一早有些異樣。唐爺的命令沒人響應，不見小禾，也不見且承。他有些生惱，這是怎麼了？低頭一想惱火散去，悄悄生喜。他分明看見，倆孩兒鑽進一個窟裡。昨夜，他聽見了且承那邊的動靜。這倆東西，就要幫你們合鋪，這麼幾日也熬不過去。雖然這麼想，卻不是嗔怪，而是欣喜。從心底裡說，且承實誠得過了頭，過了頭就是憨笨，真怕小禾看不上他。沒想到一說合鋪，她應承得挺痛快。痛快得讓他有些意外，他暗暗揪著心，擔心小禾有個變故，毀掉他治族的大計。小禾往且承窟裡一鑽，唐爺放心了，覺也就睡得很沉實。

唐爺弄水洗過臉，吃著東西。做這一切時他輕手輕腳，是怕驚動那兩個不要命的東西。這些事都做完，抬頭看見一縷血紅的日光塗上樹尖，那邊窟裡還沒見一點點響動。他不免生怨，晚上就是再不要命，也不該睡到這會兒啊！今兒還有祭祀的大事，怎能這麼沉得住氣呀！唐爺耐不住性子，他乾咳一聲，又一聲，聽聽沒動靜，往且承窟前走走再咳。還沒動靜，他叫了一聲：且承。沒人應。好個生瓜蛋子，睡得這麼沉實。再叫，還沒人應。他有些怪，走進窟去，空蕩蕩的，沒人。再喊小禾，看小禾，那邊窟裡也沒人。怪不得命令無人聽，原來都走了。唐爺樂呵啦！

唐爺樂呵是覺得倆孩子長大了，懂事了，他們肯定是去忙活。其實，不用你倆忙活，這些事有巫首操辦哩！唐爺給巫首交代得很清楚，既要把義仲送到望日峰，還不能耽誤操辦祭祀。祭祀在日頭當頂才能進行，他趕得回來。

那邊呢，獵到頭不能即刻回來。剛獵下的頭血糊糊的，不能敬獻給天神，必須洗淨。洗淨才是犧牲，才能敬神。洗獵頭不能在一般的河裡洗，那裡有人洗臉、洗衣，這便成了俗水。俗水洗滌，便汙了獵頭。必須到望日峰後頭的白茅嶺去，那裡有眼天泉，天泉水洗才潔淨。洗過的犧牲不能

131

再落地，落地沾土還會變汙。要砍倒幾根小樹，粗桿做擔架，細枝編成網。洗淨後，將犧牲恭恭敬敬擺上去，由四個人抬著行走。其餘兩人一個在前頭開路，一個在後面押尾。趕到葫蘆口，開路的人要高聲喊道：

唐族犧牲到 ——

唐族犧牲到 ——

守堡的人便將這消息傳報回去，主祭的唐爺這才登壇下跪，祭禮正式開始。

把犧牲拿到天泉，洗乾淨，再抬回來，哪一步都需要工夫。這足夠巫首從堡裡到望日峰來回幾趟，寬裕著呢！唐爺不是沒有考慮這祭禮由別人操辦，那也可以，只是就要他費心指點。由巫首辦最省事，他是熟門熟道，不會有錯。再者，嘿嘿，那就不是一般人能猜到的。唐爺的用意是，由他大主祭，他兒當犧牲，最有威懾力。往後，看你們哪個毛崽還敢跳出來和我當對頭？

唐爺謀劃的老道極了。

唐侯和放齊進窟時，唐爺正和族娘拉話。倆人說得很是熱火，當然，多是族娘說話，唐爺接應。族娘就是喜歡唐爺，在她眼裡，唐爺立起坐下都是像模像樣的漢子。族裡的男人上過她身的多啦，可誰也沒有唐爺那本事，能把她擺挑得從頭到腳都爽快。她有事沒事就喜歡挨在他身邊。族娘說笑著，唐爺泰然坐著應答，安閒得就像平日一般，沒有一點要祭祀的樣子。唐侯奇怪地問：「唐爺，今兒個要祭祀，這麼大的事你就不管呀？」

唐爺微微點頭，說：「安頓好就行，咱要把事情都做了，那族人還做啥？」

放齊聽得信服：「好，唐爺有高見。」

唐侯看看唐爺從容的樣子，更加佩服他。這麼一位治族高手，若是能開明一些該多好呀！這話當然沒法說出來，他接著放齊的話說：「唐爺真

有能耐。」

說些閒話,日頭漸漸升高。唐侯和放齊扶著唐爺向祭場走來。快近時唐爺不再讓扶,他們只好撒開手。可一撒手唐爺走得東倒西歪,攔魂附體後他的身骨仍然虛弱。族娘連忙伸過手臂拉住,快進祭場才鬆下手,依在身邊照護。

日頭不熱,溫溫的,唐爺他們坐在祭壇邊的疊石上歇息,等候時辰到來,也等候獵頭的人們將犧牲抬回來。族人先後來了,巫首灰暗著臉把他們指撥順溜。祭禮沒有開始,人們坐在地上拉著閒話。

眾人的臉前就是祭壇。祭壇分兩層,都是石頭疊成的。高一層擺放犧牲,低一層擱著燒香的石爐,邊上放著黃櫨柴。犧牲一擺,即由巫首點燃櫨柴。香菸騰起,唐爺就可以領著族人高誦:

天神聖靈,

庇佑蒼生。

獻上犧牲,

寬恕族眾。

唐爺瞇縫著眼睛,閒逸地坐著,眼角一掃,又一掃,闊大的祭場看得清清楚楚。此時,他耳邊響起眾人的轟鳴聲,每回這樣大祭他都能感到族頭的威嚴。領袖,領袖,只要輕聲領頭一誦,族人就會發出地動山搖的喊聲。或許,這就是他貪戀族頭,還想讓且承也當下去的根由吧!坐在祭場上,唐爺咀嚼著往事心裡溫乎乎的。

「回來啦,回來啦!」

不知是孰冒出一句,祭壇前的人都伸長脖子朝遠遠的山徑上翹望。果然有人影晃動,腳步踢踢踏踏的,巫首心神恍惚地喊:「就位,落跪!」

怎麼沒人回來報信呢?按常情該有人提前回來說一聲呀!唐爺有些疑問,沒有出口,急忙和唐侯跪到祭壇的最前頭。剛跪好,腳步聲就響到跟

前,不見有人抬著犧牲架,卻見木殖抱著個人頭走得搖搖晃晃,皋陶扶著頭髮蓬亂的唐禾。

這是怎麼回事?

沒容唐爺問話,木殖撲通跪在地上就說:「唐爺,我該死,該死!」

話音未落,唐禾跌撞前去,抱過人頭就哭。唐爺瞪大眼睛,嘴也張得不能再大,顫抖著驚叫:「啊,且承!」

唐禾哇的哭喊:「大啊,哥被射死啦!」

啊!祭場的人全都瞪大眼睛,夯起頭髮,身上怵怵地發顫。唐侯大吃一驚,身子不由得抖動。

唐禾的哭喊聲沒落,唐爺啊的一聲,口噴鮮血,倒栽後去。唐禾未拉住,唐侯沒拽住,一下栽了個直槓槓。唐侯驚怕的全身發瘮,仔細看時,唐爺不光嘴裡噴血,眼睛滴血,耳朵流血,鼻孔裡的血都流個不止。唐侯驚慌失措,不知該怎麼下手救治,就聽族娘喊叫巫首快救命,快救命。

巫首轉身扶住唐爺直搖晃,族娘也幫著揉搓,搖不治事,揉也不治事,唐爺躺得僵挺僵挺的。

唐侯急得問巫首:「你說怎麼辦?」

巫首無奈地搖搖頭。

唐侯說:「那咱又去攔魂吧!」

巫首不說話,含著淚水,將手搭在唐爺的鼻孔上摸摸。正要開口,就見唐爺的鬍子微微抖動,抖著抖著,嘴裡又噴出一口血。然後,嘴唇緊閉,鬍子不再抖動,身子一搖,腿蹬得更直。巫首腿一軟坐在地上,族娘急切地叫喚:「唐爺,唐爺!」

唐侯瞪大眼睛催問巫首:「你快說,攔魂行不行?」

巫首有氣無力地答:「不,不行啦!」

「怎麼不行?」唐侯逼視著他。

「攔魂要軀體完好，只是靈魂出溜才行。唐爺七竅流血，體窟崩塌，沒救啦！」

　　唐侯驚怕地問：「沒救啦？」

　　「唉，沒，沒救啦！」巫首哭喪著說。

　　哇——族娘倒在唐爺身上放聲大哭。唐禾撲上去，哭得更為慘烈。那哭聲就像石斧砍在族人身上，看著那顆人頭，看著躺在血泊中的唐爺，老老小小都流出淚水。

　　此時，日頭高到頭頂，祭祀時辰早到了。可是，唐族的天獵祭神無法再進行。射手們七手八腳將唐爺抬回窟中，族娘和唐禾哭喊著軟癱在地上，沒有人拉得起來。

　　抬走唐爺，且承的頭也被抱走，淚水汪汪的族人仍然愣愣地跪著。放齊看看無奈的唐侯，擺擺手，低沉地說：「大家先回吧！」

　　族人抹把淚默默站著，久久不肯散去。

■ 上卷 ■

—— 中卷

■ 中卷 ■

第十章　四子皆可當王

✦ 38

　　天一日暖過一日，暖得人身上酥癢癢的。在屋裡躺著、坐著，總有些憋悶。看一眼外頭，就嚮往那暖融融的光色。站在日頭下，讓亮光一照頭顱熱烘烘的，如同一堆柴草塞進個火種，哦，燃起來該多痛快啊！

　　大王高辛氏被日頭引燃出個主意：打獵。

　　大王有些日子沒有打獵了。先前，打獵是他的家常便飯，他就是靠打獵吃飯的。在高辛族裡，每回打獵都少不了他。那會兒他還是個後生，披散著頭髮，裸露著一身黝黑的疙瘩肉。那肉全是勁頭，每一個疙瘩裡頭都裝滿著使不完的力氣。腿上的力用來奔跑，只要一見走獸，不管是膽小的兔子，還是凶猛的野狼，他撒腿就追。他那兩條腿能追得四條腿沒了氣力，這時他就用上手臂裡的勁頭，伸手放箭那獸就栽了跟頭。他帶人捕到的野獸，養活著成群的族人。每趟打獵回寨，只要一吹口哨，老老小小就會蹦跳著前來，圍著捎回的禽獸叫叫嚷嚷：

　　獵手歸兮，

　　絕不空吁。

　　獵回禽獸，

　　族人飽食。

　　那一日，眾人嚷著叫著將他拋到空中。因為他們獵到一隻灰狼。灰狼真大，他們沒有見過個頭這麼大的狼，也沒有見過勁頭這麼大的狼。灰狼發現他們時，已被圍在當中。牠捕到一隻兔子，正張大嘴填塞乾癟的肚

子。牠吞下一條兔腿,大嘴一張,哈出一股濁氣。這口濁氣令每一個獵手感到激昂,其中有肉味,也有血腥,而這血腥肉味讓每一個人嘴流涎水,眼放饞光。他們急著要把吃肉的狼吞進嘴中吃掉。可是,灰狼沒有發現那些急著要吃牠的人,忙著吃那隻牠費力逮到的兔子。

突然,灰狼被拋向半空,只一瞬又跌落在地上。那是一支箭射中牠的屁股,牠嗷的一聲長叫,落地後蹬腿就跑。灰狼的力氣就是這時暴露出來的。內圈的人,牠是躍過頭頂跳過去的;中圈的人,牠是衝倒後跑過去的;外圈的人,牠是低頭一鑽,插進人縫竄過去的。哦呦,獵手們驚呆啦!打獵這麼多載,打過無數隻狼,也打過比狼還厲害的豹子和老虎,哪裡見過勁頭這麼大的東西?眼瞅著灰狼跑掉了。

跑不掉!就是這一刻足夠眾人銘記一輩子。

高辛氏猛然飛身一躍,獵手看時他已騎在灰狼背上。灰狼急了,蹦跳著要甩掉他,可惜踢踏起飛揚的黃塵也沒如願。牠只能使勁逃跑,哪裡還逃得掉呢!騎在背上的他,一手揪緊皮毛,一手揮拳猛搗。那石頭般的拳頭不住地砸下去,疼得灰狼跌跌撞撞。大夥兒圍追上來,手中的棍棒橫七豎八的一頓敲打,灰狼軟跌下去,癱倒在地,成了族人嘴裡的吃食。

那一回,高辛氏打出了威風,真真成為眾生仰慕的獵頭。後來,他當上族頭,當上主宰天下的大王,還常常憶起打獵,憶起先前那一身用不完的力氣。

是啊,打獵打出了他的威風。靠這威風,他東打西殺打出天下。後來天下平安,不再需要他帶人殺伐,他便從打獵中享受著征服天下的威風。

地上潔白的雪花消融了,樹上晶瑩的粉掛也消散了,天氣開始轉暖。大王忽然想起冷日將盡,他還沒有出獵,一直窩在宮裡躲寒。莫非自家真的老啦?老的念頭一閃,他便吞嚥下去,他真怕老,怕躺進黃土堆下的墓塚。雖然,每回葬人都要在墓穴中留下一道縫隙,讓死者的靈魂能夠出來

行走。可是，沒有軀體的行走，孰還看得見呢！沒人看見，哪怕他縱身一躍，又騎在灰狼背上，缺少眾人的羨慕和喝采，那還有什麼意思？大王不再想那可怕的老，咬咬牙，攥攥拳，決定去打獵。

微暖的大地還很荒涼，到處光禿禿的。不過，新草就要探頭，過不了多少日子遍地就會綠色蓬勃。大王選在這個當口出獵再好不過，此時停下步不冷，撒腿跑不熱。若要是圖舒服，挨後幾日天會更為暖和宜人。只是，那就不能再打獵。野草探頭，樹葉生芽，走獸禽鳥忙著交配生崽，若打獵會斷絕牠們的子孫。牠們斷絕子孫，人們就沒了肉吃。因而，先祖們立下規矩，暖日不許出獵。眼下，寒日已逝，暖日未臨，無疑，大王選到個出獵的好日子。

和大王一起出獵的是常在身邊理事的天官重，他們帶著王宮的衛隊。宮衛們全是歡蹦亂跳的後生，他們簇擁著大王前行，一個個像是出籠的猛虎，又像是振翅的蒼鷹。大王看看這個，瞅瞅那個，看得宮衛們都有些不好意思。他們不好意思，是因為不懂大王的意思。只有常在身邊的天官重對大王的眼色瞭如指掌。他說：「衛士們，大王是眼熱你們那神氣，別不好意思。」

見宮衛們得意，他嘿嘿一笑，說：「別看你們神氣，大王當初比你們可神氣多啦！」

哈哈哈──大王沒說什麼，放開嗓門大笑一陣。笑得後生們全都大笑，氣氛紅火熱烈。

前行不遠，獵隊來到一道土崖前。崖不算很高，站在這裡卻可以望出好遠。荒禿的大地平平白白鋪展開去，一河流水彎來繞去，把大地分割成兩半。這是濮水。濮水泛著亮光，散發著迷迷濛濛的霧氣。

大王高高仰起頭向遠方瞭望。

宮衛們停住步等候大王的命令。

第十章 四子皆可當王

　　大王手往下一指，天官重便領著獵隊走下崖坡，來到河邊。近水的岸旁已有些茸茸的綠草，沒準會有野獸來這裡覓食。果然，轉過一道河灣，前面點綴著稀稀疏疏的斑色，那是一群黃羊。

　　獵隊按照大王的命令返身爬上崖坡，往裡走過一段，悄悄下灘飛快跑去。埋頭吃草的黃羊察覺來人已經晚了，有幾隻已栽倒在棍棒下頭。沒倒下的發瘋般猛跑，衛士們匆忙包抄上去，圍住一隻沒有逃脫的黃羊掄棍要打，大王伸臂攔住，大聲說：「看我的！」

　　話一出口，他飛撲上去。黃羊正想法擺脫人群，哪裡能想到會有人跳上背來。轉眼工夫，牠已被按住後胯。大王那一跳一撲迅捷的如一支飛箭，衛士們看呆了，禁不住高喊：「好啊！大王真神！」

　　孰料，大王的對手不是懦弱的母羊，而是一隻強健的公羊。牠暴怒了，側身一甩，大王滑溜到後胯。這一甩，公羊料定該甩掉獵手溜走。可是，牠沒能走脫，牠的對手不是平常的獵手，牠的一隻後腿被拽住。牠使勁跑，使勁蹬，都未能掙脫，只把大王拖了個滾兒。牠無法再跑，宮衛們一擁而上，活活縛住牠。

　　天官重跑前去，扶起大王。大王喘息著，哈哈大笑：「狗日的，力氣不小哩，哈哈哈！」

　　宮衛們歸攏著獵到的羊，天官重上上下下為大王拍打著身上的土。土彈淨，大王蹲在水邊洗手。明淨的河水將大王映在裡面，他洗著洗著手不再撩水，看到濃密的頭髮稀疏了，還白了不少。想想被那羊甩下來的情形，這哪裡還是先前的他呢？要是先前，還用著這些衛士嗎？再比這暴烈的羊他一個人也收拾得掉！大王不由得把壓在心裡好久的話吐露出來：「真的老啦！」

✦ 39

　　這回打獵真是順當。日頭剛上中天，大王就和宮衛們滿載歸來。衛士們扛著六隻黃羊，走得無不得意。走進王垣，路邊站著不少看熱鬧的人，指指畫畫誇讚宮衛們是好獵手。天官重拱著手對大夥說：「是託大王的福啊！」

　　眾人便翹高拇指誇讚大王。大王哈哈笑著，嘴邊的鬍子都樂得蹦蹦跳跳，邊笑邊朝大夥兒揮手。

　　回到宮中，宮衛們散去。天官重安頓大王洗過用膳，轉身要走，卻被大王叫住。大王問他：「你看我是不是老啦？」

　　天官重想也沒想即答：「哪裡的話！大王不老，真的不老。」

　　「何以見得？」大王問。

　　「今日獵羊，大王行步如虎，飛身似鷹，不老，不老。若不是你那飛快的一撲，那隻公羊早逃跑啦！」天官重如實回答。

　　「真的？」大王問過天官重又說：「你想沒想過，要是當初，大王我一個人就能逮住那廝。」

　　說到這裡，沒等天官重答話，大王哈哈大笑，笑著說：「老啦，不服老不行了。」

　　也許是長期在大王身邊的緣故，天官重竟沒有發覺大王顯老。聽大王這麼一說，他才留意那一頭密直的黑髮不見了，鬆散的頭髮花白了，大王是有些見老。他一怔，老是個人人忌諱的說辭，該怎麼對大王說呢？正思索著，就聽大王對他說：「老就老吧，流水不復還，忌諱也沒用。只是我要一蹬腿閉眼，這大王由孰當呢？」

　　天官重明白了大王的心思，原來他是在想繼位人啊，就說：「大王有四個兒子哩，挑選一個不就成了？」

第十章　四子皆可當王

「哈哈哈……」大王笑過才說：「說得對，挑一個，可是挑哪一個呢？」

大王就這事和天官重合計開來。大兒子是摯，孰都說他精明。眾人說精明人眨眼都是點子，這話擱在摯身上一點都不過分。他個頭沒有父王高，心眼不比父王少，大家說他不長個頭，全長了心眼。聰明伶俐自然是好事，可大王卻覺得他有點太精明，精明得讓他不大放心。說過摯，又說棄，棄也精明，卻將精明使在種地上，務植起禾苗來頭頭是道，要是論及世事來就訥言少語。再說契，生性耿直，辦事穩重，卻又沒有摯那靈活的頭顱。這總領天下，不活泛點還真不行。接下來，他們說到放勛，他既精明，也穩當，可惜在兄弟裡歲數最小，那嫩肩頭恐怕扛不起重東西。去唐族後也不知把那個爛攤子收拾的怎麼樣？說來說去，四個兒子和手上的指頭一樣，有長有短，有粗有細。用長的吧，不夠粗；用粗的吧，不夠長。二人一時定不下點，打算占卜選賢，看看天神的旨意。

議定後，天官重喚來巫咸。挑選繼位人是件大事，大王想用活龜占卜。用活龜占卜，就是先將東西南北四個方位定為四個兒子，再把一隻活龜供在祭盤當中，禱告完畢，龜爬向哪裡，哪個兒子就當大王。巫咸聽過大王的意思，拈著鬍鬚說：「用活龜占卜當然最好，簡單明瞭，看一眼就清楚孰該繼位。」說到這裡他打住話語，瞅瞅大王，見他不急不躁，接著說道：「只是靈驗的活龜可不好找呀！」

大王哈哈一笑說：「這有何難的？眼下河開水暢，不幾日烏龜就滿灘爬了。」

巫咸想搖頭，卻沒有擺動，笑一笑委婉地對大王說：「我聽老人說過，占卜的龜和那些河龜不一樣，要是神龜。」

然後，他一捻鬍子慢條斯理地告訴大王。祖上傳說，龜分十種，有攝龜、筮龜、土龜、山龜、澤龜、水龜、火龜、文龜、靈龜、寶龜、神龜。

■ 中卷 ■

這些龜當中,上等的是文龜、靈龜、寶龜,特等的是神龜。上等龜就很難尋找,而特等的神龜更是稀世罕見。人常說,千載神龜方顯靈,神龜的歲數最低也要在八百載以上。

大王耐心地聽著巫咸細說,突然插進一句:「那這神龜大得很吧?」

巫咸不慌不忙地又說:「不大,神龜長到八百載,不再長個頭。不光不長,還要縮小,一載小於一載,一直小到和剛出殼時那麼大,變為童龜。童龜和童子龜大小差不多,生活習慣卻大為不同。童子龜吃飽後怕鯰魚把牠吃掉,就鑽進泥裡藏身。神龜啥也不怕,不再往淤泥裡鑽,最喜歡在荷花上落腳。開花的時候在花瓣裡,無花的時候在綠葉上。荷花凋謝,荷葉乾枯,就看不見牠的蹤影。」

大王聽得入神,他還真不知道神龜有這麼多名堂,禁不住問:「神龜這麼難找,那就沒人用牠占卜過?」

巫咸說:「聽說先祖軒轅大王占卜過一次。哦,對啦,和蚩尤大戰前,就是用神龜占卜能贏才帶士卒出陣的。往後,就沒再聽說孰用神龜占卜。」

大王點點頭沒說什麼,巫咸明白他還是想用神龜占卜,就說:「大王要是不急,咱就等荷葉長綠,興許會找到神龜。」

大王接口就說:「不必啦,哈哈,等上半載,還不一定能找到神龜。乾脆死了這心,咱就用龜殼占卜吧!」

定下用龜殼占卜,各自分頭預置。大王的事情較為單一,就是齋戒三日。他先洗浴淨身,然後不再沾葷吃肉,只用藜藿充飢。洗浴後大小事情全不過問,閒靜清心,寂然祈禱,懇請天神將他的心意透露給他。從這日起,大王住在後宮不再見人理事。

巫咸要預置的可就多了。他要清掃太廟,要在廟前設壇張席,要縛綁燃火的柴燎,還要挑選龜殼。這眾多事情,即使不親自動手也要一一過

問。好在巫咸占卜過多次，極有章法，絲毫不見忙亂。就說挑選龜殼吧，這事本來麻雜得很。龜殼分為天、地、東、西、南、北六部。這六部的龜殼不是龜背，而是龜腹下面的硬殼。顏色發紫的為天部，發黃的為地部，發青的為東部，發白的為西部，發赤的為南部，發黑的為北部。占卜時，卜天用天部，卜地用地部，其餘則按暖、熱、涼、寒四時區別。暖時用東部，涼時用西部，熱時用南部，冷時就用北部。這麼麻雜的事情，聽得人頭都會疼。巫咸不僅不頭痛，還區分得有條不紊。他將這些龜殼分類放藏，取出來隨時都能使用。

　　巫咸必須親自操辦的還有一件事：綁縛柴燎。柴燎是占卜的重要用物。拿龜殼占卜要用火烤，還不能用地火。地火是人們用石頭磕打出來的，這是俗火。俗火不靈，要用天火。天火是用柴燎來點的，占卜時占者下跪，口誦禱詞，天神便把火種播撒下來，濺在柴燎上燃起火苗，這就是天火。用天火燒烤的結果才靈驗。因而，這點燃天火的柴燎就有很多講究。綁縛的柴草不能太硬，硬了天火點不著；不能過軟，軟了龜殼還沒烤好就會燃完，滅掉火。柴草必須軟硬適當，軟到可以遇熱即燒，硬到要久燃不熄。這工作不是一般人能做的，只有靠巫咸親手縛扎。

　　一應物什預置齊備，三日的齋戒也過去了。這天，紅日初升，大地披上淡淡的紅妝。大王挺著胸膛，盡量邁大步伐朝卜場走來。卜場設在太廟前的西南隅，王宮裡的官員早就等候在這裡。看見大王笑得比日頭還明朗，他們都高聲恭祝大王占卜靈驗。大王朝他們哈哈大笑，笑著說：「靈驗，肯定靈驗，哈哈哈。」

　　巫咸領著大王走進太廟，廟中有一高鼇，鼇上聳立一柱，那便是祖柱。大王跪地叩首，嘴裡唸叨：

　　祖業隆盛，

　　子孫傳承。

先祖庇佑，

占卜成功。

拜過先祖，大王退出廟門，隨巫咸登上卜壇。壇上鋪著一領蒲蓆，席邊高豎著一根木柱。木柱的頂端交叉著兩根細桿，桿上垂掛著四個龜殼，分別代表著大王的四個兒子。一切預置妥當，就等點燃柴燎占卜。

這樣盛大的占卜，王垣的百姓平民很少見到，觀看的人圍滿卜場。大家朝著垂掛的龜殼指指點點，後生不知怎麼占卜，老者便告訴他們，大王先在龜殼上刻個記號，然後引火去燒。燒過後龜殼裂出的紋路，就是占卜的結果。細的是吉祥玉兆，稍粗的是平常瓦兆，再要粗就是凶相原兆。

眾人正熱火朝天地說道，就聽巫咸高喊：「占卜時辰到。」

大王跪在蒲蓆上，先朝北拜過三次，高聲祈禱：

天神靈驗，

明示繼子。

又調轉身朝南三叩首，高聲祈禱：

地神聖明，

占卜成功。

禱畢站起身，接過巫咸遞上的石刀，走向懸掛的龜殼，一個上頭刻劃一刀，那就是柴燎要燒烤的火點。刻畢，大王歸位端跪在蒲蓆上。巫咸舉起柴燎點火，雙手擎至頭頂，叉腿站開，紋絲不動，只是嘴裡喃喃唸叨著神詞。漸漸柴燎開始冒煙，過了一會兒，濃煙中噴出一股火焰。巫咸將柴燎遞給身著黃衣的卜手，卜手走近第一片龜殼，對準燃點烤燒。這邊巫咸舉起另一把柴燎，點著天火，遞給第二位卜手。不一會兒，四把柴燎全都點著，四位卜手各舉一把燒烤龜殼。

工夫不大，第一把柴燎熄火。接著第二把、第三把、第四把柴燎依次

熄火。巫咸高聲喊道：「領驗神示——」

喊聲一落，大王便五體投地，靜候巫咸宣布天神的喻示。

巫咸接過卜手遞過的第一片甲殼，雙眼一瞅，紋路細密，高興地說：「玉兆，大喜，大喜，長子摯可以繼位。」

大王抬頭哈哈大笑，磕頭道：「敬謝天神！」

言畢，又五體投地，聆聽巫咸對第二片甲殼的宣示。巫咸看過，又是一笑說：「玉兆，還是玉兆，次子棄可以繼位。」

哈哈哈……大王更為喜歡，笑得眾人也跟著發笑。如此，巫咸宣示一回，大王歡笑一次，眾人大笑一陣。一連笑過四陣，大王從蒲蓆上跳起來，蹦下卜壇大聲說道：「天神靈驗，我族興隆，四個兒子都可以當大王，哈哈哈……」

占卜在笑聲中圓滿成功！大王的四個兒子都能繼位，消息不脛而走，沒有多時天下各個部族全都知曉了。

✦ 40

放齊來到王垣，占卜剛剛散場。滿垣的人都在議論大王有福，四個兒子都可以繼位。本來一到王垣，放齊就應去見大王，他怕大王睏乏，轉個彎先來探望姑母慶都。

慶都見到放齊可高興啦，笑瞇著眼說：「可真應點呀！人常說，貓洗臉，蜘蛛吊，親人要來到。我一早看見蜘蛛從房梁垂吊下來，你看，你就來啦！」

放齊看看慶都，喜喜地說：「姑，妳發胖啦！」

「胖啦？」慶都捋一把頭髮，說：「姑心閒，怎麼能不胖呢！」

說過沒幾句，就問：「你回來，怎麼不把放勳帶回來呀？」

■ 中卷 ■

　　放齊將唐氏族的情況說給慶都，還告訴她：「這陣剛安穩，他走不開，就安頓我回來向大王述告。」

　　得知唐族的情況，慶都誇獎放齊：「虧得有你幫扶呀！勛兒實守，全靠你呀！」

　　放齊便說：「如今那放勛，可不是先前啦，主意大著哩！」

　　「還不是靠你指點啊！」慶都真夠精明，一個勁地誇說這位姪兒。聽說放齊要代放勛去見大王，她問：「你就這麼空著手去？」

　　放齊納悶，不由得抬手摸摸頭顱，沒有張嘴，眼睛卻瞪大了。慶都見放齊犯惑，就告訴他：「你們偏居外頭，宮裡的啥事也不清楚。當下這世道可不是先前，哪個頭呀侯的，前來述告能空手呢！」

　　慶都是數道放勛，放齊卻隱隱不安，放勛的閃失他都有過誤，若不，他還有啥用呢？他忙解釋：「姑，妳不知道，那個唐族窮得除了張嘴要吃，啥也沒有，能給大王帶點啥呢？」

　　一聽這話，慶都明白了放齊的意思，趕緊順勢下坡：「怪不得，我就說放勛沒這心眼，還有你這大哥照護呢！」

　　說著話，從裡屋拿出一個大大的葫蘆。葫蘆挺結實，上頭刻劃了個長鬍鬚的老頭，慶都遞給他說：「這是個長壽佬兒，你就把這送給大王，說是你們帶來的。」

　　放齊略做歇息，吃點東西，帶著葫蘆來見大王。大王哈哈大笑，拉住他的手說：「一路勞累，勞累啦！」

　　放齊捧上葫蘆，說：「唐侯讓獻給你，祝大王像這鬚翁一樣長壽！」

　　「哈哈哈……我這小兒懂事啦！」

　　大王喜笑著拉放齊坐下。放齊就把唐族的情形徹根到梢述告一遍。大王時而凝眉，時而拍手，得知唐爺去世，他嘆過一口氣，笑著說，「哈哈，這個唐爺把自個送上了死路！」

第十章　四子皆可當王

然後，大剌剌地說：「暫時先別推舉領袖，就讓放勛執掌唐族。」

放齊應著，祝賀大王占卜成功。他以為大王又會哈哈大笑，孰料大王並不高興，沉默一霎才說：「有啥可賀的？這不等於沒有占卜嘛！」

放齊不解，忙問：「四個兒子都能當王，還不可賀嗎？」

大王沒有回答，反問放齊：「四個兒子都能當王，那你說到底孰當為好？」

放齊想想，是這麼回事，這和沒有占卜有啥兩樣？他想問大王謀劃由孰繼位，還沒開口，大王就直截了當地說：

「我就是吃不準這事才占卜，讓天神決斷。天神倒好，又推回來由我決斷。不過，占卜過也好，我知道孰當也無礙。這是上天對王族的恩寵啊！這該讓老大當啦，我就是替他擔心，他太精明，太精明……」

大王說著，微微晃晃頭。放齊不解地問：「精明，這不是好事嗎？」

「精明是好事，太精明就會過頭，凡事過頭就不好啦！嘿嘿，不說他了，聽你這麼說，放勛真長大啦？」

放齊趕緊回答：「是，唐侯很有主見，遇事不慌不忙，我都有點佩服呢！」

「你誇說他了。我的兒子我清楚，他實誠忠厚，就是不夠活道。若是再活道點，治理天下，他最合適。」

大王說的一字一頓，看來此事他已翻騰過不知多少回。

話說到這裡，按說放齊該揭開他此行的要事。唐侯派他來見大王，述告情況是實，但不是要事，要緊的是將唐族缺少吃食的困境報給大王。安葬過唐爺和且承，他們辦的頭一件事就是清點庠存的粟穀，各窟裡都有些，都不夠吃。若是放開肚子吃，過不了多少日子就會吃光。族庠還有些存粟，就是全倒出來，能對湊數十日也不錯。

不光是吃的問題，天暖後下種也沒種子。族人留下的種子多數已摺進

149

地裡，不是剛出苗被天殺，就是漚在土裡沒有出來。正如羲仲說的那樣，種子白糟踐了。唐族面臨著少有的困境，如何和眾生撐過這道坡坎？唐侯周密謀劃過，整個寒日都不吃粟穀，他帶著後生見天出獵，靠獵物養生，大家的日子過得不算太差。只是這一轉暖禁獵，眾人的吃食就要斷頓。趁禁獵前，他讓獵手抓緊捕獸打鳥，凍存下些吃的。按說再多些才好，可是被族老們攔住，說是大地解凍，到處溫熱，吃不完就會爛掉，不能再捕獸。不再捕，那到時候吃什麼呀？左思右想沒有別的辦法，唐侯就差放齊回王宮述告，要是撐不過去就向父王求借粟穀。

放齊當然不會忘記此行的要事。不過，聽到大王還在猶豫孰來繼位，而且對放勛特別偏愛，他的心一忽閃，話就拐了彎：「大王說得對，我看唐侯有大王你的氣度，能光大你的王業，治好天下。」

「哈哈哈，」大王爽朗地一笑，說，「那就好！你就努力扶撐他吧！」

放齊喜得心花怒放，大王差點表示就定唐侯繼位。唐侯繼位就是天下的大王，不再是一個小族的頭目，那自個，嘿嘿……他放齊自然也有點頭臉。頓時身暖心熱，他連忙謙恭地說：「恩謝大王信賴，我一定盡心盡力幫扶唐侯。」

大王和放齊談得熱熱乎乎，天晚了，留他一起在王宮進膳。

第十一章　狐頭

✦ 41

　　占卜結果傳開來，普天下最為高興的莫過於摯。

　　雄心勃勃的摯早就嚮往當大王。還露著屁股四處亂竄，當王的心思他就有了。看著父親說話，他就羨慕。人人都有嘴，都要說話，說出話別人願意聽，就聽；不願意聽，就不理不睬。這還算不錯，有的聽了當即就搖頭晃腦，甚而還吵吵嚷嚷，打鬧起來。父親說話就是和他們不一樣，說一是一，說二是二。聽到的，從來沒有人搖頭晃腦，別人除過點頭，就是匆匆離去，那準是按父親的吩咐急忙去辦事。摯從小就羨慕父親這說話，起初他還不知道父親不只是父親，還是大王。稍大點，他懂得別人對父親的話百依百順，不是因為他是父親，而是因為他是大王。

　　從那會兒起，摯就羨慕父王，說穿了是想當大王，讓天下人都聽他的話，都對他點頭哈腰，像父王那樣多神氣呀！

　　那一回和夥伴們跑出王垣，一撒腿來到濮水灘上。濮水穿越兩座山峰緩緩流來，流到近前轉一個彎，甩下一片草長鶯飛的開闊潮間帶流往遠處。驀然，一隻老鷹箭一般斜射下來，夥伴們正為那迅捷的飛翔叫好，老鷹已昂頭向上飛去。仔細一看，哎呀，老鷹的爪子上緊鉤著一隻兔子。兔子亂蹬著四條腿拚命地掙扎，掙扎也白搭。老鷹抖抖翅膀，帶著牠飛往遠天。

　　摯和夥伴們看呆了，歡兜樂顛顛地說：「好厲害呀，我要有翅膀就當老鷹。」

　　孔王張嘴就反駁歡兜：「鷹有什麼好的？還不就是弄點吃的嗎？」

這有點令歡兜掃興，他很不服氣地說：「你就不看牠飛得多高，多快！」

孔王還真有自個的主見：「飛得高，飛得快就好？太累。」

「那你說啥好？」夥伴們都傾向歡兜，七嘴八舌反問孔王。

這一嚷驚動了草叢，「忽——」的一響，飛起一群麻雀。沒有飛遠，稍微兜轉一個圈，落在臉前的蒿草叢裡。

孔王指著麻雀笑笑說：「我覺得麻雀就好，不費啥勁，照樣能吃飽。」

「嘿，嘿嘿……」夥伴們笑成一團。

「嘻嘻，嘻嘻……」在這一團笑聲中，唯有摯的聲音最特別，那是譏笑。他指著孔王叫嚷：「麻雀，你這個麻雀，嘻嘻，嘻嘻。」

孔王被摯弄得臉上臊臊的，他說：「那你說當啥好？」

摯止住笑，反問：「你們說啥最厲害？」

夥伴們這個說是狼，那個說是豹子。歡兜說是老虎，大人們說老虎是獸中的大王，沒有禽獸不怕的。摯接著歡兜的話說：「那我就當個老虎，當個狼和豹子都害怕的大老虎！」

說著，他張大嘴，瞪圓眼，豢開手指頭，「嗷——」地吼著，像老虎那樣往夥伴身上抓撓。哈哈哈……夥伴們都笑了，是笑他那奇怪的模樣。這摯長得一點兒也不像那個當大王的父親。大王個子高，高得如一桿直立的椿樹。他個子低，低得像是一蓬蒿草。尤其是那兩條腿，羅圈著，站不直，走不穩。眉臉就差得更遠，大王臉闊眉旺，一看就是個壯漢。他呢，額頭還不算窄，可惜朝下一出溜就瘦削了，尖尖的下巴活像個老鼠嘴。幸虧那一雙眼睛還沾點大王的味道，不算小，而且亮亮的。這老鼠相就挺滑稽的，他偏偏要當老虎，一模仿不僅沒有老虎的威猛，倒酷似老鼠打洞。夥伴們被他逗笑了，笑得東倒西歪。

摯見他們沒害怕，反而嘲笑，立時發躁，怒哼哼地說：「笑，笑什麼？

第十一章　狐頭

趕明兒我當上大王，有你們的好果子吃！」

這一發怒，夥伴們都被嚇住，沒人再敢發笑。

摯一日日長大。比個頭長得更快的是心思，他早就盼著像父王那樣指畫天下，日日有人圍在身邊轉，吆三喝四的，那多美！只是，父王健健朗朗的，沒有一點病殃的兆頭。這等於說，他當大王遙遙無期。這兩載父王的頭髮稀了，鬍子密了，出宮巡訪得少了，摯眼睛裡轉溜著喜氣，隨時準備坐到大王的位置上去。

孰料，前些日竟傳出父王要占卜選王的消息。他的心一下揪得很緊，只怕占出意外，父王將王位讓給那幾個小弟。短短三日他真如煎熬過三載，熬到占卜結束，他一下輕鬆了。這等於說，將來當大王的就是他。是的，四個兒子都能當大王，好像孰都可以繼位，但總得有個先來後到吧。嘻嘻，小弟們，你們就一邊待著吧！孰叫你們從娘肚子裡鑽出來得遲了呢！

聽到占卜的結果，摯就這麼美滋滋地想著。

美滋滋的摯坐到了飯席上，是歡兜和孔王請他。他們雖然是一塊玩耍大的，從內心裡說歡兜還真看不起摯。摯的長相容貌太不上眼，個子矮小，臉面黑瘦。原當先，他們這幫小仔有高有低，卻不差多少。過了十來歲，一個個像河邊的箭桿楊，不聲不響就竄高了。唯有摯還是老樣子，活像坡崖下的破肚子桑樹。和歡兜、孔王站到一起，比人家低下整整一個頭。低就低吧，低矮的摯卻常拿大架子，這就令歡兜好大不痛快。歡兜人高馬大，性情放蕩。他勇於放蕩性情，全在於人高馬大。個頭高，手臂腿粗，力氣壯，孰要不順他的意，一頓拳腳就能捶打服帖。歡兜早就想當玩伴的頭，偏偏挑這個頭的不是他，是那個黑小子摯。他不怕摯，卻怕他那個當大王的父親。他的拳腳不敢捶打摯，摯在他面前啥會兒都很神氣。這讓歡兜常常不美氣。不美氣，還得裝美氣，這頓飯也是這麼來的。眼看摯

■ 中卷 ■

就要當大王,他趕忙和孔王合計請他吃喝一頓。

摯還是挺爽快,一叫就來。歡兜、孔王向他祝賀,他說話更痛快:「是該祝賀,這不是祝賀我,是祝賀你們倆哩!」

倆人瞪圓四個窟窿,不知道他說的是啥意思?摯接著說:「愣啥,我當上大王,還能讓你們過苦日子!」

歡兜和孔王好不樂呵,連聲說:「還牽掛著聯手,痛快,喝酒,喝酒。」

說著,歡兜將倒滿的酒碗端到摯的臉前,謙恭地說:「我先敬你。」

摯不推託,接過碗,仰起頭,一飲而盡。手伸過來,也不拿筷子,拈點兒吃的就塞進嘴裡,隨即說出聲好哇……孔王不敢怠慢,連忙舉起碗說:「我也敬你!」

摯又一飲而盡。

按常理,摯該禮貌地回敬,他卻沒有,只說:「以後我當上大王,只要我說怎麼做,你們就怎麼做,肯定不會虧待你們!」

倆人連連說是。孔王不住點頭,彎著腰說:「大王說怎麼辦,就怎麼辦!」

「什麼大王?我現在還不是哩!」摯還沒糊塗,連忙糾正他。

孔王說:「大王遲早還不是你的!」

「不,不。」摯擺手制止他,「這是冒犯我父王。」

一向快人直語的歡兜這會兒不再吱聲,孔王瞅著他說:「你怎麼不吭氣,說說能不能叫大王?」

他料定歡兜會應和他,豈知歡兜說:「不妥,不妥。」

「那該叫啥?」孔王問。

歡兜搖著手反問:「你還不知叫啥,我怎麼知道?」

孔王不再說話,沉思一霎說:「哈哈,有啦!先父在世時,常叫我孺

第十一章 狐頭

子。這孺子就是小仔的意思。我看就叫個孺王吧！」

歡兜一拍大腿，說：「好，就叫孺王。來，我們和孺王喝一碗。」

三人端起酒碗，一仰脖子喝了個乾。臉都紅了，話都多了，沒人再吃菜，喝下一碗又一碗。好在那會兒不是現在，那酒就是酵化過的果汁，不辣，不烈，好咽，還醉不到哪裡去。

酒喝得正酣，王宮有人前來，說是大王叫摯。

摯慌忙起身，隨宮人出屋上路。一出門，微風撲面，涼颼颼的，摯清醒了好多，只是臉還紅紅的。摯紅著臉站到父王面前，父王看他一眼說：「喝酒了吧？」

摯轉著眼睛正想怎麼回答，就聽父王說：「喝就喝點，該高興啊，哈哈哈！不過這天下遲早是你的，不要著急，哈哈。」

然後，大王告訴摯，天日轉暖，該出去巡視了。每載這個時候，大王都要四處走走，看看各個部族。今載他卻懶得動身，想想一路風塵，吃和睡沒個準時準地，真不想挪窩。一轉念，大王將這事託付給地官黎，讓他代為巡視。安頓好後，忽然想起為何不讓他把摯帶上見見世面？這才把摯叫來交代。

摯當然高興，卻按住高興平靜地說：「巡視是父王的事，孩兒不敢貿然出行。」

父王說：「你跟著地官長點見識，我老了，遲早是你的事。」

摯急忙接口：「父王不老，身子骨硬朗得很，啥時也不會老！」

「哈哈哈，」大王樂呵了，笑著說：「不老，不老！你就跟著地官替父王代勞吧！」

◼ 中卷 ◼

✦ 42

　　往常巡視天下是最大的事情。王宮中除了留下天官重料理些急事，其餘宮官都隨著大王前往。大王出去，少不了衛隊。因而，絡絡溜溜的巡隊要排很長。宮官多，需要的用品便多，預置巡視就要好些日子。

　　今載這巡視大王不去，由地官黎代勞，宮官去的少，還少了衛隊，帶的用品不多，不幾日就準備齊整。到了巫咸卜定的吉日，日頭還沒露臉，隨從就在霞光中整裝待發。等了好一會兒卻不見領頭的地官黎，他去了哪裡？

　　地官黎去哪裡只有摯清楚。那日歡兜稱他孺王，他沒往心裡去，後來越思索越有意思。如果這孺王被父親承認，那他將來當大王就等於十拿九穩。這真是個好名分！見到父王他便想說，可是，卻不敢貿然出唇。放下這話不說吧，又心煩意亂。特別是這次出巡天下，要是有個孺王的名分，那他走一路，叫一路，不就等於向四海百姓眾生宣布，他就是將要繼位的大王嗎？他忍不住將這意思說給地官黎，要他去見父王。老實說，地官黎進宮去見父王，他那心揪得真緊，真怕掏麻雀掏出蛇來。等待地官黎的那會兒，他坐立不安。等待就是炙烤，就像被架在火上炙烤的狼，吱吱作響，肉體流油。此刻他就是那頭狼，比狼還難受！難受也無法躲過，他咬緊牙關熬著。

　　大王見到急火火跑進宮的地官黎，張嘴就問：「何時動身？」

　　地官黎微微欠身答：「這就出發，大王還有何吩咐？」

　　一應事宜日前大王都已對地官黎交代過。一是天日暖和，看看各族下種的情形；二是每載禁獵後，有不少族缺少吃食，要提前安頓，不要餓著眾人。地官黎發問，大王想想再沒有別的事情，就說：「該說的都說過了，別的事你看著辦，哈哈哈！」

地官黎恭敬地說：「大王囑咐的那些事，我都已記住。你沒有別的事，我想說個事。」

　　大王點點頭讓他說，他才謹慎地說：「這回長子摰出去巡視，該有個名分吧？」

　　「不就是隨你長點見識嘛，要啥名分？」大王轉一下眼珠發問。

　　地官黎也轉一下眼珠，更清楚了大王轉那眼珠的意思，只是讓摰隨行，而不是巡視。不過，他還是將要說的話吐露出來：「摰是初次巡視，沒個名分不大妥吧！」

　　大王瞅瞅地官黎又說：「你看你，總是要把事情辦得滴水不漏。你說吧，給個啥名分？」

　　說完，瞇著眼瞅著他。地官黎見大王沒有反對，便接著說下去：「稱孺王可以嗎？」

　　「孺王？」大王還真沒想過這事。孺王賴好也算個王，別的兒子都沒沾王的邊，這不等於說摰就是繼位人嗎？他睜大的眼珠不再轉動，怔了一霎，突然哈哈大笑著問：「這不是你的意思吧？」

　　地官黎只笑不語，大王又說：「你還和我繞彎子？這是摰說的吧？」

　　地官黎還是笑著不語。大王明白摰是要搶占個王。搶到手他就占了先，就會壓住小弟們，棄、契、放勛就會死了當王的心。平心而論，讓摰繼位最省心。偶爾他也活泛一下，想想放勛。不過，放勛最小，要讓他拔頭，就把三個兄長都得罪了。思索再三，還是讓摰當王順遂。孰料，他還沒頒令，這小子倒搶著要名分，這讓他有些窩火。擱在先前他準把這小子攆到荒山禿嶺受幾日苦，治治他這小聰明。可今兒畢竟不是先前，他不再血氣方剛。打個怔，火氣就散了。因而，地官黎聽到的是大王和氣的話語：「這麼做，可就委屈了你。他當孺王，你不成了隨從？哈哈哈！」

　　地官黎趕緊接口說：「大王說的什麼話，我還有什麼委屈的？為王族

做事是下官的本分。」

見他說得這麼懇切，大王很感動。這地官黎就是忠厚穩當，辦事沒有讓人不放心的。既然他不生嫌心，給這小子個名分又怕啥？他還敢翻天？翻不了，要是敢搗亂，伸個指頭就能把他當螞蟻捱死。怕啥？不怕！哈哈哈，大王一笑，說：「那就叫他小子個孺王。不過，還是你去巡視，他跟著你長點見識。」

地官黎說不妥吧？大王說，就這麼著。地官黎還想說什麼，大王沒讓他回話，告訴他時辰到了，快出發吧！說著，張嘴打個哈欠，還流出了眼淚，地官黎趕緊退出來。

真不容易呀，摯總算熬到地官黎出來啦，喜喜的，好呀！聽到父王同意叫他孺王，摯心裡樂開花，要不是身邊站著巡隊他不蹦跳才怪！

摯就這麼高高興興地出去巡視。

✦ 43

巡隊走出王垣，躍出東山的日頭剛高過樹梢。幾隻燕子張著翅膀上剪下裁，飛舞在柳樹梢頭細巧的綠葉間。鬆軟的土地被拱出來的嫩芽塗上黃色，天地間一片生趣。走在這生趣裡的巡隊精神抖擻。

精神頭最大的是摯。巡隊行走得很快，摯搖晃著羅圈腿趕得吃力。往日要是這麼趕路，他早厭煩了，今日卻搖晃得喜滋滋的。

轉過一道山嶺，前面露出幾個山窟。窟前的小徑上擠著不少人吵吵嚷嚷。走到跟前，吵嚷的人一看是王宮的巡隊過來，不再嚷叫，呼啦圍住他們。就聽一個長頭髮的漢子說：「王爺為我做主，他偷走了我的兒子。」

他一張嘴，另位夾著髯鬚的漢子就說：「王爺，他譎謊，兒子就是我的。」

第十一章 狐頭

　　兩個人當著巡隊爭爭吵吵，圍觀的人把山徑都堵死了，看來若不斷出個是非，還真難前行。地官黎從人群中擠前去，看看那小仔也就兩三歲，全身泥汙，瘦得皮包骨頭。他問根因，一個說兒子丟啦，是對方偷的。對方則說小子就是他的，不信，問小仔。問小仔，他只認夯鬍鬚的漢子是他大。地官黎忽閃一下眼睛，他明白了裡頭的貓膩。可是，就這麼決斷沒有憑據呀！他看看巡隊，想說落地歇息，待他查問清楚了斷這事再走。話沒出唇，孺王已擠進人窩。

　　他衝著長頭髮漢子說：「你誆人。」

　　那漢子哭腔道：「王爺，我冤枉。」

　　他衝著夯鬍鬚漢子說：「那麼，你誆人。」

　　這漢子也哭腔道：「冤枉，王爺，我冤枉！」

　　「哼哼，你們都不誆人，那麼是孺王我誆人？」孺王從鼻子裡笑出兩聲，說：「今兒我倒要看看是孰誆人。」

　　說完，彎腰撿起一根樹枝，在地上畫出個圓圈。往兩邊挪挪，各畫一條直線。然後令倆人站到線外，把孩子抱進圈中，讓每人伸手抓住孩子的一隻手。孺王說：「你們都把這小仔抓緊，我喊拽，你倆就使勁，孰把他拽過線，孰就帶走。」

　　圍觀的人都低聲嘟囔，哪有這麼斷事的？這不把小仔活裂啦！巡視的人也覺得這是鬧險，地官黎就要上前攔擋。他剛移步，歡兜已擠到孺王跟前。歡兜也跟著前來巡視，不用說這是孺王的主意，說是給他背些東西。歡兜見孺王這麼斷事，真怕弄出人命敗壞他的名聲，趕緊湊近耳朵勸他住手。

　　孺王一扭頭，對他說：「你們別管，看孺王我怎麼懲治歹人！」

　　有人就喊：「使不得，使不得，別把小仔活裂了！」

　　地官黎趕緊擠過去，笑笑說：「孺王，這點小事不用煩勞你，我處治吧！」

孺王還是不聽：「你們都別管，孺王我來做主！」

地官黎只得退後來，就聽他大聲喊：「預備——」拽字還沒出口，小仔哇地大哭，嚇得渾身發抖。隨著小仔的哭聲，長頭髮漢子撲通跪倒在地懇求：「王爺，這裡子我不要啦，你給他留個活命。我不要啦！」

孺王瞅著他問：「你不要啦？」

那漢子連聲說：「不要啦，你饒了這小仔的命。」

「這可是你不要啦，不是孺王我不給你。」孺王瞅著他。

「是我不要啦，我的錯，不是王爺的過錯。」那人幾乎是在哀求。

「好，那我這就決斷。」孺王轉頭對麥鬍子的漢子說：「你把小仔領走吧！」

麥鬍子的漢子一聽，滿臉喜氣地謝過孺王，拉起小仔就走。

圍觀的人悄聲說，這不是亂斷嘛！正在議論，就聽孺王大吼一聲：「哪有那麼便宜的？給我把這個歹人抓住。」

他一喝，麥鬍子的漢子扔下小仔就跑。哪裡跑得脫呢，歡兜和幾個隨從趕上去將他扭過來。孺王厲聲喝斥：「大膽刁民，還不對孺王我說實話。」

見勢不妙，那漢子嚇得把兩載前偷人家小仔的事趕緊招出。搞清事情，孺王說：「我就說孰忍心把自家的小仔往死裡拽，還想欺哄孺王我，哼哼，沒門！來人，給我把這個歹人推下懸崖摔死！」

幾個隨從跳上前來擰住那人的手臂，使勁一推，那人就跌下旁邊的深溝，只聽見一聲尖厲的慘叫。

一場棘手的糾紛孺王就這麼輕而易舉決斷清楚，眾人都說孺王精明，辦事俐落。就連見多識廣的地官黎也誇孺王有能耐，唯一讓他不安的是那聲尖厲的慘叫。

長髮漢子謝過孺王，抱起小仔離去，圍觀的人散開。

第十一章　狐頭

巡隊繼續前進，孺王挺著胸膛搖晃著羅圈腿大步走著，隨從緊緊跟在後面。

✦ 44

翻過一座山，又是一座山。山越攀越高，高處的山色未綠，早爆開的是一樹樹桃花。這裡幾樹，那兒一片，寂寞的山間就要熱烈了。

地官黎走得好不興奮，腳下已是他的族堡。小時候，每當桃樹開花，山野裡無處不留下他們那幫猴崽的腳印。他們真能瘋跑，時而跑上山巔，時而跑下河川，跑累了，歇口氣又跑。他的瘋跑開始於桃花初綻的日子。黎族堡把桃花叫做夸父花。大告訴他這是夸父倒下長出的樹，開出的花。夸父是個頂天立地的漢子，他追趕太陽，是想拴住它，不讓世人再受寒冷。黎知曉這豪壯的故事後，撒開腿跑開來，覺得跑起來像夸父那麼帶勁。他沒有像夸父那麼去追趕日頭，卻追趕上大王。

那日，大王巡視黎族，早晨出發沒帶上夜寢的豹子皮。他便去追趕，趕上大王已是夜色朦朧，正要睡臥，侍衛這才發現沒帶上鋪陳。少了它睡覺會受風寒，大王無奈只能湊合著躺臥。黎就是這時趕到的，跑得滿頭大汗。滿頭的大汗大王不一定看得見，卻聽見了他呼呼的氣喘聲。大王將滿眼的喜氣撒向他，拍著他的肩膀哈哈哈大笑一陣，把他留在身邊。從此，他便跟上大王，跟到現在成為宮中管理天下部族的地官。

離開黎族堡，他回去過幾趟，都是匆匆路過。如今歲數大了，時常想起往昔的事情，族堡的溝坡和流水不斷浮現在眼前，時不時就想去那山水間走走看看。今兒歸來，地官黎真想清清靜靜在故地待上幾日。

然而，族堡的山水沒有讓地官黎清閒，熟悉的土石剛剛出現，就傳來一陣聲嘶力竭的喊叫，聽得人脊背發癢。這是怎麼回事？孺王叫過歡兜，

■ 中卷 ■

讓他前去探聽。

巡隊走到堡邊，歡兜已返回來，說是捉住個偷盜庠糧的賊，正在拷打。那喊叫聲尖厲刺耳，令人驚怕。地官黎的心頓時揪得緊緊的。

捱打的是個後生，低頭跪著。一棒下去，慘叫一聲跌在地上。叫過，又費力掙起跪好。就有人喝斥：「說，你到底是哪個族堡的？」

後生咬緊牙不說，又被一棒打倒在地，尖聲叫著。再往起跪時，疼痛難忍，還沒有跪正，一棒打在他的背上，又是一聲刺耳的尖叫。

這麼打下去豈不把人打死啦？地官黎在擁擠的人群裡尋找熟人。孺王已經衝上前去，一把握住掄棒的後生，說：「慢，慢著下手。」

那後生瞥他一眼，見是個矮小的生人，沒好氣地說：「少管閒事。」

說著，手臂使勁一甩。孺王身瘦力弱，哪裡吃得住？羅圈腿搖晃出幾步才勉強站住。歡兜搶上前去，連忙伸手扶穩孺王。地官黎慌忙大叫：「不要無禮，這是孺王！」

地官黎這一喊，引來不少人的目光。畢竟是回到了自家的族堡，立即有人認出他。有個壯漢朝他走來，說：「啊呀！大伯——你回來啦！」

「哦，回來啦！」地官黎將他拉過去說：「快認識一下，這是孺王。」

壯漢欠身施禮，地官黎又對孺王說：「這是我的姪子眈。」

沒容孺王說什麼，眈就將事情的原委說道一遍。昨夜闖進幾個偷盜粟穀的人，堡衛發覺就去追。這個傢伙不跑，還攔擋堡衛，讓別人背著粟穀逃跑。堡衛將他捉回來一審，倒也招得痛快，說是狐族的。族裡派人去狐族要粟穀，人家不給，根本不是人家偷的。這不，狐族的頭都找來了，人家比我們還生氣呢！說著，眈指著那個皮膚黝黑的漢子。那狐頭火氣大著呢，面對孺王叫嚷：「孺王，你可得給我們弄清楚，這簡直是糟蹋我們狐族哇！」

又是個棘手的事情。

第十一章 狐頭

　　地官黎往前一步，搶先答話，他是擔心孺王沒有想好法子，令他們輕看：「我看打也不是辦法。還是要弄清他是哪族的，交給族頭治他。」

　　「是，我們都是這個意思。可這賊骨頭真硬，打死都不吭氣。」眈說。

　　地官黎對眈說：「你把他打死，不是更弄不清楚啦？」

　　眈略一低頭說：「大伯說得對，我也怕把他打死。只是……」

　　他嚥下後面的話瞅著狐頭。狐頭真是個機靈人，水靈靈的眼睛一眨就接上話：「這賊胚子，打還不招，不打能有啥法子？」

　　地官黎先讓他們住手別打，然後將他們往人圈外一領，告訴兩位族頭不妨放走他，悄悄跟著，看他往哪裡去。

　　「不行，不行！」狐頭打斷地官黎的話：「那他要是不回去，在山裡轉悠到天黑溜走怎麼辦？」

　　眈也說：「那回鄂族使的就是這法子，放走的那人鑽在山洞不走，就弄些野果吃，一連過去好多日。眾人以為他真不走啦，一疏忽沒了蹤影。」

　　孺王一直在背後聽著，看著他們各執己見，沒個準招，便湊前來問眈：「你是要找回丟掉的吃食吧？」

　　眈答聲是，孺王又問狐頭：「你是要找回丟掉的臉面吧？」

　　「孺王說得對。他不說出真話，我族裡的這臉灰土，跳進澮河也洗不淨。」狐頭答。

　　孺王稍緩口氣說：「那咱這麼辦，賊人由狐族領回去。」

　　眈插口說：「他領回去，我的吃食朝孰要？」

　　孺王解釋說：「別急，領回去事情並沒有完。既然賊人說是狐族的，讓他領人就等於說是這回事。」

　　狐頭不高興了，嘟囔著：「那我不領！」

　　孺王質問狐頭道：「他早把灰土抹到你臉上啦，你不領孰給你擦洗？」

163

狐頭想想也是，不再吭氣。孺王接著說：「讓你領他，就是讓他給你洗涮臉面。」

「怎麼洗涮？」狐頭不解，泛黑的臉上轉動著兩個疑惑的眼珠。

孺王對他說：「把人領回去，你告知鄰族，讓他們認領。」

狐頭將頭搖了又搖：「不妥，孺王！哪個族會認領這禍害啊？」

「嘿嘿，到了鄰族當然不能說你們逮住個賊，那孰還敢來領？就說，你們救下個被獸咬傷的迷路人，他們還會不來嗎？」

哦——眾人都明白了。狐頭叫道：「好主意，孺王的主意真好。」

狐頭說好，大家也說好，就連地官黎也覺得這孺王就是有兩下子。看來，這小子不光會爭著當王，還真是個當王的料。老實說，向大王給摯求取名分，他求是求到了，心裡卻挺彆扭。出來這麼一走，這摯真讓他刮目相看，便暗暗慶幸向大王求得對。

當下，狐頭帶走賊人，眈即安頓孺王和巡隊歇息。連日趕路，孺王確實很累，便不推脫。

孺王和巡隊歇下腳，地官黎趁空兒去堡裡堡外轉悠。

第十二章　認錯

◆ 45

　　一個口信打亂唐侯的忙碌。

　　安葬過唐爺和且承，唐族的紛亂逐漸平息，唐侯埋頭料理族事。最要緊的是吃食，打獵毫不放鬆，他還隨行幾次。去過就明白了，打獵這工作還真沒有人比得上后羿。后羿從陶族來後，出了幾回獵，獵手們沒有一個不佩服他，便推舉他當上獵頭。整整一個寒日他們沒有鬆勁，族裡老老小小不缺吃的，還為暖日存下一些獸肉。

　　幾百口子人住在一個堡裡，少不了口舌摩擦。皋陶還真會辦事，大事小事他都能擺平。沒有人說他偏東向西，處事不公。公道是大家最盼望的，人人說皋陶公道，唐侯就多給他些事去管，連獵肉分發的事情他也管上，上手就做得都很服帖。

　　唐侯過問最多的還是觀天那事。他要羲仲一門心思去做。唐侯器重羲仲，沒人再小看他。回過頭一想，還是羲仲說得對。當初才挖土撂籽，羲仲就說天要颳風變寒不讓種。眾人不聽，還把他當成魔人。現在再看羲仲，都說他是個能人。羲仲可來了勁，不管天多麼寒，他都上望日峰去。和仲也喜歡神事，就和他一起觀天，他算是有了個幫手。唐侯跟羲仲去過一回望日峰，他知道那事比打獵還苦。打獵就挺苦，伏下來靜待野獸出現，凍也不敢動。好在一旦有野獸露頭，就可以跑個粗喘細喘，全身熱乎乎的。這觀天可不能跑，只靜不動，是個勞心費神的事。唐侯特別關照和仲撿點柴，弄著火，他們可以烤烤身子，暖暖手腳，帶來的肉食也能湊著火烤熱再吃。

165

■ 中卷 ■

　　這些事情鋪擺順溜，唐侯叫來木樫合計農事。木樫憂慮的是缺少種子。唐侯這才發現考慮不周，趕緊叫來幾個族老，讓他們和木樫一塊兒去各窟走走，摸清到底缺多少。不摸不知道，一摸嚇一跳，沒想到種子十有八九都白擺啦，缺的不是小數，是大頭。這下唐侯作難了，缺個小數還好借湊。缺這麼多，哪個族留的種子也有限，很難湊夠。還算木樫敢攬事，他包下種子。唐侯問他有啥辦法，他說打著唐侯的名號去陶族、姜寨求借。唐侯告他，不敢獅子大張口，把人家嚇住。各族給多少算多少，多跑幾個族寨興許會湊夠。

　　說來算去，最頭痛的還是吃飽肚子。存的肉食不能說少，族人都說后羿有本事，獵到的獸很多，從來還沒這麼多過。只是不能再多存，存多了天熱時會變味漚爛。往後的日子草旺葉盛，採些回來也能吃，不過光吃這東西不頂硬，總得填補點粟米。唐侯便要大家現在盡量吃肉，把粟米為日後省下點。大夥兒都知曉吃食是個難事，設法共同渡過這個關口。當然，還有一著唐侯沒有說透，那就是已派放齊去王宮吹風，實在撐不過去就向父王借粟。

　　唐侯日日惦著放齊回來，如果父王能借給些粟米，那麼，唐族的坡坎就能跨過去。沒有想到，他沒等回來放齊，卻等來這個口信。說是狐族救下個受傷的迷路人，請他們認領。

　　唐侯先想到的是后羿，迷路受傷的事情獵手經常遇上，要他把獵手清點一遍。后羿很快回話，獵手齊全，沒有人走失。唐侯又領皋陶去各窟看過一遍，挨人頭點數也一個不缺。最後，連望日峰都去了，義仲、和仲都安然無恙。唐侯鬆一口氣回到窟裡，剛坐下，巫首卻跑來，說他占卜過了，族裡就是少個人。

　　族裡缺少人，能少在哪兒呢？若不是族娘找來，還真沒想到葫蘆口的堡衛捅出婁子。族娘說，幾日沒見兒子木殖。她去堡門裡看過，也沒見

第十二章　認錯

到，都說唐侯派木殖外出去辦事，她就沒有在意。今兒聽說族裡查人，她連忙找來。族娘這麼一說，唐侯才發現將堡衛的那夥人忘了。可他壓根就沒有派木殖外出呀！

唐侯和皋陶緊步趕到堡門。見到他們，堡衛都圍過來。唐侯目光掃視一圈，就是不見木殖，即問：「你們堡頭呢？」

堡衛你看我，我看你，沒人吱聲。皋陶看出有鬼，故意笑笑問：「怎麼，都啞巴啦？」

槁摯眨幾下眼，對同伴說：「哦，走時怎麼說啦？看我這記性，是去扛獵物吧？」

皋陶盯著直眨眼睛的槁摯說：「你別耍滑頭，我剛見過后羿，他們的人手還有餘呢，啥時用著你們？」

槁摯低下頭，一臉的窘態。看這樣子，唐侯斷定木殖出事了。可為什麼出的事？都說不清楚。領人要緊，唐侯當即打發皋陶帶著兩個堡衛去狐堡，特別吩咐要是傷重就抬回來。

日頭快落山時，皋陶一行才回來，他們白跑一趟。見到唐侯，皋陶一臉無奈，同去的堡衛更像是天粉末殺過的禾草，耷拉著頭，蔫得不能再蔫。不用問，他們受了委屈。

皋陶他們到狐族後，拱手向狐頭致謝：「感謝你們的救人之恩！」

「哼哼，感恩？」狐頭冷笑兩聲，嚷吵著說：「球，別黃鼠狼給雞拜年！你們唐族還有人味嗎？沒有，你們就長身毛，手臂拄著地跑去！你們要是人，怎麼能做這種欺天的事？偷人家黎族被逮住，卻誣陷我們。你看這是人做的事嗎？你們不要臉，我們還要呢！」

這一串辱罵弄得皋陶昏了頭，還真不知如何應答。問清根由，皋陶連連認錯賠不是，狐頭還是火氣難消。他要領人，狐頭冷笑著說：「球，哪有這麼輕巧的好事！讓你們族頭來，和我一起去黎族認罪，不然，孰給我

們洗涮臉面？」

　　皋陶誠懇地說：「是我們的過錯，我們沒有把人管教好。我先把人帶回去，明日即讓族頭來謝罪。」

　　狐頭鼻子一哼，說：「不行，孰還敢相信你們。不去黎族給我們擦淨臉上的黑，想帶走人，沒門！」

　　皋陶想見見木殖，狐頭也不讓，他只好告退。臨出門，狐頭又扔過一句：「只等三日，要是三日不來，我就把人揎到溝裡餵狼！」

　　走出狐堡，皋陶問兩個堡衛，木殖去偷東西你們知道嗎？兩個堡衛怯怯地說：「……知道。」

　　皋陶生氣地問：「知道為什麼不早說？」

　　「不敢說。」

　　皋陶更為惱火，指責道：「不說能了事？跟著你們丟人敗興！」

　　兩個堡衛一聲不吭，頭都不敢抬，似乎一抬頭就會被皋陶砍掉。皋陶瞪他們一眼，怒怒地問：「你們就不知道偷人東西不對？」

　　「知道。」

　　「知道為什麼不攔擋？」皋陶厲聲質問。

　　堡衛吞吞吐吐告訴他，木殖是辦好事。他是見族裡吃食不夠，怕大家餓肚子，怕唐侯受熬煎，才悄悄帶我們去偷的。

　　「哦，你們也去偷啦？虧你們還有臉見人，畜生！」

　　皋陶總算弄明白了，木殖是領著堡衛去偷黎家堡的，而且還是給唐族的眾人偷吃食，真讓他哭笑不得。

　　這事不光皋陶哭笑不得，唐侯聽完也哭笑不得。聽說皋陶沒把人領回族，巫首來了，后羿也來了。后羿一進門就嚷叫：「這狐頭太霸道！咱認了錯還不放人，他要怎麼？你們別管，我帶幾個弟兄去，看他吃軟的還是吃硬的！」

第十二章　認錯

　　說著，后羿怒哼哼要走，唐侯慌忙攔住勸說：「是咱的過錯，咱給人家抹黑，該給人家洗涮，怎麼能再和人家鬧翻呢？」

　　剛攔住后羿，族娘進來了。進門就打自個的臉，邊打邊說：「是我不爭氣，沒有把那賊胚子管教好，讓族人丟臉。」

　　唐侯忙上去拉住她說：「族娘千萬別生氣，我們正想法救木殖哩！」

　　族娘把手擺了又擺：「別管他，他個賊胚子自作自受，人家把他扔到溝裡狼吃豹子啃，我都不眨眼！」

　　族娘氣得直發抖，巫首連忙扶住她，攙出去。走出窰院，碰見唐禾，便讓她將族娘送回去。返身進來，巫首說：「我去了結這事。」

　　唐侯說：「怎麼能讓你去看人家的臉面？」

　　巫首答：「他們不是要族頭去嘛，唐爺不在了，我和族娘大小還算個頭目，我去合適。」

　　大家都附和，說是讓巫首去。唐侯不吭氣，沉思半天才說：「不能讓老人家丟這臉面，要收拾這爛攤子，還是我去。」

　　后羿頭一個阻擋：「不行，不行！你是唐侯，怎麼能做這丟人現眼的事？」

　　皋陶也極力反對：「唐侯不能去。你是沒見狐頭那厲害勁，沒把我噎死算是命大。你可不能去受那窩囊氣！」

　　唐侯緩緩神說：「狐頭有氣應該理解。將心比心，這事如果攔在咱頭上，你們生氣嗎？恐怕火氣比狐頭還要大。」

　　見眾人不再吱聲，他又說：「咱做錯事，認錯，謝罪，人家消掉火兒就沒事了。如果躲躲閃閃，恐怕事情不好了結。」

　　巫首忙接過話頭：「我去，保證對人家賠罪，隊人家洗涮臉面。」

　　「我不是怕你辦不成事，是人家知道這裡擺著個唐侯，以為我拿架子，那樣，你受了氣也不一定能把人領回來。」唐侯說著，瞅瞅身邊的幾

中卷

位：「你們說，是吧？」

幾位都覺得唐侯說得有理，可是真不願意讓他去受這份窩囊氣。唐侯嘿嘿一笑說：「就這麼吧，明日一早我去。」

✦ 46

聽說唐侯要去狐族，族娘一夜沒有合上眼，心裡鬧騰得不是滋味。皋陶去狐族，人家嚷嚷罵罵的，弄得很沒臉面。這唐侯還能看到人家的好臉色？皋陶是個小民，受就受點氣吧！唐侯可不是一般人，是大王的兒子，也去受這份窩囊氣圖個啥？想到這裡，她更為內疚。唐侯初來時，她和不少族人都執個歪理。唐族是唐人的，唐人管就行，來個外姓頭目做什麼？各人的手臂都朝裡彎，他唐侯還能例外。他要是和族人有了二心，眾人的日子還能過好？她和那些人一樣斜著眼珠子瞅著他唐侯怎麼個行事。可如今，再沒一個族人這麼想，唐侯是一個心眼興旺大家的光景哩！

族娘睡不著，還因為唐侯救下她兒子的命。那日木殖割掉且承的頭，心疼死唐爺，也掃掉祭神的攤子。知道了情由，族人暴跳生怒，要扒木殖的皮，還要抽他的筋。就連一向溫和的巫首也指罵木殖，恨得像要咬他一口。多虧唐侯，他派人拉走木殖，才向眾人懇求說：木殖獵頭是唐爺讓去的，他一個護堡的小頭怎麼能不聽族頭的話？再說，孰能知道且承會去？天色昏暗，怎麼就分得清義仲和且承。木殖是有過失，可是順蔓摸瓜過失不在他這裡。唐侯說得不急不慢，話語不多，卻打消不少人的火氣，就連皋陶鼓圓的那肚子氣也塌癟下去。

就這麼，木殖逃過一劫。

逃是逃過了，卻嚇得木殖痴痴呆呆。風波過去好幾日，他才醒過神來，族人沒要他的命就很幸運，他怎麼還好意思當那個門頭。他去找唐侯

第十二章　認錯

說不幹啦，唐侯不准許，還幫他打氣：「你還是為咱領起頭，守好堡門。」

這些事族人都看在眼裡，唐侯是個公道人，沒有因為木殖跟著唐爺害義仲就記恨他。當然，最感激唐侯的還是族娘，她教說兒子要知恩圖報，把堡門守好。孰料，這個不爭氣的賊胚子，竟又做下這丟人敗興的事，還要唐侯也跟著看人的臉面。想起來她就煩心，煩得合不上眼，睡不著覺。

族娘早早就坐在堡門口。唐侯一來，她攔住不讓過去。唐侯拉著她的手說：「放心吧，他們吃不了我。」

族娘憂心地說：「別說吃了你，就是給你難看我也不好受啊！」

唐侯笑著說：「人家不會有意為難咱，妳放心，我們會好好地回來，還要把木殖帶回來。」

族娘拽緊唐侯的手不放，送行的巫首、后羿都上前勸說，將她扶回堡裡。唐侯和皋陶帶著兩名堡衛走下陡坡，加快了腳步。

唐侯一行沿著澮溪下行，在水邊的小徑上彎轉著。溪水相伴著他們彎轉，轉得輕靈歡快，如同在嘩嘩啦啦地唱著小曲。唐侯和皋陶心事重重，孰也不說話，都在思索狐頭會怎樣發難，該如何對付。

往前走一程，山靠後去，地開闊了，又一道溪水從右面流來，這是嘉溪。他們彎轉到嘉溪邊上，逆流朝裡走去。向前是上坡，走得很是費力。這費力的山徑還有不近的一程，他們緊步趕路，走沒多遠卻被人攔住。攔道是個後生，站在坡徑當中問：「來人有沒有唐族的頭？」

皋陶答道：「有，是去見狐頭的。」

後生看上去歲數不小了，個頭卻很低，像個十來歲的小仔。若不仔細看他的面相，孰也不敢把他當成大人。狐族人叫他老童。老童說：「要見我們族頭，你們要聽我的話。」

皋陶奇怪地問：「聽你什麼話？你是啥人？」

「我是狐頭派來的，狐頭交代，要是聽話他才見你們。」老童答道。

■ 中卷 ■

　　皋陶性情犯急，催問：「聽你什麼話？」
　　「話不多，就一句。」後生故意停一下才說：「你們必須低頭求見狐頭。」
　　皋陶看一眼唐侯，煩躁地說：「你這不是有意刁難我們嗎？見到狐頭再說。」
　　老童卻不急不躁地說：「要是不依我的話，恐怕你們見不到狐頭。」
　　唐侯怕皋陶犯急，接口說：「你這話我們可以聽，也可以不聽。」
　　老童盯住唐侯，不知他說的是啥意思。唐侯笑著對他說：
　　「說聽你這話，是因為我們來認罪，打的就是這主意，這話和我們的心思相投。說不聽，是我們就這麼想的，和不聽一樣。」
　　老童怔一下明白了，喜喜地說：「這麼說，你是聽啦？」
　　唐侯仍舊笑著點點頭。一旁的皋陶已沉不住氣，指指唐侯對老童說：「這是族頭，也是唐侯，你別瞎鬧。」
　　見皋陶犯急唐侯制止他：「莫急，莫氣，咱來狐族認罪，一切聽人家的。」
　　「咱向狐頭認罪可以，怎麼能由他……擺布呢！」皋陶真有些動氣，差一點說出「由他這個小人擺布。」
　　「木殖傷的不是族頭一人的臉面，也包括這個聯手，咱都應該認罪。」唐侯勸說皋陶，回頭對老童說：「我們聽你的，你說怎麼辦？」
　　老童眨眨眼，笑著說：「怎麼辦？那就跟我走吧！」
　　老童前行，唐侯他們緊緊相隨。轉過一道灣，老童彎出山徑，下到溪邊，說：「挽褲子。」
　　說著，他一挽褲腿大步往水裡走去。皋陶驚疑地問：「不對吧？往常我們從不走這裡。」
　　老童嘻嘻一笑，說：「聽我的，沒錯。」
　　皋陶還猶豫，唐侯已挽起褲子跳進溪水。上了岸，老童彎腰往樹林裡

一鑽,沒了影子。只聽見綠蔭裡頭在叫:「來吧,快些走!」

皋陶無奈地一蹬腳,站住不動。唐侯推他一把,彎下腰向裡鑽去。這裡不像有人走過,樹木的枝條蓬蓬夆夆,一不小心就會縈在臉上。兩個堡衛鑽上前來幫助扶起枝條,皋陶止不住嘟囔:「咱被這小子日哄啦!」

唐侯勸他說:「為什麼人家哄咱不哄別人,還不是咱做了錯事嘛!咱理虧,少說些氣話。」

皋陶不再抱怨,撥開枝條鑽過去,又讓唐侯跟著去鑽。那矮個子老童鑽得比兔子還快,晃徘徊悠跑出去老遠。時不時回頭吆喝,來,快跟上!唐侯他們緊隨著不敢鬆氣,只怕落遠迷路。鑽得正緊,忽然眼前豁亮,猛抬頭已鑽出林地。老童坐在樹邊等著他們呢!

皋陶站在樹邊一看,不遠處就是高高低低的土崖,崖下有一個個坑窪,坑窪處不就是洞舍嗎?他問:「這不就是狐族嗎?」

「是啊!」老童點點頭。

「這麼近?」皋陶問。

老童又點點頭,反問他:「彎彎腰,低低頭,不吃虧吧?」

皋陶沒有回答他,對唐侯說:「昨日我沿山轉溜了大半圈,今兒個真省腿。」

剛才的氣惱沒有了,皋陶和唐侯說著走著,很快來到狐族堡邊。這時,先跑進堡去的老童已將族頭喚來。狐頭見到唐侯,說:「真是難為唐侯,怎麼能讓你來呢?來個頭目就行啦!」

唐侯欠欠身說:「實在對不住,是我沒有把唐族管好,都是我的罪過。」

這狐頭是個機敏人,立即接口說:「哪裡,你去唐族沒多少日子,哪能是你的過錯?」

話說得圓滑動聽,事情也辦得圓滑老道。就說今兒這事吧,還不是他狐頭的心計呀。昨日皋陶走後他就思謀,若是別的頭目來,他還能歪鼻子

中卷

瞪眼耍耍脾氣。可要是唐侯來，他就不敢再放肆。唐侯是大王的兒子，得罪他不是得罪大王嗎？得罪了大王還有好果子吃？不能為了一時痛快，為自家找麻煩。只是不出這口氣，又憋悶得心慌。兩眼一忽閃，就忽閃出個讓他低頭來見的點子。嘿嘿，不見我的面，就把你擺治服帖啦！你要是不明理，想找碴，還真抓不住把柄。我不過是開個玩笑，給你領條近道嘛！真見了面，我才不為難你哩！

唐侯待人實誠，見狐頭這麼熱情，一點兒也不計前嫌，感動地說：「我給你們賠個不是，將人領回去，好好管教。」

狐領袖著他們走進住窟，說：「哪裡敢讓你賠不是呢！人，我這就放。只是，黎族那裡咬住我們不放，你得給我們解個圍。」

話裡有話，唐侯聽出來了。這事在狐族不算完，他還得去黎族看人家的臉色。就聽狐頭對他的手下人說：「你去領他們帶人，吃過東西再讓他們回去。」

唐侯和皋陶站起身，說：「我們一塊去！」

狐頭拉他倆坐下，說：「哪能呢，唐侯來了，我們一起進餐，再去黎族。」

兩個堡衛去領木殖，唐侯和狐頭說些閒話，就有人擺上吃食。肚子還真餓了，唐侯探頭往外一看，日頭已掛在當頂。

✦ 47

木殖垂頭喪氣地走進葫蘆口，朝家窟走去。

娘住在唐堡的西北角上，這裡地勢不算最高，可接連下了幾個大坡，就把那個向陽的大窟掛在高處。不是唐爺要將她安頓在這裡，是族裡有規矩，這小仔成人是個大事，擱在頭頂才合乎情理。就在這個高高的窟裡，

多少懵懂羞澀的男子在她的調理下變成了真正的漢子。族人沒有一個不敬著他娘呀！木殖一瘸一拐地走著，越近家窟心事越重。

他怎麼也不會想到能把事情弄到這麼個地步。他見唐侯為眾人的吃食犯愁，就生出這麼個主意。原以為偷回來悄悄放在門窟，等春荒緊時把粟穀往出一送，就說是他們省下的吃食，唐侯肯定會喜出望外。這麼著他不就不聲不響報了恩嘛！哪會想到掏麻雀還真掏出個蛇，咬傷他不說，還張著嘴咬唐侯哩！他真後悔，悔得直想跳崖找死。堡衛說，他娘幾宵未闔眼，整日為他提著心。他這才怯怯地活回來，怯怯地來見老娘。

木殖進窟，叫一聲娘，頭不敢再抬，呆呆地站著，這哪裡像個五大三粗的男子，倒像個尚未成人的毛頭小仔。娘伸出手指戳著他的頭，說：「你還有臉見我？」

木殖沮喪地說：「兒子沒臉。」

「你沒也罷，把老娘的臉也丟盡啦！」娘說著更加生氣：「我不知道作下幾輩子的孽，怎麼生下你這麼個惹事精！」

木殖連聲認錯：「是兒子的過錯，兒子不對，娘，妳就打我吧！只要妳不生氣，我怎麼著都行！」

娘的火氣未消，就聽外頭腳步響動，是巫首來了，進門就問：「你回來了，唐侯呢？」

木殖還沒回答，腳步又響，后羿進來了。見到木殖也問：「唐侯呢？」

木殖吞吞吐吐地說：「唐侯還在狐族……」

「他怎麼不和你一起回來？」后羿追問。

「人家還要叫他去黎族認錯。」木殖不得不實話相告。

「哼！這不是明擺著要傷唐侯的臉面嘛！」后羿急得漲紅了臉。

巫首也說：「可不是嘛！我早就料到是這樣。我說我去，他非去不可，唉！」

「咳，我這就去，看他們敢把唐侯怎麼樣！」后羿急得跺腳，說著轉身要走。巫首近前攔住說：

「別急，不要再急出事來。那邊有皋陶陪著，料他不會傷害唐侯。」

后羿大聲說：「別說傷著唐侯，就是傷臉面咱都不情願！」

族娘更加生氣，指畫著木殖說：「聽聽，你闖的這禍小嗎？你丟人，族人、唐侯都跟著你丟人！」

木殖低下頭不敢再吭一聲。娘對巫首說：「你們把他帶走，他犯了族規，不要輕饒他。」

巫首來時心裡還謀算著，木殖這事往下可怎麼辦？對於別人那好說，按族規辦事，該怎麼處就怎麼處。可木殖他娘是人人高看的族娘，要懲治他還真有些棘手。族娘這麼一說他很感動：「族娘，族人都像妳這麼明理就好啦！是得處罰他，怎麼罰，等唐侯回來再說。」

二人帶走了木殖。

✦ 48

木殖偷糧的事弄得唐族的人心裡彆彆扭扭的，吃食沒弄下，還丟人現眼，這可圖個啥？最為不該的是讓唐侯去領人，讓他去看別人的眉高眼低。為這事兒，老老少少都窩著一股火，都等唐侯回來好好懲治木殖。

族人盼唐侯早點回來，唐侯沒有回來，放齊卻從王垣趕回唐族。

別看放齊一路勞頓，走得渾身睏乏，精神頭可大呢！臉上掛著少見的笑顏，一看就清楚這笑是從心裡頭笑出來的。人得喜氣精神爽，這架勢明擺著是遇到了少見的喜事。

巫首和后羿關住木殖正碰上喜眉笑眼回來的放齊。巫首想問他有什麼好事，沒來得及張口，被后羿搶了先。后羿一問，放齊更是喜上眉梢，整

第十二章　認錯

個臉上沒有一處不是笑容，他不直說，故意繞個彎子：「是有喜事，你們猜猜，看是啥喜事？」

「大王誇說咱唐族啦？」后羿搶著問。

「不是──」放齊拖著尾音說。

「大王給咱吃食啦？」巫首猜得更實在。

「不是──」放齊又放一聲長調，說：「再猜，猜吧！」

后羿犯急，連聲催他快說，巫首也催說，放齊才告訴他們：「你們猜不著吧！是咱唐侯的大事。」

「唐侯有什麼好事？」倆人急切地催問。

放齊神祕地說：「哈呀！這事可好啦，大王要讓咱唐侯繼位當王。」

「好啊！」巫首和后羿異口同聲地叫好。

看著倆人臉上都放射出罕見的喜色，放齊好不興奮。他繪聲繪色講怎麼見到大王，怎麼談起唐侯，大王怎麼誇讚讓唐侯治理天下最合適；他是怎麼告說唐侯的氣度，大王又是怎麼要他好好幫扶唐侯；他如何慷慨應諾，大王又如何和他一起進膳……一席話說得如澮溪出山，跌跌宕宕，卻又順順暢暢。聽得二位點點頭，再點點頭，高興啊！是啊，水漲筏高，唐侯若是當上大王，他們都會有頭臉，起碼也有好日子過啦！

三人美美快樂一氣。樂呵過，放齊才問：「唐侯呢？」

一句話問起二位的愁緒，憂憂地說出那麻煩事。巫首和后羿你一言，他一語，說過無不掃興地瞅著放齊。放齊沉默一會兒，說：「這事別太在意。當下要緊的是把族裡搞好，讓大王放心。只要不給大王添煩惹事，就是幫扶唐侯。」

聽到這裡，巫首忙問放齊：「你把咱族缺少吃食的事告訴大王啦？」

「哪能呢！」放齊降低嗓音，似乎高聲一點大王就會聽見：「那我不變成給唐侯幫倒忙的木殖啦？這關頭千萬不能開這口。要是說了，不等於說

177

唐侯不行，還要拖累大王？那大王還會讓他繼位嗎？不會，根本不再可能。」

是這麼個理，倆人都誇讚放齊頭顱靈活，會辦事情。只是沒粟吃族人就會混亂，唐族的吃食從哪裡來？再過數日才能種粟禾，要等收下，還有不少日子，族人怎麼能熬過去？說來說去，這沒吃的可是個天大的難事。不過，三人是同一個意思，不管再難都不能再向大王借粟，要苦撐過去。

放齊盯著后羿說：「我是個吃才，你是個幹才，你說怎麼辦？」

巫首聽放齊這麼一說，也眼巴巴瞅著后羿，像是要從他身上瞅出個好點子。

后羿見他倆的眼睛長了鉤，要從他身上鉤出個妙法，就說：「別這麼看我，我又不是天神，能有什麼靈驗辦法。若說點子嘛，也不是沒有，就是不知道能不能使喚？」

放齊催問：「什麼點子，你快說？」

后羿對他們說，除過借粟，就是打獵，再沒有什麼好辦法。如今，這借粟明擺著不行，就只剩下打獵這一條道。他一說，巫首猶豫地接口：「可眼下已該禁獵，不能再捕獸射鳥。」

沒等后羿反駁，放齊就說：「人常說，靠山吃山。你說，我們不吃山裡頭這些禽獸，吃啥？」

巫首實誠地回答放齊：「靠山吃山，沒錯。可是還有話，吃山養山。先人不讓暖日打獵，明擺著是眼下獸要生崽，鳥要下蛋，那崽和蛋就是大夥兒日後的吃食呀！」

放齊點點頭，后羿跟著也點頭，巫首的話完全在理。可是，如果按常理去辦，族人怎麼也熬不過這麼多日子啊！放齊嘆口氣，說：「這是沒有法子的法子呀！」

巫首苦笑著說：「這日子真難熬呀！」

第十二章　認錯

　　后羿沉默一會兒才說:「要不這麼辦吧!咱不在近處打獵,我帶些獵手,到遠處去,每日派人送回幾隻活獸接濟大家。」

　　一時沒有別的辦法,只好這麼。后羿見他們沒反駁,就說:「那就這樣,活人總不能讓尿憋死。我先讓獵手準備,唐侯回來只要不攔擋,立即就走。」

　　若是就這麼辦也罷,孰料后羿性子一急又給唐侯惹出麻煩。

■ 中卷 ■

第十三章　割髮

✦ 49

　　唐侯和皋陶隨狐頭一塊來到黎族。

　　見到黎頭䀛，狐頭就嘻嘻笑著說：「看我給你把孰領來啦？」

　　䀛看看唐侯，又看看皋陶，一個都不認識，就問：「孰呀？」

　　狐頭得意地對他說，這是唐侯。䀛趕緊過來拉拉唐侯的手，恭敬地說：「哦，唐侯來啦！」

　　側過臉，䀛埋怨狐頭：「我是想見唐侯，那應該去唐族，怎麼能讓他到我這小族裡來呢？」

　　唐侯連忙接口說：「我今兒可不是來走訪，是來賠罪的。唐族人偷了你們的吃食，還賴人家狐族，實在對不起你們。」

　　䀛怔了怔，說：「哎呀，這事還勞你呀，讓手下人說清就行啦！」

　　皋陶插話說：「我們不讓唐侯來，他偏要來。」

　　「不來怎麼行！」唐侯實心實意地說：「這可不是小事，他們偷盜你族的東西，還髒汙狐族的名聲，我不來怎麼也說不過去。」

　　狐頭急於洗涮自家的臉面，搶過話對䀛說：「看，這事不是我們族人做的吧！」

　　「哦，是我錯怪了你們。」䀛說。

　　唐侯自責地對䀛說：「一切都錯在我們族裡，是我的錯，你看少了多少粟穀，我們如數給賠。」

　　䀛推脫不要，唐侯執意要賠。䀛說，就算是我們對唐族的一點補幫。唐侯說，那可不行。這送的和偷的是兩回事，如果不歸還這粟穀，那就把

第十三章 割髮

族人慣壞了。見唐侯態度中肯，眈也就不再推脫，當下說定要賠的粟穀數。閒話幾句唐侯帶著皋陶要走，眈告訴他孺王前來巡訪，你們兄弟正好見個面。

「孺王？」唐侯聽得納悶。

眈忙解釋，孺王就是摯啊！前些日，大王才將摯封為孺王，代替他巡視天下。唐侯聞知好不高興，有幾載不見了，沒想能在這裡見到兄長。他便坐下等待，和他們說些族事。不一會兒，有人進來傳話，孺王回來了。

按正常行程，孺王早該到別的族寨去巡視。只因地官黎好久沒回族堡，想走走看看才多住幾日。孺王呢，出宮後一路緊行，身體勞累，正好趁機歇歇乏，緩緩勁。今兒地官黎去南山轉悠，孺王歇過幾日不甚疲累，便相隨去轉悠。

聽說兄長回來，唐侯喜出望外，三腳兩步跑跳出去，就蹦到孺王面前。孺王看見唐侯，竟一時沒認出來。唐侯叫他兄長，他還疑惑：這是孰諾？地官黎也被這歡笑蹦跳的男子弄懵了。皋陶匆忙上前一步說：「他是唐侯啊！」

「哦，放勛小弟呀！不敢認，不敢認。」孺王親熱地拉住唐侯說：「幾載不見，你長得好高。當初去陶族時你沒我高，今兒個我卻要仰著頭看你。」

唐侯不好意思地說：「我是傻竄，只長個子，不長心眼。」

地官黎看看唐侯也連聲說，是長高了。眈見他們親切地說個沒完，就讓他們回棚屋細談。進到屋裡，孺王看見狐頭，就說：「咦，你怎麼又來啦？」

狐頭眼放亮光，激動地說：「孺王你真神呀！我按你的法子往各族一傳話，立即就找到偷粟的族堡啦！」

孺王按住喜悅，故意問：「真的？」

181

「真的。」狐頭忽閃著眼睛討好孺王:「真的,孺王真神,早有孺王指點,我兩族哪裡會瞪著眼窩爭吵呢!」

孺王聽得滿臉放光,得意地說:「哪族的?把那族頭給我喚來!」

狐頭猛然呆住,眼光瞥瞥唐侯實在不知該怎麼說。唐侯低下頭接過話茬:「兄長,是唐族偷的,我就是來賠罪的。」

「你?」孺王驚疑看著唐侯。唐侯紅著臉說:「是我們族偷的,是我的過錯。」

孺王眼光一閃,驚疑散去,換上滿臉的怨氣。他怒怒地問狐頭:「是你把唐侯帶來的?」

狐頭不敢含糊:「是,是我……」

「你好大的膽子!竟敢讓唐侯賠罪!」孺王喝斥道。

狐頭低聲申辯:「是孺王的法子靈驗,我找到就領來啦……」

孺王氣呼呼地打斷他的話,厲聲喝道:「哼,你還無賴我!你說,我讓你帶唐侯嗎?」

狐頭慌忙認錯:「沒有,沒有,是草民的不對!」

孺王發這麼大的火氣,地官黎、黎頭眈和在場的人沒有一個會料到。是啊,這狐頭說得句句是實話,找賊族是按孺王的主意行事,帶來是為他們洗涮汙點,還狐族個清白呀!地官黎上前勸解:「孺王別生氣,慢慢說。」

孺王不理不睬,仍然火冒竄天地訓斥狐頭:「你說,你安的是啥心?唐侯是我孺王的小弟你不知道?你欺弄唐侯就是欺弄我孺王!」

孺王這話一出口,狐頭撲通跪在地上,磕著頭說:「草民不敢,再給草民幾個膽也不敢!」

這也沒消散孺王的火氣,他接著喝斥:「你明明知道我在這裡巡視,卻把唐侯帶來羞辱,你這不是有意欺弄我孺王嗎?」

第十三章　割髮

狐頭嚇得直哆嗦，拖著哭腔說：「草民不對，可絕沒有欺弄孺王的意思！」

孺王不依不饒，大聲喝道：「拖出去，扔進山溝餵狼！」

「啊——」狐頭一下癱倒在地。

屋裡的人都驚呆了，就是狐頭有過錯，責罰一頓讓他長個記性不就行啦？何至於餵狼呢！地官黎驚得不知所措！他在大王身邊這麼多載也沒見過這種事。大王是個血性漢子，確實殺過不少人，可因為這點小事草菅人命還沒有。他想上前阻止，又怕損傷孺王的臉面，連忙打圓場說：「拉出去，先關起來！」

唐侯在一旁站立不安，他早要攔擋，可兄長暴跳發火他插不上話。見狐頭被拖出去，他趕緊說：「兄長，這事是我的過錯，不怨狐頭。」

「你有過錯也不該帶到這裡來，這不是有意打我的臉嗎？」孺王的火氣還是不小。

唐侯趕緊解釋：「不是他讓我來，是我要來的。我的族人犯了罪，還賴在人家身上，我不來解不開他們兩族的疙瘩。」

孺王歪頭看他一眼，說：「你是侯，不是族頭，清楚嗎？」

「我清楚，可唐族一時沒有頭人，我就是頭呀！」唐侯解釋道。

孺王指著皋陶說：「他是什麼人？」

「他是唐族的理正。」唐侯答。

「這麼個事，他來滿可以啦！小弟，你可不能不顧咱這王家的臉面。你丟臉，我給咱補上，今兒個就讓他看看咱王家的厲害！」孺王堅決地說。

唐侯見兄長仍然不鬆口，繼續求說：「兄長，是小弟不對。小弟只想族事，沒有像兄長那樣想到王家。禍根在我這裡，不是狐頭的錯。若是把他處死，我的罪更大啦！」

■ 中卷 ■

　　孺王看唐侯一眼，不免有些奇怪：「咦，還有把別人的臭屎往自個臉上抹的。」

　　「不是小弟把別人的屎對自個抹，是自個的屁股沒擦淨。你要處罰，就處罰我吧！」唐侯懇求道。

　　「好啦，不說這敗興的事了。咱兄弟好久不見，說點開心的話。」孺王顯然有點煩躁。

　　地官黎也覺得這麼僵持不是辦法，一個要放人，一個不放，倆人撐著勁都難退坡。緩緩勁，或許孺王會有些鬆動。他便勸唐侯：「孺王說的是，你兄弟相見該說說心理話兒，先把這事擱到一邊。」

　　唐侯點點頭問：「兄長，父王可好？」

　　孺王答道：「好，身體壯得和先前一樣，就是年歲大啦，不願多跑路，才派我代他出巡。」

　　「父王健壯就好！」唐侯動情地說：「父王操勞天下大事，真擔心他累傷身子。可惜，小弟愚笨不能為父王分擔些憂慮……唉……」

　　唐侯說著連聲嘆息。孺王即問：「小弟何必這麼憂傷？」

　　「你看，父王要我去唐族當侯，我沒把族裡治好，族人偷盜人家的粟穀不說，還栽贓給狐族，實在有負父望啊！」唐侯真心地自責。

　　孺王讓他寬心：「不要這麼難受，你剛去嗎。」

　　「我真怕力不從心，對不起父王。」唐侯把內心話流露出來。

　　「不會的，聽說陶族你就治得很好嘛！別急，慢慢來。」孺王為唐侯鼓勁。

　　「我是想不急，可有些事不急不行！」唐侯說著眼巴巴瞅著孺王。

　　孺王說：「有啥事就這麼著急？」

　　唐侯趕緊說：「就說今兒這事吧，還不是我惹下的禍？你要真處死狐頭，那我怎麼還有臉見人？」

「唔，小弟你又繞回來啦。」孺王一怔，哈呀，數載不見，真不知道小弟這麼執拗，要他放下的事，他偏偏摟在懷裡不放。轉念一想，那就看他要怎麼吧？挑逗地說：「我要不放他，你又能怎麼？」

說出這話，他緊緊盯著唐侯。只見唐侯咬咬牙說：「狐頭是為我去死的，我怎麼忍心他一個人這麼死，兄長讓我去陪他吧！」

孺王見小弟鑽進牛角尖，就繼續撩逗說：「那我這就派人將他押到南山去！」

「兄長，請准許我一塊隨他餵狼！」唐侯毫不遲疑地說。

「嘿嘿嘿！好我的小弟，我怎麼忍心讓你去餵狼。好吧，我就依你，把狐頭放了。」

回頭就吩咐把狐頭帶來。轉臉間，狐頭戰戰兢兢進來，兩腿潰溼，一看就知道嚇得尿了。孺王劈頭就問：「你可知罪？」

「知罪，知罪。」狐頭跪在地上連連磕頭。

「念及你是初犯，孺王我寬饒你，若是再有罪過，咱新過老罪一塊了結。」

孺王訓斥著，狐頭不住點頭說是。訓完，狐頭灰溜溜走了。唐侯這才稍稍出口氣，有了和兄長拉話的心思。他們滔滔不絕地說著，吃食端上來，仍然說個不夠。夜裡就在一個屋裡歇息，躺下還說個不停⋯⋯

✦ 50

見過兄長，第二日唐侯就要回唐族，兄長一再挽留他才多住了幾日。

是日，唐侯同皋陶回返，兄長、地官黎和眈將他們送出堡門。走出黎族堡，唐侯頓覺天地開闊，風景特好。木殖惹下的禍事化解了，走在山徑上唐侯全身輕鬆。來時也是這山徑，可走得很累，不知柳綠，不見花紅。

此時滿眼是青嫩的新綠，早開的花兒散點在坡谷，真是難得的好景緻。

回到族堡，唐侯見到盼望多日的放齊更是高興。放齊比他還興奮，興奮地告訴他拜見大王的情形。說到大王的身體狀況，唐侯說，在黎族堡見到兄長摯，得知父王還挺硬朗。放齊便將探望姑母慶都的情況說給他聽，聞知娘也安康，唐侯臉放紅光，他說：「孩兒不能行孝，幸有天神保佑二位大人。」

放齊談得最多的是大王占卜挑選繼位人的事。唐侯不免納悶，兄長和他滔滔不絕說了那麼多事，家事、族事、天下事幾乎沒有不說的，為什麼就不說這至關重要的占卜？為什麼只說父王封他為孺王？這不等於告說他就要繼位當王嗎？從內心說，在兄弟當中自個年歲最小，根本沒有要當王的心思。可是看得出兄長是有些小心眼，提防他呢！他沒有插話，靜靜聽放齊講說。放齊講得眉飛色舞，尤其說到大王有意選唐侯繼位更是繪聲繪色。聽那口氣，唐侯當王好像是十拿九穩的事情。只要唐族不出大的亂子，大王就會這麼定奪。說到這裡，放齊笑嘻嘻地說：「大王要我好好幫扶你，不要出錯。」

唐侯對他說，兄長摯已經被封為孺王，接替父王那是順事，咱就不要再插一楔子。放齊立即打斷他，說：「這你就不知道了，大王說他太精明，不大放心。」

想想兄長對狐功的那個樣子，唐侯覺得是有些不對勁。尤其是聽地官黎說，讓狐功找到偷粟的族人帶來謝罪是他的主意，就更有些怪味。父王說兄長太精明，很有道理。父王看得清楚明白，不愧為父王。不過，要讓他當王，還要跳過兄長去當王，他覺得這不合情理。如今，兄長已經擺好當大王的架勢，若是當不上，那對他的打擊就太大啦！他是小弟，怎麼能傷害兄長呢？他告訴放齊，此事不要再聲張。

放齊沒能領會唐侯的心意，他以為唐侯不願意張揚這事，是怕傳開去

■ 第十三章　割髮 ■

弄得眾人都知道，萬一要是當不上那可太丟人。他暗暗佩服這位小弟越來越有心眼。放齊主意更加堅定，決心要把唐侯推舉到王位上去。正這麼謀劃，就聽唐侯問他借粟的情況。他早想好了搪塞的法子，還沒張口族娘卻顫顫抖抖走進來。一進窟，就湊近唐侯直瞅他的臉，說：「讓我瞧瞧，看，瘦了吧！還不是我那個賊胚子惹的禍？這回不要輕饒他。」

她身後跟著很多人，都是趕來看唐侯的。族娘剛說完，皋陶就說：「這回虧得唐侯去，人家狐族的氣大著呢！要我們低頭認罪。我長這麼大都沒受過這種氣，可唐侯沉得住氣，一點都不和他們計較。他們消了氣，咱這禍事才過去！」

族娘聽皋陶這麼一說，更為生氣：「看看，我就知道唐侯受了屈，千萬別放過木殖那個賊胚子，你就是殺他剮他，我都不眨眼窩。」

眾人都應和說：「是不能輕饒他。」

皋陶氣憤地說：「這禍事是不小，要不懲治族裡就會亂套。」

皋陶這話有道理，是該懲治，要不今兒這個去偷，明日那個去搶，這唐族不擾得鄰近的族都難寧嘛！唐侯問皋陶：「你是理正，你看如何懲治？」

「這要先看看天神的旨意。」皋陶將目光投向巫首。

巫首對這事早有準備。那日木殖一回到族堡，他便上香祭神看如何懲罰為好。幾日過去，日頭仍豔紅，天色仍湛藍，有風，也是溫和的微風。從天示神像看，木殖這禍只惹怒地上的凡人，沒有衝撞到天上的神靈。他說：「天神沒有動怒，就按族規辦吧！」

唐侯問皋陶：「那你說，按族規該怎麼懲治？」

皋陶順口回答：「族裡早有規矩，偷族人斷手，偷外族割頭！」

一聽說割頭，唐侯覺得有些冒失。暗自埋怨和皋陶同行一路，為什麼就沒有合計如何處治木殖？為什麼連族規都不問一聲？他沒有定點，暗自

187

■ 中卷 ■

思索該如何辦？是該懲治木殖，但懲治就割頭，就殺人，這麼做他真下不去手。

看他猶豫不決，族娘就說：「這娃早該死，獵且承的頭，氣死唐爺，沒有殺他，已夠他便宜了。這回就割他的頭！」

唐侯還是沒有說話，他將目光投向巫首，說：「你看呢？」

「要說他闖的禍，是該殺。」巫首說。

放齊推波助瀾，勸唐侯早下決心：「該殺，就殺吧！」

話說到這裡族娘早已站不住，她搖晃一下，差點倒在地上。唐侯看她臉色蠟黃，一點兒血色都沒有，慌忙上前扶住她。他明白老人的意思，讓殺木殖是她明理。可是，木殖再不爭氣也是她身上掉下的肉。天下當娘的哪個不心疼？殺木殖，等於把她也一起殺啦！唐侯真是下不去手。不下手，又如何收這場？你看那一雙雙眼睛，皋陶、放齊……以及他們身後的那麼多人，哪個不撲閃著殺氣？他難道和這些人都擰勁，那不就眾叛親離嗎？不這麼，又該怎麼？他心緒煩亂，主意難定。好在，巫首眼中現出不同顏色，唐侯忙問：「你還有什麼要說嗎？」

巫首嘆口氣說：「木殖犯的這罪，從族規看是斷頭罪。可是，他偷粟為孰呀？為他？為他娘？不是，都不是，是為族人啊！偷不能說對，只是這偷和那偷不一樣。」

巫首這麼一說，皋陶猛然醒悟，他說：「我想起來了，族規上那斷頭罪是說給自家偷吃的，偷東西，可木殖不是為自家偷，用斷頭罪懲治他就有些過重。」

哦——唐侯稍稍長出一口氣，再看眾人，還有怒氣，卻不再那麼氣盛。他又問：「那該怎麼懲治？」

眾人緊隨唐侯追問：「總不能就白白放過他吧？」

是不能就白白放過他，可是怎麼處罰為好，皋陶還真沒有主意。他正

考慮，就聽巫首說：「當然不能白白放過他，他頭上躲不過一刀——」

這一刀巫首說得很輕，可唐侯頓時領悟了。他明白這一刀不是殺頭，而是割掉頭髮。當初羲仲從懸石頂祭天回來受罰，他曾想到用這刑法，不過唐爺提出的是刖足，他就改為穿黑鞋。頭髮是人從娘胎裡帶來的，那是先祖對頭顱的遮蔽，割掉雖然死不了人，卻等於將這人的祖宗根脈給砍掉，無疑是很重的懲罰。沒等巫首說出這話，他脫口而出：「你是說割掉他的頭髮？」

「是這意思，你定吧！」巫首點點頭。

唐侯用目光又掃眾人一圈，見眼睛中現出溫色，就明白這處罰能夠行通。他瞅皋陶一眼，問他：「你看行不行？」

皋陶說：「是不能輕饒他，就割他的頭髮。」

唐侯還是沒有定點，問大夥：「你們看這樣行不行？」

眾人點頭說行，皋陶說：「那就這麼辦。」

不一會兒，族人都被喚到祭壇前。平日空蕩蕩的場地上，這會兒人擠得滿滿的，你一言，他一語，議論著木殖的罪過。突然，喧嚷的人們靜悄下來，一個個伸長脖子往前瞅。就見木殖被帶到前頭，腳未立穩，即向大夥兒拱手，沒有開口便紅了眼，他低沉地說：「我對不住族親們，讓大家丟臉了，我認罪。」

他的話剛說完，皋陶就說：「木殖的話大家都聽到了吧！他犯的罪不輕，偷盜黎族堡，按族規偷外族應該割頭，可是，這小子不是為自家偷人，是給族人去偷吃的。不管怎麼說，偷就是罪過，這也不能輕饒，我們就把他的頭髮割掉！」

族人聽得囁息息的，不少小仔吐舌頭，摸頭顱，有的直縮脖子，好像皋陶手裡的石刀會割到他的頭上。還有的娘親指著年幼的仔子嚷：「再惹禍，當心把你的頭髮割掉！」

189

皋陶請唐侯給族人說話，唐侯說，沒啥多說的，皋陶說得很對，以後大家不要違犯族規。說完一擺手，皋陶挨近木殖，一手握住石刀，一手揪住他的頭髮，使勁一劈，只聽「嗤——嗤——」的響聲，長長的頭髮一綹一綹被割斷，頂上只剩下拇指長的短髮，那樣子活像個夯毛的怪獸。

✦ 51

施過刑，眾人散去木殖沒有走。他內疚地對唐侯說：「我惹下這麼大的禍，連累了你們，無臉再當這個門頭。」

是這麼個理，那麼，讓孰頂替他呢？唐侯問皋陶，皋陶說讓槁摯做吧。巫首、族娘也說槁摯行，唐侯就決定由槁摯來做。他又囑咐木殖：「知過要改，你還在衛隊吧，幫槁摯把堡衛帶好，不要再惹禍事！」

木殖應聲，去了。

唐侯他們剛回到窟中，羲仲腳跟腳進來。踩著他的腳跟一塊來的還有唐禾、和仲。看上去羲仲稍微有點胖，披散的頭髮不再覆在顴骨上，而是搭在柔柔的肉上。雖然有點疲憊，精神頭可蠻好。唐侯說他胖了，羲仲朝唐禾努努嘴，意思是全憑她照料。唐禾會心地笑著，笑得很淺。她卻明顯瘦了，圓圓的臉兒塌癟下去，嘴巴微微發尖。

前一陣子真夠唐禾受！哥被射死，大心疼得口鼻崩血，栽死在祭臺前。她驚得神情恍惚，再也哭不出聲來。多虧羲仲整日整日守在身邊問吃問喝，拉話寬心。昏睡過幾天，唐禾才醒來，睜開眼看見羲仲，嘴一咧流出淚水。她沒哭出聲，羲仲卻止不住流淚。唐禾哀傷的樣子讓他心疼呀！他哭著握緊唐禾的手說，妳就哭吧，把心裡的憋屈哭出來。唐禾痴痴地盯著他，眼珠一轉也不轉，猛然張大嘴哭出聲來，哭得天搖地抖，令羲仲心裡打顫，脊背發冷。他真怕唐禾哭出疾患，落下毛病。所幸大哭一場，唐

第十三章　割髮

禾竟然能掙起身走動。

她清醒了！

清醒後的唐禾對羲仲說的第一句話就是：「你快去望日峰吧！」

羲仲說：「妳這樣子我怎麼走得開？」

唐禾抹一把又流出來的淚，掙身走出躺倒多日的洞窟，掩著哀傷陪羲仲一塊去了望日峰。

從那兒以後，唐禾一日一日走出悲傷的陰影，當上羲仲的幫手。伴他與和仲觀日望月，還為他們弄吃弄喝，羲仲也才會有今兒的模樣。唐侯和他們逗趣幾句，即問：「好些日子不露面，今兒來肯定有事吧？」

羲仲說有事，是個大好事。他興奮地告訴唐侯，這回可找到粟禾種不到點上的根由啦，過去總把一載說成十個大日，這肯定不對。唐侯一怔問：「那應該是多少個？」

「是多少我還沒有算準，但肯定不是十個。」羲仲毫不猶豫地回答，和仲在一邊幫腔。

「你是怎麼知道的？」唐侯不放心地追問。

唐禾搶著說，他是刻劃出來的。唐侯沒聽明白刻劃的意思，羲仲解釋說，他在石頭上刻劃日月變化已有兩載。去載他就察覺到一載十個長日不對，可是，只刻劃了兩載，他不敢斷定。如今，又過去一載，草木萌生，葉綠花紅，若是按十個長日就對不上位。唐侯聽出門道，問：「這麼說，祖上傳留下的規矩不對啦？」

唐禾快嘴利舌插進來：「是不對！要對，咱那些粟禾就不會被天神殺死！」

羲仲接下去說：「以往不是天殺粟禾，是我們沒種對日子。」

唐侯沒有再說話，沉默片刻才說：「這真是個大事情，先別急著往外說，趕緊搞清楚到底這一載是多少個長日。」

■ 中卷 ■

　　唐侯話說得不急不慢，心裡卻很興奮。說過，就隨他們朝望日峰走去，他要親眼看看義仲刻劃的記號。上得山來到處新嫩，峰頂溝坡葉綠花豔，日頭雖然已經偏西，仍然照得鮮亮顯眼。嘰嘰，啾啾，喳喳……鳥雀的叫聲此起彼伏。義仲指著上飛下竄的鳥要唐侯看，唐侯說：「這不是燕子嘛，有啥稀奇的？」

　　義仲回答：「是燕子，我們都已見慣，不會稀奇。不過，你剛來唐族時見過燕子嗎？」

　　唐侯仔細憶想，是沒見到。這就奇怪，這燕子躲到哪裡去了？見唐侯犯怔，唐禾催義仲快說：「別兜圈子，你就給唐侯直說吧！」

　　義仲笑著說：「這燕子機靈得很，不等天涼就不見啦。飛到哪兒，我還沒弄清楚。只知道天一轉暖，牠們就會露臉。」

　　義仲的話迷住了唐侯，看著燕子，靜靜聽他說。義仲說得興致勃勃：「我留心燕子已有幾載，牠們一來地上就會暖和。過不了幾日，就能種粟禾。」

　　「哦，這麼說燕子還懂天日？」義仲的興致感染了唐侯，他好奇地問。

　　「是啊！」義仲蠻有把握地回答。

　　唐侯操著全族的心，播種是眼下的大事，他早就掛在心上，就問：「這燕子來啦，那你看啥時應該下種？」

　　義仲想想答道：「快啦，不出十日就該能種。」

　　「好啊！這麼說我們以後看燕子下種就行，這可省事多啦！」唐侯掩不住內心的興奮，激動地拍拍義仲。義仲回頭看著唐侯，西斜的日頭映照著他，滿臉飛揚著紅彩。

　　走近望日峰的巖壁，唐侯看直了眼睛，比肩而立的三個崖面都被義仲刻劃上各種道道圈圈。圈圈有大有小，道道有長有短。有的道道上畫著圈圈，有的圈圈邊刻著道道，唐侯看得莫名其妙。唐禾撥打義仲：「快為唐

第十三章　割髮

侯說說。」

義仲手指著小圓圈說：「這就是燕子。你看，前載牠是在這裡來的，去載來時在這裡，今載我將牠畫到了另一邊。我們比比看對嗎？」

唐侯數數那些道道，真是一樣樣的，就誇義仲說得有理。義仲又指著那幾個花朵說：「這是桃花。你看前載在那兒開，去載在這裡，今載又挪到了另一邊。如果按十個長日去看，怎麼也輪轉不回來。」

唐侯看一看，的確如義仲說的那樣，十個長日輪轉不回來，錯了茬口。看來下一步就是要摸準一載是多少個長日？只要摸準，就掌握了一載的輪迴。想到這裡，唐侯心裡一緊，這是個天大的事情，弄不好就是違背祖先的規矩，可是最大的罪過呀！

見唐侯有顧慮，義仲又說出自個的看法。唐侯說：「我不是不相信你們，只是這一載多少長日祖上早有規矩，不是隨便可以變更的，我們把準再往外說。」

義仲、和仲和唐禾都說這麼穩當。眼下要緊的是下種，唐侯再一次問義仲：「十日內下種沒錯吧？」

義仲一點都不含糊地說：「不會錯。」

摸準了天神的脾氣，就該順應，唐侯便對義仲說：「往後族裡種粟的事，你幫木樫幫把手。」

義仲說他的事緊，恐怕忙不過來。唐侯讓和仲幫他多做點。唐禾就說義仲：「別不識抬舉，把你拾到手心裡你還往下滾。」

一句笑話把大家都逗樂了，義仲樂得連聲說不滾，不敢滾。唐侯笑著對唐禾說：「妳別以為妳沒事，義仲的事就是妳的事。」

唐禾故意反問：「他的事就是我的事，那我的事該是孰的事？」

這趣逗得好，唐侯不勝欣喜，唐禾漸漸走出悲痛的陰影。這些日他最放心不下的就是這個精明的女子。他去過不少地方，見過的女子不少，但

是像她這麼精明伶俐的卻少見。大難沒有壓垮她,實在幸運。唐侯側眼一瞥,唐禾正朝羲仲咧嘴媚笑。那笑容別樣燦爛,隱藏著傾心的蜜意。唐侯驀然覺得這倆人真是天生的一對。唔,應該將他倆撮合成一家。剛想開口,覺得離且承、唐爺去世的日子還短,話到唇邊又嚥下去。他將目光投向身旁的一株桃樹,滿枝滿叉都開著花,粉嘟嘟的迷人。唐侯著迷了,自語道:「開了花,還愁不結果嘛!」

唐禾聽見,追問:「唐侯,你說啥呀!」

嘿嘿,哈哈,唐侯自己一樂,對唐禾說:「這可不能告訴妳,到時候妳就會清楚。」

「有什麼好事,還這麼神神鬼鬼的?」唐禾撇撇嘴。

羲仲實誠地說唐禾:「唐侯不說,咱別多問。」

西斜的日頭落得很快,只一忽兒就擱在山梁上,又圓又大,金紅的光色映紅了西天,也映紅了望日峰,峰上的人都被映得全身通紅。

第十四章　借粟

✦ 52

　　喜氣如同山野的花朵，不開就不開，要開就接二連三，成枝成串的。唐侯從望日峰迴到族堡，仍然沉浸在興奮中。屁股剛挨鋪就聽見窟外有響動，抬頭看時木檞已走進窟來。唐侯跳起來，幾步蹦跳過去，一把拉住他說：「可把你盼回來啦！」

　　木檞看看唐侯這舉止，就知道他一定等急了：「我回來遲了，等急了吧？」

　　唐侯趕緊說：「不急，誤不了下種就行。你先說求到種子沒有？」

　　「這你就放心吧，保準夠用！」木檞握著拳說。

　　唐侯蹺起大拇指誇：「你真行！」

　　木檞說：「不是我行，是你料事如神。」

　　此去正如臨行前預料的那樣，各族各寨留下的種子都不多，餘頭有限。因而，他按唐侯的交代多跑了幾個族寨，雖然耽擱了幾日，總算把種子給湊齊了。木檞一五一十地敘說著，忽然眼睛一眨，問唐侯：「你猜我見到孰啦？」

　　「孰諾？快說。」唐侯猜不著，催問。

　　「見到了你二哥。」

　　「棄兄呀？」

　　「就是他。」

　　唐侯更為高興。這位兄長，他只見過一面，還是很小的時候。他的故事可早就知道了。他從娘胎裡溜出來就和別的小仔大不一樣。別的小仔一

落地就哇哇哭叫，他不哭也罷，還咧著嘴笑。他那嘴長得很大，把臉都擠小了，鼻子、眼窩密集到一堆兒。笑是個樂事，可是他一笑把鼻子、眼窩擠得更小，簡直醜得嚇人。人人都說怪，他就被當做怪胎扔掉。剛巧出巡的父王回來，說再醜也是自家的仔，就把他抱回家裡。因為遺棄過，他就被眾人喚做棄。棄長大後，那個大嘴也跟著長大，大嘴是個填不滿的坑，他吃的比別人多得多。要不是生在大王家，早把他餓成了個瘦猴子。許是能吃的緣故，他對粟禾痴迷得最厲害，很小時就喜歡禾苗。大王就將他送往姜族，他外祖父的族寨土地很多，他就在那兒務植粟禾。後來他還真把粟禾務植出明堂，當上了教民稼穡的農官，人稱后稷。因而，他那被扔的故事也就加枝添葉。傳說他被扔過三回，牛、喜鵲和老虎都保護著他，那就太神奇了。這是後話，放下暫且不說。

　　先說唐侯和這位兄長見面，那是給父王過壽。那一載聚到王垣，他才見到大嘴兄長。別看兄長嘴大，從那裡蹦出來的話可不多。還有那位三兄契，也有些生分拘謹，他也是在外族長大的。話多的是兄長摯，他的嘴不大，卻說完了兄弟幾個的話。那回見面後，他們各居一地，還真沒有再見過。木樫提起兄長棄，唐侯立即問：「他好吧？」

　　木樫一揚臂說：「好！他可出息多啦！」

　　剛說到這裡，放齊、巫首、皋陶、羲仲進來了，身後還跟著不少人。木樫和眾人打過招呼，就取出一樣東西讓大家看。天黑下來了，窟裡點著一支松明還有些暗，皋陶便又燃起一支。火光照著木樫的手，和他手中的一塊石頭。這石頭和常見的石頭有些不同。常見的石頭，或是方的，或是圓的。這石頭卻是一片，像是個大大的手掌，掌尖有利刃，如同一把刀。掌背還有一個圓洞。眾人看著片石心想，一塊石頭值得這麼擺弄嘛！木樫見大家不解，就說：「都別小看它，這可不是一般的石頭，這是唐侯兄長棄製成的石耜。」

第十四章　借粟

「這東西有啥用？」眾人問。

木樨告訴大家，這石耜是種地的。只要往這石洞裡塞一根木棍，就能用它剷土翻地。地翻虛絨，粟禾出土後長得才快。這可比咱使喚木棍杈土省力得多，姜族種地都使用這東西。眾人聽說都往前湊著看，唐侯看看也覺得不錯，放齊仔細瞅瞅問：「帶回來幾個？」

木樨說：「一個。一個就行了，咱可以照這樣子做呀！」

這時，眾人把亥子往前一推，說：「你瞅瞅，到底能不能做？」

亥子是唐族的石匠，族人打獵用的石球就是他做的。他從河谷裡撿些石頭，這邊磨磨，那邊蹭蹭，打磨光滑，鑿個眼，拴上木桿。打獵時遇到老虎、豹子、野豬，獵手不急於衝上前去棒打，先將這些拴著木桿的石球拋投過去。石球帶著木桿一碰那獸，就一圈一圈纏裹緊了。木桿拴牢，猛獸在樹林裡被木桿阻攔著，前不去，退不後，急得瞎蹦亂跳。折騰上一氣不再有勁，大夥兒一擁而上就把那猛獸捕到手。石球是獵手離不開的工具，亥子是族人離不開的石匠。

亥子拿著石耜一看，說：「這不難，二峰山麓有的是片石，挖下來打磨打磨就能使喚。」

「那你快給咱做，趕下種就能使喚啊！」唐侯吩咐。

說過石耜，木樨從行囊中一摸，抓起一把碎石子般的東西，手一展亮在大家眼前。這是啥呢？比粟米大得多，圓溜溜的像是雀眼。木樨又給發呆的眾人解釋：「不知道吧！這是菽，也是吃食，是棄採摘種下的。讓我帶些給唐侯，我們沾唐侯的光啦！」

這麼大的籽顆，又圓又大，肯定比粟禾好種好收。眾人看得好不欣喜，往後有了好用具、好種子，還瞅沒有好日子呀！就有人蹦跳著呼喊，呼喊得大家都想蹦跳。洞窟這會兒有些憋窄，皋陶舉著火把走出去，眾人相隨而出，在窟前的空地上蹦跳開來。木樨帶頭唱道：

197

■ 中卷 ■

　　石耜翻土，

　　播植粟菽。

　　眾人合唱：

　　多收籽實，

　　日日飽腹。

　歌聲在夜空中格外響亮，聽到的人都跑過來。有的擠攘著看熱鬧，有的鑽進人圈一起高唱，還有的和著歌聲跳個不停。族人高興，唐侯更高興，他夾雜在人群中又唱，又跳。

✦ 53

　同木樫去背種子的人上了路，亥子也上手打製石耜，下種的事情有了著落，唐侯把心思放到吃食上頭。

　掰開指頭謀來劃去，怎麼也少幾十日的吃食。別說幾十日，就是一日也不行啊！一頓不吃就餓得慌慌的，腿軟手顫，走不動路，拿不起東西。眼下火燒眉毛的事就是讓族人都能填飽肚子。野菜能夠填肚子，可光野菜不行，沒有粟米不吃得人拉了稀才怪！獸肉能夠填肚子，可時下已進入禁獵期，不能在禽獸身上再打主意。看來，唯一的辦法就是借粟，唐侯趕忙叫來放齊合計。

　這幾日，放齊沒向唐侯挑明借粟的事，可是一會兒都沒有放下過。他找過不少族人合計，說是合計，其實是說明大王在考驗唐侯。他見人就說為什麼大王要把陶侯封為唐侯，就是要看他能不能讓族人吃飽肚子。咱不能因為吃食煩勞大王，那樣會毀掉唐侯當大王的前程。他說到哪裡，族人應到哪裡，都說唐侯為大家操心辦事，大家也應該替他著想。得到眾人的相應，放齊心裡更為踏實。這不，唐侯一喚，他連忙將此事告訴巫首。

第十四章 借粟

放齊進窟，唐侯直截了當地說：「大哥，背種子的人出發了，你看借粟的人啥時動身？」

放齊明白這事不能再藏掖，卻還想穩住唐侯，他說：「這事先別急，我們再合計合計。」

唐侯說：「不敢再耽擱，從王垣來回要走好些日子，再遲就會斷頓。」

「我明白。」放齊緩口氣說：「可我總覺得向大王借粟不妥當。」

唐侯對他說，沒啥不妥當。他摸父王的底細，每載都有存粟，就是用來救助遭饑荒的部族。放齊則說，大王的底細他也清楚，只是我們現在求借不對頭。唐侯驚奇地問：「為什麼不對頭？」

「你想想大王為什麼派你來唐族？這不是明擺著要看你的能耐，看你能不能收拾起這個爛攤子？你要是去借粟，那不是給自個臉上抹黑嗎？」

唐侯驀然醒悟：「怪不得這幾日你閉口不談借粟的事，你就沒給父王說吧！」

「是這樣，我不敢說。」放齊毫不遮掩地回答。

唐侯心頭一震，漲紅臉生氣地說：「大哥，我讓你去做什麼？不就是借粟嗎？為什麼不敢說？」

放齊連忙解釋說：「我記著哩，可到了王宮一看，大王正挑選繼位人，我開口借粟豈不是毀壞你的名聲？左思右想，還是不說為好。」

「你怎麼能這樣呢？大哥！」唐侯還沒有這麼生氣過，伸出的手抖個不停：「你幫我，護我，我感激。可是，不借粟族人吃啥？怎麼能因為我不顧大家的死活？」

放齊雖然理虧，卻仍在嘟囔：「那樣做會毀掉你當王的大事，你想過嗎？」

唐侯立即反駁：「我當王還比族人的命要緊？我不當那個大王，也不能餓著人！」

■ 中卷 ■

　　二人爭說著，巫首、皋陶、唐禾相繼進來，隨後還跟著不少人。見唐侯對放齊發火，巫首就勸他：「侯理這麼做也不為過，真要是耽誤你當大王，我們心裡都不好受。」

　　皋陶也插嘴說：「吃食的事，我們再想想辦法，最好不要煩勞大王。」

　　唐侯對大家說，這事他反覆想過，別的族不能再求借。人家的底子也不厚，給咱勻出些種子就不錯了。父王那裡有現成的救荒粟，我們為什麼不借？

　　唐禾搶過話頭說：「唐侯，眾人都是放齊那意思，你為我們操心出力，我們不能耽誤你的大事。」說著，她回頭問背後的人們：「是吧？」

　　眾人應聲說：「是，是這樣。」

　　巫首說：「唐侯，大家的心思你清楚了吧？這不是放齊自作主張，是族人的心願。」

　　唐侯火氣難消，卻盡量壓低聲音說：「如果父老爺們餓著肚子讓我當大王，我哪有臉當呢！你們別勸我，我主意已定，現在向父王借粟還不遲。」

　　皋陶說：「唐侯，你再掂量一下吧！」

　　「不用啦！」唐侯肯定地說著，「后羿呢，給我把他找來。大哥跑累了，你就歇著吧，我帶后羿去借粟。」

　　一說后羿，眾人更是傻眼，真不知該如何給唐侯說。那日說到去遠方打獵，后羿原打算等唐侯回來再走。又一想不對，和他說不一定會同意。乾脆說走就走，把生米做成熟食，他回來只好認了。因而，帶著十幾個獵手悄悄去往太岳山那邊。唐侯說到后羿，一群人你看我，我看你，沒有一個回答。皋陶趕緊出窟去找，沒有找到，卻知道了后羿的去向。他返回窟中一說，唐侯氣得臉色發白。眾人囁囁的，沒有一個人張嘴，等著他大發脾氣。可是沒有等到，只聽到他的一聲嘆息：「怎麼會是這樣呢！」

第十四章　借粟

說完，他一屁股坐在草鋪上，不再說話。眾人想讓他寬心，又不知說啥為好，一時窟裡靜得難受。還是放齊打破了這難熬的沉默：「你看，后羿不是也在想辦法嘛！不向大王借粟，那也不能讓大夥兒餓著。他帶人去遠處打獵，就是給大夥弄吃的。」

唐侯瞥放齊一眼，聲音硬硬地問：「去遠處打獵就不是打獵？先祖不准打獵，是要禽獸產雛生崽，不能讓牠們斷絕子孫。牠們斷了子孫，人們就斷掉肉食。這下可好，不擾自家，去擾害別人。這不和木殖偷粟是一樣嗎？」

放齊趕緊辯解：「這不是沒有法子的法子嘛！」

唐侯苦笑一聲說：「什麼沒有法子的法子？放著借粟的大道不走，卻偏要往荊棘叢裡鑽，我不知道你是怎麼想的？」

說著，唐侯抬頭瞅著眾人，大夥都惑惑地看著他。這些人如澮河激流，直衝他來，他一個人就是再有力氣，要逆轉流水實在艱難。可是，不扭轉這股流水，族人眼看就要遭難。唐侯愣怔一剎，對大家說：

「我明白了，這都是我惹的禍！族親們一心為我好，為了我當上大王，就對自己的日子不管不顧。別說當大王，那我當這侯還有啥臉面？我這就去見父王，辭掉這唐侯。寧可不當這侯，也不能讓大家跟著我遭殃受苦！」

他忽地站起，抬腳就往窟外走。

窟裡的人無不驚慌。皋陶趕緊堵在唐侯前頭，巫首拽住他的手臂，勸說：

「唐侯，可別這樣，你不當侯，大家的日子就能好過？別這樣！」

眾人堵住窟門說：「唐侯不能走，不能走！」

巫首生怕他跑出去，揪緊葛衣說：「你就忍心撂下大家走？」

唐侯喘口氣，退後一步說：「我也離不開大家，可是被逼得沒有辦法呀！」

眾人都說：「你說怎麼辦？唐侯，我們都聽你的。」

見水流回轉了，唐侯趁勢推筏：「那就還按我的主意辦，向大王借粟。這事我也不去了，還是大哥你去，走時就把背粟的人帶上。說好，就捎回來，這麼能快好些日子。」

放齊還能再說什麼，只能點頭應承。唐侯對眾人說：「就這麼吧，大家回去各忙各的，預置下種吧！」

✦ 54

放齊帶著背粟的人一走，唐侯交代巫首操持族事，他要去太岳山中尋找后羿的獵隊。

巫首說派個人去喚回來不就行了？即使不去，過幾日就會有人回來送獵物，轉告后羿也行呀！唐侯不放心。后羿心高膽大，脾氣比膽量還大，要是執拗起來，旁人很難把他扭轉回頭。唐侯要親自跑一趟。太岳山上峰高林密，人煙稀少，后羿去那裡打獵就是看中獸群很多。這一個人孤身前去，不是往虎口狼窩裡鑽嗎？巫首不讓他去！唐侯非去不可，巫首再三攔擋，擋不住，只好讓皋陶跟隨他去。唐侯考慮到下種時很忙，多個人手添份力，不想帶皋陶。巫首不依不饒，他只好退一步答應。皋陶匆匆拿點乾糧，跟著唐侯上路。

這日，新陽亮照，山野溫潤。唐侯和皋陶迎著晨風已來到望日峰前。羲仲他們看過日出回族堡去了，望日峰上靜悄悄的。唐侯彎過小徑來到崖壁下，瀏覽一遍那日看過的記號。他指著給皋陶看，興奮得手舞足蹈。這架勢皋陶覺得很奇怪，一向穩重的唐侯啥時能這麼把喜氣掛在臉上呀！走出好遠了，唐侯還跟皋陶唸叨，回來一定要在這裡待上些日子。

走過望日峰，順坡下溜進入溝底，山徑仍在彎繞，卻不再那麼陡峭。

■ 第十四章　借粟 ■

唐侯甩開雙腿快走，皋陶大步猛趕，倆人走得樹林忽忽閃閃向後移動。往前行不再這麼輕鬆，小徑朝山上揚去，只能彎著腰往上爬。倆人艱難地彎轉著，日頭掛在頭頂，都走累了，便坐下來啃吃乾糧。皋陶看著汗涔涔的唐侯說：「這太費力，等幾日他們就有人回來，帶個話去吧？」

唐侯說：「那可不行，一日是一日，我們不去，他們就會多殺生。」

皋陶望一望前面重巒疊嶂的山峰猶疑地說：「太岳山這麼大，我們去何處找呀？」

唐侯寬慰他說：「別著急，邊走邊打聽，會找到的。」

吃過東西，沒行多遠，來到一個坡灣裡。低處有溪水，潺潺流動；高處是山嶺，樹木茂密。住在這裡真不錯呀！仔細一看還真住著人家，山嶺間有幾個齊嶄嶄的斷坡，那兒有細細的煙縷升起。唐侯暗暗佩服這些人家挑選了個好住處。忽然，有個人影一閃不見了，鑽進坡裡的樹林。往前走了幾步，唐侯不由得停住，分明覺得那人影有些鬼祟，好像有意躲閃什麼。他吩咐皋陶過去看看。不過去還好，過去一看，皋陶大聲喊道：「嗨呀！族娘，妳們怎麼跑到這裡來啦？」

唐侯快步跑過去，一看也有些吃驚。樹背後的草叢中坐著族娘，還有幾個婆娘、老頭。一個個衣服破爛，身邊放根木頭棍，手裡拎個舊皮囊，看這樣子是來討要吃食的。他不解地問：「你們這是怎麼啦？」

婆娘、老頭，你瞅我一眼，我瞅你一眼，窘窘迫迫，沒一人吭聲。族娘斜瞥豁嘴老頭一眼，老頭自責地說：「是我緩慢，讓唐侯瞅見了。」

唐侯上前一步，拿起一個皮囊，裡頭是幾個又粗又黑的粟糠團。他抓起一個，咬一口，糙得舌頭發澀。他嚼來嚼去咬不碎，只好使勁吞嚥下去。嚥是嚥下去了，糙得喉嚨火辣辣的，他說：「你們就吃這東西呀！」

話一出唇，鼻子酸溜溜的，淚水流出眼眶，滾到頷下。他伸手抹去，歉疚地說：「我對不起你們！父王讓我來當唐侯，我讓你們討要吃食，是

我的罪過⋯⋯」

說到這裡，哽咽著難說下去。婆娘、老頭見唐侯難過，不知該說什麼。轉頭瞅著族娘，那目光中帶著責問，好像是說，你怎麼不吭聲，這不是你的主意嗎？族娘坐不住了，手臂使勁一撐，站起來說：「唐侯，你別難過，是我的不對，這是我出的主意。」

唐侯又心痛又責怪地說：「族娘，妳們怎麼能討吃呢？我們正想辦法弄吃食呀！」

豁嘴老頭插話說：「不全是她的過，我們也願意討要。」

他一說，幾位老人都應聲，我們都願意來。你為大夥兒操心，我們心裡過意不去。現在還有吃的，可接上新粟還早，我們這把老骨頭做不動啥工作，就出來找點吃的，省一口是一口啊！族娘一攔夥兒，大家就湊在一起出來了。我們不去王垣，不會給唐侯臉上抹黑，你放心。

「真難為你們。」聽老人這麼說，唐侯更為感動，他對皋陶說：「你看老人家都這麼關心族事，我們不盡力行嘛！」

皋陶也被這些老人的話打動，他真情地說：「族裡的事你們別擔心，有唐侯挑頭主事，我們會辦好的。」

「吃食保準能夠，你們不用多慮，就靜養晚年吧！」唐侯中肯地告說，轉身吩咐皋陶：「你把老人們送回去吧！」

婆娘、老頭站起身，走出林子，說我們這就回去，不用送。唐侯不放心，執意要皋陶去送。皋陶解下裝乾糧的皮囊給唐侯，唐侯不要，讓他們路上吃。皋陶掏些乾果留給他，唐侯說：「我一個人好對湊，你們人多，都帶走吧！」

皋陶護隨老人們緩緩回返，唐侯直看到他們走進山背後。他的眼睛仍溼溼的，伸手一抹，才轉過身前行。

第十五章　散宜頭

✦ 55

　　在太岳山深處打獵，容易得如同在窟中取物。這裡山高林密，野獸成群結隊。去林中一轉，碰不見羊群，肯定要撞見狼。狼也好，羊也好，很少碰到過獵人。這些羊傻頭傻尾的，碰見狼嚇得逃命，見了人不理不睬，不躲不閃，還不是一射一個準嗎？不過，捕到獵物要往族裡送，路途不近，就不能像往常那麼打死算了。他們要捉活的，這便增加了點麻煩。后羿他們乾脆不用弓箭，預先挖好陷阱，掄起棍棒一陣吼喊，羊就上當了，嚇得飛一般逃竄。逃在前頭的就糊里糊塗掉進去，身陷囹圄還真弄不清這是怎麼回事。后羿和獵手都很得意，困擾族人的吃食這裡多的是，怎能不高興？緊要的是往回送活獸，每日派四個人，兩人抬一隻。只要他們按時往返，族人頓頓都會有肉吃。族人不用再熬煎吃的，唐侯就不用向父王借粟。后羿暗自得意：唐侯，這吃的算啥事？你就放心等著當大王吧！

　　世上的事情有難就易，有易就有難。打獵的難事變容易了，運送的易事卻變難了。后羿得意的有些太早，他哪會料到第一趟送獸就會遭遇到麻煩。

　　這一日，句木帶著三個兄弟往回送獵物。獵物是兩隻大肥羊。這是頭一回運送，他們擰條草繩將羊的四蹄縛牢，找一根木棍穿插過去，兩人一前一後抬著回族。羊咩咩叫著，他們放開腳步小跑，搧起風來把徑邊的淺草吹得搖搖擺擺。獵手們敞開懷，流著汗，踢踢踏踏地奔走，還嫌不過癮，居然放開喉嚨唱開了：

　　地上山高，

　　人走上頭。

■ 中卷 ■

　　林中獸凶，

　　人獵獸頭。

　　歌聲鼓起興頭，獵手們走得快步如飛。孰料，意想不到的事情發生了，一聲吼喊打亂他們的腳步。抬頭看時，身邊圍過一圈弓箭手。尖利的箭頭對準他們，再不停步那利箭就會讓他們像獵物一般倒下。句木趕緊叫弟兄們站住，放下羊。他嬉笑著朝那夥手持弓箭的射手打招呼：「聯手，我們是唐族的獵隊，請給個面子，借條道。」

　　一個高個漢子走近他們，他那鼓起的眼珠噴射著怒氣，不用問，他是這夥弓箭手的頭目。他把句木這四個人上下掃一遍，粗聲粗氣地說：「唐族的怎麼跑到我們這裡來打獵？」

　　句木賠著笑解釋：「好聯手哩，我們不是在你們這裡打的，是在後山裡。」

　　他伸手往遠處的深山裡一指，巴望這一指人家就放走他們。哪知不這麼簡單，高個漢子瞅他一眼，哼出一聲，說：「孰知道你們在哪兒打獵？這羊身上又看不出來。」

　　「是在後山裡打的，我不哄你。」句木還是陪笑解釋。

　　解釋無用，賠笑也無用，高個漢子搖搖頭說：「後山裡就能打獵？唐族不知道天下禁獵的規矩？」

　　這話問得句木無言回答。他想說說族裡缺糧的情況，可又不是三言兩語可以說清楚的。正思謀該怎麼說，就聽高個漢子喊：「來，聯手們，把羊抬回去，到族頭那裡去說。」

　　句木沒了招數，對手人多勢眾，來硬的肯定要吃虧，吃了虧也走不脫。再說，這條道不是今兒走一遭不來了，往後送獸天天有人要過，不達致好還真不行。他將心一橫，見族頭就見族頭，族頭或許還好說話。他朝獵手一掄手臂，說：「弟兄們，咱抬上，怎麼能煩勞聯手們呢！」

206

第十五章　散宜頭

　　族頭住的地方不遠，穿過一片茂密的樹林就看見幾間茅草蓋頂的屋舍。屋舍前有塊不小的院子，外頭栽著一根根木樁，木樁上爬滿了翠綠的青藤和荊棘。穿過林地，緊走幾步就到了院前。若是沒有那片樹林，在遠處就能夠看到這個族院。

　　他們在院外停住腳，高個漢子一人進到屋裡。不多時，他出現在門口，朝句木招手。句木連忙跑進院，隨他入屋。屋裡站著一位個頭不甚高的壯漢，他手挽弓箭，閉著一隻眼，正瞄著外頭射進屋壁上的光影，這就是散宜頭。句木進來，他的手沒動，腿沒動，眼睛也沒有看他，只問：「唐族的？」

　　句木答應是，他又問：「你們不知道禁獵啦？」

　　散宜頭問著話還是那個姿勢，一動也不動。句木把族裡缺糧的事說了一遍，說得比實際情形還厲害，他想打動族頭，得到他的寬諒。說過，他加重語氣強調：「我們不是在這裡打的獵，是在老遠的後山哩！」

　　散宜頭沒有被他的話打動，反而責問他：「後山裡不是我散宜族的地盤，可也在天下，你以為就能隨便捕獸？」

　　聲音不高，卻句句在理，問得句木張嘴不知說啥好。他乾笑著說：「念及我們族裡老老少少都在挨餓，你就放我們走吧！」

　　散宜頭牢牢站定，絲毫沒動搖他專注的眼神。他說：「那好！去吧，再別來啦！」

　　公道說，散宜頭夠開明的，不僅放他們走，還讓帶走肥羊，真是高抬貴手。按說句木應該趕快走，可是，那句「再別來啦」縛住了他，他站在那兒沒有挪窩。這麼走可以，明日運送的弟兄怎麼過呀？借不到道，句木就不能走。見他不動，散宜頭又說：「去吧，還不走等啥？」

　　「我知道族頭心慈，寬諒我們，可這兩隻羊還不夠族人填牙縫。你再行行善，借我們條道走走。」句木懇求說。

散宜頭冷笑著說：「別再痴想，快去吧！」

句木無奈，轉身要走，看看仍在專注練箭的族頭，忽然冒出一句：「那我就替我們獵頭后羿懇求你了？」

「你們獵頭是孰？」散宜頭雖然腳和手都未動，聽語氣是心裡在忽閃，事情有門。句木忙回答：「后羿。」

「就是神射手后羿？」散宜頭收攏腳，放下弓箭，瞅著他問。

「是啊！」見打動了族頭，句木有些欣喜。

「后羿不是在陶族嗎，怎麼會兒到了唐族？」看來散宜頭對后羿還真有些了解，句木趕緊將近況告說給他。他一聽滿臉是笑，笑瞇瞇地說：「那你就走不了啦！」

散宜頭喊進那個高個漢子吩咐，將獵手全扣下，安頓他們去山邊窟院歇息，送上吃食。又讓句木去請他們的獵頭，散宜頭要見見后羿，和他比試比試箭法。句木想再說幾句動心的話，不容張嘴，散宜頭笑著把他送出棚屋。

✦ 56

轉過一道山梁，眼前豁然開朗，一大片平地鋪展到遠方的山邊。平地間有一條河流，水清得像天色一樣藍。居高臨下看那河水，清粼粼的藍色中飄浮著一朵朵白雲。唐侯邊走邊看，聽到一陣脆亮的笑聲。

循著笑聲望去，河邊戲嬉著一群女子。有的蹲在河沿邊，彎腰洗手；有的乾脆走進河裡，掬水洗臉。洗淨手，還不盡興，就撩起水往同伴身上潑濺。躲閃水花的女子，又把水花撒向別的女子。歡笑聲就是水花濺起的，水花不斷，笑聲不斷。

唐侯走的全身燥熱，臉上、身上黏黏的，想到水邊洗一洗，涼爽涼

第十五章　散宜頭

爽。他不敢往那兒移步，害怕打擾女子們的玩興，便待在一棵樹蔭裡擦著汗水歇涼。不一會兒，就聽有位女子喊：「天不早啦，咱回吧！」

喊話的那位女子黑髮披垂，長過肩膀，垂到腰間，一下掛在大腿那兒。喚過幾聲，河裡的女子沒一個挪窩，還衝她喊：「女皇，妳也下來吧，可涼爽呢！」

女皇沒有下去，對她們說：「別光顧玩耍，蠶早餓啦！」

女皇轉身往岸上走來。一頭黑髮裹著白嫩的臉皮，鼻孔高得恰到好處，小嘴凹得也恰到好處，最好的是她那雙眼睛。這眼睛不很大，也不很亮，可是放在這臉上就大的得當，也亮的得當。在唐氏族裡，唐禾是個長得耐看的女子，唐侯一見就想多瞅兩眼。初次見她，就有些心熱，要不是唐禾心裡早裝上義仲，他真想終身與她為伴。可眼前這女皇比唐禾還要俊秀，還要耐看。唐侯悄悄瞅著女皇，聽著河水嘩嘩的響動。見女皇上了岸，女子們不再戲耍，跟著走上河沿。女皇一彎腰，挎起她那裝滿桑葉的草籃。就在這一霎間，唐侯瞪大了眼睛。

瞪大眼睛的不只是唐侯，還有那群女子，就連女皇眼睛也瞪得大大的。她挎起草籃還沒挪步，一群猴子從樹上飛跳下來，像女皇那樣一隻挎一個，把那些裝滿桑葉的草籃都挎起來。女子們全都犯急，跑向猴子去奪草籃。哪裡奪得到呢？不奪還好，猴子們還挎著草籃成溜地站在岸邊。女子們一奪，猴子急步跳竄，草籃被攜上樹枝。女子們衝著猴子乾瞪眼，猴子瞅著焦急的女子們直眨眼。女子們急得直喊直叫，猴子坐在樹杈間不理不睬。女子們生氣了，有人彎腰撿起石子就要朝猴子甩扔，唐侯連忙喊住，朝她們走去。

女子們回頭一看，喊話的是個沒見過面的後生，就把對猴子的怨氣撒在他身上：「多管閒事，就要打！」

「就要打，打死這些害人精才痛快！」

唐侯沒和她們賭氣，微笑著說：「別打，猴子精著呢，打不著，還會把籃子帶跑。」

「不打，那你說怎麼辦？」女子們嗔怪地問。

見姐妹們拿這後生撒氣，女皇攔住說：「別難為他，他也是好心。」然後，轉向唐侯溫和地說：「這位大哥，你別見怪，快幫我們想個法子吧！」

女皇和唐侯說著話，才注意到他高高的個頭，雖然有些清瘦，卻挺顯英俊。那英俊在哪兒呢？看鼻子，鼻子一般；看眼睛，眼睛一般；嘴也沒啥特別的，而且，他那臉不算方正，還有些長，下巴甚至有些尖。這臉面就像是矗立的一座黃土崖，不細微，更不精巧，然而，瞅上去卻讓人覺得有那麼一點兒說不來的耐看。她止不住多瞅了幾眼。這幾眼對她來說是極少見的，往常那些男子她看一眼就夠了，不，哪裡是看呢，是掃一眼就不願再看。可這陌生的男子卻讓她忍不住多瞅了幾眼，還止不住有點兒心跳。好在那男子接過話茬，遮掩了她就要流露出的羞澀。

「那就試試吧！」說著，唐侯走近女皇，要她面朝樹上的猴子扔掉草籃。女皇有點猶豫，唐侯催說：「試一試，大不了把撒掉的桑葉再撿起來。」

女皇按照唐侯的意思將草籃雙手捧起，哈呀，猴子們也用前爪捧高草籃。好，事情有門，唐侯喊聲扔，女皇將高捧的草籃拋向空中。籃裡的桑葉一片片散開，飄落在地，草籃也跌下來在地上打滾。但是，沒有一個人看那滾動的草籃，是猴子的舉動吸引住女子們。就在女皇扔掉草籃的當口，一隻隻猴子都把草籃拋向空中，滾落下來。女子們高興地呼叫著跑過去撿拾草籃，撿到手，笑嘻嘻地再撿桑葉。撿起桑葉，女子們挎著草籃要走，女皇回頭說：「這位大哥的法子真好！」

女子們也七嘴八舌地誇獎這位陌生的男子，誇過，簇擁著女皇往族寨走去，撇下了孤零零的唐侯。看著就要走遠的女子們，他真不知該朝哪裡邁步。

第十五章　散宜頭

✦ 57

后羿來見散宜頭時滿肚子火氣，什麼穀粒草籽大小的族頭還敢耍橫，我又不是在你們地盤上打獵，路過一下也不行？若不是族人的吃食當緊，他堂堂的射箭能手才不到這裡看人的眉高眼低哩！

站在散宜頭面前的后羿滿臉怨氣。相反，散宜氏則笑容滿臉。這兩人的表情恰巧顛了個兒，倒好像求人借道的不是后羿，而是那個笑容可掬的散宜頭。散宜頭笑著說：「有煩箭王親自來小族。」

散宜氏說話謙和，一開口就把后羿稱為箭王。后羿射箭的名聲不小，可被人稱為箭王還是頭一回。按說，后羿應該添些喜色吧？孰料后羿聽到箭王也沒高興，哼，把我捧成箭王，還這麼拿捏我的手下，這不是給我穿小鞋嗎？他驕橫地說：「你是哪家領袖，竟敢扣我的人手？」

「小族主散宜氏不知是箭王的手下，冒犯了，請別怪罪。」散宜頭仍然謙和地說。后羿將散宜頭的謙和當成怯懦，說話更加強硬：「哼，後來不是知道是我的手下嗎？為什麼不放人，還要打攪我？」

散宜頭平心靜氣地說：「不是打攪箭王，是想討教箭法，箭王莫怪。」

后羿冷冷地說：「討教？我看討教是假，比試是真。」

后羿這話令散宜頭暗暗吃驚，真沒想到他會一眼看破自個的心計。近些載族事順遂，散宜頭得空便練箭術。他喜歡射箭，知道后羿很有名望，既羨慕，又有點不服氣。自個比他歲數大得多，怎麼就不如他有名呢？還暗裡和后羿較上勁，聞知他百步穿楊，他就練百步穿柳。現今百步穿柳對他早不在話下，是手到箭飛，箭到即中。他早就思謀去找后羿比試比試，要真是贏了，他不就是天下第一射手嗎？只是怕冒昧前去討個沒趣，人家要是不理不睬，他真不知該如何退坡。昨日句木說他是后羿的人手，他從心裡笑到臉上，真是神賜良機啊！他確實是想和后羿比試箭法，不過說出

來的卻很禮貌：討教。沒想到后羿竟這般機敏，一下就看透他討教背後的真實用意。他連忙拱手掩飾：「哪敢，哪敢和箭王比試呢！」

「諒你也不敢，那就趕快放人，別誤了我的大事。」后羿傲慢地說。

「人，我馬上就放，不過，箭王來一趟不容易，總得亮亮箭法，讓我和族人開開眼吧！」散宜頭退讓一步請求。

后羿一心想的是族人沒有吃食，急著要把肥羊送回去。一急很不耐煩，沒好氣地說：「哼，先放人，再說射箭的事。」

散宜頭聽見這話，臉上的笑容不見了，他真有點心涼。這后羿簡直不識抬舉！你違犯禁規，我不找你的麻煩，你倒給我使橫。他不動聲色地說：「往後再說？那就都往後再說。」

這話中有話，后羿不憨，當然聽出裡頭的意思，他逼近一步問：「別再繞了，你說啥時放人？」

散宜頭不冷不熱地說：「放人容易，你別再帶著獵物從這裡過。」

散宜頭不滿后羿的驕橫，卻還敬慕他是箭王。他退讓一步，但這讓步后羿也不能接受，他說：「哼，那可不行，我的族人還等著吃的呢！」

散宜頭說：「哼個啥？你不行，我也不行。」

這一回后羿真生氣了，指著他嚷道：「你敢！我……」

「你別忘了，這是在我的地盤上。」散宜頭也不示弱，堵得后羿不知說啥為好。

二人就這麼僵住了，后羿什麼時候受過這份委屈呢，氣得手指都在發抖。原以為使些厲害就可以唬住人家，趕緊走脫，孰料散宜頭不吃他這一套。后羿真想三拳兩腳制服他，不過卻不敢動手，散宜頭的話他聽得清清楚楚，這是在人家的地盤上。好漢打不出族去，何況他手下就沒有幾個人？后羿硬也不是，軟也不是，堂堂箭王好不為難。

第十六章　神射手

✦ 58

　　唐侯幫女子們從猴子那兒討到草籃，她們高興地回返。前行幾步，女皇回頭看看，唐侯原地站著未動。再走幾步回望，他仍孤零零地站著。她扭身轉來，使個膽大問：「大哥，你去哪裡呢？」

　　唐侯還真不知該往哪裡走好，女皇一問，他便打聽見沒見過唐族的獵隊。女子們見女皇停步和唐侯說話，都暫轉過來。唐侯問獵隊，她們都搖頭擺手說不知道。唯有女皇不語，她隱約聽說族人逮住幾個獵手，還沒放走。這是不是和他要找的獵隊有關？她告訴唐侯，臨末又說：「你跟我們走吧，回到族裡就清楚啦！」

　　女子們見唐侯猶豫就說，你別不信，她大是族頭，啥事都管呢！

　　唐侯想想也是，這麼東跑西顛不一定找得到，乾脆跟她們去一趟，即使找不到也有個地方歇腳。他即隨著她們一起走，邊走邊問她們摘這些桑葉做啥？他知道桑葚能吃，沒聽說桑葉也能吃啊！他說出疑問，女子們哧哧笑著說：「不是人吃，是蠶吃，餵蠶哩！」

　　蠶，唐侯想起剛才女皇說過蠶餓啦，他明白了，敢情是餵蠶吃肉啊！女子們聽見笑得前俯後仰，差點沒有扔掉挎在手臂肘裡的草籃。女皇回頭看他一眼，見他被笑得臉都漲紅了，便喝斥夥伴：「別笑啦，真少調教！妳們就啥也懂得？人家不懂才打聽，好好說清就是了。」

　　女子們掩住嘴，不再出聲。女皇告訴唐侯，蠶不能吃肉，卻能吐絲。吐下絲，織成布，能做衣裳。族人做的衣裳捨不得穿，送給大王，王宮裡的衣裳都是她們做的。唐侯脫口即問：「妳們是散宜族的？」

■ 中卷 ■

「是啊，你怎麼知道的？」女子們問。

「真沒想到會來到散宜族，父王早就說過，散宜族人心靈手巧，我們的穿戴都是他們做的。」唐侯按捺不住興奮脫口即說。

「父王？大王是你大？」女皇驚奇地問，女子們都好奇地盯住唐侯。

唐侯知道說漏了嘴，不好再迴避，點頭說是。女皇眨眼就明白了：「你是唐侯？」

他點點頭。這一下，女子們都把目光齊刷刷投向他，好奇地瞅著。

邊說邊走，唐侯隨女皇進入族寨來見散宜頭。一進門，女皇便嬌聲叫大。窩著火的散宜頭沒有應答，僵愣著的后羿卻回頭一望。這一望就像滿天的烏雲裂開縫隙，見到日頭。他驚喜地叫道：「唐侯——」跑前來拉住他的手便問：「你怎麼到這裡來啦？」

唐侯看見他要找的后羿竟在這裡，喜出望外地說：「找你呀！嘿嘿，想不到你會在這裡。」

女皇趁唐侯和后羿打招呼，給大告說過轉身出去。唐侯和散宜頭說著話，已從倆人的臉色看出他們弄僵了。他溫和地問散宜頭：「我們這獵頭衝撞你了吧？」

唐侯的突然到來令散宜頭心裡一緊。唐侯是大王的兒子，他手下的獵頭就這麼強硬，他該多麼霸道呢？不禁暗暗發慌，後悔沒放走他們，還要比試箭法，真是自找麻煩。聽唐侯語氣溫和，他稍微輕鬆些。正想該怎麼說清這事，后羿已生氣地開了口：「就是他們，攔截咱的獵物，還扣住咱的人！」

后羿這麼一說，散宜頭稍微輕鬆的心又揪緊了，慌忙討好地說：「唐侯，是我的不對，我本來沒有心思扣人，可一聽說獵頭是后羿，便想向箭王討教點箭法，就……」

「就把我的人扣了吧？」后羿見散宜頭怯怕唐侯，越發來勁，他指著

第十六章　神射手

散宜頭說：「哼，有你這麼討教的嗎？你這是給我下絆子！你……」

「你扣得對！要是我，我也扣。」唐侯打斷后羿的話，平心靜氣對散宜頭說。

散宜頭長出一口氣，輕鬆地說：「唐侯不怪罪我嗎？」

「不怪罪，我還要感激你替我攔住他們。」見散宜頭不再緊張，唐侯才轉身對后羿說：「你說得還滿有理，現在是禁獵日子，你這是冒犯祖規，知道嗎？」

后羿自知理虧，不敢和唐侯使倔，可是不說話又憋得不行，就說：「這還不是因為咱族裡缺吃的嘛！」

「缺吃的，咱可以向我父王求借，怎麼能違規打獵呢？」

后羿聽說向大王借粟，趕緊搶口說：「唐侯，無論想什麼辦法，都不能向大王借粟。不要為這小小的唐族毀壞你大事！」

一旁的散宜頭聽得如入雲霧，向大王借粟有啥不可？唐侯是大王的兒子，開口就能借上，不是最省事嗎？不少族堡害怕大王，想借粟都不敢張嘴。唐族有這方便，為什麼不借？他聽得糊里糊塗，疑惑地瞅著他們。只聽唐侯又說：「借粟的事我已打定主意，不要再說。打獵這事，咱錯了，就痛痛快快認個不是吧！」

后羿為難地看著唐侯，堂堂箭王什麼時候服過弱呢？可見唐侯很是認真，只好吞吞吐吐地說：「打獵是我不對……」

沒等散宜頭接口，他急著轉向唐侯就說：「打獵不對，可借粟的事你也不能做，不能做啊！」

散宜頭忍不住插話，為什麼不能借粟？后羿趕緊將大王選拔繼位人的事說給他聽。散宜頭聽完也勸說：「唐侯，箭王說得對，還是從長計議，不要因借粟耽誤你的大事，當大王要緊呀！」

唐侯淡淡一笑，說：「你們都為我操心，我領情。可我不能因為當王

讓族人挨飢受餓。」

說到這裡，他向散宜頭賠情，違禁打獵看起來是后羿他們做的，禍根卻在他身上，是他沒有將唐族管好。散宜頭沒想到唐侯這麼開通，剛見面時的那些拘束緊張消散了。就連和后羿頂嘴裝滿的那肚子氣也全都化掉，他連忙安頓吃食。吩咐下去，他那眼睛直瞅唐侯，像是有什麼話要說又不好出口。唐侯見狀，催他直說，他才不好意思地說：「我還是想讓箭王亮亮箭法。」

唐侯一捅后羿，讓他回答。唐侯都這麼隨和，后羿還拿什麼架子，他爽快地應承。他一答應，散宜頭可樂呵啦，當即讓人去收拾箭場。不多時，吃食備好，他們席地進餐。

✦ 59

吃著東西，唐侯和散宜頭無話不說，后羿也隨興交談。

散宜頭見唐侯一點兒也不拿大王唬人，不再怯他，還覺得格外親熱。前幾日來過個叫孔王的，說是大王長子摯的手下，見面毫不客氣，聲稱主子當上孺王討要絲服。有這來頭他當然不敢得罪，挑好的給了。給就給了，人家不留交換的東西，連句好話都不說，想起這事散宜頭就生氣。再看唐侯這麼隨和，就想他要是當上大王那才是天下人的幸運。想到這裡，他便說：「唐族缺吃的我們應該幫把手，只是我們的存粟不多。不過，我們養棚有不少豬羊，可以勻給一些。你再想些別的辦法，好歹不要向大王借粟。」

唐侯感謝的話剛出唇，就被后羿打斷，他伸長臂握住散宜頭的手說：「夠兄弟！」側頭又對唐侯說：「我說得沒錯吧？你看散宜頭也不讓你向大王借粟！」

散宜頭接著說：「唐侯，你要當上大王那是大家的福氣。」

唐侯笑笑說：「你們的心意我明白，我領情。不過父王那裡有現成的粟穀，用它救急最便當，我已讓人去借了。」

后羿聽見急了：「哎呀，唐侯，你怎麼能這樣呢！」

唐侯從容地說：「我想過了，當大王又要怎麼呢？不就是要天下人過好日子嗎？現在緊要的不是孰當大王，是快點摸準天神的脾氣。我還想早些讓唐族推舉個頭人，我少攬些事，多點空閒和羲仲一起去觀天。那才是個大事。」

散宜頭聽得對唐侯更添敬意，像他這樣為天下各族操心的人還真難找。還想說什麼，族人來報，箭場已收拾停當。他便領著唐侯、后羿往箭場走去。

天黑已定，好在頭上有輪圓月，淡淡的光縷映照著朦朧的小徑和在小徑上輕輕移步的人們。日頭一落，地氣泛上來，發散著泥土和嫩草的清香，吸進腹中涼涼的，很是爽氣。后羿長吸一口，對散宜頭說：「你這地盤真不錯。」

「哪是我的，還不都是大王的呀！」散宜頭又對唐侯說：「日後你要當上王，這裡就是你的落腳地。」

唐侯笑笑說：「別這麼說，今夜你們都得露一手，讓我也開開眼。」

「我已吩咐讓逢蒙出手哩！」后羿說。

「那不行，你別端架子，逢蒙射他的，你射你的。」唐侯說過后羿，轉臉又對散宜頭說：「你說是吧？」

散宜頭趕緊稱是，又說：「我早就想見識見識箭王的神功。」

說笑著走進箭場。眼前是一片空曠的土地，朦朧的月光照著地上密密絨絨的小草。草地的兩邊萬頭鑽動，聲音喧嚷，看熱鬧的人真不少。喧嚷聲突然降低，安靜，是眾人看見唐侯、后羿在散宜頭引領下登上看臺。說

是看臺，不過就是預先擺放好的幾塊大石頭。石頭坐上去有些涼，族人就在上面鋪陳一些乾草，乾草上鋪著狼皮，坐上去絨絨和和的。

一落座，散宜頭就說咱開射吧！唐侯、后羿看著迷迷濛濛的箭場都有些納悶，連個火把也不點，這怎麼射呢？正犯疑，就聽散宜頭說：「唐侯、箭王，我先露醜。」

說著，他離開座位走向射臺。這時，后羿忙招呼先一步進場的逢蒙準備上場。吩咐過還不放心，挨近他的耳朵說：「這是比試，要是丟了人，小心我剁掉你的爪子。」

逢蒙一縮脖子，說聲師父放心，靈巧地閃到一邊。

轉眼間，射臺上的散宜頭已挽弓在手。箭一上弦，驀然前方竄出一隻狗，狗尾巴拖著一團火。狗碎步跑著，那火苗揚起，斜向空中。遠遠看去，像是一團火吊著狗飄動，眾人看得新奇，禁不住伸手指點。忽然，「颼──」地一響，火苗飄向空中，狗不見了，是散宜頭一箭射斷狗尾巴上拴火的草繩。火苗上飄，狗則隱沒在朦朧的夜色中。

「好啊！」

「好箭法！」

人群發出熱烈的歡呼聲。

散宜頭朝眾人拱拱身，大步走下射臺。沒等人叫，逢蒙一躍而上，順手抬起兩支箭，臺上的備箭手便明白他是要射兩個火團。轉眼間，兩隻火狗竄躍出來，一前一後，相距不過一庹遠。狗跑了一截，逢蒙沒有放箭；又跑一截，逢蒙還沒有放箭。后羿有些著急，嗨呀，這小崽還要誤了時機。眼看火狗越跑越遠，就要跑出箭場，颼颼兩聲，就見兩團火苗飄飛上去。哈呀，全射中啦！

「好啊！」

「好箭法！」

第十六章　神射手

　　人群裡又爆發出一陣喝采聲，逢蒙興沖沖走下射臺。雖然月色朦朧，但看得出他胸膛挺得很高。逢蒙的箭法激起散宜頭的興致，他衝著唐侯和后羿說：

　　「唐侯和箭王要是不嫌我箭醜，我再射一回。」

　　唐侯說：「哪敢嫌棄，大開眼界！」

　　后羿正忙著給逢蒙喊叫助威，聽見散宜頭的話心想，還不服氣，我看你有多大能耐？便說：「射吧！」

　　散宜頭幾步奔過去，一把抽出五支箭。備箭手激動地喊：「我們族頭要射五隻火狗啦！」

　　人們聽到了，高聲呼喊：「好啊！太好啦！」

　　一、二、三、四、五，五隻狗拖著五個火球跑進場地，看得人眼花撩亂。別說射中，要瞅頭一隻，就顧不得第二隻。人們都發愁這怎麼射呢？就見第一個火球已經飛走，還來不及喊好，第二個也飛走了。接二連三，五個火球都飛升起來，飄向天空。眾人看得好不興奮，蹦著跳著，喊著鬧著，夜空中像是激盪著滾滾洪流。

　　喊聲突然消散了，靜悄得沒有一點聲息，那是逢蒙又站在射臺，他一把抽出七支箭。備箭手驚疑地瞅著他，他不慌不忙地說：「放狗。」

　　狗跑出來了，拖著火球跑成一條線，火球變成火帶。從遠處看去，那火帶按絲合縫，還真瞅不出哪兒是接點，這可怎麼射呀？眾人禁不住為逢蒙捏著一把汗。汗沒出來，火繩斷了，一個，一個，又一個，一霎間，七個火球都輕輕向上飛去。人們放聲高呼：「好箭法，好箭法！」

　　喊鬧著湧過來不少人，將逢蒙團團圍住，抱著就要往起拋。散宜頭趕緊跑過去，朝大夥喊：「散開，先散開，箭王還沒有亮箭哩！」

　　大家就朝看臺喊：「箭王亮箭！箭王亮箭！」

　　后羿緩緩站起，大搖大擺跨上射臺，伸手抽出十支箭。邊搭箭邊說，

再給我備好十支。備箭手為難地說：「我們頂多只有十隻火狗。」

「十隻狗就夠了。」后羿說。

眾人都不知道這箭王怎麼用二十支箭射十隻火狗，交頭接耳，議論紛紛。議論的正熱鬧，就見前頭出現了一條火蛇，那就是十隻火狗。眾人不看火蛇，全瞅著射臺，后羿不慌，他們倒替他發慌。這麼長長的一條火蛇，哪兒該是著箭的地方？忽然，大家一起數開來，是后羿放出了箭：「一、二、三、四……」

隨著「十」的出口，十個火球全都飄飛上去，火光映得箭場都紅紅的。眾人激動地喝采：「看像不像十個日頭！」

「啊，十日一起出來啦！」

喊叫聲震動著箭場。喊聲未落，就見那火球破碎掉一個，那是后羿又射出一箭。緊接著，那十個火球一個一個破滅，都是后羿射破的。

火光熄滅，箭場變暗，還原為朦朧的月色。眾人卻更為興奮，放開聲音高喊：「神箭手！神射手！」

散宜頭喊鬧得不比別人低：「箭王射日頭，神射手！神射手哇！」

喊聲久久不息，仍然喊不盡眾人的激情，大家跑過來，把后羿舉起，拋上空中，又拋向空中。

唐侯看著這場景也激動不已，高興地和大夥兒一起又喊又蹦。

✦ 60

逢蒙一晚上眼睛都沒有合實，翻來覆去怎麼也睡不著。

低矮的棚屋裡剛透進些光亮他就跑了出來，一氣跑到山尖。跑出一身汗，可那憋在肚子裡的悶氣仍然沒有發散出去。昨夜射掉那七個火球，他好不得意，若不是在黑夜孰都會看見他的臉上閃耀著獲勝的光彩。散宜頭

第十六章 神射手

一出陣,他就暗暗興奮,哈哈,僅射一隻火狗。他來勁了,相信工夫沒有白下。剛開練,師父連弓也不讓他摸,讓他成天坐在澮河這面看那邊的楊樹葉。瞅得見楊樹葉那細密的脈線了,師父又讓他看柳樹葉。瞅得清柳葉那細如蛛絲的葉脈了,師父才讓逢蒙練箭。不用說,他的長進就像河邊的蘆葦那麼快,出溜出溜往上竄。箭術長得快,他也更討師父喜歡。有了這箭術,他才敢在射場露面。他才敢和散宜頭較把勁,接連射出七支箭,支支不空!別說圍觀的人們激動地蹦跳,那一刻他不由得也蹦跳起來!眾人圍著他歡呼時,他熱血沸騰,簡直成了天下第一的射手。

逢蒙高興得有點太早,悶氣很快衝跑了喜氣。師父后羿大步上場,一氣放出十箭,箭箭不空。更讓人稱奇的是,眨眼工夫飄忽的十個火球也被他射滅!別人可著嗓門喊著,他卻身上涼涼的,像是一瓢涼水從頭澆到腳,心也涼透了。他那勝過師父的願望如同被射到的火球,破碎得一塌糊塗。為這,他翻騰的一個晚上也沒有睡著。逢蒙就生這個氣,這個氣沒法和別人說,憋在心裡悶得難受。他瘋跑過幾個山頭也沒撒掉這股窩囊氣。

忽然,這悶氣一飄而散,散得無蹤無影。

是一隻花喜鵲搧著翅膀飛起來,飛遠了,飛得連個影子也沒了。逢蒙的眼睛卻盯住了花喜鵲飛起的地方,那兒走著一位女子。後垂的黑髮如飄飛的柳條,輕快的腳步如歡蹦的小鹿,一甩步,一扭腰,像是風吹柳樹,活脫出一股柔情。逢蒙看得著迷,悄悄跟著她走去。女子下坡,他下坡;女子過溝,他過溝。女子腰身一閃,彎下小徑,一溜小跑,下到沁河灘上。往下一蹲,平靜的水面便出現了她那比桃花還嬌嫩的臉。女子對著河水一理黑髮,掬水洗臉。水花在臉上一濺更讓這女子嬌嫩可愛。逢蒙站在岸沿上盯著,心裡直癢癢。他順手撿起一顆石子,一扔,便在女子臉前濺起一朵水花。用手梳理黑髮的女子,左看,沒動靜;右看,沒動靜。水花散盡,低頭一看,水中不只是她這一張臉,還伸出個男仔的頭。那臉上全

221

■ 中卷 ■

是笑，笑得痴痴的，稚稚的。她一轉身，瞅住逢蒙。逢蒙臉上燥熱，哪兒還敢站在河邊呢，撒腿就跑。女子嘿嘿笑著，高聲嚷道：「傻胚子，你還能跑進老鼠窩裡去！」

喊著，拔腿就追。見逢蒙跑得比兔子還快，她停下步，看他飛跑。

逢蒙只顧快跑，猛抬頭和師父碰了個臉對臉。

后羿是隨同散宜頭和唐侯去族裡遊轉的。三人一大早就出來了，散宜頭仍沉浸在昨夜射箭的激動中，對他倆說：「箭王真神，可讓我開眼了！你那手腳好麻利，眨眼工夫就能射出二十支箭，哪支都不放空，太神奇啦！」

后羿樂呵呵笑著代替回答，唐侯則說：「是神箭手，我聽眾人都誇羿射十日，箭不虛發！」

后羿還是沒答話，笑得更是樂呵。唐侯見他樂呵逗趣地說：「要是真射日頭，你可得手下留情，千萬不要全射落，還得留下一個喲，哈哈！」

說著，唐侯抬手指指天上的日頭，逗得大家笑得更響。逢蒙就在這時竄到他們眼前，后羿一見，喝斥他：

「唔，你個小崽不在獵隊待著，在這裡竄啥？」

喝斥著，眼睛向前一掃，看見河邊站著個女子，厲聲嚷：「你對那女子使壞吧？要不，竄這麼快做啥？」

逢蒙見到師父不免慌張，他一追問，憋紅了臉，真不知該怎麼說，嘴裡嘀咕著：「沒，沒有……」

后羿說話的聲音就比別人高，見逢蒙使壞不免動氣，嗓門更高。河邊那女子聽見，匆匆過來幫逢蒙解圍：「別怪罪這小仔，他是戲耍，沒有使壞。」

逢蒙很感激這女子，禁不住將目光又投向她。在日頭的映照下，那女子更為搶眼，就像一朵開放的鮮花。他貪貪看一眼，趕緊低下頭，怕人家

第十六章 神射手

發覺他那呆樣。女子沒有留意逢蒙，卻看見眼前這動氣的漢子就是昨夜眾人捧上空中的箭王。他身材敦實壯碩，臉上剛毅機敏，像是山間的一隻老虎。看他一眼，沒有看夠，又看他一眼，但是這一眼不敢久留就匆匆退縮回來。那是她的目光和后羿的目光相碰在一起。他那目光哪裡是目光，分明就是兩支閃耀火光的利箭，不光穿透了她那柔弱的目光，還穿透了她的內心。一霎間，女子粉色的臉紅成一朵爆開的桃花。她哪裡還敢再看后羿，匆匆收回目光低下頭。好在后羿繼續和逢蒙說話，才沒有讓她窘迫。

「那你去吧，快去幫獵手收拾東西。」

逢蒙一溜煙跑遠，女子擦肩要過，散宜頭叫住她吩咐：「嫦娥，告訴女皇，待會兒我們去看鼍場。」

嫦娥應著走去，他們說笑著繼續前行。走了幾步，后羿回頭一看；再走幾步，后羿又是回頭一看。嫦娥細碎的腳步顛動著身姿，就像是跳躍在水面的浪花，靈動而又晶瑩。直看到那女子跑遠，一彎轉，隱在樹林背後，后羿這才回過身。唐侯他們已走出一段路，他緊走幾步趕上來。

散宜領袖他們先來到豬柵。豬柵在兩個山峰之間，四周直立著一根根木棍。木棍是人栽的，有的光禿著，有的頂端長出了葉子。遠看沒啥特別的，像是族人的雞欄，只是那些木棍要粗壯得多。近看卻不得了，裡頭圈滿了豬。有躺的，有站的，還有互相追逐鬧嚷的。唐侯和后羿都看得眼睛發直。過了好一會兒，唐侯才問：「這些野種，就不往外撞？」

「以前撞，現在不撞啦！」散宜頭回答。

平日獵獸，野豬是很難對付的，要逮頭活的，除非早早設好陷阱。即使這樣，落進去的野豬仍然很難逮，又踢又咬，稍有不慎就會傷人。就是逮住活的，也得打死再弄回去。這裡逮住這麼多活生生的野豬真是奇事，后羿禁不住問他們是怎麼獵住活豬的。散宜頭說：「哪能獵這麼多活的呢？是牠們生養的。」

「生養的？」唐侯有點好奇。

「要不我怎麼說以前牠們亂撞，現在不撞了呢！先前逮回來的那豬野性大著哩，關一陣能好些，但也有衝破柵桿跑掉的。這些呢，不是逮來的，是那野種在裡頭下的崽。牠們沒在山間瘋跑過，就好圈些！」散宜頭細細說給他們聽。

「哈呀！咱怎麼就這麼笨，就不理會養獸，逮住就殺掉吃肉？」唐侯一拍頭顱又對后羿說，「往後咱可得學著點！」后羿看得服帖，以往他自恃箭法高超，一門心思光想打獵，就不想別的。這會兒才發現散宜族的人比他精明多啦！唐侯一說，他慌忙接話：「是得學著點！」

看過豬柵，轉過一座山峰，來到一道河灣。河灣裡全是綠油油的桑樹，一株挨一株，擠得密密實實，平地裡擠得裝不下了，便擠到山上去。山坡裡，山尖上都是桑樹。桑樹叢中不見人影，卻有歌聲飛來：

箭王一射，

十日升起。

箭王再射，

十日落地。

散宜頭衝著后羿說這是誇你呢！后羿樂呵得暈暈乎乎，就問是孰唱呢？散宜頭答是嫦娥，就朝著歌聲喊：「嫦娥，唐侯來啦，快叫女皇過來。」

一聲喊，樹叢中鑽出一群女子。后羿一眼看見打頭的就是嫦娥，輕輕盈盈地飄著。她後頭是女皇，緊步跟著。散宜頭說：「嫦娥，箭王還想聽，再唱一遍。」

嫦娥沒應，回過頭鑽到女皇身後，將她推擁到前頭。女皇帶女子們走上前來，對她大說：「昨兒你們談事，我不敢多說趕緊退了出來。」

散宜頭對女兒說：「那今兒你多說點。」

女皇將唐侯從猴子那裡幫她們討要草籃的事講說一遍，眼睛裡忽閃著敬慕的亮光。散宜頭聽女兒這麼誇說，對唐侯更為佩服，他脫口說：「乾脆你別走了，給我們當侯吧！」

唐侯謙和地笑著說：「你比我有能耐，我哪敢在你這裡逞能呢！」

走進桑樹林裡，粗看這樹葉和別的也沒啥不一樣，都綠油油。細看，就發現有的綠葉邊沿凹了一個個豁口，有的中間透開一個個小洞。幾乎每一片葉子或大或小都有豁，都有洞。再仔細看，喲，綠葉的背面扒著一條條小蟲。不用說那豁口和小洞就是這些蟲子啃咬的。唐侯猜問：「這些小蟲就是蠶吧？」

散宜頭答：「唐侯說得對，是蠶。可惜你們來得有點早，再過些日子，蠶長大了就吐絲，一條條把自個包裹在當中老去。那絲殼有白的，有黃的，掛滿樹枝，摘下來就能抽絲做衣裳。」

「這小蟲子有這麼大的用處？」后羿新奇地問。

「要不大家為什麼叫牠蠶，天神的小蟲嘛！」散宜頭說。

唐侯這裡瞅瞅，那兒瞧瞧，興趣可濃著呢！看了一會兒他問：「這麼就能摘蠶繭，那你們為什麼採桑葉呢？」

「這你要問女皇啦！」散宜頭說著看看女兒。

女皇湊近來說：「在樹上養蠶省事是省事，就是怕天神下雨，要是再出口粗氣颳起風，有好多蠶便會死掉。後來，我們姐妹一合計，就搭起棚子把蠶養在裡頭。」

女皇說到這裡，女子們都插嘴說，哪是我們合計呀，都是女皇的主意。女皇便說還不是大家一起做的呀！大家嘻嘻哈哈，很快走出桑樹林，就見一個個低矮的草棚緊依著朝陽的山坡。嫦娥在前頭帶路，打開柴枝編成的門，他們先後鑽進去。

棚子裡一地樹枝，樹枝上撒滿桑葉，原來，她們採來的桑葉放在這

裡。唐侯彎腰撿起一片桑葉，可不，上頭幾條小蠶呢！女皇瞅一眼唐侯，按住心跳噓出一聲，大家站定不動，孰也不說話，草棚裡頓時靜得竟能聽見「沙──沙──」的聲響。

后羿說：「喲，這小蟲吃食會有這麼大的聲音？」

「那不是吃食，我們聽見的是蠶在長呢！」嫦娥搶著回答后羿的話，說過覺得唐突，嘻嘻一笑，隱到姐妹們的背後。

唐侯笑著豎起大拇指：「說得好，幹得也好！這麼一來，不管外頭有繭無繭，這裡都有啊！能人，真是能人啊！」

唐侯誇說著，讚賞的瞥女皇一眼。女皇臉上紅撲撲的，亮閃的眼睛盯著說話的唐侯，見他看自個，心一跳紅了臉。唐侯轉臉對散宜頭說：「看來，我得把你們的本事搬回去。」

后羿搶著說：「對，對，要是咱也會養獵到的獸就好了，沒有粟穀，也餓不著啦！」

散宜頭慷慨地說：「這好辦，只要唐侯發話，我就帶人過去傳教。」

「好，太好啦！」唐侯連連說好，並告訴散宜頭待種完粟禾他便著人來迎他們。

遊看完畢，日頭已高，他們一起吃些東西。散宜頭還要帶他們去轉，唐侯惦著族裡下種的事情，急著回返。散宜頭怎麼也留不住，就安頓送行。他給唐侯趕了十幾頭豬、十幾隻羊，還說盡量想辦法幫他們度過饑荒。獵手們趕著豬，牽著羊在前頭嘻嘻哈哈地走著，唐侯和后羿緊跟著。散宜頭將他們送出好遠，快要進山了，唐侯勸他回去。他突然提出，想留下后羿，學幾日箭法。散宜頭這麼熱情厚道，唐侯哪有不答應的。

唐侯一行鑽進山林不見了，散宜頭拉后羿回族去，后羿竟氣哼哼地說：「不去！」

這是怎麼啦？散宜頭犯疑地瞪大眼睛。

第十七章　天堂

✦ 61

后羿氣哼哼一句不去，弄得散宜頭糊里糊塗，剛剛還滿臉笑容，轉眼這是怎麼啦？后羿見他犯疑，抱怨說：「哼，你就知道學箭！」

散宜頭連忙對后羿說：「箭王莫要怪罪，我太冒失了。」

后羿見散宜頭謙和地解釋，趕緊說：「不是我不教你，這箭法啥時不能學呢？你偏要這會兒湊熱鬧……」

「哦，我留下箭王不是要學箭。」散宜頭看一眼后羿，不好意思地說。

「不學箭，你留下我做啥？」后羿睜大兩隻眼睛，像是要看見這個散宜頭葫蘆裡裝的是啥籽粒，「那你是……」

「我是想和箭王合謀個事情。」

散宜頭告訴后羿，大王有意要唐侯繼位，這是件大好事。唐侯待人厚道，當上大王是天下子民的福氣。他要箭王辛苦一趟，把去王宮借粟的放齊追回來。

「好啊！」后羿打個激靈跳了起來，「我也是這個意思。我就打算在路上找個茬口脫身呢，一聽你要學箭就發躁。嘿嘿，哪知道咱倆想到一塊啦！」

二人往族裡走著，掰開指頭一劃，放齊上路已有幾日。散宜頭認為從太岳山插小直接斜東南，還有可能趕得上。進到屋裡，后羿沒再落座，喝口水，背起散宜氏為他預備的乾糧就出門上路。事情緊急，散宜頭不再留他，只把他送出族域。

后羿甩開大步，趕得分外急迫。接連數日，沒有一個夜晚找人家投宿，都是天黑後就地成眠。說就地成眠並不準確，準確說后羿是不地而

■ 中卷 ■

眠,睡覺連地皮都不挨。那是因為隨處歇息,沒窟沒洞,遇上猛獸豈不毁了命嗎?后羿使喚上他在樹枝睡覺的絕招,這一招是打獵時練下的。

打獵時常碰見惡獸,躲避不及便會成為那廝的吃食。大凡猛獸都體笨爪拙,不會上樹。因而,獵手必須會上樹保命。后羿不僅會上樹,而且在樹上能待很久。真要是被猛獸瞅上,他便坐在樹杈上歇息,直熬得那廝沒了心勁,蔫蔫地退走,他才下來。不過,多數時候他不會讓猛獸走脫,待那廝轉身要走,他會連射數箭。這一來再惡煞的猛獸都成了他獵獲的吃食。

這趟趕路,后羿在樹上過夜是常事。天快黑時,瞅棵枝杈茂密的樹爬上去,往樹杈裡一騎,背靠一棵粗枝,不一會兒就睡著了。天色泛亮即跳下樹來急步前行,連吃乾糧都不願停步,邊走邊吃。吃過,去溪邊喝幾口水,就是一頓飯。

連日勞頓,終於趕到王垣。后羿估摸放齊到王垣後要先去見他姑母慶都,便直奔側宮而來。到門口一問,剛遲一步,放齊已出門去見大王。后羿氣也不敢喘,轉身就往王宮趕。

后羿緊步追趕時,放齊已經坐在大王面前。大王見是放齊,猜測他有要緊事,要不歸去沒多少日子,怎麼會又跑來呢?他開口即問:「老遠跑來,有急事吧?」

大王這麼一問,放齊理應接住話茬說出借粟的事。只是話到嘴邊不免猶豫,上次來見大王,將唐侯誇得天花亂墜,大王問他族裡有啥難處?他口口聲聲回答沒有,還大包大攬地誇口,唐族不給大王增添麻煩,這麼快跑來借粟,該怎麼張嘴呢?他把溜到嘴邊的話嚥了下去,說出來的竟是:「唐侯得知父王身體不如先前,又差我來探望。」

「哈哈哈,到底是我的兒子,理會疼愛我,哈哈!」大王放聲大笑,笑的好不得意。笑過一陣,他喚天官重進來吩咐:「放勛孝敬,賞他點東西。」

第十七章 天堂

沒等天官重答話，放齊趕緊插嘴說：「大王不用獎賞。上次回去我和唐侯細細一謀算，族裡的吃食接不上……」

他的話沒說完，大王就打斷問：「是要借粟吧？」

放齊一瞥大王，那火辣辣的目光正盯著他，他輕聲說：「是的。」

「哈哈，我沒猜錯，你肯定有事。」大王還是大笑，那笑聲少了得意，雜進一些嗔怪。側頭對天官重說：「你看，上次他誇說唐族的那些事我就有點懷疑，果真這樣吧！」

放齊低下頭，不敢正眼看大王，心裡疚疚的。好在天官重接上話：

「大王，唐侯初去唐族，還沒站穩腳，哪能事事都如願呢！咱王庠裡還有濟糧，就借給他們吧！」

「唐侯說，收下新粟就還回王庠。」放齊趁勢忙說。

大王答應著，告誡放齊：「天官說得有理，我知道唐族底子虛，放勛才去肯定會有難處。有難處就實話直說，不要全說漂亮話。漂亮話能裝一時的面子，不能當粟米填肚子，也不能當東西使喚，怎麼撐不下去了吧？哈哈，回去你對唐侯說，今後不要和父王我耍心眼。」

這話不對頭，顯然大王以為上次是唐侯糊弄他，對他不放心。哎呀，自個惹下的麻煩，怎能把過錯賴到唐侯頭上。放齊太悔了，連忙辯解：「大王，你別怨唐侯，都是我的不對。上次唐侯就是讓我來借粟的，可我沒有敢開口，是我的過錯。」

「哈哈，你也伶牙俐齒的，挺會替主子遮醜。」笑聲中仍然夾雜著嗔怪，大王不信放齊的這話。

放齊愧疚得要命，只要能挽回唐侯的聲譽，這會兒讓他挨頓打，他都情願。大王的話音一落，他便說：「大王，我說的都是實話呀！」

「我不知道你哪是實的，哪是虛的，哈哈！別說了，跟著天官去取粟穀吧！」

放齊不走,跪在地上羞愧地說:「大王若再怪罪唐侯,我就不起來!」

「哈哈,你倒是一片真心待主子哩!好,起來吧,我怎麼能記掛你們的過誤呢!」

天官重把放齊拽起,推著他走出王宮。一出門,就見一個滿面塵灰的土人坐在門石上,呆瞅著宮裡。放齊沮喪未消,連正眼都沒看他。孰料,那人蹦上前來一把揪住他:「見過大王了?」

放齊一驚,仔細瞅瞅,才辨清這滿面塵灰的土人竟是后羿。他怎麼來了呢?還沒問出口,就聽后羿又問:「你借粟啦?」

放齊答借到了。后羿一甩手,跌坐在地上:「哎呀,我來晚了!」

放齊往起拽他,哪裡拽得動呢!后羿已昏迷過去,天官重上前幫手,好不容易扶起來,放齊將他揹回住處。

✦ 62

放齊帶人把粟穀揹走,天官重即返回王宮。明日就是天浴節,他要問大王去還是不去。

大王獨自坐在高榻,低著頭,連他進來也沒發覺,看那架式是在想什麼事情。天官重沒有驚動大王,悄悄站在一旁,等他回過神來。他恰好站在大王的右邊,清楚地看見他的鬢髮幾乎全白了,白髮已不旺密,連脖頸也遮不住。脖頸皮膚鬆弛,顯出一條條細密的皺紋,他的確見老了。老的不光是外表,體力也大不如先前。天官重站著正看,大王響起鼾聲,頭不斷朝前搖晃,隨時可能倒栽下去。他趕緊移到座前,以防他摔倒。

天官重的腳步極輕,可一動,大王還是醒了,揉揉眼睛說:「暖乏了,乏了,每載這會兒都乏啊!」

大王招呼天官重坐下敞開了心思,他還在思謀孰來繼位。他說他是菝

顆心，來回滾。一會兒覺得就定摯，一會兒覺得還是放勛可靠。他喜歡放勛，是看上他實誠穩當，不會幹出圈的事情。摯要比放勛能幹得多，這固然不錯，可要是聽不進大家的話，由著性子幹，那就會弄亂天下。這些日子他來回考慮還是放勛讓他放心，不過，放齊這回來動搖了他的看法。這可不是好兆頭，前些日還說族裡事事都順，轉臉就窮得吃食不濟，不說實話是最可怕的。

天官重提醒大王：「放齊不是說前次唐侯就是讓他來借粟嘛！」

「說是這麼說，我怕他們瞞哄我。若真是這樣，哪裡還敢將天下交給他呀！」一向樂觀開朗的大王竟然憂慮重重。

天官重仔細比較過大王的幾個兒子，要說治理天下，他也認為放勛合適。自從大王占卜選賢後，民間說法很多。傳得最多的是，娘懷胎十四個大日才生下放勛，這與赤龍懷胎的日子一樣樣的。他是神龍相貌，該當天下的領袖。他將這意思照實說出，大王聽完展開眉結，哈哈大笑著問：「真有這說法？」

天官重回答王垣不少人都這樣說，還告訴大王放勛人氣好，擁戴他的人很多。

孰料，大王的看法與天官重正好相反，他搖搖頭：「哈哈，這說法早沒有，遲沒有，偏偏我一占卜就出來啦，我看不是眾人的說詞，是有人故意傳言。」

「你是說唐侯讓人有意放話？」天官重把話挑明。

「哈哈，你說呢？」大王沒有回答，意思卻很明白。

從內心說，天官重不相信唐侯會幹這事，他還想替唐侯說點什麼，大王哈哈一笑已搶先定點：「我看，咱再別為這事費心了，就這麼定吧，由摯繼位。」

「大王，不再考慮啦？」天官重想讓大王別急著定點，那麼唐侯就還

有希望。

「不啦，不啦！再考慮祖上給的這頭髮就全白了，哈哈哈！」在一陣朗笑中，大王決定了天下的主宰者，可不知天下的主宰者能讓世人朗笑嗎？

天官重見大王主意已定，不再多說什麼。在大王身邊待久了，摸透他的脾氣，一件事定點前，他少不了和別人唸叨幾回。可一旦唸叨過，定下點，孰說都改變不了他的主意。這件事有了著落，他即問天浴節該如何打理？大王的意思是和往常一樣辦。往常天浴節大王沒有不去的，而且興致極濃。在濮水裡沐浴過，還要隨花哥、花妹趕情合歡。大王說和往常一樣辦，等於說他要去，合歡也是不能少的。不過，天官重擔心大王的身體，稍一停，發問：「大王也去嗎？」

「去，怎麼不去？哈哈，你是見我老啦？」大王笑著反問。

天官重連忙笑笑，說：「不老……我是怕……」

大王揚起巴掌拍在胸脯上說：「不用怕，這把骨頭還硬著哩，哈哈哈！」

那巴掌拍得很俐落，像往常那麼果斷有力。只是，頭頂上的白髮讓這俐落顯得有些勉強。天官重見大王不再改口，就退出宮來安頓天浴的事情。

天官重一安頓，大王要去天浴的消息便傳開去。吃過晚餐，常儀過來給大王問安，見面嬉笑著就說：「大王明日要去天浴？」

「哈哈，你看我這老骨頭還行嗎？」大王逗趣說。

常儀一擺頭，反而說：「孰說大王老了，不老。」

常儀這話明明是糊弄大王，大王也明白是糊弄他，就是聽著順耳，他挑逗她說：「不老，那妳今夜陪我。」

常儀粲然一笑：「我還真想呢！只是，你明日天浴要與花妹合歡，我

第十七章 天堂

就不掃你的興啦！」

常儀說的與花妹合歡是天浴節的習俗。這日，男男女女都可以赤身裸體跳進濮水河裡洗浴，別看洗浴時男是男，女是女，各占一個河灣。但是，洗到日頭當頂，河邊的桑樹林就成了男女合歡的地方。那一刻，男是百人男，女是百人女，孰都可以向對方求歡，只要人家樂意就可以手拉著手走進桑樹林裡。老輩人都說，桑樹下的男人是花哥，女人是花妹。

大王哈哈大笑，說：「好妳個精鬼。」

常儀和大王逗一陣樂出去，不一會兒，慶都走進來。她沒有開口，在大王頭上瞅了又瞅，瞅得大王張嘴發問：「哈哈，那上頭有花啊，還是有葉，你瞅個不夠？」

慶都答：「沒有花，沒有葉，我是看大王白髮多了，也落掉不少。」

大王嘆口氣說：「日子不饒人，孰也躲不過。」

「躲不過，能躲多少是多少，行事不要再勉強。」慶都說著，臉上憂憂的，腔調也有點沉重。大王看她這樣犯愁，就問：「今兒妳怎麼啦？」

「夫王不去天浴行嗎？」慶都吐出她的憂慮。

「哈哈哈！你放心，我這把骨頭還硬實得很。」大王自信地說。

慶都看大王沒在意她的話，又提醒：「畢竟不是先前了，還是保重點好。」

大王往慶都犯愁的臉上瞅了又瞅，然後說：「妳是怕我與花妹合歡吧！哈哈……」

大王大笑，笑得慶都難為情地低下頭，說：「我哪是那個意思。」

慶都不再多言，問過安，退回側宮。

慶都出去，她的話也像是三分鐘熱風飄忽過去，根本就沒進到大王心裡。後來這話卻在大王耳邊一次次迴響，想起她的話就有說不出的後悔。老實說，那日慶都不告退不行啦，大王有些不快，大笑一陣不再說話，慶

233

■ 中卷 ■

　　都坐下去未免沉悶得難受。大王不快，是覺得慶都嗔怪他和花妹合歡。那一刻他想到了姜嫄、簡狄，光陰好快，一轉臉她倆都過世了，大王心裡禁不住有點難受。好在只一閃她倆便消失了，常儀又晃動在眼前，哈哈，她不光乖巧，還挺寬懷。他想天浴後要好好疼愛疼愛常儀。可是，天浴後他沒能疼愛乖巧的常儀，卻不斷想到實誠的慶都，後悔沒聽她的勸說。

　　後悔是後來的事情，天浴節卻是從歡樂開頭的。

　　這一日，天藍得不能再藍，雲白得不能再白。大王隨著歡悅的人們走得無比歡悅。人來得真多，河灘裡擠得密密麻麻。濮河水曲扭拐彎，在王垣這裡左邊甩下一個灣，右邊也甩下一個灣。右邊的灣在上游，按照規矩花妹全聚在那兒，左邊的灣裡全是花哥。急於天浴的花哥、花妹早已脫光衣裳，讓日頭晒著寒日捂得發癢的肌膚，邊晒邊說笑。

　　日頭快近當頂，天官重走近大王低語一句。大王即甩掉衣裳，哈哈大笑，然後衝著河灘裡的花哥、花妹高聲喊道：開浴啦──

　　喊聲未落，大王張開雙臂，往前一躍，跳入水中。濮河的浪花飛濺而起，將大王擁圍在當中。隨著大王的躍入，濮河裡浪花飛濺，人聲喧鬧，剛剛還平靜流淌的河水頓時騰若沸水。若是天神有眼，看到這場景定會發饞，恨不能變為凡人，降落人間，享受這盛大的歡浴。難怪大王不顧歲高體弱非來不可。

　　河水涼沁沁的，大王一入水身上的暖氣像是被流水衝散，立即打了個冷顫。不過，大王絕不是懦夫，這點涼意早就經歷過無數次。無數次的經歷給了他抵禦涼意的法子，他趕快撲騰起手臂腿。大王聽見眾人在歡呼，歡呼他體健如虎，搏擊流水。往常他會站在水中，招手致意。可此時涼意捲裹著他，一點兒也不敢鬆勁。他頭也不抬，伸展雙臂，蹬動兩腿，逆流猛游。手臂和腿瞪濺起水花，他是想和水花摩擦出溫暖。先前的活力回來了，他游得越來越猛，越來越快，游進花哥們中間。花哥不游了，為他拍

第十七章　天堂

手助威。大王在濮水裡全力歡浴，渾身的力氣迸濺成跳躍的水花。

不多會兒，天官重游近大王，朝天上一指，大王明白是時辰到了，跑上岸去，大聲喊道：合歡嘍——

驀然，濮河裡熱火朝天，喊聲四起。花哥們朝桑林跑，花妹也朝桑林跑。喊著跑著，跑著喊著，喊掉了寒日的委靡，放縱著焦渴的軀體。是該放縱啦，整整一個寒日，按照祖規男女是不准合體的。熬到日暖花開，鳥獸繁殖，大地禁獵，男人和女人也才能交合。天浴節，就是新一載男女交合的開頭呀！這個開頭，在眾生的翹盼中走來了，走得步履緩慢，多少人渴盼著這個日子早點到來啊！到來了，如何能輕易放過？聽吧，生命的激情噴發出熱火朝天的吶喊。

彷彿只是一眨眼，桑林中那綠茸茸的草地上躺滿了人。到處是男人、女人，不，是花哥、花妹。花哥和花妹恣意地放縱著。花哥抱著花妹，花妹摟著花哥。花哥彷彿是天，花妹彷彿是地。天和地突然沒了距離，在花哥和花妹的笑聲、喊聲中彌合在一起。天旋著，地轉著，天旋著激情，地轉著活力。花哥、花妹用激情和活力凝結著人類繁衍的圖景。

大王喊過合歡——就捲入那生命激情迸濺的洪流。桑林裡的草地接納著每一對花哥、花妹，也接納了大王和他手中緊挽的花妹。他是怎麼挽上她的？不知道。是她撲向他？還是他的長臂伸向她？他無從記得，只記得吶喊和狂奔。起初他吶喊和狂奔的對象是那片桑樹林，接著他吶喊和狂奔的對象變成那個肢體白嫩的花妹。花妹像是他手中的獵物，被他撂倒在草地上，他衝著她那豐盈的肌膚吶喊，他衝她著那高隆的雙乳吶喊。他突入那個生命進出的通道，在那裡迸濺著他的激情和活力，讓花妹和他一起吶喊。像高天覆蓋大地一樣，大王與眾多的花哥覆蓋了花妹，並用高天的旋轉，讓大地一起旋轉，旋轉成嶄新的生趣。

……

中卷

　　吶喊聲似乎是猝然而止的。

　　天地間陡然沉靜下來。

　　沉靜得像是幽深的暗夜，一點點的聲息都聽不到了。剛剛還在迸射的激情和活力頃刻消散了，消散在生命的大地裡。大地用無垠的溫柔將那些激情和活力吸納進生命的密室，並在那裡悄悄地化育著新的生命。

　　大王不是在沉靜中清醒的，而是在冷顫中驚醒的。他打了一個冷顫，又打了一個冷顫。從桑葉的空隙間朝天上看去，他看到的是白雲。白雲後面的藍天呢？藍天上的日頭呢？怎麼都不見了？他又打了個冷顫。大王撩開搭在他胸脯上的那隻嫩嫩的小手，要坐起。但是，那隻小手沒有落下，卻箍緊了他。他還聽到了那比小手還嫩的聲音，那聲音柔得令他身魂發酥：「大王——」

　　大王這才看清，躺在身邊的花妹真像一朵花，一朵蓓蕾初綻的荷花。他的目光只在她身上一掠，那白嫩豐盈的肌膚就令他心顫魂抖，他無法擺脫她，抱得更緊。要在往昔，他會讓天地再旋轉在一起，可是今日他只能多情地貼緊花妹那柔嫩的肌膚。

　　大王是花妹扶起的。桑林灰暗下來，涼沁沁的，大王接連打著冷顫。花妹扶著大王走出桑林，大王渾身酥軟，腿趄閃一個趔趄，又趄閃一個趔趄。

✦ 63

　　那日從散宜族往回走，羊叫著，豬吼著，跑左跑右，趕得人們氣喘喘的。唐侯也沒閒著，幫著獵手一塊趕動，出了一身又一身汗。不過，唐侯這汗水沒有白流，若是跨越時空來看，那身汗流得太有價值了。他累得上氣不接下氣，而豬呀羊呀，跳來跳去卻輕鬆自在。唐侯忽生奇想，散宜族能把這些東西養起來吃肉，咱就不能把牠們調教乖順騎著走路啊？要是真

第十七章 天堂

　　能騎著野獸行走，那該多麼省勁，多麼便利！唐侯把自己的想法一說，沒有想到大夥兒都哈哈大笑。笑過，孰也沒有當回事，似乎唐侯就是怕大夥太累，說個笑話逗樂。唯有伯益沒笑，暗暗點頭。

　　回到唐族，木樨已和義仲領著眾人種粟，天氣不冷不熱，族人做得都很出力，看樣子用不了幾日就能種完。白日，唐侯和眾人一起幹活，夜裡歇下卻睡不著，還在思謀騎獸那事。得個空隙，他便與族娘、巫首、放齊提說起來。孰料，他們和那夥獵手是一個意思，自古以來，哪有騎獸的？也就當成笑話去聽，聽過撂過。這事真能做起來，多虧伯益。地裡的工作稍鬆，他跑來找唐侯，見面就問：「你說的那事什麼時候做？」

　　「啥事？」問得唐侯有些發怔，別人都沒把騎獸當回事，他也有點洩氣。伯益一問，他竟然發懵。

　　「就是調教野獸騎呀！」

　　「哦，是騎獸這事啊！你說能做？」

　　「怎麼不能做？只要你定點，我帶著人做！」

　　伯益這一說唐侯有了心勁，當下就讓皋陶把族娘、巫首、放齊叫來合計。他們還是搖頭，沒有一個人說行。唐侯勸說：「我看試試吧，反正粟禾都已種上，獵手不能出獵都閒著，咱就讓伯益帶幾個人做吧！」

　　唐侯執意要做，他們也不好意思反駁，事情就這麼撐起攤子。伯益跟隨唐侯在堡外挑選了一塊寬闊的地方，領著後生砍些木棍，圍起個馴獸場。然後，挑只個頭又高又大的公羊趕進柵欄，拴條草繩，牽在手裡騎上走動。你別說還行，雖然，那羊一開始又蹦又跳，可是，蹦跳也甩不掉騎上去的人。跳鬧上一會兒，力氣小了，不再鬧騰。唐侯交代不要著急，慢慢磨掉牠的野性。鋪排順當，唐侯趕到望日峰去找義仲，他心裡最急迫的還是揣摩天神的祕密。

　　聽說伯益帶人調教獸騎，不光是小仔、小妮，沒事做的族人都來看稀

奇。柵欄外頭圍著好多人，比裡頭還熱鬧。獵手騎上羊背，外頭的人蹦跳著喊好。要是公羊就這麼順順當當地馱著人走，事情就簡單啦！可世人都說，好事多磨，調教公羊也不例外。那羊要麼走走停停，要麼隨意亂竄，氣得後生們給牠一頓棍棒。打一打，走幾步，棍棒一停，牠又賴著不動。一連幾日，變化不大，看稀奇的人沒了興致，後生們也沒了心勁，都說這事弄不成。伯益沒說出嘴，心裡也有些含糊。

　　這天看過日出，唐侯趕到馴獸場。伯益和後生們正與公羊較勁，公羊一停腳步，後生就著急，著急就動手，棍棒便打在那廝屁股上。一摀打，公羊就急竄幾步。不打了，也不再挪步，後生犯急，又掄棍棒敲打。唐侯看著忽然有了想法，他悄悄退出柵欄，返回時手裡拿著一把嫩草。他讓後生扔掉棍棒，捏著嫩草走在公羊前頭。公羊見到嫩草，早忘掉背上騎著人，追著便走。羊走，他也走。走一截，見羊走得穩當順溜，就把嫩草遞給牠吃。趁公羊吃草，他往前走幾步。公羊吃完還要吃，就匆匆趕上來，哈哈，不用棍棒羊就走開了。後生們見這一招行，就這麼哄著，走著，一日日磨牠的野性，還真磨出了個眉目。往後只要一把那公羊牽進柵欄裡，就安穩停住讓人騎。騎上去，牠便穩穩當當走著。

　　公羊調教順當，才發現這東西不受騎，在場裡走不了幾圈就氣喘喘慢下步伐。要是趕著再走，那廝也走，只是走不了幾圈全身就汗淋淋的，像是天雨淋溼一般。接著走下去，準把牠壓趴下不可，看來騎著公羊趕路肯定不行。費了不少時日和氣力，伯益就弄懂個事理，公羊不受騎。

　　公羊不受騎，那騎什麼？伯益只好調教野豬。野豬的勁頭比公羊大得多。一起頭他不調教野豬是那傢伙比公羊厲害，難對付。羊最乖巧，即使石刀攔在脖子上也只會叫，頂大也就是四蹄亂踢騰。野豬卻瘋野得狠，弄不好就會張嘴咬人。偏偏乖順的羊不能騎，他不得不在野豬身上打主意。然而，一動手就撞到巖壁。七腳八手地費力折騰，連條草繩也沒為野豬拴

■ 第十七章 天堂 ■

到脖子上去。只要人一挨近，那傢伙便又跳又咬，恨不得一口把人吃掉。用唐侯那辦法吧，野豬又不吃草。給牠肉吃，牠也不理不睬。軟的不行，就來硬的。好不容易，幾個強壯的後生將牠按倒在地，拴好草繩。可牽在手裡還是踢騰蹦跳，不待騎上去，就掙斷草繩跑掉了。後生們吵嚷，這傢伙不能騎，別再費力。伯益不急，說再試試。試也白搭，沒熬軟野豬的性子，倒嚇破後生的膽子，一不留神，那傢伙撞倒牽著草繩的後生，張嘴就咬。要不是在場的人多，撲上去得快，倒地的後生不被咬死，也傷得不輕。野豬也不能騎，後生們洩了氣，都嚷叫：「不能騎，不能騎，自古以來哪有騎獸的？快收起這心思。」

這一日，剛巧句木也來啦。看看場景，聽聽後生們的喊叫，他也覺得弄不成。就湊近伯益說：「你還有心勁嗎，要不就早點罷手，省得白費氣力。」

野豬調教不下去，伯益實在懊喪。懊喪是懊喪，可是要讓他撒手，他卻不願意，覺得太可惜。他對句木說：「野豬弄不順溜，咱再挑選別的野獸調教。」

後生們問他，馴啥野獸，他沒有主意。句木感到為難，是啊，這地上跑的野獸那麼多，怎麼就能知道哪個野種乖順能馴？他這麼一說，大夥兒七嘴八舌都說是。說來說去，騎獸這事實在難以再搞下去。伯益是個拗脾氣，見大夥都想散場，他便犯倔，咬咬牙說：「這事非弄下去不可！」

句木朝後生擺擺手，示意不和他爭執，和緩地問：「那今後怎麼調教？」

伯益發狠地說：「咱一種一種地調教，就不信碰不上一種？」

看看他頂真的那勁頭，眾人想笑不敢笑出聲來，這麼折騰，那不是閉住眼睛走懸崖嗎？騎獸的事情還真難弄下去。這事或許不該擱棄，事情剛僵持住，唐侯來了。

見到他，伯益難過地說：「唉，這事沒弄成樣子，給你丟臉啦！」

中卷

　　唐侯安慰他和那些馴獸的後生，丟啥臉，咱這不是走別人踩踏出的山徑，是要探條新路。探新路哪能條條都走通，有啥丟臉不丟臉的。問過情由，他和大夥拉呱開來。唐侯把他擱在心裡的話倒騰給大家。這幾日觀看日頭一閒下，他不由得就想馴獸。天下的野獸多得是，有大有小，有高有低，有跑得快的，有跑得慢的，花樣實在太多。不過，從黃羊和野豬去看，倒可以劃分為兩樣，即綿善的和凶猛的。凶猛的野豬不能騎，惹惱了會傷人。那咱就騎綿善的，可綿善的黃羊也不能騎。黃羊不能騎是因為勁頭小，咱就不能挑個又綿善，又勁大的啊！

　　唐侯說到這裡，大夥都想笑，使勁憋住不敢笑。是啊，孰知道哪種野獸又綿善又勁大？這還不是座繞不過去的大山呀！句木趕緊說出自己的疑問：「那咱怎麼挑？一種一種地去試？」

　　見句木犯疑，唐侯明白這不是他一個人的心思，就說那可不成。我思謀這野豬和黃羊，一個凶，一個善。凶狠的野豬是吃肉的，見了比牠小的弱的都想吃；綿善的黃羊不吃肉，只會吃草。你們想一想，是不是地上所有吃草的野獸都綿善呢？唐侯這麼一問，還真把大夥兒問得張不開嘴，孰也沒有這麼想過啊！不過，一眨眼睛，每個人都有些亮豁，唐侯說得在理。伯益一掃愁容，興奮地說：「這就好挑啦，咱專找吃草的大傢伙。」

　　眾人都說這是好主意，唐侯便安頓句木、伯益帶領後生們去捕獸。大夥兒的疑慮一消散，說說笑笑好不開心。

✦ 64

　　大王病了。

　　從濮河天浴回到宮中，大王四肢顫抖，一個勁地嚷冷。躺在鋪上，蓋著兩層葛麻被，捂得不留縫隙，他還是嚷冷。手摸上去，身子卻火燙火燙的。

第十七章　天堂

巫咸來到大王鋪邊，他是被天官重喚來的。瞅瞅大王的臉，摸摸大王的手，按按大王的身子，巫咸禁不住發怔。呆怔一霎，突然往後一倒，直挺挺躺在地上，眼睛圓睜，卻不見瞳仁，只有眼白塞滿整個眼眶。這是去會神了，沒人驚動他，靜靜地等候。大王咬緊牙，使足勁，控制住身體的顫抖，唯恐驚擾了巫咸。

過了一會兒，巫咸撲稜一下坐起，揉揉眼睛說：「大王，天神說你的膽沒帶回宮中，丟在濮河裡，要祭河撈膽。」

「哦，怪不得我直發抖，是沒膽了。那就快祭快撈吧！」大王張張嘴，要大笑，沒有發出聲來。

天官重對巫咸說：「事不宜遲，膽要流遠就難撈了。」

巫咸說：「沒流遠，大王的膽不願離開，在濮河灣裡來回轉著尋找大王哩！」

天官重和巫咸沒再多說，趕緊分頭準備。

日頭落山的時分，濮河邊搭起座祭壇。祭壇很簡單，用現成的木棍支起一個高座，座上放著一個不小的石鼎，裡面裝上了河邊疏鬆的沙土，用來插燃木香。祭壇的兩邊各有一堆高高的柴草，是為河神照亮的。柴草邊站著披掛樹葉的火手，火手身邊圍著一群赤身裸體的壯男，這些壯男就是將要下河撈膽的水手。不遠處拴著一頭黃牛，黃牛仍在低頭吃草，牠不知道吃草已沒任何用處，一會兒牠就要成為獻給河神的犧牲。牛吃得很是安閒，河灘上的一切物什都籠罩在這安閒中。

眨眼間日頭不見了，像是突然墜落下去的。

多少歲月後，那日在場的人仍有些驚異日頭的墜落，落得那麼突然，一眨眼便不見了。日頭落了，噴薄的紅光卻久久不散，而且紅得非常扎眼，像是噴濺了一地血光。不光是地上，河裡也是，血紅血紅的。彷彿那汩汩流動的不再是河水，而是鮮紅的血液。河裡的血色泛著亮光，映照得

地上更紅更紅。土紅紅的，草紅紅的，連那高聳的樹木也披上了紅裝。最為紅的是那頭牛，紅成了一團血。牠不再吃草，仰頭向天叫喚一聲，又叫喚一聲。叫聲未消，有人走近那牛，牠的眼中流下兩行淚水。那淚水也被映紅，血一樣的紅。

滿天的血紅尚未消退，火手敲打起石塊，火星濺在草上，草燃起來，柴也燃起來，烈焰騰起飛煙的紅光。紅光照亮了寬闊的河灘，祭河的人全身火紅火紅。天官重朝著濮河高喊：

「祭祀河神——」

巫咸高舉一株櫨柴走近火焰，往裡一插，隨即點燃。他緩步走到祭壇前，將櫨香向上舉動三次，然後恭恭敬敬插在石鼎中，跪地連連磕頭，放聲祈禱：

在水之央，

神靈吉祥。

捕捉遊膽，

還吾大王。

祈禱完畢，起身朝那頭牛走去。他挽起牛繩，牛順從地來到河邊。

天官重又喊一聲：「獻禮給河神——」

牛回過頭，朝岸上的人群高吼一聲，緩緩朝河裡走去。突然，那牛狂奔起來，濺得水花飛揚。飛揚的水花也迸濺著血色，紅得閃亮。是巫咸在一霎間掏出祭刀，抬手刺向那牛。牛繩掙斷了，牛的脖頸被利刃穿透。鮮血，比火光還要紅烈的鮮血向兩側噴濺，濺得河裡的水花朵朵飛紅。眾生跪在沙灘瞅著眼前那血紅的流水，好多人驚奇地張大了嘴。一眨眼，牛不見了，水花不見了，水面恢復了平靜。平靜地流淌著一河刺眼的血光。

天官重高喊一聲：「為大王撈膽嘍——」

聽見喊聲，四個水手跑到下邊的河灣，張開牛皮大囊，貼著水面托舉

著。其餘水手躍入河中，張臂伸腿，上下打撈。說也奇怪，就在水手滿河撲騰時，一條小魚飛身跳起，不偏不倚可巧落在皮囊當中。張囊的水手連忙合住皮囊，大叫：「王膽入囊啦！王膽入囊啦！」

河裡的水手不再打撈，跳躍著喊叫：「撈到王膽嘍，王膽撈到嘍！」

河灘上的人們聽到喊叫聲，無不興奮，隨著喊道：「撈到王膽嘍！」

持囊的水手跑上岸來，走在前頭，眾人緊跟在後頭朝回走去。櫨柴燃起的火把照著興奮的人們，人們隨著巫咸一遍又一遍地使勁吼喊：

在水之央，

神靈吉祥。

送還遊膽，

回歸大王。

吼喊的聲浪響過王屋峰，響到王宮。王膽被巫咸接過托舉進宮裡去，眾人才悄悄散去。

天官重三腳兩步跳進宮中，早忘了大王是在靜靜地躺著，按捺不住喜悅，急切地說：「大王，大王，你的膽撈回來啦！」

「哦！」大王好不激動，他要坐起，沒撐穩手臂，又倒在鋪榻上，天官重趕緊扶起他，大王連連說：「好，好！哈哈……」

大王笑出了聲，可是那聲音不再洪亮，沙啞得如同一隻公鴨。

不大會兒，巫咸端上那條煮熟的魚。大王睜眼一看，雙手捧起湯碗，張大嘴，一仰脖子，連湯帶魚吞下去。巫咸跪地祈禱：

膽歸王體，

大王消疾。

恩謝河神，

恆久祭祀。

■ 中卷 ■

　　這一夜，大王沒有再發抖，睡得迷迷糊糊。迷迷糊糊見到一個和他模樣差不多的人，頭髮比他還白，還少；鬍鬚比他還密，還長，卻沒有一點憂慮，笑瞇瞇的。一看那笑容就清楚不是浮在臉皮上的，而是從心底發出的。他真舒心呀！大王好奇地問：「你是孰？」

　　那老頭笑而不語，大王又問，他才微微啟動嘴唇：「天機不可洩漏，念及你勞頓一生就告訴你，我是天神。」

　　大王好不驚喜，早就想面見天神，一直沒見上，今兒總算如願了，他喜不自禁地說：「哦，可見到了你老人家。」

　　「該見啦，你治理天下，憂勞一世，該安歇了。來吧，到天堂逍遙度日吧！」

　　天神說著話，笑瞇瞇看著大王。大王從那口氣和笑容中看到他一生沒有白操勞，討到了天神的喜歡。天神都來邀自家去過逍遙日子，這是多麼難得的好事啊！他趕緊下跪磕頭。

　　抬起頭時，已經騰空而起的天神，仍然笑瞇瞇地看著他。

　　大王睜開眼，常儀和慶都在身邊。屋裡光燦燦的，日頭已經很高。常儀喜喜地說：「大王，你醒了？」

　　「醒什麼？我沒睡，是去見天神啦，哈哈！」大王沙啞著聲音興沖沖地說。

　　「見到天神了嗎？」常儀和慶都無不驚奇。

　　「見到啦，我要去天堂嘍，天神請我哩，哈哈！」大王樂呵呵的。

　　常儀搶著說：「那我們呢？」

　　慶都也說：「是呀！我們怎麼辦？」

　　大王拍拍頭顱說：「瞧我，昏頭啦，忘了你們！這麼吧，我先走，到天堂安頓好，你們再來！」

　　常儀一扭臉：「不，我要跟大王一起去。」

慶都沒有說啥，眼圈紅了，轉過臉去，連連擦眼睛。

這時，天官重進來了。大王讓常儀和慶都出去，將天神的意思告訴他，要他召集宮官。天官重明白他是要交代後事，轉身要走，又被大王叫住：「把地官黎和摯他們也喚回來！」

重又問：「棄他們呢？」

「都告說，讓回來，全回來！」

✦ 65

說來很怪，正在巡視的摯這日心煩意亂，不願意再往前走。他把地官黎叫過來說：「咱回吧！」

地官黎奇怪地問：「孺王，不是說再巡視幾個族嗎？」

孺王皺著眉頭說：「我不想去啦！」

說著話的樣子憫憫巴巴，啥會兒見過孺王這麼沒精打采啊！自從巡視以來，他精神頭最大。地官黎又問：「孺王，為什麼啊？」

孺王說沒啥原因，就是不想走啦！地官黎不免有些生氣，但還是按照孺王的意思喊住巡隊回返王垣。沒走多遠，王宮傳令的差役趕來了。孺王一聽，滿眼流淚，急火火往回趕。地官黎更為奇怪，奇怪這孺王好像預先就得知父王病重。

唐侯卻沒有一點預兆。

這日一早，唐侯要去望日峰。天稍稍不寒，羲仲與和仲就在望日峰安下家，省得每日來回跑動費時。唐侯不能住在這裡。他還有族事，每日安頓過就跑來和他們一起觀天合計。今日未出堡門，卻見族人亂糟糟地往馴獸場跑。他沒有在意，調教野獸是個新鮮事，一開頭就有不少人喜歡到柵欄前看熱鬧。後來聽說伯益他們捕到了一頭毛驢，大夥兒都說瞎鬧騰，他

中卷

放心不下，和放齊趕過來。看見毛驢，眾人無不發笑。嘿嘿，啥時候獵手捕過毛驢呀？這傢伙骨架大，皮毛厚，還沒多少肉，孰也不願意費力捕牠。就是要騎，那麼大的個頭能調教順嗎？伯益給族人說：「別看這傢伙個頭大，卻是吃草的。」

吃草的就能調教？族人頭一回聽人這麼說，都不相信。伯益告訴大夥兒，這是唐侯揣摩出的。眾人不信也不好意思再說別的。就有小仔上前撫摸毛驢，這一摸可不得了，那傢伙又咬又踢，嚇得近處的人慌忙後跑。毛驢踢踢踏踏好一陣才安順下來，後蹄踢起的黃塵像煙霧一樣飛起老高。看這情勢毛驢還真不一定能調教，弄得伯益也發毛。

這時，唐侯和放齊走上前來。被毛驢嚇得退後去的人都嚷：「別費力啦，這傢伙怎麼能讓人騎！」

唐侯一露面，伯益就說：「唐侯，快看看這傢伙能不能調教？」

唐侯沒有接話，只是上下打量。伯益又說：「我們沒有走眼，這傢伙可是吃草的。」

看過一霎，唐侯才說：「是吃草的就行，馴馴再說。」

話音剛落，毛驢揚起脖頸放長聲「嗚──啊──，嗚──啊──」地吼叫。這一吼，震得耳朵都疼，大夥兒嚇得摀住耳朵又往後躲。伯益也吃一驚，擔心地對唐侯說：「你再看看，若不行我們另捕別的野獸吧！」

「我看馴馴再說。」唐侯這麼一說，旁邊的人都睜大眼睛犯疑。

句木張口發問：「唐侯，你不怕再白費氣力？」

唐侯笑笑說：「我看不會。」

「怎麼看出來的？」

「你們看，這傢伙的眼睛不是長在前臉，而是長在兩邊。」唐侯為大家指說，見還有人搖頭，又耐心地解釋，「不知大家留心過野獸嘛，眼睛長

第十七章 天堂

在兩邊的都性軟，牠是要看幾面的動靜，覺得不對頭隨時撒腿就逃。要是個厲害鬼啥都不怕，眼睛準長在前頭。」

哦，是這樣，眾人聽得點頭髮笑。伯益不再擔心，連忙說：「那咱就馴馴看。」

伯益打消顧慮，和後生們轉著圈開始磨毛驢的性子，唐侯便趕往望日峰。一路上眼前晃動的全是羲仲他們刻劃的道道圈圈。連日來他暗暗數過不止一次，怎麼數羲仲說得都對，一載十個大日也輪轉不回來，應該是十二個大日。看來祖先的定規真搞錯了？這可是件大得不能再大的事情，他不敢輕易斷定，悄悄思索了一日又一日。這天，上到望日峰，他又將那些道道圈圈數過一遍，還是十二個大日。他實在憋不住了，把自己的想法告訴羲仲。羲仲一聽差點跳起來，他說：「唐侯，你不說我還真不敢開口。怎麼會是十二個大日呢？我覺得這個數不齊整，一直吃不準。」

羲仲的說法對他的心思，唐侯欣喜是欣喜，卻也不敢斷定，就說：「這事太重要啦，咱沒有把握千萬不要往外說。」

和仲、唐禾也點頭說是，羲仲咬咬牙說：「咱好好數數再說。」

唐侯於是又和他們埋頭去數。正數得專心，就聽有人叫唐侯。唐侯回頭一看，是放齊領著個陌生人爬上峰來。唐侯趕緊迎上去，才知道是王宮來的差役，父王病重要他回去。他慌忙給羲仲交代幾句，匆匆跟著來人就往族堡走。路上，他給放齊說道些族裡緊辦的事情。回窟拿點途中緊用的東西，轉身就走。

唐侯匆匆趕路，孺王和地官黎匆匆趕路。

然而，大王沒能等到地官黎和孺王回到宮中，更沒等到唐侯和其他幾個兒子。

自那日見過天神，天堂就成了大王的嚮往。他渴望再見到那位和善的天神。往日他頭顱裡的天神不是這個樣子，挺威嚴的，讓他這個地上的領

247

袖懼懼的。但那日一照面,根本不是他想的那模樣。天神真和善,去他身邊享受逍遙時光,該多好呀!

這幾日,一閉眼大王就到了天堂。天堂裡的景緻和人間沒啥兩樣,有山有水,有花有草,還有高大的樹木。天堂的神和地上的人也沒啥兩樣,有男有女,有老有少,也有一個個的家族。不同處在於,天堂的日子不熱不冷,總是那麼溫暖,花常開,草常綠,樹常青。因而,天堂的人都是快樂的神仙,神仙們不憂不愁,長生不老。日子過得比地上美多啦!

大王的心走了,早隨天神到了他嚮往的天堂,他不願再待在這喧鬧的塵世。他要天官重把宮官都喚到鋪前,還有常儀和慶都。天官重想讓大王等一等,等地官黎和孺王歸來,最好把那幾個兒子也等到。大王說不再等候,他煩夠啦,不願再受塵世的煎熬,要趕早去天堂。天官重就只好按他的吩咐喚人。

宮官先後到來,一個一個挨近鋪前見過大王,看看他的容顏,臉色泛紅,紅得有些過頭;握握他的手,青筋泛熱,熱得也有些過頭。沒人敢驚擾大王,看望過靜靜候在他的身邊。

大王朝著眾官笑笑,他要笑出往常的模樣,使的勁不小,臉上的紋線卻只微微一皺,喉嚨裡發出的笑聲只有點哈氣的意思。好在大家都熟悉大王,明白那就是哈哈的笑聲。笑過後,他說:「天神請我去天堂,我要走啦,哈哈哈!」

大王說著,眨眨深陷下去的眼睛,鋪前的人都感到寒森森的。常儀禁不住眼睛發溼,慶都趕緊轉過臉去,她不願讓夫王看到她的憂傷。她憂傷就憂傷吧,別讓夫王也為她憂傷。大王沒有留意大家的臉色,更沒有在意常儀的淚水、慶都的憂傷。他接著說:「我走後,天下的事就由摯來管吧⋯⋯你們看呢?」

宮官們的眼睛盯著大王,一個好端端的人,前數日還活蹦亂跳,下河

第十七章　天堂

天浴，入林合歡，怎麼能突然間就衰弱到這般地步？大家木木地站著，沒有一個人接話。大王以為宮官有別的想法，歇口氣又說：「原先想過讓放勛來管天下，看來不行，唐族就把他拖住啦！管一個族他都吃力……」

說過這話，大王的目光盯住天官重。天官重明白大王是對他們有些顧慮，連忙表示：「大王定孰，我就幫扶孰。請大王放心。」

榻邊的人齊聲說：「請大王放心！」

大王笑啦，哈哈大笑，可是聽到這笑聲的只有他一個人。眾人只看到他全身顫抖，慢慢閉住眼睛。宮裡的人靜靜待著，等待睡著的大王歇會兒醒來，再說點什麼。然而，大王的兩隻眼睛一隻也沒有再睜開。

站著鋪邊的宮官身上冷冷的，直想發抖。天官重硬忍著，實在忍不住了，冒著攪擾大王的過失跨上前去，輕輕握住大王的手。剛才還滾燙滾燙的手已經泛涼，他禁不住「唔」出一聲，瞪大眼睛。鋪邊的人看見他的眼神無不驚懼。

常儀和慶都幾乎同時撲上去，倒在大王的身上，發出撕肝裂肺的哭聲：「夫王，你怎麼就這麼走啦！」

「夫王！你怎麼忍心丟下我們呢？！」

大王沒有應答。

大王不會再應答了。

……

孺王摯催著地官黎和巡隊的人緊跟慢趕，也沒能再和大王說句話，只趕上那陣撕肝裂肺的哭喊。

唐侯趕到王垣，兩扇條編的大門已經扳倒，不用問父王辭世了。他兩腿一軟，癱倒在地上。

■ 中卷 ■

下卷

■下卷■

第十八章　稱王

✦ 66

　　當大王的念頭，摯在心裡頭不知盤算過多少回。

　　看見父王指撥身邊的宮官，他就羨慕，羨慕那做派，大小人他都能撥拉得團團轉；聽見有人說這是大王的命令，他就垂涎，垂涎那威嚴，只要是父王說出的話，孰都得照著辦。多少回他迷迷濛濛當了大王，還在迷濛中指撥別人，醒來時他才清楚是在夜裡。他有些遺憾，遺憾天會大亮，黑夜會過去，要不他還能多過一把大王的癮。他甚而瞎想過，父王也要睡，睡著了，那大王的位置不就空著嘛，哪怕讓他填補黑夜的空缺他都情願。情願不睡覺去指撥天下的人們，天下的事情。想過也就過去，他明白這是瞎想，當然不敢給父王說。越是不說，越是憋得慌，他真怕父王把大王的寶座讓給其他兄弟，恨不得從肚子裡頭再長出一隻手，一隻孰也看不見的手，雖然看不見，卻能靈動地使用，就用這隻手把父王的心思挖出來，看一看他是不是真的讓他當這個王。

　　別看這隻手沒長出來，挖父王心思的法子他卻想了出來。這一趟巡訪，他爭到個孺王的名號，掂量出父王對他沒有二心，他有了當上大王的把握。把握有是有，可不坐到那寶座上孰知道會有啥變故？只有登上王座才算可靠呀！這麼一想他就有些自責，父王不殯天他就不能繼位。這不就等於說，他急著要父王早死嗎？想到這裡，就暗暗罵他是孽種！罵過趕緊把當王的念頭沉到深處不再去想，可是剛轉個身，遛個彎，這念頭又泛了上來，在頭顱裡鬧嚷嚷的。

　　好些日子，他就這麼鬧嚷嚷地往過熬。熬得艱難而漫長，不知要熬到

第十八章　稱王

哪一載才能當上大王。

天下許多事情總是神神怪怪的，無論人們怎麼挖空心思思索，總難把裡頭的奧妙猜透。彷彿是打了個盹，痛哭一場後孺王摯就坐上了那個主宰天下的寶座。

當大王這事來得太突然。孺王從痛哭的暈厥中醒來，天官重和地官黎就與他合計如何繼位。他淚水盈眶，眼前的一切都迷迷糊糊的，迷糊的好像又在暗夜。抹把淚仔細瞅瞅，斷定這是在白晝，王位他已唾手可得。他盼了這些載，熬了這些載，不就是等這一天嗎？他真想立即應承，一把將王座拽過來壓在屁股下面。可他沒有這麼做，這麼做的是傻瓜，他才不做呢！他連聲推脫：「孺王不才，還是讓其他小弟當大王吧！」

天官重對他說：「那可不行，讓孺王繼位，是大王命定的。」

「父王讓孺王當，是抬愛我。可我自知無能，還是從諸位小弟中選賢吧！」他仍然推脫。

不等天官重再開口，地官黎勸他說：「孺王別為難我們啦，大王的成命不能更改。」

孺王沒有點頭，停頓一下才說：「那就緩過幾日吧，父王初歿，我立刻就位不妥吧？」

天官和地官都說，那可不行，天下不能一日無王，孺王早些就位主事，免得生出變亂。聽到變亂，孺王暗暗吃驚，是的，夜長鬼多，若是擱個三五日，當真冒出來個頭目推舉其他小弟，那不把他晾到了乾岸上？想到這裡他不再虛意推脫，滿口應承。

繼位本來是件大事，應該選個吉日，搞個大典。只是大王的屍骨還沒殯天，不宜鋪張喧鬧，因而簡單行事。次日大早，宮官全都進宮，分別打坐兩側，天官重、地官黎坐在王位的兩邊。往常，這當中的座位上坐著大王，可今兒個卻空缺無人。看著空落的王位，想想先前開朗精明的大王，

■ 下卷 ■

宮官們無不憂傷。

等到宮官到齊，天官重即領著大家跪地叩首，哀祭大王。祭畢，他說：「大王神歸天堂，天下不可無王主理。大王臨終遺命，王位由孺王摯接續。諸官可有非議？」

此時，孺王在下面如跪芒刺，他那顆心跳得快要從嗓子眼裡蹦出來。所幸天官重一說畢，地官黎當即呼應：「遵奉王命，沒有非議。」

眾官都緊跟著將地官黎的話重複了一遍。孺王頓時滿身輕鬆，簡直能飄忽起來。天官重見沒有異議，即推舉他登繼大王寶座。孺王恨不能一步跨上王座，只是這樣，就有些急不可待。他就是精明，一眨眼忽閃出個法子。站立起來，他沒有往前面的王座邁步，轉身卻向宮門口走去。天官重連忙呼他：「請孺王上前登座繼位！」

孺王轉身說：「孺王不賢，難遵父命，請諸官從小弟中舉賢。」

眾官都說，孺王就是大王選定的賢才，快登寶座吧！孺王停下腳步，沒有再往外走，也沒往寶座前走，一時有些冷場。地官黎和孺王出巡一趟，立即猜透了他的心思。他站起來，說：「諸官起身，將孺王抬舉到王位上去！」

眾官紛紛上前來抬孺王。起初，孺王還有些推扯，虛晃一下就乖順了。宮官七手八腳將他抬上前去，擱在王座上。待他坐好，天官重即招呼諸官跪好，宣布：「諸官跪拜大王！」

跪拜畢，天官重請摯王頒命。摯王按捺住內心的喜悅，憂傷地說：「諸位宮官，父王不幸過世，孤王傷悲難言。先前，父王總領天下，四海安定，子民無憂。今日，按父王遺命，諸位抬舉我登座，我生怕能力不濟，有負眾望，還請諸官獻智理事。當下，就是要齊心協力送父王殯天。」

說著，淚水流出眼眶，掛在臉上。見摯王流淚，宮官都受到感染，暗暗動情。摯王說完，朝天官重和地官黎看看，他們都說無事，繼位儀式即

告結束。諸官出宮時都說摯王精明，先王選對了人。原先傾向唐侯當大王的天官重，看看摯王謙恭地舉止，也覺得他挺合適的。

✦ 67

這幾日最高興的莫過於歡兜。

歡兜是因為孺王當上大王而高興。那孺王還不比歡兜高興呀？孺王成為大王當然很高興，可是頭上還籠罩著一團亡父的愁雲，高興也不敢流露出來。歡兜沒有這愁雲，沒有這顧慮，他的高興就掛在臉上。隨孺王巡訪一趟，和他的脾氣越來越相投。一轉眼這位孺王就變成大王，總領了天下。嘿嘿，只要不忘舊交，那就有自個施展本領的日子。不用說，歡兜的高興勝過摯王！

歡兜正獨自高興，孔王找上門來。孔王個頭不矮，臉盤不小，眼睛卻不大。別看眼睛小的就像酸棗刺劃開的一條縫兒，可那縫兒裡射出的光卻亮豁著呢！孔王站到歡兜面前，什麼話也沒說，歡兜就從那條亮縫裡看出他的心思。他肯定是要見摯王哩！這回出巡，本來摯要把他倆都帶上，地官黎說巡隊的人已不少，途中的吃住都有人安頓，他要帶侍從，帶一個就行了。三個有頭，萬個有尾，帶一個當然只能帶最貼心的歡兜。這麼一來，孔王受了冷落。

回到王垣，歡兜先去看望孔王，還好，他沒有嗔怪。歡兜說些巡訪的情形，他聽得津津有味，眼縫兒的那光更加燦亮。他倆談得很投機，都是一個心思，盼望孺王能變成大王。如今，這盼望變成事實，孔王也很高興，就跑來和歡兜合計要見摯王祝賀哩！

歡兜想露點精明，一語說破孔王要見摯王的心思。孰料孔王卻不緊不慢地說：「這不合適吧！你說咱見到摯王說啥？說喜慶的話，人家剛死了

老子；說傷心的話，人家剛當上大王。說啥都不妥當。」

「哪有那麼多顧慮，他再當大王，過去也是哥們，還是見見為好。」歡兜說過，才發覺怎麼成了他急於要見摯王，還說服孔王也去。

孔王像是被他打動，瞇著眼睛說：「那咱就去見，要是討個沒趣，這可是你的主意。」

「是我的！」

倆人入宮時，摯王正犯愁哩！不當大王，想當大王，當上大王，才知道這大王要當成父王那樣真不容易。往常有啥事情，都是父王拿點兒，天官和地官應聲去辦，其他人只剩下點頭的份。現在自個坐在王位，天官和地官卻變成了父王，大事小事都是他們拿點兒，他倒剩下應聲點頭的份了。眼前最大的事就是父王殯天，怎麼個殯法？他沒有一點兒招數。天官重說要日日守靈，父王的屍體前不能離人，他應聲；地官黎說，屍體前要點長明火，到殯天大典過後才能熄，他點頭。天官重說要派巫咸去選陵址，他還應聲；地官黎說要準備祭祀用的犧牲，他還點頭。起初，他們說啥他聽啥，應啥。聽著，應著，不由得犯開謀劃，這麼聽下去，應下去，豈不顛倒了？倒好像天官、地官是主事的大王，大王反倒變作個宮官。他就謀劃怎麼生發個事情讓天官和地官應應聲，點點頭。他謀劃了好幾日，還是沒個好主意。歡兜、孔王來見時，摯王就是為這犯愁。

摯王走出宮室，和他倆來到側宮，臉上還是愁煞煞的。歡兜以為他是因為父王的去世難過，就勸慰說：「大王不要太傷悲，先王是被天神請去啦，是去當神，千萬別因為悲痛傷害身體。你現在的身體不是你一個人的，你要謀天下大事，你的身體就是天下人的。」

這話雖然沒有說對摯王的心思，聽起來也挺順溜，摯王心裡挺舒服的。他沒說話，點點頭，臉上的愁色還籠罩著。

孔王眼縫裡伸出的目光往摯王臉上一掃，就看出七八分。但是，摯王

的心思不能挑明,他清楚從小玩大的摯最愛面子,就佯裝不知說:「歡兜說得對,你是天下的大王,要為天下操心。以前,你是咱哥們的領頭,往後是天下的領袖。你說有啥事要我哥倆去辦,拚上命我們都去闖!」

摯王聽得更加舒服,臉上的愁色沒散,卻淺淡下去好多。他說:「還是哥們貼心,眼下沒啥別的事,就是送父王殯天。」

他還想說說這幾日的感受,話到嘴邊卻又嚥下去。畢竟當上了大王,即是聯手也不能讓他們看出自家的無能。

摯王話音一落,歡兜隨即表示:「有事大王就招呼,我倆隨喚隨到,保證把事辦好!」

孔王說:「是這樣。先王殯天是件大事,王宮裡外的人都長著眼睛,不說話卻在看大王的能耐。」

摯王心頭一忽閃,這小子賊精,摸到了我的癥結。他睜大眼睛瞅住孔王,只一剎那,目光匆匆移走。他點點頭,還是那愁煞煞的,愁得讓人感到還是因父王殯天憂傷。孔王卻從那一閃而過的目光看透他的心思,證實自己的猜測沒錯,要是給他個點子,摯王不說感激,肯定心存感激。就說:「我聽老輩人說,守靈是件大事。你要行孝守靈,卻不能死守,要騰出空子謀劃大事。」

摯王聽得眼光一亮,他沒張口,就聽歡兜說:「對,對,讓那幾個小弟死守就行,你要抽身走動走動。」

歡兜說出了摯王的心意,他沒有贊同,也沒有反對,淡淡地聽他把話說完,又將目光對準孔王。那目光像給孔王鼓勁,孔王張嘴即說:「先王殯天要辦得風光,不能草草了事。」

他還想說什麼,卻不知怎麼說為好,便頓住。歡兜著急了,催說:「快往下說,怎麼才算辦得風光?」

摯王知道這麼催說不頂用,便將天官重和地官黎這幾日說過的選陵

址、堆土塚，在地下做成一個王宮的主意都說出來。他一停口，歡兜就說：「大王這主意不錯，宮室裡不能空著，要像活著那樣擺好一應用具。」說到這裡，歡兜一看摯王，見他點頭，又來了興致：「大王喜歡聽歌，墓室要放上樂器。」

摯王聽出些味道，眼裡露出笑意。這當口孔王卻不說話，好像生出什麼點子。摯王瞅住他，說：「別猶豫，有啥就說。」

「那我就說了。」孔王還在猶豫。

「說吧，錯了也沒事。」摯王催促他。

孔王上牙一咬下唇，像是下定決心，說：「先王功勞蓋世，在凡塵侍者常伴，升到天堂也不能沒人相伴。要是讓先王一人升天，天神們會嘲笑咱先王孤單……」

他咬了咬牙，還是沒有說出後頭的話句。不過，不用他再動舌頭，歡兜已接上嘴：「這還不好辦，陪葬些侍者就不孤單啦！」

「是這樣。大王看妥不妥？」

摯王想說這主意好，話到嘴邊變了詞，像是他深思熟慮過的：「我也是這意思。回頭，我將宮中的侍人給父王陪葬。」

歡兜截住摯王的話頭說：「這也行，不過，我覺得這樣不足以顯示大王新任的威風。應該頒令讓各族各堡都獻傭士，這樣才能威震天下！」

「好啊！」

摯王聽得興奮了，滿臉的愁雲散去，順嘴誇獎出來。誇出聲，才覺得有些冒失。還想繞幾句什麼話遮掩，偏在此時宮人進來，說天官有要事求見。他打發走歡兜和孔王，返回正宮。

✦ 68

　　天官重進宮已有一會兒，幾乎是摯王前腳去側宮，他和巫咸後腳就進來。

　　巫咸剛剛選好陵地回到王垣，一身風塵，頭髮散亂，滿臉都是睏倦。他萎縮著身子站在壯實的天官重身邊，越發瘦小。

　　這幾日，巫咸翻山越嶺，跑過好多地方，才選下個陵址。睏倦是睏倦，卻很為興奮。那興奮是一種得意，得意為王族辦了件大好事。要在往常得意早就掛在臉上，現在上了歲數，縱橫的皺紋可以將這些得意隱藏在裡頭。這事大王有過交代，要巫咸在王屋嶺下為他選一塊陵址。有大王的指點，他就沒往別的地方著眼。在王屋嶺下一轉，只有臥虎坪風水還行，可缺陷也不小。缺陷不在背後，而在前頭。背依山嶺，高峰聳立，先祖完全靠得住。只是，山峰之下土地狹小，不夠開闊平坦。這麼一來基業就難以長久延續，後代不濟呀！他登上峰頂，朝遠處一望，只見王屋嶺往西，山峰連綿，樹木蔥綠。說不定那裡會有好地盤，這麼想著，他邁動腳步，翻山越嶺來到崇山西面。

　　這一趟沒有白跑。崇山腳下土地開闊，平坦坦延展開去，一眼望不到邊沿。遠處還有一條泛亮的汾河，流動的清水讓這裡靈氣勃發。背後山石高巍，堅固可靠，能夠遮風擋寒；前頭地勢平坦，綿延無垠，還有清水潤澤。這真是塊少見的風水寶地，將大王安葬在這裡祖業可以永續不斷啊！

　　返回王垣，巫咸將選陵的情形告訴天官重。天官重聽過沒有定點，領著他來見摯王。摯王不在宮裡，他著人去靈臺看過也沒有，轉回來才在側宮找見。摯王進來，巫咸按住得意報說一遍，天官重請他定點。聽說崇山那邊風水最好，有利於永續王業，摯王就打定主意。本應點頭決定，可再點頭他就好像又鑽進他們編好的圈套。摯王沒有點頭卻反問：「這麼看，

■ 下卷 ■

王屋山麓是不能安葬父王？」

天官重回答：「崇山那邊風水要比王屋山麓更好。」

巫咸也答：「大王要就近安葬父王，那臥虎坪也不錯。」

待他倆都答過，摯王揮手做出決定。這決定讓重和巫咸都有些意外。他說：「要遵父王之命，就選臥虎坪。可要是定在這裡，斷送掉父王的天下業績，那還是不遵父命……」

說到這裡，他不再往下說。天官重和巫咸都看著他，看著這個剛剛登位的摯王有啥兩全齊美的辦法？他們還真沒想到這個摯王不可小看，只聽他說：

「這麼吧，咱兩塊陵地都用。王屋山前是父王選中的，安葬他的屍骨。崇山麓風水好，安葬他的衣履。你們看，如何？」

這主意還真不錯，天官重和巫咸哪有不同意的？陵址就這樣確定。他倆正要退出，又被摯王叫住。他心情沉重地說：「前幾日父王初逝，孤王我悲傷難熬，什麼也顧不上，喪事全賴你們。今兒靜下心一想，我覺得父王為天下操勞一生，功勞蓋世，他要升天，咱得把他的殯天禮儀辦好，不能辜負父望。」

「那是，我們盡力去辦，大王有啥就交代。」天官重真誠地說。

巫咸沒張嘴，只是點頭。摯王這才把孔王那陪葬的點子說給他倆。天官重聽得頭顱發疼，他不是沒想過這事，這要傷害人命，就不敢出唇。摯王說完將目光投向巫咸，巫咸趕緊順桿爬蔓：「應該陪葬。聽說當初軒轅大王殯天，就陪葬過不少傭人。先王功勞不比軒轅大王小，也是殯天，不能讓他缺少侍傭。要是沒有，先王升天會讓天神輕看。大王這主意好！」

巫咸說完天官重沒有接口，摯王知道他另有看法，卻還是問他：「天官，你看呢？」

天官重答道：「陪葬要坑埋活人，我看再掂量掂量吧！大王初繼王位，

不宜結怨。」

摯王隨即反駁:「這是結什麼怨呀!陪葬的事古已有過,巫咸不是說先祖就陪葬過嗎?」

「軒轅大王是陪葬過,可那陪葬的是蚩尤手下的歹徒。當今天下太平,我們陪葬啥人都有冤情。」天官重解釋道。

天官重說得有理,巫咸想要隨聲附和,未及張嘴就聽摯王說:「那你說,就讓父王孤獨升天,惹得天上的那些小神都恥笑他?」

天官重沒有回答,憂心地問:「那大王考慮陪葬啥人呢?」

見天官不敢僵持,摯王心勁更大了:「要陪就陪天下人,讓各族各堡選送。」

這真把天官重嚇得不輕,他身體不由一晃,慌忙說:「讓天下各族選人,驚動的哪族也不得安生,我們得罪的人可就太多了。」

巫咸驚得眼角上挑,感到摯王還是嫩些。本想勸他幾句,可就是那一挑,看到摯王的臉色輕佻,根本沒把天官重的話當事,匆忙忍住。只聽摯王說:

「就是要讓他們都選送。我初繼位當王,看看他們哪族敢有二心,不聽王令!」

這不是明擺著給王族找對頭嗎?太草率,也太輕狂。天官重想說這話,瞅一眼摯王那自得的樣子,換個口氣說:「大王,不要急於定點,還是再掂量掂量吧!」

摯王掃一眼天官重,見他心事很沉,便有些得意。心裡說,怎麼樣,聽由別人擺布不好受吧?這幾日你們不就這麼擺布我嗎?他果斷地說:「不用掂量了,就這麼辦吧!」

天官重不好再說什麼,猶疑地往外走。快到宮門,迴轉身又說:「大王,先王初喪,你盡量多在靈臺守孝。」

挚王回应知道，心里却在转，还想将我拴在灵台啥事不问，任由你们摆弄吗？没门。他应声时摆摆手，已不耐烦。

天官重和巫咸出去后，挚王思谋陪葬的事应由地官黎办。巡访时他事事精细，相信将这事托付给他也会办得滴水不漏。孰料唤进宫来一说，他和天官的看法像是一个模子脱出来的。挚王不是死脑筋，何必要强扭这不甜的生瓜蛋子呢！一转念头，他告诉宫中诸官，令欢兜和孔壬入宫当差，先管陪葬选佣这事。

第十九章　陪葬

✦ 69

　　日頭仍如往常那樣，新新亮亮從東山梁升騰上藍天，唐氏堡裡光燦燦的。

　　粟禾種完後，已出了苗，長得比過去都齊整。吃食不再熬煎，唐侯派放齊借來不少粟穀，頓頓裝得肚子圓圓的。族人見面都喜喜的，閒在堡裡說說笑笑。

　　族人的喜悅感染了放齊，他凝結在心頭的不快沖淡好多。去王垣向大王借粟，他窩著一肚子火氣。明明知道大王在挑選繼位人，明明知道大王對小弟有點偏愛，可是他就是不聽勸告，硬要向大王借粟，硬是斷掉自個的後路。不用說，唐侯當王的機遇就這麼錯過了，真讓放齊惋惜。

　　不僅放齊惋惜，聽到的人都惋惜。那日后羿昏睡時，放齊去見姑母慶都，她也怪唐侯太實誠，只替眾人操心，就不為自己謀個希望。埋怨又能怎麼樣？過後她又寬慰放齊，放勛心腸軟，花點子少，還是要靠他幫扶。放齊還能說什麼，和姑母倒倒怨氣，胸中鬆豁些就算了。

　　放齊沒了火氣，趕緊來看后羿，真怕他長睡不醒落下個什麼毛病。見他醒過來很是欣喜，平心靜氣將見到大王的情形說給他。后羿聽得直搖頭：「好個唐侯，不考慮你的希望，也該替手下人想想呀！」

　　后羿說話時怨氣挺大，放齊連忙為他寬心：「唐侯還操族人的心，哪能不操咱的心呢！」

　　后羿漲紅著臉說：「操咱的心能怎麼？陶族還大些，日子好過些，到了唐族，就屁股大個地方，能做出個啥模樣？」

263

■ 下卷 ■

　　放齊惦記著唐族的事情要回去，再三勸說后羿相隨著走，他都沒應承。次日，放齊和背粟的族人上路，再約后羿回族。后羿還是沒有走，說要去見散宜王，聽口氣是想在王垣再待些時日，探些風聲。放齊只好先走。

　　回到唐族將粟穀一卸，放齊本該歇息幾日。孰料，立足未穩就有人傳唐侯去王垣，說是大王病重。唐侯一走，把族裡的事情都託付給他，他能鬆心嗎？幸運的是禾苗出齊了，粟米夠吃了，不用操這些心。可是，飯飽生餘事。老頭、老婆吃飽後，閒話著日影就移過去，天黑了。後生們卻渾身力氣沒處使，這不，夜裡頭還有人到處亂竄。族衛碰上，還不聽勸，兩個後生扭打得頭破血流。多虧皋陶鎮得住，將兩人收拾一氣兒才平息了這事。

　　這事了結，該喘口氣，孰料，接下來的這事更讓他棘手的不知該從哪裡抓挖。

　　王宮差人傳令：大王過世，將要殯天，各族速選一個俑士陪侍。

　　宮差傳過王令要走，放齊攔住他急切地問：「大王過世，那孰繼了位？」

　　差人答：「那還用說嘛，孺王當了大王。」

　　這是能預料到的事情，可放齊聽到還是很不順氣。不順氣又能怎麼？要緊的是給先王選送陪侍的俑士。說得好聽，什麼俑士？還不就是要殉人嗎？坑埋活人孰願意去死？這可難住了放齊。他苦苦思索也沒主意，這才覺得若是唐侯在族裡，他肩上就不會壓這麼重的東西。左思右想，沒有招數，趕緊先把木樫叫來合計。

　　放齊說過這事，木樫兩眼直直地瞪著他。放齊指望他能瞪出個主意來，不料他攤開兩手說：「你怎麼不問我種粟禾的事呢？這事我還想問你該怎麼辦？」

第十九章 陪葬

倆人都沒主意,只好將巫首和皋陶叫來合計。巫首聽罷沒說啥,皋陶卻火冒竄天:「這是哪個惡鬼的點子?要不為什麼說該讓唐侯當大王呀,他厚道善良,肯定不會坑害人命!」

放齊心裡不痛快,也像皋陶一樣窩著火,卻不能這麼發洩。他明白這事非辦不可,不辦就等於把唐侯扔進火堆裡。過去不少人盼唐侯當大王,結果摯當了大王。要是唐族不送傭士,肯定有人懷疑是唐侯搗鬼,往後兄弟們還怎麼相處?放齊只得壓住火氣,勸皋陶,也勸巫首。勸過幾句,皋陶不再發火,他讓巫首說說,巫首為難地說:

「這是難事,按往日那麼派差,孰也不會去,都知道這是撂命的事!」

木樫急著催說:「是啊!就因為難,才叫你生個法呀!」

巫首想一想說:「法子倒是有,這要皋陶主事。」

皋陶接口就說:「要我主事,我說不辦。」

「別說氣話。」巫首平靜地說,「要是不辦能行,那倒好了。」

皋陶板著臉說:「我說不辦,不是往後躲事,我去王垣交這差。若是交不下,我就充個數,去給先王殉葬!」

「怎麼越說越不著邊啦?」巫首一聽,提高聲音責怪道。說完看皋陶一眼,見他不再賭氣,又說:「只有挑族裡犯過事的人,孰的罪大,孰就去。所以我說,必須要皋陶定奪。」

「犯過罪的人那還不是明擺著,就是義仲和木殖。」皋陶直截了當地說。

巫首頓時心一擰,但還是說:「那就讓義仲去吧!」

這話一出口,他的兩道眉就往一塊扭。義仲這裡子讓他受的驚怕實在太多,遇到這種事他就禁不住心顫。

「不行,不行,不能讓義仲去!」放齊當即否定說,「義仲那不能算是

265

犯罪，他是在揣摩天神的脾氣，是辦好事哩！當時唐爺搞不清，怪罪他，責罰他，我們不能再犯糊塗！」

皋陶說：「那只有木殖去了。木殖可真是犯了罪，還讓唐侯跟著他丟人。」

議到木殖，放齊、木櫍都沒有別的話說，雖然木殖偷粟是為了族人，可畢竟是偷呀！退一步說，就是偷粟不算過錯，那獵下且承的頭總是過錯吧？又退一步說，族裡再沒人有過錯，那他怎麼也逃不脫吧？巫首明白這木殖怎麼都躲不過一死，可還是禁不住唸叨：「讓木殖去，這等於是剜族娘的心啊！」

說到族娘，幾個人的心揪得緊緊的。族娘是族人的大恩人，人們將她敬得和神一樣，怎麼捨得殉葬她的兒子呢？可不讓木殖去又讓孰去呢？說來扯去沒有別的主意，放齊痛心地說：「殉人這事兒實在傷天害理！」

痛心是痛心，事情是事情，幾個人只能愁眉苦臉地說定：木殖去當傭士。

✦ 70

皋陶他們走後，放齊的心一直提著，生怕殉人的事再弄出個意想不到的亂子。本想將族娘叫來一起合計，可是木殖是他的兒子，弄不成會先將她嚇壞。於是，先打發皋陶去探探木殖的口氣。皋陶剛走，義仲幾個進來，他們帶來的好事卻衝散了放齊的憂慮。

義仲是與和仲一塊來的，身邊還跟著個唐禾。進窟後，和仲一步跨到前頭，往放齊面前一站，笑嘻嘻地說：「哈哈，我們說個喜事！」

放齊連忙接口：「是嗎？啥喜事？快讓我高興高興。」

說著，他臉上的愁色消淡了。就這義仲也看出放齊好像有要緊事，他

第十九章　陪葬

說:「你這會兒有空嗎?我們想和你說說觀天的事。」

一聽是觀天的喜事,放齊來了勁,回答有空。抬頭瞅一眼義仲,只見他窄窄的臉頰有些發胖,膚色也有了點亮光,精神頭蠻好的。義仲還怕放齊是客氣,又說:「你要有緊事,我們改日再說。」

放齊還沒答說,唐禾已忍不住了,催說:「別囉唆啦,快給侯理說吧!」

唐禾的喜色掛在臉上,比快嘴快舌的和仲還亮光。義仲不再猶豫,唐侯走時交代再好好揣摩一下一載十二個大日到底對不對,他說的就是這事。義仲說著,和仲、唐禾不斷插話,時而他倆成了主角。放齊聽得忘了給大王殯天選送傭士的焦慮,隨著他們興奮。

這些天,義仲與和仲一直住在望日峰上。他們一安家,唐禾也不回族。要說忙,她比他倆忙得還厲害。他倆填飽肚子就忙那一樁事,唐禾不行,她要給他倆準備填肚子的東西,見天在望日峰上打點順,還得回族堡去領取吃的。這就忙乎得夠厲害了,可她還想弄明白是啥東西迷住了義仲的心竅,讓他差點丟掉性命還執迷不悟。她打點好吃食,就往一塊兒湊,湊進他們那痴迷的事體。

這事情果然令人痴迷。迷進來,還真不是很快能鑽出去的。她看過義仲畫的長道道、短道道,義仲就叫她數道道。數過一遍又一遍,數清楚了,義仲又領她看月亮,畫道道,挽圈圈。義仲教她各挽各的,各畫各的。畫著,挽著,沒想到裡頭真有樂趣。唐禾挽一個圓圈,又挽一個圓圈,她數一下兩個圓圈當中的道道,是三十道。三十道,哈呀,和義仲畫的一樣,和和仲畫的也一樣,不多不少。她又挽一個圈,這個圈到原先那個圈當間還是畫滿道道,道道卻不像先前那樣畫,而是由長到短,又由短到長。由長到短的變化那是月亮由圓到缺,再到消失看不見。由短到長,那是消失後的月亮復又出現,漸漸變圓。她這麼一畫,一比,哈呀,由圓

到缺，由缺到圓的道道還是不多不少，一樣樣的。唐禾迷上了觀天，那興致不低於羲仲、和仲。

這一日，羲仲叫和仲過來，唐禾也湊近去。羲仲臉上笑嘻嘻的，唐禾很少見他這樣笑。平日他那臉上像涼風颳過，淡淡的。今兒卻笑得像暖風撫在山頭，樹綠花紅的，少見他臉上這麼生動啊！見羲仲高興，和仲喜喜地問：「哥，你有啥吩咐？」

羲仲笑著說：「我看咱該給前頭的事挽個圈啦！」

「怎麼個挽法？」和仲眨眨眼睛問。

「咱一塊算算這一載到底該是幾個大日？」羲仲斂住笑，一臉的認真。唐禾看他一眼，覺得他那笑裡是有了主見。他沒說出來，是要和他們一塊兒檢點這主意對不對。她真佩服羲仲，在和人相處上毛頭毛腦，不是冷落別人，就是衝撞別人，怎麼對觀天的事就這樣的精細？精細的比女人還精細。

唐禾把這話擱在心裡，和仲卻冒了出來：「哥，我看唐侯說的那數沒錯。」

羲仲毫不含糊地說：「這是件大事，一點兒也不能出錯，咱再一起算算。」

三個人對著壁上的道道各自謀算開來。當然，他們計算大日的根據是由月亮變化得來的——三十道，也就是三十日。唐禾對著那些道道一一數去，數到三十，摘一片樹葉，記下一個大日。再數三十，又摘一片樹葉，又是一個大日。數完一載，再數手中的樹葉，是十二片。不是說一載是十個大日嗎？這怎麼會算錯？她從後頭往前數，數一個大日，扔下去一片樹葉，一載數完，手中的樹葉也沒了。是十二個大日，沒錯！如果真沒數錯，那就是先祖的規矩不對。祖祖輩輩傳續的規矩難道會錯？唐禾看羲仲那慎重的樣子，唯恐搞錯，又照著崖壁上的道道去數。數過一遍，再數

第十九章　陪葬

一遍,還是十二個大日。她不敢相信,還要摘些樹葉來數,卻聽見和仲叫喚開來:「哥,先祖的規矩不對,怎麼數一載也不是十個大日啊!」

「那是多少?」義仲問道。那口氣說是在問詢,不如說是等待和仲用回答來證明他和唐侯的主見。

和仲俐落地回答:「十二個。」

「十二個!」義仲眼中閃著亮光,唐禾瞥一眼就知道他是滿意的。她剛要插嘴又聽義仲說:「你再數數。」

和仲頭一搖,手一擺,連聲說:「不數啦,不數啦,再數肯定還是十二個。」

沒等義仲再張口,唐禾便說:「和仲說得沒錯,我數的和他一樣。」

「一樣?」

「一樣。」

「這麼說,一載肯定是十二個大日?」

「沒錯。」唐禾、和仲都說沒錯。

義仲不再說話,抬起頭,瞪大眼,瞅著高天。唐禾與和仲以為天上又有什麼好看的,隨著他仰頭觀望。天碧藍碧藍,飄浮著一朵朵白雲。白雲、藍天都是常見的,沒有啥稀罕,他看啥呀?他倆正疑惑,就聽義仲高聲說:「天神啊,你原來是這麼個樣子!」

義仲長嘆過,拉他們坐下,毫不含糊地說:「我們沒錯,是先祖沒摸準天神的脾氣。他們一錯就害得咱種下去的禾苗被凍死了!」

義仲說著不免憂傷起來,他又說:「若是我們早些摸準天神的脾氣,那該多好!可惜遲了,讓唐爺……唉!」

唐禾聽得心裡憋悶,想想哥被獵頭,大心疼得死去,淚不由流出眼眶。

沉默一會兒,和仲打破他們的憂傷,說:「難受啥?有啥哭的?再哭

269

也哭不活他們。咱看透了天神的脾氣，這是喜事，該回族裡道個喜呀！」

就這樣，仨人相隨著跑進放齊窟裡。

放齊聽著他們的敘說，比他們還高興。往後種粟禾再不愁把不準日子，若是唐侯在多好，他肯定比大家還要高興。他說：「這太好啦！我替唐侯感謝你們！」

羲仲說：「還感謝我們哩，沒有你和唐侯哪有這結果？」

「別客氣，說說下一步怎麼辦？」放齊說。

放齊一說，羲仲看和仲，和仲看唐禾，唐禾看羲仲，是呀，他們只顧高興，還真沒考慮往後怎麼辦？放齊便接著說：「要推行咱這法子，就要打破祖先的規矩，這是大事。弄不好就是違抗祖規神命，不能有一點點含糊。」停頓一下，他又說：「我看你們再對照一遍，看看從今載到明載能不能對荏口？如果能對上，咱就可以拍著胸膛告訴大家。」

「是這樣，是這樣！」和仲搶先說，唐禾點點頭，羲仲也說這樣更可靠。

話剛說到這裡，窟外響起踢裡跋拉的腳步聲，放齊的心猛然提起。

✦ 71

災難常常降臨在最平靜、最溫馨的日子。

天色藍藍的，藍得那麼明淨；日頭豔豔的，豔得那麼和煦。族娘就在藍天下的豔陽裡緩慢走過。她絕對不會想到，明淨的藍天轉臉就會混沌，和煦的豔陽眨眼就會酷熱。她悠閒地走在回窟的小徑上。討飯回來，她的聲望沒有降低，反而更高。往常眾人敬她，卻有點怕她，如今見她不倚老賣老，還給眾人操心，都覺得她親親的。老老少少見面和她拉呱個沒完，還有人從老遠處過來和她套個近乎。族娘很是光彩體面。

第十九章　陪葬

　　這日，族娘在族裡轉悠一圈，樂呵一番，回窟吃午食。她悠然行走著，根本沒有留意她那輕盈盈的腳印被一行急火火的腳步踩踏得一塌糊塗。

　　那急火火的腳步是皋陶的。義仲仁人和放齊興奮地說道時，皋陶來到族娘窟裡。他是從堡門轉來的，木殖不在那裡，就踅到家窟來找他。見窟裡只有族娘一人，便問：「族娘，木殖呢？」

　　「在堡門吧！」族娘說。剛說過又接著說：「看我這記性，老糊塗啦，是上山砍木棒去了。」

　　皋陶退後一步，就要往外走，族娘問：「找他有事吧？」

　　皋陶脫口說有事，覺得不妥，改口說沒事。放齊不讓驚動滿頭白髮的族娘，要他先和木殖說好，再拐個彎想法告訴她。族娘見皋陶吞吐改口，猜出他有心思，即問：「看這猴崽，有啥事還瞞著我呢！我這老不死的東西啥事沒經過？還有啥怕的！」

　　這話真說過了頭，皋陶要說的話是她沒經過的，是她真真害怕的。可是，聽族娘這麼一說皋陶還真相信了。既然老人家什麼都能承受，遲早都得說，乾脆就別藏藏掖掖的。皋陶一咬牙便將木殖當傭士的事兒吐露給她。他一邊說著，一邊瞅著族娘，只見她站得比剛才直了，更直了，直得微絲不動，唯有眼睛在動，瞪得圓圓的，圓得他從未見過這麼圓。他說完，不說了，老人家不理不睬還是那麼直楞楞站著，眼睛愣愣地瞪著。他連忙勸導說：「族娘妳看，這也是沒有法子呀！大王有令，不辦不行，我們也捨不得木殖啊！」

　　族娘不理不睬，身子還是直楞楞站著，眼睛還是直愣愣瞪著。皋陶真慌了手腳，嚇得上前扶住老人家一個勁勸說。他勸不勸，說不說，族娘都怔得像根木棍。

　　皋陶慌得手足無措，門口一暗，又一亮，是巫首進來了。皋陶暗想，

救場的天神到啦。他哪裡能想到巫首一來偏把事情弄得無法收拾。

巫首一個心眼替族裡辦事。定下木殖當傭士，他要隨皋陶去告知，是怕皋陶年輕，木殖不把他當事。放齊覺得前頭有義仲這檔子事，他不去為宜，他便沒有去。沒有去，卻在窟裡坐不住，站不穩。他不光擔心木殖，還擔心族娘受不住。前番義仲遭難，他被折磨得死去活來，活是活過了來，人卻瘦的剩下個骨頭架子，風一吹都能颳倒。他好不容易熬過來，那還是因為兒子沒死。如今這木殖是死定了，族娘怎麼能受得住？神差鬼使的，巫首坐也坐不住，晃徘徊悠竟跑到族娘窟裡。

一進門，他便慌了神。看見族娘這麼呆怔著，上前雙手握住她的臂膀就搖晃：「老姐，有話就說，別憋在心裡！」

族娘抬起一隻手，指著巫首，要說什麼，嘴沒張開，手臂又掉下去。

巫首挽緊她，又勸慰：「有話就說，說出來好受些。」

族娘嘴唇抖著，抖出來：「傷天……害……理，這是……孰的……主……意？」

「是我們的主意。」皋陶難過地答。見族娘撇嘴不信，他趕緊又說：「是我和侯理的主意，不管巫爺的事。」

「哼……」族娘嘴抖得更厲害，手指頭戳著巫首的鼻子尖，說：「不管你的事，怎麼不讓你家崽子去送死！」

巫首沒料到族娘會怪罪他，張嘴不知該怎麼說。

皋陶慌忙為他解圍，說：「真不管他的事，是我和侯理合計的。」

「鬼話……孰信呢……要我說，孰也別去！我清楚啦，你們這是挖好黑洞讓我娘兒們往裡栽……」族娘說著，一口吐在巫首臉上。弄得巫首站也不是，走也不是。

皋陶遞給個眼色讓他走，他抹一把臉就要出窟。族娘瞅準他這個出氣孔，哪能這麼放過，又數道：「有理，你別走……你說清呀！」

第十九章　陪葬

　　巫首回過頭看族娘一眼，搖搖頭，無奈地將腿伸向窟門。可惜，他走遲了，真走不脫了。槁孳迎頭進窟，他是和木殖一塊去仰頭峰砍木棒的。他接替木殖當上了門頭，怕堡門有事，扛些木棒提前回來。木殖家窟前敞亮，便將木棒倚在這裡晾晒。撂下木棒，聽見窟裡爭吵槁孳便進來，不遲不早可巧堵住巫首。一見平日嘻嘻哈哈的族娘變臉失色，他就生氣，攔住巫首不讓他出去。槁孳問怎麼回事？族娘指著巫首說：「他……要木殖陪葬送死哩！」

　　皋陶攔擋說：「不是，不是他，是我和族理定下的。」

　　族娘認準死理不鬆口：「不是？怎麼就不讓他家那崽子……去送死！」

　　「是啊！定的是球，他家那崽子是人，族娘的兒子就不是人？」槁孳頓時火冒竄天，在他眼裡族娘和親娘一樣親。親娘把他拉扯大，族娘卻讓他嘗到了男人的滋味。孰欺負族娘就是欺負他的親娘，他抓住巫首的葛衣往前一拉，貼進胸前。皋陶見勢不好，就往過跑。他一鬆手，族娘差點跌在地上，趕緊退後去扶住。可就在這一霎間，槁孳已把揪近胸前的巫首使勁推開。巫首一下栽在地上，隨即發出一聲痛苦地喊叫：「唉——喲——」

　　皋陶火氣頓生，一手扶住族娘，一手指著槁孳：「你小子真心恨，快把老人扶起。」

　　哪裡還扶得起呢！巫首直挺挺地躺著，槁孳怎麼也扶不起。皋陶攙著族娘走近，一看巫首臉上一點兒血色也沒有，都嚇呆了。皋陶彎下身去，使勁拉巫首，哪裡拉得起來。族娘不再叫嚷，抖索著手去摸鼻孔，一摸，下蹴的身子軟坐在地上，兩隻眼睛圓瞪瞪的，哪裡還有一點光色。她嘴裡嘟囔著：「他叔，你就這麼走哇，你怎麼就這麼走哇……」

　　皋陶一蹬腳，盯住呆愣著的槁孳，真想給他一頓拳腳。

✦ 72

　　放齊與義仲剛聽見腳步聲，眨眼間已有人闖進窟門，大聲說：「侯理，不好啦，巫首……」

　　「怎麼啦？」放齊和義仲驚怕地問。

　　說著，放齊盯住闖進門的後生。那後生卻喘著氣發怔，他不知道義仲在這裡，喊叫得太冒失了。後生張著嘴，不知該說還是不該說。見他猶豫，義仲著急地催問：「快說，我大怎麼啦？」

　　就是有天大的事也無法再遮蓋，放齊也催他：「照實說吧！」

　　儘管他們料到會出大事，可是聽到巫首被打死還是吃驚不小。前一會兒還好端端的一個人，怎麼能眨眼就死了？放齊簡直不敢相信他的耳朵，指著後生：「你再說一遍。」

　　「巫首，被打死啦！」後生重複一遍。

　　放齊撐起身就往窟外跑。沒跑兩步，就聽義仲「大啊——」一聲長叫，撲通跌倒。他躺在地上臉色煞白，手腳打戰。唐禾嚇得身上發軟，伸手使勁搖晃義仲。搖也不應，她哭著喚：「義仲，義仲！」

　　義仲緊閉著嘴，放齊急得連聲喊叫：「義仲，義仲……」

　　伸手去拉，義仲軟成一癱，哪裡拉得起呢！嚇得唐禾放聲大哭：「天神哪——你怎麼就不可憐可憐好人呢！」

　　唐禾一哭，放齊禁不住難受。天神為什麼就和這弱小女子過不去，把一連串的禍事都降在她的親人身上。雖說她和義仲還不是一家，可他們好的那樣子孰都清楚合鋪是早晚的事。巫首死啦，義仲心疼得軟成一團泥，她怎麼受得了？放齊真替她難受。然而，這會兒不是他難受的時候，族裡這亂攤子還要他去收拾。他趕緊上前拉起唐禾。這邊忙亂著，和仲早就箭一樣竄出窟，隨著報信的後生飛跑而去。

第十九章　陪葬

　　放齊和唐禾用勁將羲仲拖到鋪上，伸手狠掐他的上唇窩。驀然，羲仲一抖，醒了，大聲哭喊：「大啊，大啊──」

　　羲仲一哭，唐禾伏在他身上哭泣不止。放齊不敢再耽擱，吩咐唐禾照護羲仲，撒腿便往族娘窟裡跑。

　　快近那個高窟，族娘沙啞的哭聲就刺進放齊的耳朵，揪扯他的心肝。

　　「我悔死啦，都是我惹的禍，他叔，你怎麼能這麼走呢！哦啕啕……」

　　哭聲淒哀悲傷，放齊聽得背脊冷颼颼的。他不敢喘息，緊步跑進窟去，只見地鋪上直挺挺躺著巫首，雙眼合實，臉色煞白。皋陶手忙腳亂地拿捏，捏來捏去，沒有一點兒起色。見放齊進來，皋陶目光疚疚地呆看著他。放齊彎下腰來，扶起巫首的上身又放下，接連擺動幾次，毫無用處，手涼了，腳也涼了。他無望地問皋陶，這是怎麼回事？坐在鋪側的族娘接過話：「我的錯，我的錯，是我惹的禍！」

　　哭說著，手在臉上不停地抽打。皋陶忙拉住她，一邊寬慰，一邊告訴放齊情形。放齊禁不住說：「哼，槁摯太冒失啦！」

　　皋陶不再說話，瞅住放齊，像在問這亂攤子可怎麼收拾？

　　放齊看著躺直的巫首，心情和族事一般紛亂。他盡量讓自己不要急躁，平心靜氣地安慰族娘，想讓她止住哭聲合計法子。沒想到轉眼間窟裡擠滿了人，得知情由，大夥兒氣憤地嚷叫：「狗日的槁摯吃了豹子膽，竟敢打死巫首，這還了得！」

　　「活裂了這個畜生！」

　　族娘連聲說是她的過錯，有孰聽呢！憤怒的族人一個勁地喊叫要打死槁摯，皋陶說沒用，放齊說也沒用，他們的話語被嘈雜的喊嚷聲淹沒了。眾人喊鬧著就要去找槁摯，找見還不真把他活裂啦？放齊、皋陶趕緊堵在窟口不讓他們出去。正攔擋，窟外有人喊：「侯理，不好，不好，葫蘆口

275

■ 下卷 ■

打開啦！」

　　火燒眉毛，先顧眼前。放齊跳出窟來，撒開腿就朝堡門跑。邊跑心裡邊嘀咕：這是怎麼啦？哪來的這麼多倒灶事？他雙腳使勁地跳動，可那微微發胖的身子就是跑不快。

　　打鬥的事不是起自一人，一個巴掌拍不響，但根子還在槁摯身上。他失手打死巫首，惹下大禍，嚇得戰戰兢兢的。族娘大聲哭號，皋陶手腳忙亂，他慌忙溜出窟門。去哪兒？去哪兒也躲不過這場禍呀！懵懵懂懂跑到堡門，他一進門，堡衛們就見他臉色發白，雙眉緊皺，眉下的眼睛怯怯地。往常門頭槁摯靈動的像是隻鷹鵒，哪是這麼個蔫樣子。大家問他怎麼啦？他不說，想裝沒事。剛從山上回到堡門的木殖湊過來，瞅他一眼，是不對勁呀！砍伐木棒時他還歡勢得很，只一會兒怎麼就像是鬼抽筋啦？催問他，他才說：「不好啦，木殖，要抓你去為大王陪葬哩……」

　　槁摯是想一氣將後面的事情全吐露出來，可哪裡能由他呢？只這一句就點燃起大家的怒火。堡衛們你一句，他一句，氣哼哼地蹦跳。木殖更是瞪大眼睛嚷：「操他先人，這是孰的鬼點子？唐侯不在，暗算老子啊！」

　　木殖嚷叫得窟裡哇哇響。堡衛們都替他擔心，大聲喊叫：「不去，球，孰生這鬼點子就讓孰個狼崽子去送死！」

　　堡衛們吵嚷地怒氣沖沖，將槁摯晾在一邊，他想補說後頭的事情也插不上話。突然，槁摯渾身一抖，那是窟外傳進來叫喊聲：「槁摯，你個狗松鑽在鱉窩啦！」

　　外頭叫罵的是和仲，早有堡衛蹦跳出去。只見和仲一臉殺氣，大咧著嘴喊嚷：「槁摯，你個狗松出來！」

　　堡衛以為是槁摯走漏了陪葬的風聲，和仲來找碴，一肚子火氣正沒地方發呢，衝著他就喊罵：「你嚷叫個球，想殺人哇？」

　　如果和仲是一個人也好，禍事就鬧不大。孰料，和仲來時碰上句木，

276

第十九章　陪葬

一聽槁摯這雜種竟然打死巫首，簡直是要翻天。句木與和仲好得常穿一件葛衣，哪能不管呢？放聲一喊，好幾個獵手廝跟著一起跑來。堡衛一叫罵，和仲氣得眼迸火星，衝著他們叫喊：「快把槁摯那狗松提溜出來，再遲老子就出你們的窟！」

出窟就是要將他們的住地砸爛，這是在威嚇對手。後頭出來的木殖不遲不早聽到出窟這話。此刻，木殖正在火頭上，他獵下且承的頭，唐侯寬饒不死；偷盜狐寨的粟，還讓唐侯丟臉，唐侯也饒他不死。唐侯不在，就要送他去陪葬？這不是有意坑害他嘛！這股呼呼冒煙的火氣正沒地方燃燒，就聽見和仲「出窟」的喊叫，他暴跳著吵嚷：「聯手們，這崽子要出咱的窟，還不抽掉他的舌頭等啥！」

木殖一吵嚷，堡衛呼啦啦朝和仲猛撲過去。句木怎麼能讓和仲吃虧？挺身護到前面。堡衛伸手就拉句木，獵手撲前來擋護。堡衛全上了手，獵手們個個都是敢鬥狼擒熊的壯漢，還怕這些成天圍著族堡轉的嫩人？轉眼光景，堡衛和獵手扭打在一起。已有幾個人被撂倒在地上，還沒站起，就有腳踩踏上去。有吼喊鼓勁的，有疼得尖叫的，堡門裡黃塵飛揚，亂成一團。

擱在往常，好鬥的槁摯早就手癢了，一見動拳腳他那筋骨就突突亂跳。他手腳俐落，打鬥起來孰也近不了他的身。可今兒個他自知理虧，萎縮著不動，還一個勁喊大家住手、別打。兩夥血氣方剛的後生都憋圓著氣，打紅了眼，孰聽得見他那喊叫呢！後生們拳來腳去，你撕我摔，已有幾個橫躺在地，流血不止⋯⋯槁摯更加害怕。

要不是皋陶和放齊趕來，躺倒的還要多，流血的還要多。

從族娘窟裡出來，皋陶比放齊跑得快，他搶在前頭趕到葫蘆口，高喊：「住手，住手，孰也別打啦！」

沒人聽得見他喊叫，拳腳仍在揮打。他撲進人群攔擋，擋住東，擋不

住西,還捶了拳腳。好在放齊趕到了,見狀,忙喊皋陶:「把木殖弄住。」

喊著,他撲上去抱住句木,大喝:「住手,別打啦!」

句木見是侯理,不敢再動。

皋陶抱住木殖。木殖活泛有勁,皋陶力氣也不小。蹦跳打鬥一陣的木殖,氣喘喘的。皋陶一抱,木殖使足勁都沒掙開。見句木吼喊獵手停打,他不敢再加勁,也叫堡衛住手。

一場打鬥總算停下。可地上的叫聲沒有停下,六七個後生上來回滾著,疼得齜牙咧嘴。和仲被打青左眼,額上還腫起個疙瘩。

皋陶怒哼哼地說:「都瘋啦,自家人怎麼都不認啦!」

就有堡衛氣呼呼地喊:「哼!自家人?自家人怎麼不讓獵手去陪葬?」

和仲衝著堡衛喊:「你別再鬼說,讓陪葬就應該把人打死?」

木殖聽得納悶:「你說啥?」

「凶手就是你們門頭,還裝糊塗哩!」和仲生氣地說。

木殖真是聽糊塗啦,他奇怪地問:「孰打死人啦?」

「我……我。」是一聲低低地囁嚅。

堡衛看時,是門頭槁摯。槁摯一跺腳,圪蹴在地上。堡衛們惑惑地瞅著他問:「你打死孰啦?」

「你們這麼糊塗啊!他把巫首打死啦!」皋陶指著這幫打糊塗架的後生又生氣又無奈。

堡衛真後悔,後悔不該糊里糊塗地打鬥一陣兒。放齊看看地上滾著叫著的人,暗暗慶幸:還好,沒有死人。他讓兩方各自把傷者抬回去救治,返身要去料理巫首的喪事。可就在這時,族娘窟裡那些憤怒的人們都趕來了,見這場景更是火上澆油,氣憤地喊:「打死槁摯!」

「活裂掉槁摯!」

放齊和皋陶都勸大家先回去,關起槁摯按族規懲治。可是,激怒的人

第十九章　陪葬

們沒有一個聽他倆的，喊鬧著不走。

突然，人群靜得再無聲息，是槁摯出現在葫蘆口的石崖頂上。他衝著大家說：「我該死，我這就死——」

死字出唇，槁摯已從高高的崖頂蹦跳下來。眾人看時，已栽跌在地，摔得鼻歪眼斜，血肉模糊成一團。

槁摯死了，慘死了。

人們嚇得目瞪口呆，葫蘆口前靜得如同沒有一點聲音的暗夜。

■ 下卷 ■

第二十章　嫦娥

✦ 73

　　好些日子，后羿迷惘、徬徨，猶如一個落入深溝的行人，森林蔽天，難見日光。臉前倒是有道，可不是一條。哪一條都可以走，他卻不知道該將腳步邁向何方。

　　后羿苦悶啊！

　　那日放齊回唐族後，后羿遲遲沒有挪窩，沒有去散宜族，仍然在王垣待著。從內心說，他像眾人一樣喜歡唐侯，唐侯待人處事實守可靠。正是這樣，從陶族到唐族這樣的小族他才甘願跟著唐侯來。不過，他深藏著一個願望，就是大王老啦，唐侯會登王位。那他后羿就會有個出頭之日，就不會再憋屈那高超的箭術。從散宜族往王垣趕路的那幾日，他兩腿疲睏，筋骨疼痛，可一想到將來有個出頭的日子就來了勁，穿荊棘，爬險壁，不停手腳地緊著趕。

　　放齊借粟後，后羿如同天殺過的草禾，蔫軟得抬不起頭。他沒有跟放齊回唐族去，是因為只要回去，就會陷在那個巴掌大的地方，那還能幹成什麼大事情？就去散宜族吧！那是個好地方，日子過得真比唐族好，族頭又喜歡箭法，把他敬得和天神一般的。更要緊的是，那裡有個人鉤住了他的魂。自從見到嫦娥，他就常常想她。唯一讓他猶疑的是，散宜族還是太小，太偏僻，不像王垣有氣派。他沒有挪窩，在王垣鬱悶著。

　　鬱悶的后羿被孔王給盯住。

　　后羿到來的消息很快傳遍王垣，老老小小都在議論神箭手來啦！起初，孔王聽見也就聽見，這個耳朵進來，那個耳朵出去。后羿就是箭射得

第二十章　嫦娥

再好，名聲再大，對他能有啥好處？他就沒往心裡去。後來，這消息卻令他動了心。他發覺這裡有蹊蹺，為什麼后羿待著不走？莫不是想找個大靠山？果真這樣，將他拉在身邊，那不就是獻給孺王的一份禮物？別說他還是個孺王，就是成為統領天下的大王，手下也需要后羿這樣的好漢啊！

孔王懷著這樣的心思走近后羿，將他請到自己的窩棚。后羿進入窩棚頓時一愣，別看那窩棚不大，不高，外頭看著不起眼，裡面的氣派實在不小。坐有坐的，躺有躺的，棚裡的用具多是些別處少見的陶器。老實說，他頭一眼看見孔王，還真沒有把他當回事。粗大的身材，活像是立在荒地裡的一柱黃土。頭臉不小，眼睛鼻子卻沒有同步變大，許是大鼻子占了過多的地盤，擠得眼睛就小成一條縫，左一條，右一條，陷在凹處，哪像個能將世道看穿的精明人？可就是這麼一個人，光景居然過的出奇得好，好得他在多少族頭的窟屋也沒見過。

最讓后羿難忘的是那頓飯。那頓飯他的話最多，剛落座不是這樣，許多話都沉在心底。後來，那些沉在心底的話全翻湧起來。擠上嗓子眼，他不說便癢，便難受，於是就全都傾倒出來，倒得痛痛快快！翻湧起他那心思的是酒汁，那東西又甜又辣，弄得肚子裡熱熱火火的，像是釜底燃著火，全身熱得冒煙，肚子裡的話遮攔不住了，突突地往外冒。他說，他的箭天下無雙，孔王眨眨眼；他說，他是唐侯的手下，可惜地盤太小，孔王點點頭；他說，他想打理天下，可惜天地太小。孔王右手一拍石案說：「哈呀！箭王莫要發愁，我給你個很大的天地！」

后羿端起陶碗，又喝下去，他急切地問：「你給我天地？」

孔王喝下一碗酒答話，一席話如暖和的微風吹散后羿眼前的雲翳，心裡的苦悶。孔王說他是孺王的聯手。孺王就要當大王，他可以將后羿薦舉到那裡去。后羿不必再窩在唐族那個放屁都不響的地方，可以在大王手下打理天下。后羿聽著孔王的話，好不興奮，激動地說了些啥已不記得，只

■ 下卷 ■

記得他端酒又喝，喝得他一睡去就讓日頭在空中轉了兩個來回。

酒醒後，后羿投到孔王的門下。孺王出巡的那些日子，他便待在孔王的窩棚裡。他什麼事兒也不做，卻吃遍這個世上最好的東西。他忽然發現，世上還有這麼個活法？他唯一做的事是相伴孔王去野地裡轉悠，轉來興致就挽弓搭箭，射幾隻飛鳥給孔王開眼。孔王瞅著他射到的飛鳥止不住就笑，一笑那一條縫的眼睛更加細小。

逍遙的日子長了，就變得難熬。后羿急著盼孺王回來，孺王卻遲遲不回來。盼望變成了煎熬，好吃食沒有養胖后羿，他還有點消瘦。后羿熬得快要撐不住了，不知道還要這樣煎熬多少日子。可是，突然間這煎熬就過去了。孺王回來啦，而且回來就當上大王。

孔王領后羿去見摯王，摯王沒有唐侯那般和悅，也沒讓他多說幾句，卻用簡短的話打消了他漫長的煎熬。

「你就是天下有名的箭王？」

「是。」

「你願意給大王我做事？」

「願意。」

「那就留在王宮，待先王殯天後再主理事體。」摯王說著，將臉轉向孔王：「你現在就聽孔王調撥吧！」

「謝大王……」

后羿還想說些知遇感恩的話，摯王揚手要他們出宮。說話的當間，后羿仔細看看摯王。他長得和唐侯一點兒也不像。唐侯個頭高，他個頭低，站到一塊，恐怕要低一個頭；唐侯瘦削，他粗壯，唐侯像是一棵樹，他則像是砍去樹梢的木樁；唐侯是個長方臉，他的臉也方，可就是下巴太尖，好在他比唐侯胖，那是富態，在他身邊日子會過得優越富有。后羿隱隱不安的是，摯王始終板著臉，沒有唐侯和善。這多少令他不快，好在這情緒

282

第二十章　嫦娥

一忽就飄散啦,他想到了大王。大王死了,摯王喪父怎麼能不愁煞?哈哈,后羿想開了,從王宮出來,他一掃往日的委靡,精神抖擻在王垣。黯淡了好些天的日頭,突然間變得亮光燦燦,鮮活在他的頭頂。

天地美著哩,后羿像是剛剛才看到。

✦ 74

見過摯王,孔王對后羿做啥有了想法。他告訴后羿,像他這樣高超的箭術,孰也服氣,待先王葬事辦畢,即報請摯王,讓他統領天下衛隊。哪裡起事爭鬥,他即率兵征伐。后羿聽得樂滋滋的。眼下,宮廷裡外就忙一件事──安葬大王。這些禮儀祭祀的事他不懂,也插不上手,孔王便讓他再閒歇數日。

這會兒閒歇和前一陣子大不相同。那時閒歇,身子消閒,心裡焦急苦悶,吃不出味,睡不寧覺。現在心底坦然,身體輕鬆,端碗吃得香,落臥睡得沉。可這麼閒歇過幾日,后羿的吃飯不再香,睡覺不再實。他的眼前老晃動嫦娥,怎麼也把她攆不出去。他早想返回散宜族將嫦娥娶了,只是覺得娶回唐族去,那裡的光景過得緊緊巴巴,把這麼嬌豔的花朵帶過去乾耗著,真沒臉面。現在,前程已有著落,他后羿很快就要出人頭地,為什麼還不把嫦娥娶來共享榮華?

后羿想得心熱身燙,趕緊去見孔王,說要趁這空隙前往散宜族娶嫦娥。孔王准許,后羿帶點乾糧,拿著弓箭奔出王垣。

后羿喜著緊趕,散宜頭卻愁得頭髮也能白了。本來這個愁事已讓他化解成人人搶手的好事,沒曾想,一轉身那好事會變成愁事突兀回他的面前。他逃不開,躲不過,愁得比原先還要厲害。

令散宜頭犯愁的是嫦娥的弟弟於菟。於菟剛剛學會說話,他大養獸被

■ 下卷 ■

瘋跑的野豬撞死，他娘拉扯著姐弟倆煎熬日子。散宜頭可憐他們孤兒寡母，盡著族裡的吃食接濟。日子就這麼過也罷，孰料禍不單行。來載暖日，娘帶著於菟去拔野菜，從刺棵裡竄出來一條蟒蛇。她嚇得往後一縮，蟒蛇竄過她撲向於菟。於菟蹲在草叢，撫弄著綠葉間的小紫花。娘嚇得大聲喊叫：快打蟒蛇——喊也白喊，這荒山野嶺哪來的人呢？那一瞬間，柔弱的女人突然長了膽量，她使勁一撲，死死揪住蟒蛇的尾巴。蟒蛇回頭就咬住她的手。她的手疼得一抖放掉蟒蛇，蟒蛇鬆口不再去咬於菟，竄進刺棵草叢裡。她疼得直打戰，領著嚇得哆嗦的於菟就往族寨走。她走得好難呀，腿軟得提不起來，快進族寨，一頭栽在地上。她全身烏紫，肢體僵直，中毒了。就這麼，娘離開人世。

那時候，嫦娥也就十來歲。讓一個十來歲的小妮拉扯五六歲的小仔，散宜頭怎麼都放心不下。他便將這姐弟倆安頓到自家棚屋，當成他的孩子照看。幾載過去嫦娥出落成個花一樣的女子，於菟也成為高挑個頭的男仔。如今，嫦娥養蠶，於菟幫他對那些餵畜的、養蠶的跑腿傳話。

那一日，散宜頭傳出族令，大王選拔宮士，看孰情願去，再由族人推舉。原以為去當宮士要離土背寨，想去的人不會多。孰料，族裡的男仔爭著要去，於菟也不例外。哈呀，眾人還真把這當成個美事呢！散宜頭見於菟報名也沒在意，心想這麼多人報名，於菟哪裡會被推舉上？偏偏，族人不推你，不推他，推的就是於菟。

這可真碰上個扎手的事，不是扎手，是扎頭，散宜頭頭顱扎得生疼。那宮士背後的意思只有他清楚，哪是美差呀，不就是給先王當傭士殉葬嘛！這送死的事怎麼能讓於菟去？他搖搖頭，否了，讓族人再推一位。族人還沒推出來，嫦娥跑進窟來，往日柔順的她出氣都火辣辣的：「族叔，你怎麼不讓於菟當宮差？」

散宜頭繞個彎說：「妳姐弟倆是我庇護大的，讓於菟去，別人還說我

第二十章　嫦娥

這族頭是個偏心眼。」

嫦娥有些糊塗：「這怎麼能說你偏心？是眾人推舉的呀！」

「是眾人推舉的，可主事的是我，族人還不這麼想啊！」散宜頭變著法強詞奪理，心裡頭卻是一股難言的滋味。原先想，若要揭明殉葬，孰會去呢？沒人去，就只能強行抓人。那樣的生離死別非鬧得族裡雞犬不寧。不送人去，又是王宮指派的差事，哪敢不聽。惹怒大王，那是要被滅族的啊！乾脆編個圈套，以選拔宮士的名義將人送去。送去了，殉葬了，那是大王的命令，後悔也無奈。孰料，他編的圈套沒有套住別人，卻套住自己。他真不忍心讓於菟去送死，哪知，嫦娥不依不饒：「族叔，說你偏心，你就偏心點於菟怕啥！」

散宜頭明白這麼繞下去，嫦娥是不會輕易撒手的。他臉一沉，手一晃，嚴厲地說：「去吧！這是族事，不能偏心！」

嫦娥兩眼滾出淚水。淚水流到臉上，她一抹，轉過身跑出去。嗚嗚的哭聲從外頭傳進來，刺得散宜頭一陣頭痛。他一拍頭顱，自語著：「真是自作自受！」

說著，往鋪上一躺，閉住眼睛，他想清靜一會兒。剛躺下，踢踢踏踏的腳步聲就攪碎了這清靜。睜開眼睛，看到的是女皇那兩隻滴滴轉的眼睛。女皇坐在他的身邊，嗔怪地說：「大，你怎麼攔擋於菟這美差？」

散宜頭趕緊堵女皇的嘴。這女兒要是撒起嬌來，他是一點辦法也沒有的。她在福窩裡長大，從小就被他和她娘呵著護著，啥委屈也沒受過。他們疼愛她，卻沒把她嬌慣壞，她還真沒做過出圈的事。就說嫦娥姐弟吧，自從住在側屋，她從不嫌棄，日日照料，相處得比一個娘生的還要親。可就是和他使起性子來沒個完，這要被她纏住怎麼個撒手？他冷淡地說：「這是族事，妳別管！」

這話說得硬硬邦邦，像是一根棍棒敲在女皇頭上。女皇不由得發愣，

長這麼大,啥時大這麼說過自個?她委屈地要走,可嫦娥託她的事實在放不下,就又說:「大,族事還不是你當家?你就讓於菟去吧,大!」

散宜頭瞅女皇一眼,她是在懇求。一向嬌慣的女兒,啥時會這麼柔聲的求告呀!他心裡真不是滋味。若是不依女兒,她會難受。可是,女兒哪裡知道他大已經夠難受的啦!難受,還只能一個人承受,對孰也沒辦法說呀!他咬咬牙,橫下心說:「叫妳別管,妳還多嘴!」

女皇不說了,卻也沒挪窩,仍然坐在他身邊。她是難受,難受也不能走,說不動大她怎麼回話給嫦娥?她索性厚著臉皮,搖晃著大的腿,哀求:「大,你就依我一回吧!」

散宜頭清楚,擱在往常女兒是不吃他這話的。看來,她真要厚著臉和他纏磨,那可真煩死啦!他沉下臉,冷厲地說:「這是族事,不是家事,妳懂啥!」

說完了,還嫌分量不夠,又加上句:「快走,別再煩我!」

話一冷厲果然靈驗,女皇哭著跑出屋去。女兒不再纏磨他,他反而被女兒的哭聲刺劃得更煩心。散宜頭在屋裡走來走去,若是外頭有人,準能聽見他一連串的嘆息。

✦ 75

后羿緊步走來,腿腳裡有使不完的勁頭。這勁頭來自嫦娥,嫦娥那比梨花還粉白的顏臉,比藤蔓還柔軟的身姿,不一會兒就晃到他的眼前。只一晃,他鬆軟的腿就繃緊了,放慢的腳步又加快了。逢山翻山,遇水涉水,很快走到太岳山間。只要再翻過一座山峰,那邊平地裡就是散宜族。

臨近散宜族,精神十足的后羿卻犯了嘀咕,該怎麼向嫦娥表白呢?貿然找見她,就說要娶她?她要情願還罷,若要是不情願多難看啊!這不是

第二十章　嫦娥

　　射箭打獵，捕到就走，還真是個難事。后羿不再緊趕，停下步坐在徑邊的一塊石頭上歇息。

　　這一坐，坐出個法子，看來這事離不開散宜頭。散宜頭喜歡箭法，這事他肯定會幫手。只是，心裡剛一熱乎就又變冷。上次離開散宜族，是為唐侯當王去的。這一趟返回來，卻沒回唐族，變為摯王的手下，這該如何說道？直說嗎？不妥。散宜頭是個實誠人，要是知道自個輕率易主，肯定會小看。受冷落不說，嫦娥這事他肯定不會再幫手。若要是再搧點涼風，就是嫦娥情願，恐怕也會被他弄倒灶。

　　后羿慶幸在石頭上坐了一會兒，若是冒冒失失去闖，不把事情辦砸才怪。他頭顱一轉，站起身時已想出個點子。

　　后羿叩門時，散宜頭仍在犯愁。他以為是嫦娥又來纏她，懶得去理。孰料，門口一暗又一亮，闖進個壯實的身影，他一看高興地跳起來，上前一把握住他的手：「是你呀！可把箭王給盼回來啦！」

　　后羿握緊散宜頭的手，歉疚地說：「我去晚啦，沒趕到放齊前頭。這不，天下成了摯王的，真不好意思再來見你。」

　　散宜頭寬慰他說：「人算不如天算，咱盡心就行啦！往後就安心幫唐侯吧，他需要你這樣有能耐的箭王。」

　　說的后羿臉上差一點泛紅，好在有石頭上那一坐，他才從容地告訴散宜頭，本來他打算繼續給唐侯打下手，好好幫扶他。孰料，先王過世後唐侯回到王垣，一看摯兄當上大王，需要人手，就把我薦舉過去。我不去，他還勸我說，兄長初當大王，天下事大，你助他一臂之力吧！我能說啥？只好聽他的吩咐。

　　散宜侯又被打動，感慨地說：「唐侯真好，總是替別人著想，天下難得這麼個好人呀！」

　　話說到這裡，一頓，嘆口氣又說：「箭王，你來得正好，快幫幫我，

我熬煎得要死呢！」

　　真是人在事中迷，散宜頭也不問后羿為什麼來，吃沒吃東西，就把他悶在肚子裡的苦水滔滔不絕全倒出來。聽說以選宮衛的名義送殉葬人，后羿覺得散宜頭真會辦事；聽說推出來的人是嫦娥弟弟，他不由得倒吸一口涼氣；又聽說散宜頭讓另選人，他鬆了心；再聽到嫦娥、女皇纏住散宜頭不放，非讓於菟去不可，他隨口就說：「哼，纏死哩，真糊塗！」

　　散宜頭自責地說：「不是她們糊塗，是我把她們繞糊塗啦！箭王，你說我這是辦了一場何事？」

　　后羿瞅一眼散宜頭，許是犯愁的緣故，一道道皺紋橫搭在兩道濃眉上，把眉毛壓低了，把眼睛擠小了。這哪裡像是和他較量箭法的那個敏捷果敢的族頭？他想找個話兒幫散宜頭寬寬心，詞沒想好，就聽他又說：「箭王，你說摯王怎麼就非要用活人殉葬？我敢說，要是唐侯當大王，肯定不會這麼做！」

　　這話說得有理。途中不少族裡都議論紛紛，送活人去陪死，哪個願意去？族頭們為這事都受著熬煎，人們都怨氣沖天，后羿也覺得這殉人有些過頭。他想抱怨，卻沒出唇，畢竟已投身大王，背後說他的不是，不厚道。可是也得替散宜頭解圍啊，他脫口即說：「乾脆咱向嫦娥、女皇透底，她們明白底細，就不纏你啦！」

　　「我這麼想過，她們不纏了，可萬一風聲透漏出去，我在族裡說話不成放屁嗎？今後孰還會聽？」散宜頭額上的皺紋更是見深。

　　是這麼回事。那又有什麼辦法既不讓散宜頭丟人，還能保住於菟的命呢？后羿不再看散宜頭，他低下頭謀算怎麼給散宜頭解愁。沉思一剎，他昂起頭，聲音俐落地說：「別再熬煎，咱就把假事作到底，把於菟送進王宮。」

　　「不能，不能，那不把他毀啦！」散宜頭一臉焦慮。

第二十章　嫦娥

后羿手臂一揮說：「毀不了，有我呢！」

「你？」散宜頭不解地瞅著他。

「哈哈，後頭的事由我去辦。」后羿看一眼散宜頭，得意地說：「當今選殉人的總管是歡兜和孔王，我讓他放過於菟，這點面子不會不給。」

后羿說得得意，將歡兜和孔王抖摟出來，散宜侯即問：「歡兜和孔王是啥頭目？」

后羿一驚，差點說走嘴，將他倆薦舉他的事抖漏出來。散宜頭一問，他忙拐個彎答：「都是摯王的手下，我們在一塊兒共事。」

散宜頭輕鬆了，拉住后羿的手，搖了又搖，感激地說：「箭王，你來的真對點，可解了我的圍啊！」

說到這裡，散宜頭猛然想起孔王這名字有些熟，仔細一想，就是曾經來要絲衣的那個宮人。他告誡后羿，孔王和咱可不是一路人，你與他處事要小心！后羿不明根底，散宜頭便將孔王敲詐絲衣的事情說給他。后羿這才想到怪不得孔王家裡要啥有啥。

解掉愁緒，散宜頭這才問起風塵僕僕的后羿吃飯沒有？說著，就要安頓他吃飯、歇息。后羿不動，瞅著散宜頭不說話。這是怎麼啦？剛剛還果斷俐落的箭王怎麼突然變了個模樣？散宜頭問他，他說：

「你不愁啦，也不問我有啥事？」

散宜頭不好意思地笑笑，連聲說：「你看，我被繞的頭昏腦脹，快說，有啥事，我幫你辦。」

后羿嘿嘿笑著，笑過才說：「我看上你族裡一個人……」

「孰？」

「嫦娥。」

「哦，你別說，你們還真挺般配的，這個事我幫。」散宜頭眨巴眨巴眼睛，笑呵呵地說。說過又問：「嫦娥是啥意思？」

下卷

「我怎麼能知道呢？這不是要你說合嘛！」

散宜頭沉吟一霎，笑著說：「其實，哪裡還用我說合？你幫我，就是幫你啊！」

「這話怎麼講？」

散宜頭挨近后羿，對準他的耳朵悄聲說幾句，后羿和他一塊兒哈哈大笑。倆人笑得都很開心，散宜頭有幾日沒這麼笑啦！

✦ 76

天陰陰的，像是嫦娥那愁煞煞的臉。滿天的雲重疊得密密實實，看樣子不多時就會落一場天雨。蠶熟了，結繭了。白的，紅的，橙的，圓長圓長的繭殼黏在桑葉背後。若是天水淋溼，顏色不再鮮亮，嫦娥和她的姐妹們忙著採摘樹上的蠶繭。

蠶繭有高有低，低的站在地上抬手就能摘到。高的掛在梢尖，站在地上伸長手臂也探不著。往常，族裡總派幾個活泛的小仔攀到樹枝上去摘，可今兒個天說變臉就變臉，女皇喊人還沒回來，頭頂上就能滴下天神的雨珠珠。嫦娥愁煞煞的臉更愁，火燎燎的心更火，一把揪住樹枝，使勁一躍，哈呀，竟然攀上樹杈間，頂頭的蠶繭也能摘到手裡。她摘著，扔著，地上的姐妹撿著，都誇嫦娥手快，一個人摘幾個人撿得手忙腳亂。

嫦娥不和她們說笑，臉和天一樣暗，心思沉沉的哪能笑得出來。她是生散宜頭的氣，她怎麼也鬧不明白，這麼好的事為什麼他竟要攔住，不讓小弟求個好前程呢？她沉沉地裝滿一肚子氣，胸膛憋得慌，憋得手更快了。手快得不僅讓姐妹們誇讚，她也覺得有點出奇。眨眼工夫身邊的蠶繭已摘光，可樹梢尖尖還有高高翹著的。她踩著樹枝往上攀，枝條更細了，踩一下軟軟地發抖，抖得樹身都顫顫的。樹下的姐妹揪著心喊她，嫦娥算

第二十章　嫦娥

了吧！

　　算了就算了，每載這蠶繭哪有收淨的？梢尖留下些是常有的事。今兒個嫦娥卻和枝條較上勁，非要把那梢尖尖掛著的也摘下來。她往上一攀，挽住一條枝，摘淨；又往上一攀，再挽一條枝，摘淨。眼看一棵樹又要被她摘個精光，突然，咔嚓一響，她腳下的枝梢折斷，姐妹們抬頭看時驚嚇得尖叫出來。嫦娥挽著一根樹枝，身子被懸在半空，晃徘徊悠往下掉。

　　姐妹們高喊：「不好啦！」

　　聲音剛出口，嫦娥已栽在地上，摔進草窩裡。姐妹們驚叫著撲上來看她，她卻騰地站起來，起得俐落乾脆，讓口裡唸叨好險的姐妹都改口說：「好奇呀！」

　　奇就奇在嫦娥挽住的那根枝條柔韌得很，從空中彎下來沒有折斷，等於把她悠悠擱在地面。姐妹們七嘴八舌嚷叫著好奇，女皇來了。她不光帶來幫助摘繭的小仔，還給嫦娥帶來了笑臉。

　　女皇將嫦娥拉到旁邊，悄悄說我大同意小弟去啦。嫦娥那滿臉的愁色一下散開，眉間閃出喜氣，忙問：「真的？」

　　「真的！」女皇一點兒也不含糊地說：「真的，我啥時哄過妳呢！」

　　嫦娥頓時歡勢成了個小妮，又蹦又跳。女皇忙又拽住她說：「別喜，別急，還有好事哩！」

　　「啥好事？」嫦娥斂住笑，水汪汪的亮眼疑惑地看著女皇說：「好姐姐，快說，還有啥好事？」

　　女皇不語，拉著她的手就跑，跑出桑林才對她說：「哈哈，妳有人家啦，福氣來啦，有人相中妳啦！」

　　女皇說著咯咯笑了，笑得嫦娥摸不到頭顱，又有些害羞。她紅著臉，推女皇一把，嗔怪地說：「好姐姐，人家心裡才好受些，妳就要笑！」

　　女皇湊近嫦娥說，這可不是要笑她，是那個箭王來啦！箭王如今成了

王宮的領袖，這不，小弟能去當宮衛就是他要帶走的。他要帶，我大還有啥攔擋呢？嫦娥不說話，點點頭，靜靜聽著，只聽女皇又說：

「我猜他有來頭。」

「有啥來頭？」嫦娥問。

「我看他像是衝著妳來的，咯咯……」女皇笑著往嫦娥額上戳一指頭，說：「好妹妹，我不是耍妳笑吧？妳的運氣來啦！」

嫦娥臉上散淡的紅暈一下子濃烈起來，熱烘的連身上也熱烘了。她不知該和女皇說啥，就見女皇咯咯笑著退進桑林，邊退邊扔給她一句話：「快回寨去吧，我大正等著妳，還有妳的那位箭王！咯咯……」

嫦娥輕快著腳步朝寨裡走去。小弟的事有了著落，這是天大的好事。娘最撂不下的就是他，如今小弟有個希望，她就可以到二老墳頭說句寬心話。她沒有負娘，也沒有負大。想到這裡，嫦娥眼中盈滿淚花。她抹一把淚，眼前出奇的亮。不知啥時，濃雲淡了，日頭的光絲從雲縫裡透射出來，照得草叢裡、小徑上、潺潺的溪水都燦燦地放亮。嫦娥熱乎得身上火辣辣的，這當然不只因為小弟那事，還因為那位箭王的突然降臨。

自從箭王走後，她一閒歇就想他，一想全身就火辣辣的。尤其是暗夜，那烈烈的火焰從裡到外地燃燒，燎亂得她常常徹夜難眠。嫦娥憔悴啦！姐妹說她瘦了，黃了，像涼日的禾草，蔫巴巴的。問她緣由，她無法明說，卻咬著牙要把這烈火嚼碎。碎掉吧，碎它個無蹤無影，就像那個走得無蹤無影的箭王。她的牙咬過一夜又一夜……孰料，那個無蹤無影的掏心鬼竟會回來，還沒見到他，嫦娥身上又火辣辣的。

一道溪流彎在眼前，水不深，卻坦蕩出寬寬的一片。跨過溪水，穿過那片樹林就能看見族寨。溪上沒橋，只有一塊一塊的石頭擺在當間，踩著它才能過到對面。嫦娥低下頭踩著踏石，一步一步跨過去。上到岸沿，她一鬆氣，仰起頭，沒想到卻與那個讓她烈火燃身的掏心鬼對了臉。后羿正

笑嘻嘻地看著她。

嫦娥站定,那嘻嘻的笑臉讓她心裡的火焰更為熱烈。她想看他,偏偏低下頭。后羿說:「妳是嫦娥吧?」

嫦娥點點頭:「嗯。」

「小弟我帶進宮去。」

嫦娥說:「多謝箭王。」

「嘿嘿,謝什麼呢!」后羿大剌剌地說。

嫦娥嬌羞地說:「怎麼能不謝呢!大和娘死得早,最放心不下的就是小弟,你把他帶進王宮,他有個希望,就如了二老的心願。我替大和娘謝你。」

「不用,不用,嘿嘿。」后羿笑著盯住嫦娥說:「這次我就是來領人的,不光要帶走妳小弟,還要帶走一個人。」

「孰諾?」嫦娥眨眨眼問。

「嘿嘿,妳!」

嫦娥臉熱得冒火,低低地說:「領我有啥用呢?」

說過,嫦娥等著后羿說他要和她成個家。后羿也想這麼說,可怕冒犯嫦娥,就繞個圈:「妳不想和小弟在一起?」

「想呀!」嫦娥說。

后羿趕緊接上說:「那就一塊去,有個照應。」

嫦娥明白了后羿的心意,故意說:「小弟去了王宮,我一個人多清冷啊!」

嫦娥把石頭都墊好啦,后羿緊著過河:「哪能讓妳清冷,妳和我待在一起。」

「嘻嘻,我待在你那裡算啥呀,礙手礙腳的。」嫦娥等到了后羿的話,佯裝不解,撅著嘴說。

■ 下卷 ■

「不妨礙，咱一起過日子，嘿嘿……」后羿咧著嘴，笑呵呵地說。

「一起過日子！」嫦娥唸叨著，抬手捂住臉就要跑。

哪裡跑得了呢，后羿跨前一步就把她抱起來。嫦娥掙扎一下，沒掙脫，卻伸出手臂摟緊后羿的脖子。

清澈的溪水激越歡快地流淌著，旁邊的桑樹林裡的合歡聲卻比流水還要激越酣暢。

第二十一章　於菟

✦ 77

　　唐侯回到王垣，整日守在父王的靈臺。長兄摯接替父王當上大王，事情繁多，很少能待在棺前跪地守靈。經常守靈的是他和兄長契與棄。哥兒仨輪換著吃飯，從不隨意離開。

　　這日，唐侯抽個空去看望娘。許是幾載未見的緣故，也許是父王殯天娘心疼的緣故，唐侯一見不由得心疼。娘頭髮灰白，還有些蓬亂，臉上皺紋交錯。他趕緊扭過頭悄悄流淚，娘也老啦！他哽咽著說：「娘，父王是去天堂享福，妳千萬不要難過，不要傷害身子。」

　　娘伸出手，顫抖著給他抹去淚水，使勁一笑說：「娘不傷心，我兒大啦，往後娘還有靠山，還要好好活哩！」

　　娘喃喃低語，唐侯體會到幼時躺在她懷抱的溫情。他強忍著不讓淚水再流出來，卻見娘眼裡淚汪汪的。娘拉他坐下，說了好多好多的貼心話，要不是守靈當緊，唐侯就想這麼待著，一會兒也不離開娘。娘知道他要守靈，不多留他，等他要走啦，嘴張了幾次像是有話要說，又有點兒猶豫。唐侯請娘說，娘才開口：「這話不當我多說，可我還是想問問你。宮人都傳你兄弟們要把父王的葬禮辦排場些？」

　　唐侯點點頭，娘又問：「聽說還要陪葬不少人？」

　　唐侯一愣：「這事王兄沒說過，不會吧！」

　　娘長出一口氣說：「沒有就好，千萬不要坑害人命。」

　　唐侯點點頭應承。回到靈前，他心裡還擱著這事，該不是幾位兄長合計過吧？他低聲問身邊的三兄棄，棄大咧著嘴說沒有。趁個空兒，他把二

下卷

兄契叫到一邊問話，契連聲說：「不會，不會，都這時候啦，怎麼還用老先人那規矩。」

他還放心不下，又說了一句：「可為什麼宮人這麼傳言，該不是王兄的主意吧？」

契沉吟一下還是不信：「不會吧，別的事王兄可以不和咱幾個通氣，這人命關天的大事他還能一個人定點？我看，不會。」

兄長們都這樣認為，唐侯就再沒往心裡去。又過了幾日，外頭的傳言還是不斷，說得更為玄乎，各族都在挑選殉人，不少族都有人偷偷跑了，躲進深山僻地。這一回不是唐侯先聽到的，是契從宮外帶回的消息。兄弟仨都覺得無風樹不搖，不敢再把這事當成耳旁風。契說，待王兄來咱問個清楚。棄和唐侯都說是。偏偏從這日起，一連數日摯王都沒在靈臺露臉。前數日他即使白晝顧不上，夜間總會在這裡待上一會兒再走。他要走，仨小弟也不強留，知道他白晝要忙天下大事，不敢讓他熬夜。熬夜太耗神，白晝會少氣無力。孰料，這王兄忙得連靈臺都不來了。他們都有想法，孰也沒有說出嘴。

這一日，宮侍進來悄悄招手，把跪在靈前的契叫出去。出去好一會兒不見回來，要是吃飯，兩頓也過去了。唐侯和棄都在暗想，肯定有麻纏事。又過一會兒，契才回來，不言不語，一臉怒氣。他沒有下跪，衝棄招招手，又衝唐侯招招手。他們站起，相隨他來到靈堂外頭，他開口就發火：「就知道有鬼！咱仨人都被蒙著，王兄是要用活人陪葬哩！」

不待棄和唐侯插嘴，他又氣憤地說：「族頭派人來說，商族亂成一團。咱哥兒仨太無能，啥也不過問，就知道憨待在父王的靈前。王兄早已下令，要各族都選送一個傭士。這不，命令一下去，商族聽說要選殉人，還要選年輕的，沾點邊的男人趁著黑夜全溜啦，都躲進深山老林，連看族護堡的人都沒了。別說選不下人，連人都找不見，族頭熬煎的要死。不光熬

第二十一章　於菟

煎這，族衛一散，夜裡有狼竄進族堡，嚇得老老小小睡不著覺。你們說，這日子還怎麼過？族頭無奈才派人來找我。我這個商侯能說什麼，又該說什麼？」

契越說越氣：「我是和你倆合計，咱得去見王兄，不能這麼折騰。再這麼下去，咱就沒臉回族裡去啦！」

棄和唐侯都覺得契兄的話有理，父王威震天下不假，可那威望不是光靠拳腳打出來的，他還給眾人不少好處，讓大家都過安然日子。如今兄長剛當王，對天下眾生沒有一點兒功勞，就殉人擾民，恐怕不利於他號令各族。契一挑頭，他們都覺得應該去見王兄說清利害。派宮侍前去稟告，王兄說事忙，讓他們在靈臺待著，抽開身他即過來。

契壓住火又和二位小弟回到靈前。他們邊守靈，邊等候。從午前等到午後，從白晝等到暗夜，不見王兄露面。夜很深，王兄才過來。待他在父王靈前燃起香，磕過頭，他們才一塊兒來到側室。王兄抱歉地說：「不好意思，這才過來。兄初登王位，百事纏身，有啥事你們趕快說。」

他話音沒落，契就開了口。忍耐一日，火氣沒消，反而更大。見到王兄，他提醒自個不要冒火，平心靜氣地說，可是一張嘴，聲音還是不低：「王兄，聽說要為父王陪葬傭士？」

「哦，是這事呀！有，有，我頒的王令。你們看父王辛勞一生，為天下眾生嘔心瀝血，如今他殯天成神要赴天堂，讓他一個人去多孤單。這麼去到天堂，哪個神還把父王當回事呀？讓父王在天堂受那些神的小看，還不是咱兄弟不孝呀！殉些人相伴，父王威風凜凜地升天，咱王族也光彩體面。我想，你們也會是這意思，就做主了。」

摯王口齒伶俐，理由充分，堵得他哥兒仨還真不知該怎麼說。是呀，王兄是怕父王到天堂孤單，惹眾神輕看，這殉人有什麼不妥當？虧得契有主意，他又問：「你光想父王啦，想過天下眾生嗎？」

297

挚王毫不猶豫地答：「大弟別急，我怎麼不想天下眾生？眾生的好日子是孰給的？父王啊！父王給大家好處，大家總該知恩有報吧？為父王陪葬就是給眾生個報恩的機會，你想，眾生怎麼能不願意？」

真沒想到挚王說得理直氣壯，頭頭是道。棄聽得懵懵懂懂，大睜著眼睛看看挚王，又看看契兄，不知該聽誰的。唐侯聽著有點不對勁，卻不知該如何反駁。契也沒張口，只冷冷笑了幾聲。王兄便問他：「怎麼，我說得不對？」

契說：「照你這麼說，讓各族派人殉葬還是照顧眾生？」

「是呀！」王兄輕鬆地說：「大弟說得對，你想，不讓派人殉葬，各族哪有機會報答父王的大恩？」

契哼哼笑出幾聲：「王兄，你太不了解眾生啦！哪個活人願意當傭士送死？沒人願意！」

挚王仍沒把這當成什麼大不了的事情：「不願意也不行！這又不是咱生的新主意，先前軒轅大王殯天陪葬的人就很多呢！」

「那陪葬和這不同。那是打敗蚩尤俘虜了不少士卒，把那些要生變亂的陪葬了。聽老輩人說，這麼陪葬一舉兩得，大王陵裡不空落啦，還鎮住了其他想作亂的士卒。咱這陪葬不同，是要各族選人，這太擾民吧！」挚王剛說完，契便堵住他的嘴。見他無話可說，便接著勸道：「王兄，快別這樣了。你知道不，下頭各族都被你弄亂啦！」

聽說各族被他弄亂啦，挚王一下火氣外冒，他厲聲問：「怎麼會弄亂？你說怎麼個亂法？」

契按住火氣不和挚王爭吵，把商族的情形如實說給他聽，指望他能回心轉意。孰料，他聽完仍然怒氣沖沖：「可殺！這哪裡是子民，全是刁民！」

見王兄態度強硬，唐侯連忙打圓場：「王兄，眾生哪能都是刁民，是

被逼的呀！我們應該替他們想一想。」

「想什麼？有什麼好想的？」摯王態度不是強硬，而是暴躁，「父王為他們操勞一生，他們捨條命有啥不可！」

棄也勸王兄說：「父王一生操勞還不都是為眾生過好日子嗎？父王若是知道咱殉人害命，哪會放心升天呢？」

契再加一把勁：「王兄，你再想想，現在收回成命還不遲，還能安定天下。」

摯王瞪大眼睛，將他們一個一個瞅了一遍，生氣地說：「你們三個怎麼都這麼糊塗，這王命哪能說改就改？這是治理天下，不是幼崽玩耍。若是朝令夕改，天下孰還把我這大王當回事？要是不當事，那各族還不散亂成河灘裡的石頭，各滾各啦？」

兄弟仨人苦苦勸說不頂事，還惹得王兄火氣更大。摯王靈也不守了，甩手就走，出門時迴轉身扔下一句話：「陪葬不能變，孰說也不變！」

✦ 78

后羿得到嫦娥便向散宜頭辭行。散宜頭不讓他走，留他多住幾日，還想跟他學學箭法。后羿不敢多待，孔王雖然同意他來，但是一再囑咐早去早回，恐怕宮裡臨時有什麼要緊事。這麼一說，散宜頭也就不再留他。

后羿帶著嫦娥姐弟出了散宜族，朝王垣走去。他不僅領上個稱心如意的媳婦，還帶上個公差，捎著把於菟送去殉葬。當然，既不能讓於菟殉葬，還要頂替散宜族殉葬的那個傭士。這就要看他后羿的能耐啦！

別看於菟十五六了，活潑得還是個小仔的樣子。一來姐姐嫦娥怕有個三長兩短常呵護著他，二來散宜頭可憐他爹娘早亡偏袒著他，別說做什麼重活險事，就是打獵都很少讓他去。他就在族裡來回傳話，把散宜頭的意

思說給馴養的，餵蠶的，又把他們的意思帶回來。因而，他歲數、個頭不小，卻很少離開族寨外出。這回跟著后羿去王垣，看啥都很新鮮的。草叢裡驚出一隻兔子，他拔腿就追，兔子竄遠，他又像兔子一樣跑回來。跑回來也不隨他們走，一個人跳竄前去好遠，坐在路邊等著他倆。他倆一挨近，他又箭一般彈射開去。

嫦娥見小弟高興，她更高興，笑嘻嘻地指著蹦跳的於菟誇獎后羿：「多虧你呀！」

「說啥話呢，咱都好成一個人啦，還誇說啥呢！」

后羿回著話，眉間悄悄一皺。見嫦娥姐弟這麼高興，他有種說不出的難受。於菟越是開心，他越是揪心。他倒不是擔心孔王、歡兜不給他面子，不放於菟，而是覺得這樣矇騙他們心裡實在不是滋味。

嫦娥沒留意他的表情，撒著嬌：「就要誇，就要誇！」

逗得后羿忍不住發笑。

嫦娥的笑聲沒落，就聽見有人喊：「抓住他，抓住他，莫讓他跑了——」

順著聲音一望，迎面慌慌張張跑來個後生。他的後頭緊追著一高一矮兩個壯漢，跑得急慌慌的。不知這是怎麼回兒事，后羿就沒理睬，仍然從容地走著。緊緊追趕的壯漢又喊：「抓住他，那是個逃犯，莫讓他跑了——」

逃犯？后羿一怔，正準備攔擋，於菟已撲上前去，一下拽住那個驚慌逃竄的後生。飛跑的後生被拽了個趔趄，打個閃回過身來，伸臂將於菟一摟就摔在地上。然後，撒開腿朝河灘裡瘋跑。嫦娥快跑幾步去扶小弟，不用扶於菟已經站起。站起來，仍不服氣，撒開腿便朝河灘裡追。剛跑兩步停下了，哪裡還用他追呢，在他倒地的一剎那，后羿躍起來，那後生前腳剛下河灘，他後腳就追攆過去。後生竄出沒幾步，便不動啦，后羿一隻手

第二十一章 於菟

扭住他的手臂。後生使勁一掙，轉身就是一拳。這拳出手俐落，要是換個常人非被打倒不可。剛才，他就是用這俐落的拳腳把押送他的那倆壯漢撂倒才逃脫的。可惜，這一招失靈了，他怎麼會想到他的對手是天下有名的箭王后羿？后羿不光箭術超群，臂力也過人呀！他使勁搗來時，后羿不慌不忙，只伸出右手一抓，就把那力氣十足的拳頭握住。後生用力甩，哪裡甩得掉呢！再一甩，不僅沒甩掉，還疼得坐在地上。後生不甩了，蹲在地上，眼睛仇恨恨地瞪著后羿，說：「礙你們啥球事？為什麼抓我？」

后羿真不知該怎麼說，就聽後生又說：「你這不是抓我，是要我老娘的命啊！」

后羿更不知該說啥，嫦娥、於菟趕過來，都聽得迷惑。嫦娥和氣地問：「這位聯手你說啥？我們不懂。」

後生一擰脖子要回答，那兩個追趕的壯漢趕到跟前，拱著手就謝后羿，說：「多謝大哥替我們捉住傭士，多謝！」

「傭士？」嫦娥不解地問。

「是傭士。先王殯天，下葬要陪活人，他就是我們族送去陪葬的。」高個壯漢指指被后羿逮住的那個後生。

嫦娥和於菟聽得驚驚乍乍的，於菟嘟囔著：「怎麼要活人送死啊？」

蹲在地上的傭士「哇——」地哭出聲來：「我不能死啊，我和老娘說好要逃回去，我回不去，老娘準得急死！」

哭聲撕肝裂膽，聽得后羿心裡酸酸的。嫦娥抹一下眼睛，對后羿說：「放了他，讓他逃個活命吧！」

后羿往前一步，對那個傭士說：「你走吧！」

站起的傭士還沒挪步，就被矮個壯漢摟住。高個壯漢挽住后羿的手苦苦哀求：「別，別放他，放掉他，我們就得送死。」

后羿怔住了，不知該怎麼辦。嫦娥奇怪地問：「你們是哪族的？」

301

高個壯漢答是狐族的，他還有些奇怪地問：「你們是哪族的？怎麼不知道這事？天下都在鬧騰，哪個族不送殉人？」

說得嫦娥和於菟糊里糊塗的。后羿清楚底細卻沒法說破，他故意不接話，對那傭士說：「兄弟，不是我不救你，是救不了你，這是先王的葬事。」

說過拉著嫦娥、於菟前行。傭士看看無法逃脫，只好跟著那倆人磕磕絆絆地走著。

傭士和押送的人去遠了。嫦娥說有點累，后羿就領他們拐進山前的窟裡，找個人家歇下。

從見過傭士到夜裡歇下，嫦娥都寡言少語，臉上再沒喜氣，眉眼裡全是憂慮。后羿問她，她說沒事。后羿就清楚她不是沒事，是有了心事，是估摸到他帶走於菟的底細。果然，夜闌星稀，嫦娥連連嘆息，弄得后羿想上她的身子也不敢。后羿只好勸說：「早點歇吧，明日還要趕路。」

嫦娥猛然坐起，厲聲說：「你老實說，帶我小弟去做啥？」

嫦娥那凶煞的樣子著實令后羿吃驚，正猶豫該怎麼說，就聽嫦娥又說：「我小弟要是有個長短，我就死給你看！」

后羿明白枯草團裡包不住火，這事無法再瞞下去，就把事情的根根梢梢都告訴她。聽得嫦娥哭也不是，笑也不是。她沉吟著：

「哦，怪不得族叔不讓於菟進宮，原來是這麼回事呀！都怪我，硬爭著要小弟去送死。也怪族叔，怎麼能欺哄人呢！孰也不怪，就怪生這鬼主意的那個大王，怎麼就不把人當人呢……唉！」

嫦娥怨怪著，怨來怨去，不知該怨怪孰，把一肚子怒氣撒在摯王那裡。后羿聽得心裡煩亂，他眼前又現出了那個苦苦哀求的傭士。當初聽到給先王陪葬活人，他沒當回事兒。指撥天下的先王死去，陪葬有啥不妥？來到散宜族，看見族頭為難的那樣子，他疑惑了。再見到那個可憐兮兮的傭士，他的心軟了，覺得真是不該殉人。不該殉人，他后羿又能怎樣？他

在王宮混個差事還得靠孔王保舉。別看在眾人眼裡他是個箭王，放在王宮不過是個草芥。只要能保住於菟不殉葬就行，他只能嘆口氣給嫦娥寬心：「別憂那麼多，我擔保孰也不敢傷於菟的一根汗毛，先不要和小弟說破，免得他驚怕。」

嫦娥仍然有些疑慮：「摯王要是不准呢？」

后羿輕聲一笑：「這點面子他還能不給嗎？妳放心。」

「真要是不給呢？」

「那我就和他們拚個死活！」后羿想也沒想就強硬地說。

嫦娥停一會兒，嘆口氣才說：「那可就把你毀啦！」

后羿口氣更強硬：「只要不毀小弟就行！毀了小弟，我怎麼有臉見妳！」

嫦娥心裡一熱，伸手攀住后羿的肩膀，緊緊貼住這個壯碩如山的男人。

✦ 79

那夜，王兄甩手而去，契和二位小弟討了個沒趣。契火氣最大，嚷著還要找王兄論說。捱過好一會兒，他們才漸漸平靜。契讓他倆先睡，他獨自守著靈前燃起的爐香。唐侯和棄便到側室的鋪榻躺下。躺下後，卻睡不著。唐侯閉住眼睛像回到族裡，熟悉的人一個個在眼前晃動。先晃動的是義仲，不知道近來觀天有無收穫；接著晃動的是木樨，粟禾不知務植成什麼樣子？再晃動的是伯益，那頭毛驢能調教順嗎？後來，目光定在放齊身上，自個不在唐堡，族事可就全賴他。想到族事，不由得心裡一顫，這陪葬的人他該如何定點呢？千萬千萬不要把剛平穩的唐族又攪亂。他再也沒有睡意，乾脆起來替換契兄守靈，讓他去睡。

第二日天黑，守靈的唐侯被宮侍叫出去。到外頭一看，竟是木樫來了。唐侯見到木樫又親切，又驚詫，趕緊過去問：「你怎麼來啦？族裡的粟禾長得怎麼樣？」

木樫一把抓住他，急切切地說：「唐侯，粟禾長得不賴，族裡卻出了大亂子。讓我來就是向你討個法子。」

聽木樫說族裡弄出大亂子，唐侯禁不住雙眉擰結，催他快說。木樫這才將定木殖陪葬的事一一說來。槁摯失手打死巫首，獵手和族衛出手毆鬥，族人暴怒要活裂槁摯，他羞愧地跳崖摔死了。唐侯聽得頭暈心疼，流著淚哭嚷：「造孽啊，造孽！我王族愧對天下眾生啊！」

哭過，他木木地待著，什麼話也不說。過了一陣才面朝唐族方向跪下去，連磕三個頭，唸叨：「天神招魂，巫首和槁摯都走好，去天堂過好日子吧！」

唸叨完畢，他提著心問木樫：「打鬥的人怎麼樣？」

「不要緊，多虧侯理到得早，沒有打斷手臂腿的，都是些皮毛小傷。」木樫答。

唐侯鬆口氣說：「那就好！快說說義仲怎麼樣？」

木樫又告訴唐侯，義仲不吃不喝地躺著。現在愁的還不是義仲，是這陪葬的傭士該怎麼定點？按說槁摯打死人，他應該替木殖去殉葬，可是槁摯跳崖摔死了。事情弄到這地步，族娘悔得不行，她說巫首的死不全是槁摯的過，她也有過錯，就讓木殖殉葬吧！按說，只能這樣，不讓木殖去，還能讓孰去。可族人都護著木殖，圍住侯理和皋陶嚷叫不讓他去。這要是弄不好恐怕還會惹出人命亂子。放齊就讓木樫來向唐侯討個主意。

唐侯越聽越愁，拍著頭顱連聲嘆息：「造孽呀，這哪是陪葬，是造孽哩！」

說罷，他安慰木樫：「別急，你先歇下，待我與兄長合計過再說。」

唐侯返回靈堂，棄正向契訴說，大嘴一咧一咧的。他一聽，是姜族也來了人，族裡亂哄哄的，先是因為選殉人毆鬥，後來乾脆沾點兒邊的人全都溜走，地裡的禾苗沒人務植。棄滿臉憂鬱，又激起契的怒氣，唐侯過來，他氣哼哼地說：「小弟，不管你如何，我哥倆決心再去找王兄論說！」

唐侯告訴他們，唐族大亂啦，還打死了人，必須再和王兄說理陳情。棄憂心地問：「那要是王兄還不答應呢？」

契咬咬牙說：「那就抗命，商族不送傭士。」

「我也不想送，可要是不送，這不是不孝敬父王嗎？」棄顧慮重重。

這一說連怒氣沖沖的契也犯難。是呀，孰也不願意落個忤逆不孝的惡名。

唐侯稍一頓，緩緩地說：「這殉葬是大事，咱先別定點，占卜一下，看天神和咱的心思相投嗎？」

二位兄長都說小弟考慮得妥當，就按占卜的神旨定點。

兄弟仨趁夜靜時分悄悄走出靈堂，外頭月光朦朧，遍地銀輝。天不熱不涼，多好的時光啊！若不是殉葬這事攪得天下紛亂，人們都安安寧寧地酣睡，該多好啊！可惜，這會兒不知有多少人鑽在深山老林，提心吊膽地躲避蛇獸的啃咬，真讓人憂心。

燃起香炷，兄弟仨恭恭敬敬跪下去連連叩首。他們每人都握著一個河蚌殼。禮過神靈，將河蚌雙手捧至額前。一鬆手河蚌就會落在地上，口朝上是天神准許陪葬，若是口朝下那就是天神不同意。磕過首，跪在中間的契祈禱：

天神在上，

孺子敬仰；

父王殯天，

應否陪葬？

▌下卷▐

　　禱告畢，三人幾乎同時鬆手，三隻河蚌接連落了下去。契一看他的那個倒扣著，是不同意陪葬。往兩邊一瞅，棄和唐侯也都倒扣著，天意完全相同。契忽閃著眼睛說：「這就好，天神和咱的心意完全相投。」

　　「好！這是順應天意，可不是我們忤逆不孝。」棄和唐侯應著，輕鬆了好多。

　　次日，兄弟仨盼著王兄早來，可是等到日頭降落，王兄都沒來。他們心焦的不行，是啊，不早些定點，族裡不知要亂成啥樣子？夜裡只好一起去見王兄。摯王見到他們劈頭蓋臉就嚷：「你們不守靈，跑來做啥？讓父王空靈大不孝啊！」

　　契趕緊答話，將各族的亂況和他們占卜結果全都說給王兄。摯王聽過煩躁地說：「我就不知道你們幾個怎麼想？天下眾生，宮中侍臣，沒有一人說陪葬不對，就你們瞎嚷叫，這明擺著是擾亂人心嘛！父王怎麼會生下你們這些吃裡爬外的孽子。哼，孰也別說啦，這主意我不會變。」

　　棄見王兄生氣，咧著大嘴解釋：「王兄別急，昨日我族來了人，是亂啦！聽說要陪葬，後生們嚇得都跑光啦！」

　　契看王兄待理不待理的樣子，根本沒有聽棄的解釋，來了氣：「我們幾個的話你可以不聽，難道天神的旨意你也不從？」

　　摯王動怒了：「天神？你們別拿天神嚇唬我。我是大王，要占卜也該我占，孰讓你們隨便攪擾神靈？」

　　唐侯怕把事情弄僵，開口和解：「王兄，你主理天下事情繁雜，我們替你分擔了點。」

　　摯王冷笑著說：「哼哼，這是你的主意吧！趕明日你把我這大王也分擔了。」

　　看得出，摯王對原先眾人傾向唐侯當大王還心懷不滿。契聽這話裡有話，忙說：「王兄，你怎麼能這樣看待小弟？這是我倆的主意。」

棄也說：「是我倆的主意。」

唐侯根本想不到王兄會是這般小肚雞腸，他想說明幾句，又不知道怎麼才能說清楚。契和棄見他眼潮潮地退了出去。小弟無辜受委屈，契冒上火來，他盯住摯王認真地說：「王兄，我再說一次，你別把我們的話當成耳旁風。」

摯王比他還生氣，厲聲說：「你別嚇唬我！」

棄忍著性子勸他：「王兄，我們不嚇唬你。你還是聽聽我們的好言相勸。」

摯王毫不讓步：「還是那句話，王命不能改。」

見和王兄說不通，契心一橫：「那我就抗命！」

摯王指著他說：「你……」

棄見王兄孰的話也聽不進去，張開大嘴說：「我也抗命！」

說完，不待王兄開口，契轉身就走，棄緊跟著出去。出了門還聽見王兄在宮裡高聲叫嚷：「翻天啦！你們翻天啦！」

✦ 80

安葬先王的日子一天天臨近，天官重和地官黎打理的事情件件有了著落。墓宅已建成，一切都按照生前的宮室去做，既然大王是殯天當神，那各種用品不能少，從各族精選的器具一樣樣挑好，一批批送到，就連殯天大祭的太牢也都預置齊備。

唯一讓摯王焦慮的就是殉葬的傭士。在他看來，殉人是父王殯天的大事，也是安定天下的大事。辦成了，一來可以讓父王看看他這個大孝子的能耐，二來可以威示天下各族，當今總領天下的摯王絕不是無能之輩，他蹬一腳就要地動山搖。這樣往後孰還敢發難作亂？沒人敢作亂，天下就可

■ 下卷 ■

以太平，眾生就可以安寧。令他想不通的是，幾個弟兄為什麼就不能和他一條心？外人尚沒有說三道四，他們卻在宮室亂放煙火，把他這個大王燒得火燎心焦。

讓摯王火燎心焦的當然不是兄弟間的爭執。那夜不歡而散，他生氣是生氣，並沒當回事兒，以為他大喝一氣就會鎮住他們，各族就會乖乖地將傭士送來。孰料，他非但沒有鎮住幾位小弟，還把事情鬧得更糟。這不，眼看父王殯天的日子已到，他叫來歡兜、孔王催問殉葬的傭士，不問還好，一問差點沒氣得倒栽後去。除了狐族按期送來傭士，其他各族全無動靜。摯王追問原因，歡兜、孔王都吞吞吐吐，張張嘴又閉住。摯王催他們快講，歡兜才說：「天下各族都看王族，商族、姜族抗命，別的族也就不送。」

孔王往裡添話：「是這樣，唐侯也反對陪葬，哪個族還送殉人呀！」

歡兜和孔王說得沒錯，那夜摯王怒斥三位小弟，沒有把他們嚇住，還把他們逼得更加齊心。二日一早，他們就宣布抗命，吩咐各自的族人不要送人殉葬。這麼一來，天下各族都壯了膽，正為選不下傭士發愁呢，乾脆看他們的樣子不再選人。紛亂的眾生安然了，歡兜和孔王卻坐臥不安，如同亂刺扎身。他們急於見摯王訴說苦情，又怕見到他捱罵，進也不是，退也不是。摯王召見他們，只好硬著頭皮進宮。見到摯王不敢再藏掖，說明實情後二人都有些輕鬆，心想，這可不能怪罪我倆，都是你那些小弟搗亂。

摯王聽他們說完，沒有立即開口，瞅了各人一眼，輕聲問：「這是你們的理由？」

「唔！」二人以為這就可以搪塞過去，連忙應聲。

「放屁！簡直放屁！我那小弟不過三人，三個族不送傭士就能壞了事？天下還有那麼多族呢，有一半送來也夠啦！」摯王突然厲聲喝罵，驚

308

第二十一章　於菟

得二人目瞪口呆，不知該怎麼應對。摯王變臉失色地繼續喝斥：「我不管別的，傭士非要不可！這殉葬是你們的主意，我已向天下宣布，要是王命落地無聲，那我還有何顏面當這大王。若是到期沒有傭士，我就把你們兩個的老老小小全坑進去，坑的一個也不剩，滾球吧！」

歡兜和孔王嚇得低著頭溜出來，溜得輕輕巧巧，唯恐鬧出點響聲，又挨臭罵。溜出宮殿好遠了，歡兜斜一眼孔王說：「球，還不是你出的這臭主意。」

孔王辯說：「你球個啥？陪葬可是你說的，不是我說的。」

歡兜放鬆繃緊的臉，硬擠出點笑說：「不是你說先王升天孤單，我哪能想到陪葬！」

孔王想笑，笑不出來，說：「咱自作自受，別再抱怨，怨也沒用。咱總不能讓自家老少去陪葬吧！」

二人鑽到孔王屋裡去合計。能合計出什麼辦法呢？說來說去一句話，摯王那幾個兄弟不交傭士，這事兒就沒有辦法。可是，這話還能對摯王說嗎？不能。不能，那又該怎麼辦？正焦慮沒有什麼招數，后羿進來了。他一進門，歡兜伸手把他拉近前來說：「箭王，你來得正好，快幫我們想個法子。」

后羿回到王垣，一安頓好嫦娥和於菟他就跑來找孔王。他惦著於菟，討不到赦免於菟的準信心裡就惶惶的。若是於菟出個意外，這豈不負了嫦娥？他沒想到歡兜也在孔王這裡，更沒想到二人比他還焦急。歡兜不知道后羿的難處，只說他們的焦急。后羿聽著他倆的焦慮，真不知該如何往外倒他的苦水。他焦慮地說：「二位領袖高抬我了，我有啥主意呢？我是來求你們寬恩的。」

「你有啥要緊事？」孔王問。

后羿順勢把散宜族讓嫦娥小弟當傭士殉葬的事從實說出。他還沒停

口，歡兜就擺著手說：「不行，不行！現在有一個，是一個。到葬日若是沒有傭士，摯王要坑埋我倆哩！」

歡兜的話打了后羿當頭一棒。他也知道他倆的難處，可要是救不下於菟，怎麼對得起嫦娥？他厚著臉皮又說，於菟爹娘早亡，嫦娥拉扯他長大，要是剮掉她的心頭肉，她就沒法活啦！嫦娥要是一死，他活著就沒意思了。歡兜扭頭就說：「球，虧你還是個箭王哩，真不如個草包。天下的女人多的是，沒有嫦娥，還有飛蛾，還怕沒有女人讓你操？瞧你那個稀鬆樣子！」

這話嗆得后羿的眼睛瞪了個大，他還有好多話要說，卻噎在喉嚨裡出不了唇。

「別多說啦，快把那小仔送到殉舍。你歇口氣，有要緊事做呢！」歡兜見他怔著，不耐煩地說。說畢，閃身出去。

后羿呆站著沒動，他不能走，回去對嫦娥怎麼說？堂堂男人說話不算數，連一個於菟救不下，他真沒臉面見嫦娥。見他悶頭悶腦地站著，孔王勸說：「你是箭王，不是一般人，要有大志，要往長遠看，不要因小失大。待葬過先王，讓你統領大王的衛隊，天下的好女人還不是由你挑？你看上哪個，就是哪個，恐怕巴結你的女人能讓你挑花眼！」

孔王說的是個理，可后羿一心想著嫦娥啥也沒聽進去。歡兜進來後不再理他，只顧和孔王說事。過了一會兒，見他還不走，就把他推搡出門。

后羿雙腿沉重地邁不開步，走了半天也沒走到住處。他不知道該怎麼張嘴對嫦娥說，怎麼說這敗興的事。他挪了前步沒有後步，緩慢地走著。突然，后羿飛跑起來，那是他聽見了嫦娥的哭聲。跑進住舍，后羿大吃一驚，嫦娥披散著頭髮摔跌在地上。見他進來止住哭聲，猛然站起，眼睛凶凶地瞪著他，大聲說：「你這個該殺的東西，你還我小弟！」

后羿一愣。只一霎他醒悟了，莫不是自己呆站的那會兒，歡兜派人把

第二十一章 於菟

於菟抓走啦？他問嫦娥，不等他說完，嫦娥哭著罵：「你這個豬狗不如的東西，還想日哄我！」

罵著撲上來，伸出雙手在后羿胸前亂捶打，邊打邊說：「我不活啦，你打死我！」

后羿想說明實情，嫦娥卻不讓他張嘴，一句接一句地說：「你打死我，你不打，我就碰死！」

見嫦娥瘋瘋魔魔的樣子，后羿心疼啊！恨得能把歡兜、孔王一口活吞掉。可現在不能報仇，要先救出於菟。他使勁一蹬腳，「嚓──」地撕開葛衣，露出胸膛，對嫦娥大聲說：「等我把於菟救出來，你把這顆心挖出來看看，是紅的，還是黑的。」

說完，甩開嫦娥就跑。快近殉舍，就見幾個宮衛架著於菟，拉的拉，推的推，於菟扭動著叫喊。后羿蹦跳過來，東一拳，西一腳，打得拉扯於菟的宮衛跌跌撞撞栽倒在地。宮衛們挽袖子，捋手臂，吼叫著撲上來。后羿不慌不忙站定，瞅住撲前來的那個，一把捏住手臂，順勢一轉，就擰到背後。往上一提，那廝疼得直叫喊。后羿一推，他就栽在地上摔了個口鼻出血。後頭那幾個還要往上撲，后羿一腳踏在那廝的脊背上，說：「你們再往前一步，我就把他踩扁！」

腳下的那廝連聲求饒，吆喝那幾個：「快往後退，別過來。」

人們圍上來不少，有認識后羿的，說：「你們這些毛崽還敢和箭王鬥毆哩，那不是雞蛋碰石頭啊！」

宮衛聽說是后羿，嚇得直往後縮，都說：「箭王饒命，饒命。這不是我們要來，是歡領袖派我們抓人的。」

就是這個狠毒的畜生！后羿恨死了歡兜和孔王，若不是嫦娥姐弟倆在這裡，他真想返回去活宰掉他們。可眼下救於菟要緊，他無心和這些毛崽糾纏，抬起腳，彎腰一抓，提起地上那廝說：「滾球，給你留個活命。」

幾個傢伙像從貓身邊逃脫的老鼠，灰溜溜地竄走。

后羿抬腿要走，卻見嫦娥撲通跪倒在跟前，連聲說：「我錯怪你啦！我錯怪你啦！」

后羿伸手扶嫦娥，於菟也過來，拉起她姐。嫦娥驚慌地問：「這可怎麼辦？」

「走唄！」

「到哪裡去啊？」嫦娥眼巴巴瞅著后羿。

「去唐族！」說著，后羿拉著姐弟倆就跑，急火火逃出王垣。

跑出王垣，爬到山腰，後面傳來聲響，是衛隊的士卒追趕來了。后羿讓嫦娥、於菟先走，他在一塊石頭上站定，衝著下面的人高喊：「老子就是你們要抓的后羿，有種的上來！」

喊聲未落，颼的射出一箭，不偏不倚射在衛隊前的一棵松樹幹上。他又喊：「有種的上來，上來就讓你當那根樹幹。」

衛隊的士卒你看我，我看你，沒有一個敢往上攀。后羿哈哈一笑，說：「都是軟松吧！回去告訴你們那狗領袖，老子走啦！」

士卒們看著后羿不慌不忙朝山頂走去，孰也不敢去追。眼睜睜瞧著他攀上山尖，遠遠望去像是踏著一團白雲，遊走到天上去了。

第二十二章　殯天

✦ 81

　　孔王進院時，歡兜大喊大叫，掄著棍子把衛隊的頭目攆得一圈一圈亂轉。他趕緊上前攔擋，緊擋慢擋還是遲了。歡兜手起棍落，隨著一聲尖叫，頭目臉上濺出血點！再一棍下去非把那廝打死不可，孔王急步上前摟住歡兜。歡兜的怒火沒滅，憋得高聲吵嚷：「打死你個軟松，帶那麼多人竟能把后羿放跑？去，帶人給老子攆回來，攆不回來小心我擰掉你的狗頭。」

　　孔王忙勸：「消消氣，大人不和小人一般見識。」

　　他邊勸邊推，把歡兜推進屋裡。孔王明白歡兜這火氣的來頭，衛隊沒攆上逃走的后羿只是由頭，背後的事才是主要的。傭士的事沒有著落，他犯急呀！歡兜還冒著火嘟囔，孔王說：「別再發火啦，就是把后羿攆上，把那個殉人追回來，能充了咱的大數嗎？不能啊！還是趕緊合計個別的辦法。」

　　這話戳到了歡兜的痛處，他瞪大紅腫的眼睛說：「各族都不送，他大王的兄弟帶頭搗亂，咱有啥能耐？就等著他坑咱吧！」

　　聽口氣，歡兜對摯王那嚷罵還有氣哩！說實話，對那嚷罵孔王也有氣，可是有氣能怎麼？能收了場，還是能救下自個的命？只得有氣變沒氣，悄悄生主意。你別說，這孔王低下頭一悶乎，還真悶乎出個點子。他來找歡兜就是因為有了招數。他衝著急紅眼睛的歡兜說：「咱總不能坐在野地裡等狼啃吧！」

　　歡兜見孔王說話不急不躁，就知道這傢伙有了主意。在聯手裡頭，就

■ 下卷 ■

數這傢伙鬼點子多。有了點子，常不明說，還要繞彎子逗弄人。他催道：「有屁快放，都火燒眉毛啦，你還堵咽個球！」

孔王的點子是從歡兜那裡思索出來的。歡兜說過，跟著摯王出巡的時候，住在黎族寨裡。因為唐族偷盜黎族，又假借狐族的名義。狐族得理不讓人，逼著唐侯去那裡賠情道歉。沒想這事被摯王碰上，當下就要把那個狐頭拖到山梁上餵狼，嚇得那廝尿了個兩腿溼。說這話時，歡兜笑得嘿嘿的。歡兜是當笑話說給孔王的。孔王聽了，跟著發笑，笑過了，卻沒忘記這個膽小的族頭。這回殉人的事有了周折，他頭顱裡一繞彎，便彎到狐頭那裡。這遍天下的各族只乖乖送來一個傭士，這個傭士不就是狐族的嗎？狐族按期送人還不是因為族頭膽小怕事嗎？那回若不是唐侯替他求情，他的小命早成了一潑狼屎。這回若是惹怒大王，唐侯也救不了他的小命，所以，他早早就把傭士送到了。孔王提起這些，歡兜煩惱地說：「就這呀，我以為你有球啥救命的點子。再說他軟松，人家已經把人送來啦，你還要怎麼？」

「要怎麼？」孔王嘻嘻一笑，「我要他把咱需要的殉人全送來？」

歡兜眼睛瞪得不能再圓，眼球上的血絲都看得一清二楚，說：「那合適嗎？」

孔王小眼睛一斜：「還合適個球！合適咱就沒命啦！」

是這樣，天下哪有那麼多合乎情理的事？歡兜不再猶豫，催他快說。孔王說：「沒啥說的，就是讓他族送來幾十個人頂數。」

歡兜心裡一忽閃，這倒是個沒法子的法子，轉眼又憂慮：「狐頭願意送人嗎？即使他願意送，族人要是聽見風聲全跑了，你去哪裡抓？」

歡兜憂憂地瞅著孔王，只見他嘻嘻笑著，兩隻眼睛瞇得沒了眼珠，不緊不慢地說：「事情緊急，實話實說肯定不成。咱只好另來一手，弄他個哄死人不償命。」

第二十二章　殯天

歡兜死死瞅住孔王，眼睛一眨也不眨。見他真著迷，孔王才慢慢說出他的辦法。聽得歡兜興奮地連連拍手：「好啊！這一來就救了咱哥兒的命，好啊！」

拍畢，他問：「這事孰辦為好？」

孔王想都沒想就說：「這麼大的事，旁人去不行。狐頭認識你，只有你去。」

歡兜低頭一想，是這樣，孰去也靠不住，萬一有個閃失就會耽誤大事，當即決定帶著人連夜趕往狐族。這事說妥，歡兜又說起后羿逃跑的事，他說：「總不能這麼算了吧！」

孔王也說：「哪能呢！這麼下去豈不沒了王法。」

歡兜問：「那你說怎麼辦？」

孔王說：「不管怎麼辦，現在都不能辦。派人去追，后羿武功好，箭術高，明擺著要吃虧。你想他能跑到哪裡？我猜他哪兒也去不了，還是回到唐族啦！咱暗裡打探清楚，只要他在那裡，待大王喪事辦完，告知摯王再去抓他。到時候，只費點吹灰的力氣，嘿嘿，就把他攥到手心裡啦！只要捏到咱的手心，那還不由你呀，把他揉成圓的就是圓的，拍成扁的就是扁的。」

一席話說得歡兜哈哈大笑，孔王也瞇著眼睛樂呵。

✦ 82

歡兜的突然到來著實令狐頭沒有想到。他滿臉堆笑地往裡迎接這個宮官，一邊卻暗暗思索這傢伙來做什麼。這個宮官他記得很準，那回一見面，他盯上的就是歡兜。歡兜個大，頭大，眼也大，渾身的肉顯露著少見的富態。孔王看他一眼，就將他認作孺王，暗想，到底是當王的胚子，長

得就是大王模樣。他怎麼也不會想到，歡兜身旁那又矮又黑的人才是孺王。他定睛瞧瞧孺王，發現他也不可小看，你瞧那兩隻眼睛，雖然不大，卻滴溜溜轉哩！若不是孺王緊著指撥給他法子，說不定他還要暗自思索下去。

在黎族狐頭真領教了孺王的厲害。他明白和孰打交道都鬆心，唯有這和王族有牽連的事是必須提著心的。有了那回差點餵狼的教訓，這次一接到摯王選送傭士的命令，他就下狠心去辦。孰也清楚，這是送死的事，都瞪大眼瞅著他這族頭從哪兒下手。這族裡一群一夥的，拔起樹根帶起土，是那麼好動手的嗎？他瞥一眼那些老虎一樣的目光，就換了一種做法。種地都趁土軟時做，那就從軟處下手吧！嘻嘻，這事能難倒別人還能難住他，要是沒有這三球兩下，他還當得穩這族頭？他把目光盯住沒團沒夥的孤兒寡母，明明知道這麼做不公道，可這送死的事讓孰做能公道呢？就這麼，狐頭心一橫宣布，疊子去當殉人。寡母孤兒也有幾個人可憐的，他剛把疊子囚在窟裡，就有人找上門來求情。這一招兒他是料到的，求情的人一開口，狐頭便問：「我也覺得不合適，你看孰去合適？」

孰去送死都不合適。求情的人都不敢說別人，悻悻地離去。因此，狐頭早早就派族衛將疊子押去。押送的人回來，狐頭才鬆了心，可今兒這歡兜找上門來又有何事？他正犯嘀咕，歡兜的臉上已布滿了笑容，張嘴就說：「祝賀，祝賀！我來為你彰功。」

「我這小族頭，有啥功勞呀？」狐頭問。

歡兜笑瞇瞇地說：「這回送傭士你族最早，摯王說你帶了頭，立了功。」

狐頭連忙謙虛地說：「大王有令，我怎麼敢不遵，談不上功勞！」

「有功勞，你一帶頭，各族很快送夠傭士。因而摯王要表彰你，命我來給你賜名：狐功！從今後你就叫大王賜給的這名。」

第二十二章　殯天

　　哈哈，狐頭變成狐功，他可高興啦！他沒有想到要立功，只要不受責罰就行，孰料卻受到大王的表彰，心裡美滋滋的。他趕緊讓手下人備些吃食，招待歡兜進餐。

　　歡兜說：「不急，還有好事相告。」

　　狐功亮著眼睛問是啥好事？歡兜喜眉笑眼地告訴他：「這次葬禮可隆重哩，要去很多人送先王殯天。摯王想到了狐族，讓你們多去些人。你別以為這是去人給先王送葬，其實這是大王對狐族的偏愛，讓那些刁民去還怕醃汙場子。再說，送葬不過就是磕個頭，磕過就沒啥事了，還不是看熱鬧呀！你狐族的人啥時候能去王垣？能見這麼大的場面？」

　　狐功打消顧慮，興奮起來，忽閃著眼睛說：「真感謝大王，那我就把族裡的男女老少都帶上，全去捧場。」

　　「也不是都去。」歡兜說：「按照禮規成年的男人才能去。」

　　「這也行，男人就男人。」說著，狐功愣一下，頓住。

　　歡兜問他：「還有啥顧慮？」

　　「我粗略算了一下，族裡走得動的男人也有四五十人，這一路要吃要喝的。」

　　「這有啥難的？摯王早讓我安頓好啦，每天都有人接應送食，到了王垣那就更好辦。」

　　狐功一拍大腿，說：「大王把小民的心全操到啦！」

　　狐功樂呵呵地跑出去，說是要把這個好事告訴族人，讓他們也樂和樂和。他一出門，歡兜就掩住嘴發笑：「哈呀，孔王這狗日的真行。」

　　事情的進展真是順利，狐功將歡兜的意思往下一傳，族人沒有不高興的。是呀，成載累日都悶在這巴掌大的地方，就是打獵又能走多遠？這一下讓到王垣去，聽說那裡的人不住洞窟，住的是房屋，一排一排的。去了，可以開開眼，還能看葬禮，真是難得的好事呀！只是女人們有些嗔

怪，怎麼就光讓男人去呢？男人還是女人吐露出來的，為什麼不讓女人去？嗔就嗔，怪就怪，這是大王的禮規，嗔怪也不頂事。因而，女人們撇過嘴沒事了，接著便為男人和兒子高興。

次日一早，天氣清爽，狐族卻火烈烈地熱鬧。男人們出發上路，說說笑笑走在小徑當間。兩側擠滿女人，老的，壯的，有送男人的，有送兒子的。還有些小仔、小妮也在人群中鑽來鑽去，跑前跑後，不知道是為走的人高興，還是為不走的人高興。反正這麼多人聚在一起很少見，看到很少見的場面，他們怎麼能不高興呢？

走出狐族，翻過兩座山，日頭升到當頂，人們有些飢餓。歡兜站在山腰看看，一指山腳下的草棚，說：「趕到那兒，有人給我們預置好了吃的。」

人們來了勁，後生們快步下山，飛也似的。果然，趕到棚間，已擺好糗食。糗食就是乾糧，有新摘的桃杏，還有風乾的肉食，各自撿喜歡吃的，把肚子填得滿滿的。稍微歇歇，又興致勃勃朝前走。是啊，狐族人啥時候這麼輕省過？什麼活都不做，去看風光，還有人管吃食？真好！眾人不住聲地誇說大王。歡兜就說是族頭的事情辦得好，才讓摯王看上狐族。人們便七嘴八舌誇狐功，誇得他臉上光彩彩的，挺著胸膛大步走著。

來到王垣，狐族的人們眼睛睜得不能再大。這裡沒洞沒窟，都是一排排的房屋，土壘的牆上覆著茅草，看上去順溜溜的。房屋間的路平展展的，不像狐族的那路，忽高忽低，坑坑窪窪，還有突兀的石塊。這路平展的閉著眼睛都走得過去，還真有倆後生閉住眼隨著眾人走。大家都說，歇一歇好好轉轉。歡兜把大夥兒領進一個大院子，裡頭有好幾座房屋，這就是眾人的宿處。狐功領人們進到屋裡，地上鋪著乾草，絨絨和和的，都說晚上能睡個好覺。有的乾脆躺在鋪上，放展四肢，那個舒服樣呀，受活得沒法子說。狐功對歡兜說，眾人想在王垣轉悠轉悠，歡兜痛快地說：「這

好辦，待先王一殯天，讓大家轉個盡興，逛夠再回去。今兒個嘛，就先在這裡歇息。初來乍到，人生地不熟，真有個人轉不回來，那就誤了明日的正當事。」

歡兜說得有理，狐功就招呼族人吃喝歇息。眾人喜喜地說著在王垣看到的稀奇景，有說屋高的，有說路平的，還有說聚落大得少見的。說來說去，又說到狐功，要不是族頭有本事，我們哪來的這福氣？

夜深了，還有人興奮地合不住眼，狐功就是頭一個。

✦ 83

先王的殯天大祭一切都預置停當。

大祭的多數事宜都是天官重、地官黎和巫咸操辦的，當然也離不開摯王的指撥。這些日，摯王得空就往墓址跑，每回去都會對開挖墓穴、擺放葬物、陪侍傭士指指點點。可以說，建造先王的墓壙沒有一絲一毫的含糊。

前數日，墓壙就已挖成。正中闊大的墓室是王宮，左右兩側各有一個小室擺放器具和食物。墓壙的外圍環繞著一圈土坑，無疑那是陪葬傭士的地方。將傭士安頓在這裡是供先王使喚的，先王有令只要一喊就有侍者進來，遞送器具，捧送飲食。環繞一周還有一個用處，是要讓他們保護先王，不受野獸和歹徒的擾害。土工告成，天官和地官特意請摯王過目驗收，摯王一一看過，沒有挑剔出什麼毛病，其實該挑剔的他早已挑剔過。看過土工，談起大祭儀式。巫咸對摯王說一切都按最大的聲勢鋪擺。摯王問他，殯天祭壇如何搭？他說就在墓穴上方搭個一人高的木臺，祭祀完畢，將先王的屍體降落下來安葬。摯王聽完，說：「這還是老辦法，你們就不能出個新招？」

這顯然不是說巫咸一個人，天官重和地官黎你看看我，我看看你，不知如何回應。見他們沒有應聲，摯王說：「先王這是殯天，不是安葬。殯天，就要像個殯天的樣子。」

天官重插口就問：「大王，你看如何才像殯天？」

地官黎也說：「大王，你說怎麼做像殯天，我們就怎麼做！」

摯王輕輕哼一聲，說：「你們是在考我吧？」

「哪敢，我們哪敢？」地官沒張嘴，天官趕緊說。

「諒你們也不敢。」摯王得意地說：「既然你們沒招數，就按我說的辦吧！」

摯王的意思和巫咸的辦法沒有兩樣，只是木臺不搭一人高，也不搭兩人高，而是要搭九人高，高到在墓場祭祀的人都要仰頭去望，那樣才有殯天的氣勢。這個高高的木臺就叫殯天臺。殯天臺用木頭搭，還不能看見木頭，四周要用松樹枝圍裹。事先用白絹將先王的屍體纏裹好，安放在殯天臺的頂端，人們仰頭觀瞻先王，像是朝拜天神。

巫咸聽了，連聲說：「好，好！這才像個殯天的樣子！」

地官黎也說好，說過卻又有點擔心：「那麼高，怎麼把先王升上去？」

「活人還能讓尿憋死？」摯王說：「殯天臺搭好，人就不能再上去。孰還能高過先王？先王的屍體提前放在木棍編成的神鋪上，兩側拴上葛繩，葛繩從殯天臺垂吊下來，只要用手一拉葛繩就可以將先王升上去。」

天官和地官聽得入迷，哈呀，這個瘦小的人頭顱也不見得大，裡頭怎麼就裝著那麼多點子？他倆暗暗佩服這摯王不凡。正想著，卻聽摯王又說：「這辦法行吧？還用我說出葛繩的長短嗎？」

摯王的話語裡帶著明顯的輕蔑，地官黎剛剛還佩服他精明不凡，這話語則令他心生不快。天官重卻實誠地說：「大王，我們就是只會睡覺不會翻身，經你這麼指撥也能翻過來啦！」

第二十二章　殯天

　　摯王笑了，巫咸跟著發笑，地官黎只咧了咧嘴。

　　殯天大禮這日，一入祭場眾人頓生敬畏。一身素裹的先王落臥在松枝翠綠的殯天臺上。殯天臺高入雲端，東方初升的日頭往那雲絮一照，白雲湮染著華彩，光燦燦的。先王的臉也被映得光燦放亮，這樣子哪裡像是死去呢，簡直就是活脫脫地升天。

　　狐功帶著族人遠遠一望就被震住，熙熙攘攘的人們立即靜沒聲息，都呆望著那高巍的祭臺，高超的先王。族人注目先王時，他們也進入眾人的目光。眾人低語的嘴閉合了，眼睛奇怪地看著他們，這些人怎麼都穿著無領的麻衣呢？這無領衣往常只有罪大被殺頭的人才穿呀！不光眾人覺得奇怪，一大早歡兜送來麻衣，大家都說怪怪的，沒人願意穿。後到的孔王連忙笑著說：「快穿，快穿，這是禮祭服呀！不穿怎麼進得去祭場？」

　　族人這才將無領葛麻衣穿上。見大家穿，狐功撈起一件也要穿，歡兜一把奪下。狐功疑惑看著他，孔王忙打圓場：「頭人不用穿。」

　　穿好無領麻衣，大夥兒隨同衛隊的士卒一起朝祭場走去。狐功緊跟歡兜和孔王走在前頭，走得風光滿臉，什麼時候被王宮的護衛隊這麼簇擁過？他胸膛挺得高高的，見別人瞧他更是得意洋洋。多少載後，狐功一想到這日那得意的樣子就臉紅，就愧疚。可此時，站在祭場的他一點異樣感覺也沒有，像族人那樣仰望著高高在上的先王。

　　狐功沒有感到異樣，有人感到了。感到異樣的不光是王垣的眾人，是契也發覺不對。他伸手拉一下棄，指指那些穿著怪異的人。棄已看見，暗自唸叨：莫非還是要陪葬活人？他拍拍唐侯要他看。唐侯睜開淚眼看時，契已上前一步問王兄：「那些人是做啥的？」

　　摯王隨口說：「都是來送葬祭祀的。怎麼樣？這祭場還可以吧？」

　　沒待契答話，他對身後的棄和唐侯說：「二位小弟，那個殯天臺還像樣吧？」

■ 下卷 ■

　　仨人都說像回事，還真有殯天的意思。摯王聽著，低垂的頭不由得一抬，炫耀著：「那都是王兄我的主意。這些宮官都是吃才，孰也沒有好法子。要不，這些日我怎麼能連守靈都顧不上，還不是忙這大事。」
　　摯王還要炫耀，契打斷他的話又問：「王兄，不是說不陪葬了嗎？」
　　這個契，把摯王繞遠的話題又拉回來。摯王不直接回答，是因為這話難以回答。那日他雖然果敢斷言非陪葬不可，可是事後仨小弟都抗命不從，不送人，還來找他，要他改變主意。找得他心煩，最讓他煩心的是他們還說通摯王的親娘，常儀也來勸他不要再傷害性命陪葬。親娘求告他，他還能不給她臉面？他就隨口答應不再陪葬。再見小弟時，他就像對娘那般搪塞他們，免得他們嚷叫。說是這麼說，但是，他咬定青山，非陪葬不行！
　　契打問時，摯王想繞開話，少糾纏這事，沒想到他還擱不下，又逼過來追問。這一問，本應讓摯王尷尬難答。孰料，摯王就是摯王，不僅沒有尷尬，依然十分灑脫，隨口回答：「唔，是呀，這天官是做啥的？這些人來了，也不和我說，我去問問。」
　　話音未落，站起來就朝殯天臺前走去。這一去，契、棄和唐侯乾著急等不回來。好不容易等回來，未及說話，巫咸已登上高壇吼喊：「先王殯天大禮時辰到——」
　　大禮起始，當然不能再說話，況且，頭一樁事就是孝子跪祭。摯王先行上前，頭一磕下去，就哭得聲淚俱下，宮侍費了好大勁才扶起，架回祭位。接著，契、棄和唐侯一個挨一個禮祭，哪還顧得上別的。孝子祭畢，宮官禮祭，以後是宮侍禮祭，眾生同祭。祭祀完畢，巫咸即喊：「陪獻器物——」
　　天官重領人上前，抬的抬，端的端，將陶碗、陶盤、陶甕等器具擺在臺前，跪拜過，再抬著擺進墓坑。這撥人剛走過去，巫咸接著就喊：「陪

第二十二章 殯天

獻吃食──」

地官黎領人上前，背著皮囊，扛著皮包，裡頭都裝著粟菽。在臺前祭過，也往墓中去放。

巫咸又喊：「陪獻禮器──」

樂師夔領人抬著石磬，背著鼉鼓，還有拿著玉器的都跪在臺前，將器物獻上又收攏，朝墓坑走去。

巫咸又喊：「陪獻活獸──」

喊聲未落，豬叫喚起來，一群肥豬被趕得尖叫著到了臺前。本應停下獻祭，可這些肥豬不順溜，叫嚷不說，還亂竄，只好直接趕到墓坑。隨後，傳來聲嘶力竭的尖叫，是已被石刀砍死。

豬叫聲打破祭場的靜寂，惹得人們探頭張望。突然，張望的人們將目光歸攏在一起，那是祭場躁動開來。豬叫聲淹沒了巫咸的喊聲，眾人沒聽見他那「陪葬傭士」的喊聲，只看見穿著無領麻衣的人群頓時混亂，士卒推搡著他們往前走。說時遲，那時快，巫咸的喊聲一落，宮衛呼啦上去，每兩個衛士撐住一個人，就往前推。狐族的人猛然明白了，原來到這裡是送死啊！有人被撐住，猛嚎起來；有人沒被撐住，抬腿要跑。可是人挨人，人擠人，哪裡跑得動？掙扎著也被撐住。死就這麼突兀在眼前，不由得哭著，喊著，跳著，罵著，觀看的人心肝無不往一起揪。本來，殉人也應透過臺前祭拜，再推進墓坑，可是一個人也不馴順，都在拚命亂蹦狂跳，哪能扭到祭臺前？

孔王見勢不好，對歡兜說，乾脆像豬那樣直接推下墓坑。歡兜不敢當家，跑到摯王前請說。摯王說什麼，沒聽見，就見孔王反身過去就直接將殉人扭往墓坑。有幾個後生，身強力壯，跳上跳下，難以摁住。主理陪葬的士卒直奔過去，手起斧落，一人鮮血迸濺，慘叫一聲就倒在地上。士卒二話不說，拖起就走。一個濺著血倒下，又一個濺著血倒下，駭人的慘叫

一聲接著一聲。祭臺前叫聲刺耳，鮮血四濺，慘烈的場景令人膽顫心寒。好多圍觀的人嚇得臉色紫青，低下頭不敢再看。

比族人叫聲還慘烈的是狐功。猝然而至的災禍把他驚呆啦！他突然醒豁上當了，他的族人跟著他上當了，他把大家送到了死地。他可著嗓門哭喊：「族親父老，我對不住你們，我被日哄啦，咱都被日哄啦！」

哭喊著，狐功撲上來，一把揪住歡兜：「你放了我的族人！」

歡兜沒有挪窩，早有士卒上來，使勁揪住狐功。

歡兜怒目大瞪，喝斥道：「別不識抬舉，再折騰，先敲破你的狗頭。」

話落手起，使勁一推，狐功軟跌在地上，大張著嘴，卻不敢發出一點聲音。

騷亂和嘶喊驚呆了地官黎。他看見那個狂哭亂叫的狐功，才知道陪葬的人都是狐族的。心裡正難受，猛然聽見有人叫他：「黎子——」往人堆一掃，哈呀，叫嚷他的不就是兒時的夥伴大艮嗎？他那麼大的歲數怎麼也來啦？他飛身就往殉人場中擠，邊擠邊叫：「手下留人，留下大艮。」

然而，祭場人太多，聲音太雜，他破著喉嚨的叫喊只能加大雜亂的騷嚷，沒人能聽見他叫，也沒人知道大艮是孰？他擠進人縫，鑽進人群，好不容易跌闖到大艮臉前。可惜大艮的頭已被士卒敲碎，血肉模糊著栽倒在地。他眼前一黑，什麼也看不見了，慌亂中倚在一個士卒身上才沒栽倒下去。那名士卒認識他是地官，待他稍微清醒才扶到祭場前頭。

濺血的慘景驚動著端跪的孝子。契伸手一扳，摯王回過頭來，面對的是三雙噴射怒火的眼睛。契和棄還沒說話，就聽唐侯斥道：「王兄，你愧對父王，傷天害理啊！」

摯王不禁生怒，正要發火，卻見唐侯已栽在地上，不省人事。

就在這時，巫咸宣布：「點燃柴燎——送先王升天！」

殯天臺前堆放的九堆柴草點燃了，火苗不大，濃煙滾滾。噴發的煙霧

第二十二章　殯天

沖天而起，像是將先王托舉上去。濃煙裊裊升起，瀰漫開來，殯天臺被遮掩住看不見了。眾人跪在濃煙中只能聽到慘烈的嘶叫和雜亂的聲響。過了好一會兒響聲小了，沒了，和煙霧一起消失了。

柴燎燃完，殯天臺上的先王不見了，真如同升天成神一般。其實，是解開繩索，落入墓室，安葬下去。

煙霧散去，天不高不亮，眾人才發現頭上滿是烏雲，烏雲遮住藍天，天暗暗的。暗得人們心裡堵堵的，有股說不清的憋悶。

回返時，天落雨了，路上泥泥的。眾人踏著黃泥走著，走得擦擦滑滑，不時有人跌在地上。

■下卷■

第二十三章　好人難當

◆ 84

　　父王的殯天大祭極為成功，摯王別提有多高興啦。因為還需守陵他無法笑在臉上，但是，不管在人前他神色多麼凝重，內心裡卻滿意得很。稍稍不順心的是因為陪葬和幾個小弟弄得很不愉快。他實在想不通，這幾個小弟為什麼要找碴子，耍脾氣，硬和他這個王兄過不去。尤其是三弟竟然在祭場罵他傷天害理，還當場昏死，這不是對他當大王不滿故意找碴嗎？摯王想到這些就有點怨憤。

　　想過幾次，摯王忽然悟出個理，孰說天下難治啊？不難。陪葬這麼難的事情，天官和地官都說難辦成，他一橫心，一咬牙不是就辦成啦！難治的不是天下，而是家裡。家人仗著是王親，就是不服氣你的理，不聽從你的令，總想另生個枝杈，和你爭個高低。看來天下好治，家人難治。如果把家人擺治順當，天下就會順順溜溜。怎麼把這幾個小弟擺治順當呢？摯王還真動開心思。

　　就在這時，歡兜和孔王來見摯王。他倆是為狐功而來的。族人陪葬後，狐功像是害了一場大病。只一日，他面色枯黃，兩眼塌陷，深深的眼窩裡混濁無光。即使你和他對臉坐著，他直直地瞪著你，那眼睛也不是看你。侍者端下水，不喝；擺下食，不吃。你和他說話，無論說啥，他都是一句話：「我怎麼還有臉回去？」

　　歡兜勸他：「別那麼心重，事情已經過去，你就是再擱在心裡，那些陪葬的人也不能還陽復生。你要想開。」

　　狐功看也不看他，還是那句話：「我怎麼還有臉回去？」

第二十三章　好人難當

歡兜勸不動狐功，就請孔王勸。孔王比他能說會道，他把希望寄託在這位舌頭靈巧的搭檔嘴上，他說：「這可看你的啦，你那舌頭不是能把死的說活嗎？」

孔王沒說行，也沒說不行，便去了，看樣子像是蠻有把握。見到狐功，他熱情地打招呼。狐功瞪著他卻像眼前根本就沒有他這個人。他仍然熱情不減，故作興奮地說：「狐功小弟，我為你道喜，這回殯葬先王，你立下頭功，大王會獎賞你的。」

狐功對孔王滿腔熱情的回報，還是那句話：「我怎麼還有臉回去？」

孔王接過他這話茌勸導：「看你想到哪兒去啦？怎麼沒臉回去？給先王陪葬是狐族的光榮。試想，天下這麼多族，為什麼不讓他們陪葬？還不是得不到大王的信任。這陪葬的是先王，可不是一般人。先王是去做啥？是升天當神。我們狐族的人陪他老人家升天，不都成了神嗎？先王當個大神，咱的族人個個都是小神嘛，這還不是天大的美事。」

孔王說得天花亂墜，以為準能打動狐功的心。他稍停一下，瞥狐功一眼，狐功卻還是老樣子，呆呆地說：「我怎麼還有臉回去？」

孔王心想，就不信把你說不轉，張嘴又勸：「好兄弟，你怎麼就只認死理呢！你聽我說，你那些族人都和先王上天當神了，家人還能不滿意。哦，乾脆說實在點吧，天上和地下還不是一個理，好比說，先王在天上就是現在的摯王，你那些陪葬的族人就是先王身邊的人，就好比我呀、歡兜呀！你看我和歡兜過的是啥光景，還不比你那族裡的窮日子強？快別認死理了，回去就給族人說，咱那些人有福氣，都跟先王上天享福去啦！他們享福不說，往後還能保佑你們，這不是天大的好事嘛！」

這一席話說得真比唱得還動聽，可惜，這動聽的話還是沒能打動狐功。狐功仍然痴痴地唸叨：「我怎麼還有臉回去？」

孔王還想說點更動聽的，瞅一眼木訥的狐功沒了心勁。退出來和歡兜

合計，這狐功心重，弄不好就會痴呆。不過，他說的也是個理，回族裡去即使族人不把他打死，背後裡的唾沫也會把他淹死，是得給他謀個活路。

「管他哩！管他是死是活，反正頂替了咱一樁，把傭士這難事給咱辦了，往後要他還有球啥用呢？」歡兜這麼想，就對孔王如實說。

他一說完，孔王就搖手：「不妥，不妥。狐功現在已和你我捆在一起。別人會從他身上看到咱倆。你想，他給咱出那麼大的力，咱要一腳把他踢開那不是太無情義嗎？要是這樣，往後咱可就是背著刺走路，孰還敢沾咱的邊？」

歡兜想想孔王說的在理，就問：「那你說咱該怎麼辦？」

孔王說：「如今只有順水漂筏。狐功沒臉回去，就別讓他回去。」

「好啊，就讓他在王垣待著，咱還養不起他！」

「養是養得起，可這還不好。」

「球，事情弄到這種地步，還能好到哪裡去？」歡兜有點不解。

孔王很有把握地說：「能，能變好，咱就是要讓壞事變好，讓狐功為咱裝臉面。」

「怎麼裝臉面？」歡兜更有些摸不到頭顱。

「讓眾人知道，跟咱幹的人就能榮華富貴。」

「哦——」歡兜哈哈一笑，在孔王頭上拍一巴掌，說：「你這瓢葫蘆裡哪來的這麼多鬼點子？」

歡兜和孔王來見摯王就是給狐功討賞的。倆人你一言我一語說過狐功的情況，摯王好一陣不語。從心裡說他感激狐功，若不是他帶來族人，這陪葬的事非搞砸不可。但是，臉色卻很平淡，他不能讓歡兜和狐功看清他的心思，讓他們得意辦了件大事。應該讓他們覺得，他們只是做了點應該做的事，不然，他們會像狗一樣翹著尾巴天天討要好吃食。他故意作出嗔怪的樣子，說：「你看你們，怎麼能把事情弄到這種地步！」

第二十三章　好人難當

來見摯王前,歡兜和孔王心裡美滋滋的。畢竟陪葬這麼難的事情他們給辦妥了,倆人嘴裡沒說心裡卻在想,摯王肯定會誇讚他們。孰料,摯王非但沒有誇讚他們,聽口氣還有不少怨怪。他倆你看我,我看你,一時語塞,不知該說啥。摯王不等他們開口,就大度地說:「過去的事,就算啦!說吧,你們看怎麼收場?」

摯王擺下墊腳的石頭,他倆慌忙就石下坡,趕緊說出要妥善安頓狐功的意思。這是個好點子,摯王一下就聽出來了。往後治理天下離不開人,那般宮官真老了,頭顱死板,辦事遲緩,這回要不是他主張陪葬和搭高殯天臺,父王的殯天大祭還不像喝河水那麼平淡沒味嗎?但他還是沒有直說,又轉個彎:

「我不管他狐功不狐功,全看你們的面子,既然你們說應該安頓他,那我就聽你們的吧!」一句話,說得兩張臉上都堆起笑容,樂呵呵地問摯王,讓他做啥為好?摯王略一沉思說:「給他個好差事,去解池當鹽頭吧!」

「太好啦,太好啦!」歡兜興奮地如同他得到美事。

孔王同樣高興,只是沒有作聲。的確,這管鹽是樁美事,解池可是天下最大的鹽池。說來也怪,從那裡舀一瓢水,就能在日頭下晒成白花花的鹽。吃東西時撒一點,味道就好了。不光味道好,吃上手臂腿都會長氣力。先前,這鹽池是蚩尤的地盤。蚩尤把這鹽可當事呢,用這東西換回不少吃的、用的。族人啥也不做,日子還過得美滋滋的。美日子把蚩尤慣壞了,養貪了,人們給好多東西才能換他一點點鹽。就這,各族的人都認了,忍了。最不該的是,蚩尤生出要當大王的邪念。給吃食他也不再給鹽,聲稱孰要換鹽,孰就得聽他的號令,擁他當大王。吃慣鹽的人不吃鹽,嘴裡寡淡地流領水,腿腳軟得站不穩。剛開始還忍著,忍著忍著,實在忍不下去,就只好去歸順蚩尤,稱人家大王,給人家交納東西才能換些

■ 下卷 ■

鹽吃。

這一來，惹怒了先祖軒轅。往常，眾族的東西都往他那裡交。現在把該給他交的全送給蚩尤，族親和宮人快要斷掉吃食，這還了得！一場禍事就這麼爆發了。軒轅大王帶著族人去打蚩尤，一打就打了好幾載，打得天下血流成河，死人遍野，好不容易才把蚩尤打敗，活活捉住。軒轅大王怒氣難消，下令肢解掉他。從此，鹽池掌在先祖手上，鹽池不再叫鹽池，因為在這裡肢解過蚩尤，大家叫它解池。

解池是大王掌管的要地，靠著那裡的鹽，大王恩賜各族，各族就乖乖地進貢吃食寶物。湊巧，解池的總管歲邁體衰，摯王想，把狐功推到那兒，他還不是死心塌地賣命嗎？他將這樣美的事情給狐功，超出了歡兜和孔王的想法。倆人大喜過望，謝過摯王便要走，急於把喜事告訴狐功，剛轉身就被摯王叫住。他問倆人：「現在外頭有什麼說法？」

歡兜搶先回答：「外頭人都說大王本事大，能鎮住天下，就是擔心族親和你不是一心。」

歡兜說的不假，契、棄和唐侯反對陪葬的事早已傳開，都知道他兄弟不和。這本來是個舊話題，可是，歡兜一說又戳到摯王的痛處，他嘆口氣說：「天下好治，家族難順呀！」

「家族難順，就在家裡先下手。家裡擺順當，天下也就會順當。」歡兜又進一言。

摯王皺皺眉說：「穿鞋的不知道光腳的疼，我還不理會先治家呀！就說這回陪葬吧，契、棄和放勳都反對，我總不能把他們全收拾了吧？」

「那也不能不收拾，不收拾他們就會擰成一股繩，你這大王更難當。」歡兜這話令摯王心頭一震，是這樣，要是不理不睬，他們以為我這大王沒能耐，往後還不知道要放肆成啥樣子。只是，從哪裡下手呢？摯王正思謀，就聽孔王說：「要收拾他們，卻不能一起收拾。一起收拾他們捆綁得

第二十三章 好人難當

更緊，大王你就孤單了。你就來個老婆婆吃桃子，拿捏軟的，把他們拆散。」

摯王心頭一忽閃，契、棄和放勛立即在頭顱裡浮現過一遍。契，太剛烈，難以馴服；棄，話雖不多，心裡全是道道，不好對付。只有放勛木訥些，歲數小，根底淺，還沒成啥氣候，從他這裡下手最好。況且，就這麼個木訥樣子，還要爭著大王，對，就治治他，殺殺他的威風。把他擺治順當，那幾個小弟就會規矩。他說：「那就從放勛開刀。祭場上他罵我傷天害理，拿他開刀，這就是理由。」

歡兜趁火加柴：「摯王瞅得準，就從唐侯下手。」

孔王沒有歡兜嘴快，小眼睛一眨便想，機會來了為什麼不趁勢將后羿扯進去？他說：「放勛不光在葬禮上搗亂，還違抗王命包庇壞人。前些時，散宜族送來的傭士不是被后羿劫跑了嘛，跑到哪裡去啦？查問的人回來說，躲在唐族。還不是他使壞包庇嗎！」

「唔，還有這事？」

「有啊！」歡兜趕緊說，他真些佩服孔王，不顯山不露水就把后羿也給兜進來！

摯王說：「哦，有這樁事，我下手擼他那個侯，他更沒啥說的。」

「好！」歡兜和孔王同聲附和。說過，歡兜不再言語，似乎在等摯王怎麼下手。孔王卻說：「摯王不必這麼心急。后羿跑到唐族，放勛在王垣守靈不曉得此事。若是當即處罰他，會有人替他叫冤。」

「那，就擱些日再下手，看他知道後有無動靜。」歡兜趕緊說。

「行，放一放，石頭窩裡頭走不掉鱉！」摯王贊成歡兜的意思。

孔王把話又拉過來，說：「那就太便宜他。大王，你安葬父王他搗亂，他不送傭士，還阻擋別的族送。人家送到，他慫恿歹人劫走，這實在可惡。不趁熱下手孰還把大王當事呢？大王你看這麼行不行？讓他回族裡將

331

人犯帶來。」

孔王沒說完，歡兜打斷他的話說：「你說球得不對，那要是放勛把人犯帶來，還怎麼處罰？」

「嘿，嘿，他要是帶來人犯，咱還用處罰他嘛，你想，他反對陪葬，后羿這些崽子才壯膽鬧事。如今大王一追查，把他唬住啦，乖乖交人，他不就聲名掃地？往後他說話不和放屁一樣？」

孔王說到這裡，摯王一指歡兜說：「你是啥頭顱？還是孔王說得對。他交出人，就是扛著刺走路，沒人再敢挨他。他要不交人，大王我怎麼收拾他都不過分，哈哈！」

摯王一笑，歡兜也跟著發笑，孔王更是笑得沒了眼睛。

✦ 85

那日在父王葬禮上，唐侯昏迷過去好一會兒才醒來。契和棄都勸他回去歇息，他不走，咬牙硬撐。撐到葬禮完畢，回返時又淋得潰溼，到屋裡就發燒躺下。娘照料他幾日，才能下鋪走動。見兒子有點精神，娘勸說：「你不要老是死腦筋，頭顱要活泛些。先前是你父王主理天下，你有不周，他會擔待。現在你長兄當大王，你不能像過去那麼直槓。」

唐侯說：「娘的心思我懂，可那麼些活人轉眼就被砸死坑埋掉，我心疼呀！」

慶都也不主張活人陪葬，可擋也沒擋住。這事已經過去，她便息事寧人：「不能說這事對，可也不能說錯啊！先前軒轅老祖就這麼陪葬過，你不必太頂真，太較勁。」

「我也這麼勸自個，可是不治事，一閉上眼睛就血肉迸濺，就有人撕心裂肺地嚷鬧，我這心翻騰個不停。」

第二十三章　好人難當

慶都還要勸慰兒子，粗絲門簾一動，地官黎走進來。進屋就說：「喲，娘兒倆說得真熱乎。」

慶都不避他，直楞楞告訴他：「你看我這裡怎麼就死腦筋？陪葬這事早已過去，他還傷心，弄得病懨懨的，何苦呢！」

說到陪葬，地官黎的臉刷地變了顏色。剛還笑笑的，像藍天上掛著燦燦的日頭，立時光消天暗愁煞煞的。打開頭他就不主張陪葬，他以為既然天神讓大王升空當神，就會安頓小神伺候他。你陪葬傭士，這些人修行不夠，能不能升天很難說。要是升不了天，還不是白白送命嗎？他沒能救下大艮，想起來心裡就揪得疼。他忍住疼說：「別說唐侯，我這心現在都像被人拿刀剜，疼得狠！那麼多人眨眼就死了，慘哇！」

「我就想不通，怎麼能這樣糟踐人命！」唐侯氣哼哼地說。

「瞧，一股筋又繃緊啦，你還上勁呢！」慶都說著，將頭轉向地官黎問：「你說我這當娘的，啥時候才能不操兒的心。」

「依我看，唐侯沒錯，人要是沒有善心，那和惡狼還有兩樣嗎？」地官黎說。

這話能助長唐侯的倔氣，慶都趕緊說：「不說這些煩心事啦，地官好不容易來一回，說點高興的。」

地官黎苦笑著說：「我也想高興，妳說能高興得了嗎？王姐，妳猜我來做啥？」

慶都說：「不就是看看你這老姐嗎？」

「要是這倒好啦！我是摯王指派來的，是來報憂的。」地官黎說著憋住氣，一扭脖子不再吭聲。慶都催他直說，他才說：「妳不是勸唐侯把陪葬的事擱到一邊，不要再記掛嗎？妳要放過這事，可人家摯王不放過呀！」

慶都忙問：「他要怎麼？」

地官黎這才將摯王追討后羿的事傾倒出來。慶都問兒子有這事？唐侯

說，我也是剛聽族裡來人說的。慶都禁不住發怔，這可是個麻纏事啊！她勸兒子早點抽手，別纏在裡頭，又對地官黎說：「這好辦，自個做事自個當。他后羿要是個好漢，就把這事頂到底。」

唐侯卻憂心地問：「地官，你說王兄能怎麼處置后羿和那個傭士？」

「恐怕輕不了，傭士會被處死，流放后羿還便宜了他。」

地官黎一說完，唐侯就說：「那這就難辦了。」

「難辦啥？」慶都說，「你交人就是。」

唐侯沒有應答，喃喃低語，像是獨自唸叨：「后羿劫人是為救個命，我這要是交人，那不就是殺人害命嗎？」

唸叨過，唐侯抬頭看著娘默不作聲。慶都理解兒子，他心善，恨不能庇佑天下眾生。她又心疼兒子，怕惹出禍事，輕聲嘆息著勸道：「兒呀，不要拿著雞蛋碰石頭啊！」

這事情地官黎早替唐侯想過多遍，摯王巴不得他不交人。不交人，就是包庇罪犯。包庇罪犯，就應按王法懲罰，那唐侯就有當下的禍害。他要勸唐侯該低頭時就低頭。慶都一說完，他就幫腔勸說：「你娘說得對，不交人，你要吃虧！」

唐侯聽了娘和地官的話默默不語，在屋子裡轉過幾個來回才說：「我們合計，那你們說我就這麼見死不救？」

這哪裡是合計？是在質問，問得地官黎無言對答。慶都也覺得理虧，可還是硬著頭皮勸說：「不是不讓你救，恐怕你救不了別人，還會把自個兒也白搭進去！」

唐侯倔勁上來了，沒接娘的話，卻問地官黎：「地官，你說論王法王兄能把我處死嗎？」

「當然不能，我看頂大是個流放。可流放你也要吃大苦啊！」

「只要不死，流放我也行，能救一個算一個。」唐侯果斷地說。

第二十三章 好人難當

慶都看著兒子越勸越上勁，無奈地說：「說你是死腦筋，就是死腦筋。」

唐侯對娘說：「打小妳就對我說，要行善。我這不是行善嗎？」

說著，他從容地笑笑看著娘。慶都苦笑著對地官黎說：「兒大不由娘，看看，把我繞住了吧！」

地官黎說不動唐侯，便回到宮中覆命。

本來，索要罪犯是件大事，摯王應把放勛招進宮親口談。突然改變主意是他想到地官黎在祭場上救傭士的那事，為這他很不痛快。黎是宮中的地官，又陪他出去巡訪那麼些日子，要是也有二心，孰還能相信呢？摯王怕啥事就有啥事。地官黎進宮竟然陰著張臉，諸官都誇先王的殯天大祭辦得好，唯有他輕輕地搖頭，說殉人太慘，不該這樣。若不是天官說起別的事，摯王真想好好訓斥他一頓。這些事都已過去，但是摯王沒有忘記。他不能忘記，治理天下就要像父王那樣說話一聲響，不能有雜音。就為這，他才派地官黎去向三弟索要罪人。

見地官黎這麼快回來，摯王沒有正眼看他就說：「我就知道，三弟不交人吧！」

「是這樣，大王真是料事如神。」地官黎張嘴答道，他知道摯王喜歡恭維，答話時加上句順耳朵的話。說過，他覺得很彆扭，先王在世，他說話都是直來直去，沒費過心思。和他的兒子說事卻還要無話找好詞，弄得很累。

地官黎這樣累著奉迎摯王也沒打動他的心。他笑出一聲，笑聲有點怪味。地官黎抬頭一看，發笑的摯王沒有一絲笑容，這不是冷笑嗎？果然他說：「我就知道，你會這麼回話。」

地官黎一怔，這話越發怪味。他愣愣地瞅住摯王，不知說啥為好。就聽摯王又說：「我不是讓你傳話。他說不交，你就回來說不交；我說不行，

■ 下卷 ■

你再去說不行。你是堂堂的地官，不是傳話的王侍，我讓你去，就是要你把人給我帶回來！」

摯王的聲音像是寒日的厲風，地官黎一下徹身透涼。他清楚摯王這不光是怪罪唐侯，也是朝他發難。這等於說要是帶不回罪人，就別回宮覆命，差點兒說出你別再當這地官。地官黎寒心呀！自從入宮，許多天下大事先王都和他合計，有時看法不投還爭得你高我低，可啥時先王小看過他？沒有。地官黎有點生氣，好你個毛崽，剛剛登位就嫌棄老身。他想得火上火下，真想轉身離去，不再進宮，又一想和個毛崽賭啥氣？就強壓住火氣說：「我再去催要！」

「去吧，活要見人，死要見屍！」摯王依然很冷厲。

地官黎氣呼呼再來見唐侯，慶都覺得這事鬧大了。她對兒子說：「我說倔不得吧，你看大王咬住不放，還把地官也給糾纏進來。不交人，你脫不掉身，連地官也要跟著受害。」

這一著真厲害，唐侯壓根沒想到，他真為難。前頭說不交人，是豁出去等待王兄流放他，大不了去個蠻荒地方吃些苦。可王兄竟這樣咄咄逼人，如果地官把人帶不回去，就要擼掉他的官職，這不是有意讓他傷害好人？唐侯心思沉重，呆坐著不說話。見兒子難受，慶都更難受，她卻裝著輕鬆地說：「憨兒，別再執拗啦，早早交人省心。」

唐侯一跺腳，把屋頂的茅草震得簌簌響，他說：「這人怎麼這麼難活！」

地官黎完全明白，唐侯這般為難都是因為他，怕牽連他丟掉官，就對慶都說：「你別再逼唐侯，他沒有過錯。要真因為我把后羿和那個無辜的人交來送死，我也成了作孽鬼。前番在祭場沒救下那個鄉友，我至今心裡難受。如果因為我再搭上一條命，我這老臉往哪兒擱呢！我想好啦，這地官我不做啦，還回黎族去，當個平民，躲開這些煩心事！」

第二十三章　好人難當

「哪能呢？摯王歲數輕，曉事少，還靠你們這班老官扶幫哩！」慶都見地官黎動氣，又轉過身勸慰他。

這一勸更戳到地官黎的傷痛，他唉聲嘆氣地說：「我哪裡敢扶幫摯王？伺候都趕不上，老啦，腿腳慢了，頭顱笨了，人家這是有意攆我走。派我來要人，就是給我塊下臺的墊腳石。我應該識點火色。」說著將臉轉向唐侯：「你沒錯，不要為我難受，我這就回宮辭官，不做啦！」

唐侯一把拉住地官黎，說：「你不能辭官，我不能讓你受連累！」

地官黎握住唐侯的手，朗聲說：「我不是為你，是為我。我不能因為當這麼個官害人性命，髒汙我的良心。你別拽我，我早看透啦！」

地官黎要走，慶都、唐侯不放，挽留他一塊兒進餐。他們邊吃邊說，不覺已是夜深人靜。

地官黎告辭出來，到處都靜悄悄的，眾人都睡熟了。他心頭卻起伏難平，隨口說出一句：「好人難當！」

✦ 86

這一日發生的兩件事沒有一件不震動王垣。

震動王垣是從震動王宮開始的。一大早，宮聚的官員們都已到齊，提前宮侍就挨門告知，大王有要事處理。摯王看見眼前滿噹噹的宮官，像獵手捕到好多禽獸一般，得意地要笑。他盡量忍住，用淺淺的笑容將所有的人掃視一遍，最後盯在地官黎身上。地官黎會意，往前一步，欠身朝摯王稟告：「大王繼位，老身本應盡力操持宮事，怎奈歲數見老，體弱身衰，力氣不足，不宜再占個官位。近日，大王命老身討要罪人，難能如願，有損大王的聲威。我請大王恩准老身退官還鄉，與庶民同耕共獵。」

地官黎的辭官突如其來，宮官們面面相覷，不明這裡頭有啥原因？像

黎這樣的老官，一直盡心服侍先王，天下的事可沒有少費心血呀，為什麼要辭官呢？眾官目光惑惑地盯著摯王，看他怎麼處置這事。摯王卻一點也不猶豫地說：「地官辭職出乎本王的預料。本王初任，天下萬事纏身。眾官皆知，父王殯天大祭前有人劫走傭士。如果不正法，必然還會再生禍亂。這宗大事讓孰去辦？我考慮再三，地官是老官，理事有方，就將這大事交由他去辦。孰料，地官雖然領命，卻沒能成命。至今歹人還躲避在外，這讓我深為憂慮。本王向來敬重老官，可是老官也要理解本王。如果王官都像地官這樣辦事不力，王命就難以施行，那天下豈有不亂的道理？從內心說，我絕不願意讓地官離去，只是……」

摯王說到這裡，聲音有些沙啞，右手抬起，在兩隻眼睛上一揉，又一揉。眾官看見他的眼睛變紅了，不知是揉搓紅的，還是有淚要流澀紅的。揉過眼睛，他抬高頭接著說：「這真讓本王作難……若是寬饒地官，往後各官都不盡力辦事，本王我令如微風，難動眾生，那就會敗壞父王的基業，唉……為使父王基業永固，天下安寧，本王只得忍痛割愛，准許地官辭職。」

摯王這番話說得有骨頭有肉，宮官們都掂出裡頭的重量。孰都明白，准許地官辭職理所當然。但是，這地官黎畢竟是在宮中操勞大半輩子的老官，看一眼他那灰白的頭髮，大家不免想到自個兒。將來孰也要老，難道有一日也要像黎這麼辭離王宮？天暖暖的，宮中早就熱烘烘的，不少人身上卻寒寒的。樂師夔忍不住這股寒氣，冒出一句：「請大王從輕發落，讓地官改過做事。」

宮官們齊聲響應。

沒等摯王說話，黎朝樂師夔點點頭，對眾官說：「老身謝過眾官，你們的心意我領受，我實在是精力不足，不宜再在宮中占個虛位。」

黎剛一說畢，摯王就說：「眾官的心情我理解，但是我更敬慕地官的

第二十三章　好人難當

風節。他給我們作出個樣子，有一日本王如果體弱身衰，我將像地官那樣，辭去王位，請大家另舉賢能。」

話說到這份上，宮官們還能說什麼，只有眼睜睜看著黎離別王宮。有人要出宮相送，摯王說：「還有要事相告，眾官別動，請宮侍代替本王和大家送別地官。」

黎聞言停住腳步，轉過身拱手和眾官揖別。有人低聲議論，黎眼裡淚汪汪的，別人卻見說這話的人眼含淚水。黎邁開大步，跨出了宮門。眾官回過頭來站定，摯王即開口布命，這震動王垣的第二件事開了頭。摯王說：「這是件本王的家事，不在宮中處理也行，可是涉及天下大事，就當著諸官的面辦理吧！」

說著，眼睛往旁邊一掃，從側室走進兩個宮侍，和他們相隨進來的是唐侯。唐侯面色黯淡，下巴尖削，更加消瘦。側身站在宮官前頭像是一棵還沒長壯的椿樹，風一吹，就能把他刮折。摯王見他站好，接著說：「我要說的是我這三弟放勛。諸官可能都已聞知，這回為父王陪葬，放勛帶頭抗命。他是唐侯，唐族違令不送傭士，這哪裡還有一點兒孝心？哪裡還像個孝子？更為可氣的是，散宜族送來的傭士還被唐族的歹人搶走，至今窩藏在那裡！」

諸官這才明白，原來地官黎辭職的根由在這裡。看來今日這兩件事，其實是一件事啊！正想著，只聽摯王問唐侯：「本王說得對嗎？」

唐侯響亮地回答：「王兄說得對。不過我想說說我為什麼這麼做。」

摯王打斷他的話：「只要對，別的話就莫說啦！這是宮聚，不是咱兄弟在底下閒話家常。既然事實不假，就你這過錯，我問過巫咸和大理，應該罷掉唐侯，廢為平民，和族人一樣狩獵耕種。」

下頭的諸官都睜大眼睛，這處罰真有些重。再說，放勛也是大王的兒子，怎麼能為這事就廢為平民？摯王說到此稍微一停，才往下說：「小弟，

■下卷■

　　按照祖規本該將你流放遠地。但是，念及父王剛逝，你我的手足情難以割捨，我將你從輕處罰。就這本王我也不忍心，如果你能將劫走的傭士和歹人交出來，你就繼續當唐侯。我給你些日子。」

　　宮官都鬆了一口氣，唯有歡兜、孔王嫌摯王軟弱，恐怕這麼震懾不住別人。他倆正擔心，就聽唐侯說：「王兄，你別寬限我，那人我不會交。」

　　唐侯說話硬朗朗的，不像是從這瘦弱的肢體裡發出來的。摯王沒有被這硬話逼急，仍然和緩地說：「小弟不要動氣，你可想好，要是不交人，你這唐侯就不能再當啦！」

　　「我已想過，我情願不再當這唐侯。」唐侯回答的一點兒也不猶豫。

　　摯王還是不見怒色，溫和地對諸官說：「眾官聽明白，不是我不給小弟留情面，是他拒絕悔改啊！」說著，無奈地搖搖頭，又轉向唐侯說：「我還是要給你個機會。」

　　「不用啦，王兄。我再給你說一遍，人我不會交。」

　　摯王呆呆地瞅著唐侯，惋惜地說：「那我只好下傳王命，哦，從今日起放勛不再是唐侯，廢為平民，回唐族耡耕狩獵。」

　　放勛上前一步說：「我只求王兄寬允小弟給父王守陵到期再走。」

　　摯王不耐煩地說：「收起這份心吧！你攪擾給父王陪葬，忤逆不孝，別再裝模作樣啦！」

　　歡兜、孔王輕鬆了。暗暗佩服摯王這個圈子繞得好，既套死唐侯，還不顯山露水，真是高明。這高明的手段的確把宮官繞迷糊了，不少人都怪唐侯不識進退，摯王都把石頭墊到腳下，為何不踩著下坡呢？這下可好，人家把你那唐侯一擼，和平民一樣受苦去吧！只有天官重和幾個知點根底的人悄悄為唐侯嘆息。

　　隨後，摯王宣布，黎辭去地官，這檔事還得有人要管，就由歡兜接替，孔王輔助。

第二十三章　好人難當

宮聚結束後，諸官靜靜退出來。有人湊近天官重小聲問他是何看法，重不語，只管走，走出好遠，才低聲說：「摯王精明過頭啦，唉——」

天官重唉聲嘆氣時，歡兜卻喜氣洋洋的，轉眼他當上了地官，在宮中有了正經位置。這些日雖然也在宮中出入，可沒個官位就低人一等。好在眾人見摯王和他走得很近，還算抬舉他。再抬舉，也不能釋出號令啊！這一下可好啦，他的意思也能用王令下傳天下。他昂著頭走得大步流星，孔王走近碰碰他的肩，悄聲說：「低下頭走吧！」

他趕緊彎彎腰，放碎腳步。拐過彎，宮官散去，他問孔王：「你說摯王怎麼那麼仁慈，不把放勛流放到遠處的蠻地？」

孔王斜他一眼，嗔道：「你啥都動，就是頭顱不動。流放他到蠻地，孰知道他當過唐侯？那樣苦的光是肢體。讓他在唐族當平民，苦的⋯⋯」

「哈哈，我明白啦，心裡更苦，是吧！」歡兜擠擠眼說：「還是摯王厲害！」

第二十四章　不打跑兔打臥兔

✦ 87

　　放勛被擼掉唐侯，契和棄得知都叫嚷起來。契氣呼呼地說：「這不公道，反對陪葬是咱仨的事兒，為什麼光治你的罪？」
　　棄也嚷道：「這是殺雞嚇猴，看是懲治小弟，也是嚇唬咱倆！」
　　「對！」
　　契應著，叫上棄就要去找摯王說理。這能說成什麼理呀？還不是鬧騰一場，要麼讓摯王灰頭土臉，要麼摯王發了恨將他倆也一併治罪，還不是自個的牙咬自個的舌頭嗎？放勛攔在門口不放他倆過去。契拽著他的手說：「讓開，小弟這不關你的事，我倆和他說個明白！」
　　棄也勸他躲開，放勛撐住門死死不動，苦苦哀求說：「二位兄長疼愛小弟，我心裡清楚，可是千萬不要再去找王兄，那會把事情鬧得更大。」
　　契高聲嚷叫：「就是要鬧大，咱哥兒仨還怕他不成！」
　　「怕他啥？」棄咧著大嘴發狠地說：「非鬧得他低頭認錯不可！」
　　「不，不能這麼做。」放勛連聲攔勸。
　　契大為不解，棄也一樣，都奇怪地瞅著這個小弟。放勛嘆口氣說：「我和二位兄長心思相同，恨不得大鬧一場出口氣。可是，不能鬧，要鬧我在宮聚時早和他翻了臉。咱攔擋陪葬沒錯，可在眾人眼裡這就是不孝。我們再要鬧事，對錯還說不清，王宮就會亂套。眾官見我們兄弟爭鬥，還會像往常那樣順從嗎？若是他們將王兄不放在眼裡，生出二心，王宮就要變亂。王宮一亂，天下人還能安生嗎？」
　　契和棄漸漸打消怒氣，靜靜聽著小弟說。

第二十四章 不打跑兔打臥兔

「父王操勞一世，不就是圖天下人安生過日子嗎？我們這麼一鬧騰，不說王兄怎麼樣，對得起父王嗎？」

契洩了氣，無奈地問：「小弟，你說咱就這麼窩囊？」

「不是窩囊，是圖個天下安生，咱都忍口氣吧！」放勛答。

「小弟說得對，只是這太虧待你。」棄看一眼契，又說：「這麼吧，咱還是去找摯王，不說對錯，求他把小弟留在王垣守陵。」

「對，這是個好主意。」契完全同意。

放勛又把他倆攔住。他說，王兄這麼做肯定反覆思謀過，你們求情要是不準，生氣不生氣？要是發火還不弄得咱兄弟不和，一席話又把二位兄長勸住。契和棄都說，天下就數小弟厚道。

穩住二位兄長，放勛來見娘。娘已經得知兒子被廢去唐侯，正為他焦慮。他一進門，娘就說：「不去，兒啊！不能去唐族受那份罪。你先前在那裡當侯，是指撥眾人，連族頭也能管。這回去讓你當平民，孰都能指撥你，怎麼能受這份窩囊氣呢！不去，我去找摯。」

放勛見娘生氣，心裡很不好受，怎麼能讓娘低頭去求王兄？他攔擋娘不讓去。娘說：「他摯當上王，尾巴能翹到天上？我去找他，就不信會連這點臉面都不給。」

放勛不急不躁地說：「我不是擔心王兄不給你面子，是擔心他給你面子。」

娘驚疑地看著兒子，奇怪地問：「你這是啥意思？他給我面子你不是就不受罪了？你哪裡也別去，就待在王宮，有娘吃的就有你吃的，有娘穿的就有你穿的。」

放勛心裡溫熱，眼眶潮溼，淚水直往出流。是啊，天下當娘的哪個不疼愛兒子，儘管他已長大成人，已該立身成業，娘還是像兒時那般呵護著他。他開導娘：「王兄已當著眾官處罰了我，他給你臉面，不就等於他食

言了嗎？這樣，往後他說話孰還信服？我勸你不要再難為王兄。」

娘猶疑地搖著頭，她不明白這是怎麼啦？親生的兒子為什麼連她也搞不清啦！她問：「摯把你擺弄成這樣，你不恨他，怎麼還替他說話呢？」

「我不是替他說話，是替眾生著想。他要是沒了王威，天下就會變亂，一亂眾生就要遭殃啊！」放勛答。

娘說：「你怕眾人遭殃，就不怕自個遭殃呀！」

「遭就遭吧，我也遭不到哪裡去，不就和平民那樣過日子嘛！」放勛平靜地說：「過平民的日子，那要自個兒種地、打獵，還不是遭殃？」娘越來越糊塗。

「自食其力，有啥不好？」放勛故意輕鬆地說：「何況，我離不開唐族，那裡還有很多事等著我做。」

娘見兒子說到遭殃不但不怕，反而還輕鬆樂意，就問什麼事讓他這麼痴迷？放勛即把探摸天神脾氣的事告訴娘。慶都覺得是件大好事，只是擔心兒子一走無法給父王守陵。放勛說：

「我去到唐族也忘不了父王，每日早晚都會面朝父王陵墓焚香叩拜。」

娘沒說服兒子，卻被兒子說服了。她點點頭，給兒子收拾行囊，邊收拾，邊囑咐他一些料理生活的事情。她說得細緻入微，說過，輕鬆些，可臨到兒子出門，不由得眼圈紅了。

放勛跪拜過娘，走到門口，回頭說：「娘多保重，兒子走啦！」

娘又吩咐：「你也不小了，該找個女人合鋪啦！合過鋪，有人照護你，娘就省心了。」

說著，娘流下淚來。她趕緊抹一把，又抖起精神，是怕兒子難過。這一切放勛看得真切，娘抹去了流出來的淚水，卻抹不去心中的憂慮。他瞅著娘抬起的手，那手露著筋脈，已沒有先前的圓潤。抹淚時，手觸到鬢邊

的頭髮,頭髮不再那麼黑,有不少已經變白。哦,娘老多了,真該在她身邊朝夕伺候啊!不能守在娘身邊,還讓娘為自個兒提心吊膽,唉,放勛好不難受!

放勛點點頭,猛然一掙身,邁開步伐。他不敢再想,再想真走不下去。出了門,緊走幾步,回頭看見娘追趕出來,他趕緊喊:「娘,回去吧!」

娘沒有說話,手又抬到眼眶邊。

✦ 88

走出王垣,天高地闊,放勛胸中的悶氣消散了不少。身邊滿眼翠綠,頭頂白雲飄動,不禁感慨天地這麼闊朗,人怎麼就不能像白雲那樣自在悠閒?

這念頭一閃就消散了。他忍不住想笑,人就是人,怎麼會和雲一樣閒散?他張望那天地連接的遠方,想那後頭就是唐族,父老們現在怎麼樣?粟禾都已收回去吧?今年的收成該不錯吧?那頭毛驢不知擺弄順溜沒有?最牽掛的是天神那脾氣探摸的怎麼樣?這念頭往出一冒,他就拍拍頭顱,暗罵自私,怎麼就光惦著上心的事,也不想想羲仲這段日子有怎麼難熬?這不到一載的天日,禍事連連,自己剛躲過一死,大卻被打死,真把他折磨得夠嗆,唉!

往事像前方茂盛的綠草紛紛湧來,放勛排遣不去,只想趕快回去,苦也罷,樂也好,就和族人哭笑在一起。放勛加快腳步,天比先前更熱,不多時走得汗流滿面。路邊有不少麻草,他彎腰摘下一片葉子,拿在手中邊搖邊走。那大大的葉子像是一把扇子,呼搧出縷縷輕風,他涼爽了好多。

日暮投宿,天亮上路,一連奔波數日,放勛離唐族越來越近。這一

■ 下卷 ■

日，他走得興頭十足，恨不能三腳兩步跨跳前去，蹦進熟悉的人窩裡。抬頭遠望，田裡的粟禾熟透了，黃澄澄的。穗子不很大，卻都壓成彎圈。該收割啦，卻怎麼這地裡人手寥寥？偶然有個人，也是婦人，不見有個男人。這是怎麼啦？放勛一怔，猛然醒豁了：這裡是狐族吧！

頓時，天旋地轉，那血肉模糊的陪葬場景又慘烈在眼前。放勛渾身顫抖，心口疼痛，虛汗冒出一身。他在路邊坐了一會兒，平靜下來才繼續前行。往前走，地裡人多些，還是婦人和小仔，即使有個男人，也是發白鬚垂的老頭。他的心揪得更緊了。

行沒多遠，一個老頭抱起一捆粟穀往肩上扛。用力往上一掙沒起來，粟捆栽跌在地上；再一用力，還沒起來。老頭擱下粟捆，往手上吐口唾沫，搓搓手，彎下腰使勁一甩，粟捆高揚起來。可是，用勁太大，粟捆甩上肩頭沒能停住，閃跌下去，還把老頭倒拽著摔倒後去。放勛跳過去，雙手扶起老頭。老頭看都沒有看扶他的放勛，頭埋在臂窩裡失聲地痛哭，沙啞的聲音抖動著枯瘦的身子：「冤死的兒啊，天殺的大王，你就不可憐我們這些就要入土的人呀！」

放勛聽得心裡寒寒地。老頭的哭聲驚動了近旁的婦人、小仔，他們都圍攏過來。眾人有的拽手臂，有的扶身子，寬慰他說：「別哭啦，哭也沒用，還傷害身子。」

「你別做了，我們幫你收。」

眾人拉拉扯扯扶起老頭，都擱下活計來幫他。老頭止住大家，說：「日烈天熱，說不定啥時天會變臉，別爛掉你們的粟穀。」

邊說邊往外攆那些幫他的人。眾人擱下粟穀直起腰，就在這時，兆女認出一旁的放勛。她住在狐堡的最西頭，那回來賠罪，她看見過他。兆女睜大眼睛瞅著放勛說：「咦，這不是唐侯嗎？」

唐侯？眾人的目光都盯住放勛。放勛清楚地看到，那些驚疑的臉面突

第二十四章　不打跑兔打臥兔

然變成凶相,忽閃著一團團燃燒的火焰。他誠懇地回答:「是!」答過卻想,早被王兄擼掉唐侯,還充什麼大頭啊?又說:「不是……不是了!」

兆女提高聲音發問:「你別支吾,是埋你大把我們族的男人活坑了吧?」

放勳愧疚地回答:「嗯,是!」

「哇──」放勳話音剛落,兆女哭號著撲上來,揪住他揮手亂打,邊打邊喊:「還我男人,還我族人呀!打死你個狼心狗肺的東西!」

兆女一廝打,眾人全喊叫著呼啦啦撲上來,一個個活像餓狼見到活食,恨不得一口把放勳吞下去。有人掄拳頭,有人揪頭髮,推前去,揉後來,大家廝打洩憤。他張嘴想說什麼,什麼都沒說出唇,在這些失去親人的苦命者面前,他覺得說什麼也無濟於事。說愧對他們,這能消除他們內心的痛苦?不能。說這不是他做的?不妥,他不能躲避王家給狐族帶來的災難。沒能阻止這場災難實在令他羞愧。他不說話,不動彈,任由他們推搡、揪打、責罵。他咬緊牙,咬住疼痛,只要自己的肢體能減輕他們的苦楚,就讓他們痛痛快快打吧!

放勳被折騰得全身青紫,虛汗直流,栽倒在地難以掙起。再打下去,還不把命撂在這裡。所幸那位扛粟捆的老頭擠進人窩,老人家抖動著鬍鬚說:「大家歇手,歇手。打死他也救不活咱的親人,還耽誤咱的收成。」

兆女撕扯著放勳仍不撒手,氣憤地說:「就這麼放走他?太便宜他!」

「不是,我是說咱先收粟穀,天不待人,回頭再收拾他。」老頭忙緩口氣勸說。

「對,不能放他走,先把他關住。」

就有人喊:「不能輕饒,騰出手來讓老老少少都出口氣。和狐頭家的人一樣,把他石頭開花!」

多虧放勳不理會啥是石頭開花,要是理會非嚇壞不可。石頭開花就是

你一塊，他一塊，用石頭活活把人砸死。狐功一家人就是這麼被砸成肉泥的。那場景真慘，發瘋的女人更恨，砸死人，還不解恨，你揪心，他摘肺，生生吃進肚子裡。

兆女厲聲說：「對，石頭開花再把他吃了！」

說完，氣哼哼推著放勛往堡裡走去。放勛全身是傷，走一步都疼得齜牙咧嘴。他使著心勁移步。走到村口，兆女把他推進一個窟前，搬起一塊石頭，眼前是個深洞。那是一眼粟窖，兆女一指，說：「滾下去！」

放勛彎腰鑽進去，腳剛挨地，就聽見上頭狠狠地說：「安安候著吧！等老娘騰出手再來生吃你的肉！」

說完，兆女蓋住洞口的石頭。放勛突然陷入深深的黑暗，什麼也看不見了，什麼也聽不見了。一霎間，他如同跌入暗無天日的地獄。他直直站著，不敢移動一點。站得腿腳疼痛，不動實在不行了，就挪個腳窩。一晃，頭磕到洞壁，又是一股椎心的疼。他趕緊跪下，一跪下，就聞到了土腥味，頭暈暈的。他不敢再動，恬恬待著。他不知道要在這裡待多久，更不知道怎麼石頭開花，只知道要被吃掉，心裡怯得慌。他跪木了腿，胸中也有些憋悶，乾脆坐在地上。地上潮潮的，憋悶沒減輕，頭也暈暈沉沉的。他想站起，一使勁疼痛椎心，腿沒伸直，卻跌坐下去，什麼也不知道了……

✦ 89

擼掉放勛的唐侯，打發他回唐族受苦，摯王心滿意足。曾經當侯的小弟，如今連個族頭也不是啦，回去孰還把他當人看，這準夠他受的。受不住你就下軟蛋，只要順從王兄別的都好說。摯王眉眼不喜心裡喜，這事也就放下。

第二十四章　不打跑兔打臥兔

　　這事再被提起是歡兜嚥不下一口氣。歡兜還生后羿的氣，公然在王垣打傷宮衛，搶走殉人，還破口大罵不尿我歡兜。你不尿我，我歡兜可要尿你，還要尿你個水滴滴瀅。至於怎麼尿，他又沒有招數。可不尿就憋悶得難受，便派人去叫孔王。

　　連著數日孔王都不高興，先王殯天大祭成功，殉人最為裝臉面。這殉人的點子可都是他出的，若是論功行賞，他孔王該排第一，憑什麼歡兜當地官，僅讓他作個助手呢？為這事他心裡很不美氣。歡兜派人來叫，不能不去，就憋著氣去了。

　　歡兜見孔王進來，就喜喜地說：「摯王給咱封了官，往後咱可得賣命地做。」

　　孔王不動聲色地說：「是，你說怎麼做，咱就怎麼做。」

　　歡兜沒聽出孔王的話音，接著說：「你說就能讓后羿這麼白跑掉？」

　　孔王沒答話，歡兜又說：「我看不能，這口氣要出！」

　　孔王仍然不動聲色地說：「是，你說怎麼做，咱就怎麼做。」

　　歡兜這才聽出孔王的話音不對，仔細一瞧，可不，臉上陰陰的。就問：「你有啥心事？」

　　孔王還是那個腔調：「沒啥。你是地官，我是幫手，你說怎麼做，咱就怎麼做。」

　　歡兜立即明白孔王的病根是嫌他的官小，他嘿嘿一笑，說：「什麼地官、輔助的，咱倆人還分啥你我。你的點子比我多，你說怎麼做，咱就怎麼做。」

　　孔王不憨，知道歡兜是哄他，可是，話說到這份上，他再要執拗就太小肚雞腸，只好掃去陰雲與歡兜合計如何整治后羿。歡兜想聽孔王的主意，孔王不開口，他故作生氣地說：「咱請摯王發兵，去打唐族，讓他們交出后羿和劫走的殉人。」

■下卷■

「你這不是狗熊耍棍棒嗎？」孔王眼皮不抬地說。

「那你說怎麼辦？」

孔王說：「咱不打跑兔，打臥兔。」

歡兜沒有聽明白，孔王見他眨著眼睛直瞅自個兒，心裡暗喜，便瓣開揉碎地對他說：「你說兔子跑起來好打，還是臥著好打？咱派衛隊去，要是打不過后羿多丟人敗興？」

「那就這麼罷手？你嚥得下這口氣？」

孔王這才炫耀他的辦法，不過他還不直說：「你說后羿劫走的殉人是哪族的？」

「那不是明擺著嗎？散宜族的。」

「順蔓摘瓜不就對啦！」孔王隨口就說。

歡兜豁然一亮，好呀，這傢伙就是比自己心眼多。散宜族的殉人逃跑啦，不向散宜頭要向孰要？跑到哪裡去了？我告你躲到唐族，你不向唐族要向孰要？散宜族向唐族要，唐族就得交出后羿和殉人。唐族要交人，住在族裡的放勛看你怎麼辦？管不了事，那就難受吧！這可是一箭射三鳥啊！歡兜高興地說：「嘿嘿，你說怎麼做，咱就怎麼做。我說得沒錯吧？」

逗得孔王也嘿嘿發笑。

有人笑，就有人愁。王命一下達，散宜頭就發愁。原以為后羿領走嫦娥姐弟，選送殉人的倒楣事后羿化解了，日子又會平靜下去，孰料，樹幹上還會生出枝杈。這一生枝杈，就把散宜頭弄得焦頭爛額。

散宜頭左思右想，這於菟不能交。他心疼於菟是真，可不交也有他的道理。殉人我已送到王宮，在你們那裡跑的，怎麼能再找我們的麻煩。可惜，這道理在他這裡講得通，在歡兜那裡行不通。他不交人，歡兜就下令停發他們的吃食。這可是要命的一手，散宜族不種粟禾，吃食多靠絲衣兌換王宮的粟穀。先王殯天他們送上大量的絲衣不說，還把族欄裡餵養的豬

全都趕去殉葬。停發他們的吃食,不是要斷掉他們的活路嗎?

就這散宜頭也硬撐著,可是吃食一日日減少,族人頓頓勒緊肚子吃也快要斷頓。有人不滿了,說散宜頭偏護於菟不顧大家的死活。一下搧乎,還真鼓動起不少人,他們跑去找散宜頭鬧事。

這一日,散宜頭卸下掛在牆上的彎弓擦拭。事情煩心,有些日子沒有顧上練箭。弓剛拿在手裡,就聽屋外吵吵嚷嚷,他出來勸說:「族親們,吃食我會想辦法,你們回去吧!」

人們吵嚷:「你有啥辦法,不交於菟大王就不給吃的,別哄我們!」

「快把於菟送去,過咱的安穩日子。」

「不答應,我們就不走!」

……

散宜頭還想說些什麼,人們喊鬧得他說啥孰也聽不見。當族頭這麼些載,啥時候受過這般鄙低?他一氣,跳前去抬手打了擠在前頭的那個後生一拳。擱在往常,這一拳會把眾生打怕,鎮住,可這回飢餓的人們急紅了眼睛,火氣比散宜頭還大。呼啦一下圍上來十幾個後生,伸手要打散宜頭。散宜頭就是拳腳功夫再好,也打不過這麼多憤怒的族人啊!

人們喊著,鬧著,散宜頭走不掉,逃不脫,眼看要倒在眾人的拳腳下。

■ 下卷 ■

第二十五章　冤枉

✦ 90

　　見到熟悉的山水，黎一路上憋在肚子裡的那股悶氣慢慢散去，想想繁雜的宮事，真不如自個族裡的日子清淨。雖然前些日回來過，轉悠過曾經玩耍的山巒、割草種地的河川。但那是同孺王巡視路過，哪兒也不敢久待，匆匆一轉，未及過癮就得回返。這趟歸來，他辭官離宮再沒牽絆，見到故里的山水好不舒爽，好不親熱。

　　回到家，他略微歇息，卸下沿途的疲累便走出族堡。

　　姪兒眈見他出堡尾追在後面，說要陪他去轉。他不讓眈去，眼下正忙著收打粟穀，耽誤時光就耽誤收打到了嘴邊的吃食，何必要他陪伴呢！眈知道大伯的脾氣，他不願意的事，你很難說轉他，就不再跟隨，一彎身走進忙碌的人群。

　　黎沒有上山巔，也沒有下河灣，出堡轉過一座土丘，直接朝狐族走去。狐族牽扯著他的心。為先王陪葬，狐族一下死去那麼多人，還多是青壯男人，剩下的都是女人，有男的也是老頭、小仔，他們的粟穀怎麼收？

　　一望無邊的粟穀地裡收割的人稀稀拉拉，還多是女人和小仔。他們彎腰忙碌，地裡幾乎看不到人影，一片空寂。回望身後，黎家堡的粟穀已經割完，捎回族去。可狐族的粟穀還滿噹噹長在地裡，收過的只是個毛皮。仰頭看天，日頭烈烈地照著，這要是刮場大風，天下暴雨還不給糟蹋掉啦？他為這焦慮。

　　黎離開小徑走入地中，沒待他看見彎腰收粟的人，一側裡已有人認出了他，吆喝著：「黎子，你怎麼來啦？」

第二十五章　冤枉

　　黎轉頭看時，是個滿頭白髮的老婆。她坐在地裡，用手揉搓粟穗，鬆動的籽粒落入鋪在地上的皮囊裡。這麼收，怎麼會兒能收打回去？他朝她走去，走近才從那滿臉的皺紋裡看到她竟是小支。她怎麼老成這個樣子！小支發痴的目光直盯著黎，雙手卻不停地揉搓，黎看得心裡酸酸的。她的娘家和他家緊挨著，兒時她靈動的像是一隻鳥雀，整天叫喳喳的，沒人叫她小支，都喚她鴉鵲。後來她嫁到狐族，他離家去到王垣，卻怎麼如今她老成這般模樣？黎沒有說話，怕戳到傷處讓她心疼。他呆看著她，只聽她說：「你怎麼來啦？到這受苦的地裡做啥？」

　　黎答：「老啦！做不動王差回來啦！」

　　「回來你也不愁吃喝，不用受我們這苦！」

　　小支說著不再看她，低頭搓揉皮囊上的粟穗。黎蹲下身子拿起一穗，幫她揉搓。粟子早已熟透，雙手輕輕一搓，粒籽就落下。脫粒不算費事，可是，連搓幾穗，他的手就火辣辣的，再搓便有些發麻。他邊搓邊說：「今載這粟穀長得不錯。」

　　小支嘟囔著說：「長是長下了，收下收不下還在兩可。」

　　說到這裡，小支停住雙手，抬起頭，木訥的兩眼直逼著他，說：「哦，你在王宮應事，你說那個大王怎麼是狼心狗肺，把我們那麼多人就給活坑啦！唉，唉，你說，丟下我們這些老的、小的，往後怎麼活呢？」

　　她哽咽著說不下去，伸手抹淚，淚卻沒有流出來，是哭乾了。她抖著肩膀哭說：「老頭子死啦，兒子也死啦。兒子死就死吧，族裡的後生都死光啦。可那老鬼是去找死的，硬說他筋骨壯，死乞白賴地往後生裡頭紮堆，扎進找死去了，嗚嗚……」

　　小支止不住哭出聲來，一旁彎腰割穗的兒媳過來勸她：「娘，別哭啦，哭頂啥用？咱娘兒們就這麼遭，有我吃的，就餓不著妳。」

　　「我不是怕你不管，是恨那些豬狗沒有心肝！」

■ 下卷 ■

　　這小支的兒媳不是別人，就是兆女。兆女接口勸說：「我們不是抓住那個該死的唐侯嗎？待收打完，咱把他石頭開花，燒他的骨頭，煮他的肉吃！」

　　黎猛地停住揉搓粟穗的手，驚恐地問：「妳抓住孰啦？」

　　「唐侯，就那個死王的崽子。」兆女咬牙切齒地說。

　　「啊！妳們抓錯了，他可是個好人啊！」黎趕緊對兆女說：「快放了他吧！」

　　「放他，你等著公雞下蛋吧！」兆女怒哼哼瞪著黎，說：「你是哪個？怎麼知道蛇肚子能下出好兒子？」

　　婆婆不待黎回話，就說：「這就是我唸叨過的黎子叔，在王宮當差著哩！」

　　兆女氣更大啦：「你還官官相護。我不明白，怎麼一給王宮當差，心肝就餵了狼？你賴好是個官，沒心肝也罷，可族裡那個狐頭，怎麼也把心肝揪掉啦，就心甘情願把一族的男人活活去送死，好個賊胚子！」

　　黎知道她不明白這裡的底細，平心靜氣給她解釋：「我不哄妳，這唐侯確實是個好人，善人。」

　　「哼！不哄人，孰還敢信你們的鬼話？當初宮裡來人說大王殯天，讓我族裡的男人去祭場觀景開眼哩，孰知道是挖下陷坑讓我們那些憨呆往裡跳呢！結果，一個個高高興興跳進去，都死光了。哼，你們這些豬狗不如的畜生，還說不哄人呢！」

　　兆女越說越氣，嗓門提高好多。附近的人都朝這裡張望，有人聽見吵嚷聲跑了過來。黎不怪罪兆女，他也是回來後才清楚狐族男丁是怎麼被日哄去的。想想祭場上那鮮血迸濺的慘相，黎心疼地說不出話來。

　　兆女見黎不語，指著他嗆白道：「日哄啊！你是王宮的人，能說會道，怎麼不日哄啦？」

第二十五章　冤枉

眾人也指著黎的鼻子尖嚷叫：「說，怎麼不日哄啦！替大王辦事的人沒一個好東西。」

「還和唐侯一個鼻孔出氣，打這個賊胚子！」

族人吵嚷著洶洶地撲過來，一眨眼黎的臉上已捱了幾巴掌。若是像唐侯那麼捱上一頓毒打，還不把老命撂在這裡啦。他張嘴辯說，孰還聽呢，眾人亂嚷亂打。

幸虧這時盷氣喘喘跑過來，衝著兆女說：「快停手，你們怎麼打我大伯呢？」

眾人停住手，怒衝衝看著盷，兆女搶口就說：「你這大伯真好，還在日哄人哩！」

不容盷張嘴，兆女連聲數道黎的不是。數道他當個王官，良心餵了狼，還替大王的兒子唐侯遮掩。盷連忙解釋：「哎呀，你們錯怪了我大伯，也錯抓唐侯啦！」

「怎麼能會錯？！」兆女不服氣地嚷著。

眾人齊聲說：「不會，不會錯！」

盷沒有和他們爭吵，他緩口氣問眾人：「你們知道我大伯怎麼從王宮回來的？」

沒人應答，眾人你看我，我看你，他們不明情由，不知該說啥。盷不難為大家，說：「我不怪罪你們，你們不清楚裡頭的根由。我大伯是被趕回來的。」

「為什麼？」眾人瞪大眼睛。

「為哈？還不是陪葬時結下的怨，他救咱的族人被大王瞅見，人沒救下，喪事一過，那個狠心的大王就把他攆回族來。他在宮裡勞碌一輩子就落了這麼個下場。」

盷說得痛心，難過得要哭。是的，大伯一回到族堡，他就窩了一肚

火，暗暗替他傷心。勞累一生，沒功勞也有苦勞，怎麼就這麼打發回來？今兒大伯出來，耽怕他心裡憋屈，尋了短見，就跟在後頭。大伯要他回去，他應聲走開，轉個彎卻遠遠瞄著他的身影。聽見這邊吵嚷，匆匆跑過來。他這麼一說，眾人不再怨恨黎，小支蠕動塌癟的嘴說：「黎子，你還沒壞了良心。」

眈換口氣又說：「你們不光冤枉我伯，還把唐侯也冤死啦！他因為攔擋陪葬，才被那個當大王的兄長擼掉唐侯，貶為平民，連父王的陵墓都不讓守，趕回唐族受苦來啦！他替大夥說話，你們還懲治他，這天下的好人怎麼就得不到好報！」

「啊——是這回事呀，真冤了唐侯。是我的過錯，快放他出來。」兆女說。

黎問：「唐侯在哪裡？」

「我把他關到地窖裡了。」

「那還不把他憋死啦？快，快去放他。」黎急切地說。

兆女轉身就往堡裡跑，黎和眈擠在人群裡跟在後頭。

石頭搬起，窖口掀開。

黎臉朝著黑洞洞的粟窖喊：「唐侯，唐侯！」

沒人應聲。再喊，還沒人應聲。

黎和兆女無不恐慌，莫非把唐侯憋死啦？眈趕緊貼著窖壁滑落下去，可不，放勛軟坐在窖底，沒有一點兒聲息。他趕緊背起往上爬，窖壁直直的，一個人上下還難，背著個人怎麼爬得上去？兆女找條葛繩甩下來，眈連忙拴在腰間，上頭緊拽，他手腳使勁，出了一身汗才爬上來。一出窖口，眈順勢往地上一坐，將放勛軟攤開來。

黎叫：「唐侯！」

兆女叫：「唐侯！」

第二十五章　冤枉

眾人也叫唐侯，唐侯一聲不應。

兆女急得俯下身子搖晃他，搖也不見應聲。她急出一頭汗，跺著腳說：

「我真蠢，我害死了唐侯。」

看著放勛這軟不沓沓的樣子，黎急得直喊叫：「唐侯，你醒醒！唐侯——」

✦ 91

黎怎麼叫放勛都不應聲，兆女急得連聲說，這可怎麼辦？黎彎腰摸摸他的鼻子，說：「別急，還有點氣，讓他多歇會。」

窖前圍的人都屏著氣，像是怕驚著唐侯的好覺。安靜一會兒，又一會兒，只見放勛的腳尖輕輕晃動，隨即出了一口長氣。

黎忙喚：「唐侯——」

「唔——」放勛低聲一應，眼皮一睜，趕緊合上。

兆女緊提的心放下了：「哦，活過來啦！」

眾人齊聲應合：「活啦，活啦！」

又過一會兒，放勛睜開眼睛，伸伸臂，翻身要起。手臂腿兒一動，遍身疼痛，他勉強坐住，瞅著黎說：「老地官，你怎麼在這裡？」

黎沉痛地說：「我和你一樣，被趕回來了。我來遲了，讓你吃苦啦！」

兆女上前賠話：「唐侯，我太冒失，錯怪了你！」

稍坐一會兒，放勛完全清醒了，看著兆女想起地裡收割的情景。他沒接兆女的話，卻對黎說：「他們的日子該怎麼過呀！」說著，嘆口氣又說：「我們王家有罪，害得眾生不安寧，無法過日子。我沒救下殉人，有罪啊！」

■下卷■

　　黎忙勸慰：「你有啥罪？手臂扭不過大腿呀！」

　　狐族人都說：「你沒罪，你是好人。」

　　說著話，放勛看見眈，對黎說：「這是你那姪兒吧？」

　　黎答聲是，放勛若有所思地問眈：「你們族的粟穀收完了嗎？」

　　眈答說都從地裡收回去，就剩下打粒。放勛接口說：「你要可憐可憐這些寡母弱子，讓族人幫扶幫扶他們，千萬別把粟穀熟爛在地裡。」說過，瞅住黎又說：「老地官，你說是嗎？」

　　黎應道，我也是這個心思。眈想想說，收回族堡的粟穀遲打兩天不要緊，他明日就帶人來幫著收割。放勛雙手抱拳，拱禮說：「那我就和眾人感謝你啦！」

　　眾人也都拱手行禮，放下手看著坐在地上的唐侯，心裡都疚疚的。

　　兆女前來扶放勛：「走，快到我窟裡歇身。」

　　眾人七手八腳將放勛抬起來，送進窟，坐在草鋪上歇息。

　　歇息一會兒，放勛彎腰坐起。他急著要回唐族，可腿疼得實在無法行走，只好住下。

　　黎陪著他也沒有回去，只有眈一個人走了，他回族召集人手來幫狐族收粟。歇下無事，放勛和黎說了不少話。先前黎覺得對放勛了解不少，他忠厚、善良，又有主見。這沒邊沒沿地一說道，才發現對他了解得很少，不知道他們在探摸天神的脾氣。用他的話說，就是要知天之則，順天之意，按照天神的規矩來種粟禾。這些年，他深居王垣，只知道幫大王安定天下，哪裡有反叛作亂，立即搏殺討伐。他作為地官，本應在種植粟禾上用些心思，可是天下紛爭不斷，他也就忙碌難閒，哪有閒心過問那些種和收的事情呢！日子久了，更不把這事放在心上，以為這些都是平民能幹的小事，宮官要打理的是天下安生的大事情。

　　今日聽了放勛的話覺得句句在理。天下紛爭也罷，鬥毆也罷，起因是

啥？還不都是爭搶吃食。有人吃不飽，餓急了，就會去搶，搶人家的粟穀，搶人家的獵物。人家不給，就打鬥開來。是這樣，十回打鬥有九回是吃食引起的。以往經常帶領士卒平息爭鬥，為什麼就沒想過種好粟禾讓眾生都能填飽腹肚呢？和放勳這麼一敘談，他心頭豁亮，激動地說：「好，好啊！你說得有理，就這麼做下去。老身回來是傷透了心，原本想啥心都不再操，就閒安著等死。聽你這麼一說，我還真來了勁，有啥用著我的，老身再添把力。」

放勳看到老地官動情大受感動，他從鋪上彎起身，說：「老地官，你為天下操勞一輩子，滿肚子都是寶貝，多指點著我。」

黎略一沉思說：「哪敢指點你，我這些載是手疼揉手，腳腫搓腳，忙個不停，卻忙不到點子上。往後你有啥要我做的，老身準聽使喚。」

「哪裡敢使喚老地官呢！有啥疑惑少不了向你討教。」說到這裡，放勳打住，他看著黎說：「一到狐族，我這心就沉得厲害。往後這一族的老人孰來養呢？」

黎皺起眉頭說：「這是個難事，眈回去叫族人幫著收割粟穀，可這隻能幫一時之急，解不了長遠之困呀！」

放勳說：「老地官說得太對了，你給咱思索思索這事，看有個啥好法子。」

夜很深，二人才睡著。

✦ 92

天剛亮，放勳睜開眼。身邊的老地官已經醒來，怕擾他的覺還靜靜躺著。他們起來，兆女已擱好吃食，小支沒有下地，招呼他倆吃過。放勳要回唐族，黎攔他，要他再歇幾日，最好隨他去黎族歇著。放勳心裡有事，

歇不住，就告別要走。

黎和小支送他出堡。眈帶來的人已經在收粟穀，地裡有了男人就有了生機。男人割粟，婦人和小仔扎捆，說說笑笑，驅走了昨日地裡的空寂。放勛笑著對黎說：「你這個姪兒真好！」

黎摸摸下巴的鬍鬚說：「是塊好料，但要有人點撥啊！」

「那你就好好調教吧！」拉呱著走出好遠，黎還要送他，放勛攔住就此分手。

前行不遠就是桃樹林，放勛朝林中一鑽，很快進入樹叢裡的小徑。上次賠情得知這條近路，現在走來很省腿腳。日到當頂，放勛已回到唐族。葫蘆口守門的堡衛看見他，一喊鬧圍上好些人來。木殖上前拉住他的手就說：「唐侯，可把你盼回來啦！」

一夥兒人簇擁著他，熱熱鬧鬧往侯窟走。快近窟門，放齊聽見跑了出來，木樫也出來了，拉著他進去。剛剛坐下，皋陶和后羿前後腳跟進窟裡。人們熙熙攘攘擠滿一窟，一向沉穩的皋陶也按不住內心的喜悅，興奮地說：「唐侯，可把你盼回來了，你回來大家就有主心骨啦！」

放勛見大家高興，也高興，聽皋陶叫他唐侯，忙糾正：「記住，我不是唐侯啦！」

「怎麼？你怎麼不是唐侯啦？」

放齊和族人無不驚奇。

「我犯了罪，被王兄擼掉了唐侯。往後我和大家一樣，和你們一塊兒打獵，一塊兒種粟禾。」放勛給大夥解釋。

族人還是不清楚，是呀，唐侯這麼和善能犯什麼罪？木樫趕緊問：「是不是你不讓咱族送傭士，得罪了大王？」

放勛還沒應聲，后羿急著問：「哼，是我帶著於菟跑到這裡，連累你吧？」

第二十五章　冤枉

放勛看大家生氣冒火，故作輕鬆地地說：「王宮的事一言兩句說不清，你們記著，再別把我當侯就行。」

放齊聽著心裡很是憋悶，還指望你當大王哩，孰會想到王沒當上，連侯也給丟掉。若不是跟前有這麼多人，他真想埋怨這小弟幾句。正這麼想著，皋陶已叫嚷起來：「那可不行，我們就是要你當侯，要你給大夥兒主事。」

「不行，不行，你還當侯！」木殖叫著，那幫堡衛也嚷叫個不停。

看著這些熟悉的人擁他當侯，放勛心中溫熱，眼裡快要流出淚水。他暗暗咬緊牙，忍住淚，對眾人說：「我不離開唐族，就和大夥一起過日子。不過，唐侯是大王封的，王命不可違，大夥別再叫啦！」

族人還不甘心，皋陶嘟囔：「不當侯怎麼行呢？」

放齊見眾人這麼抬舉唐侯，也挺感動，憋悶減輕些。他想慫恿放勛就當唐侯，山高王宮遠，那個摯王能管到咱跟前嗎？還未張口，就聽放勛輕鬆地說：

「怎麼不行？族人做啥，我做啥；族人吃啥，我吃啥。」

「不行，那可不行！你不當唐侯，就給咱當族頭。」木殖叫喊得最高。

皋陶聽見，手一拍大腿說道：「好主意，當族頭，這由咱眾人，他摯王管不著。你就給咱當族頭。」

說到這裡，皋陶也不管放勛怎麼想，就對族人喊：「讓唐侯當咱的族頭，你們說行不行？」

族人有喊行的，有喊好的，高興地拍起巴掌，窟裡熱鬧極啦！

喊鬧小些，放勛才說：「我是個罪人，怎麼能再當族頭？」

「孰說你有罪啦？你沒罪，不就是替眾人說話嗎？你沒罪，別聽他那狗王的屁話！」后羿高聲叫喚。他一叫，族人都相應：「你沒罪，沒罪。」

放勛還是推託：「我總覺得當族頭還是不妥。」

「有啥不妥？你是怕受累還是怎麼的？怕我們老的小的拖累你？」不知族娘啥時來的，擠在人窩裡一直沒張嘴的她突然說了話。

放勳不敢再推辭，忙說：「族娘說的哪裡話，我哪是嫌棄大家！」

族娘呵呵一笑：「不嫌棄，那你就當族頭。往後你還給我們唐族主事。」

族人呼喊著，推舉放勳當上唐頭。

不知放勳如何作想，放齊心中熱乎乎的，心底的抱怨沖淡了。

✦ 93

族人散去，唐頭對放齊說：「大哥，這一陣子你可受累了。」

放齊回話，累倒不怕，就怕幹那些沒人心的事。接著敘說因為選殉人巫首被打死，眾人打鬥，槁挲跳崖的經過。沒能穩住攤子，他很歉疚。他說：「要不是你頂住不送殉人，這唐族還真要亂得沒法收拾。」

唐頭寬慰說，這不是他的過錯。當時，天下各族都亂糟糟的，姜族亂了，商族也亂了。隨後，他問到粟穀的收成。這一問，放齊眼中撲閃出喜氣說可好啦，粟穀多得窟窣裡快裝不下了。族人都說從來沒收過這麼多籽實，唐頭為他的喜氣所感染，連聲說好。又交代晒乾後，即把借王宮的粟穀還回去，咱多收了，還有吃不飽的族寨。放齊應聲：「這回族人明白了，還是義仲的主意對頭，不能亂種，種對時分才能多收粟穀。」

唐頭問起義仲，放齊告他，近些日好多了。巫首剛歿時義仲哭得死去活來，人瘦成了個乾柴棍，看著就讓人心疼。唐頭禁不住說：「倒楣事怎麼就全往他頭上碰？想起他我就擔心。」

「熬過來啦！」放齊見唐頭憂慮，立即說：「他撐起身又去觀天，一上到望日峰就啥也給忘掉，比窩在窟裡強得多。」

第二十五章　冤枉

　　唐頭鬆口氣對放齊說，義仲做的是大事，以後自個要多幫個手，族裡的事還讓他多掌管。隨即問收完粟穀眾人做啥？放齊說也沒啥大事，就是收收晒晒，盡快把粟穀晾乾，還有的拔粟桿撿柴。唐頭交代，那趕快帶些男子去狐族幫把手，別讓他們的粟穀爛在地裡。他說過見到的情形，放齊也為狐族遭受的磨難痛心，趕緊去辦。

　　放齊走時要唐頭歇息，他坐不住，掙著坐起身上還在疼，疼也使勁站起。在窟裡轉過幾圈，還是閒歇不住，出了窟放開腳步走去。

　　堡裡的平坦處攤晒著粟穀，光燦燦的日頭把粟穀晒得放光，招人眼熱。唐頭止不住心頭的喜氣，走進坦地，彎腰抓起一把籽實。哦，粒粒飽滿，多好的成色呀！他沒誇出口，就聽有人說：「多少載沒見過這樣的好收成。」

　　唐頭循聲望去，槐樹蔭裡坐著個老頭，看樣子面熟，驀然想起和族娘出去討吃的人裡就有他。唐頭撂下粟穀，走過去說：「大爺，這下不缺吃食了吧？」

　　「是啊！多虧唐侯，要不是他給借粟，我們早餓死啦！」說著，抹一下眼睛：「喲，這不就是唐侯麼，你看我這眼窩，快瞎啦，快瞎啦！」

　　唐頭逗趣地說：「大爺，哪能瞎呢，往後的好日子還得亮豁著過呢！」緩口氣問：「你說這粒實怎麼能這麼好？」

　　「還不是託你的福，種對了時分。」老頭懇切地說。

　　「別這麼說，大爺，這功勞是義仲的，是他約摸的播種時分。」唐頭連忙糾正老頭的說法。

　　老頭放聲大笑：「哈哈，這我清楚，是這崽的能耐。可沒有你，他還不是個魔子瘋子呀，孰把他的話當事？」

　　唐頭說：「那也是他的功勞，他約摸的時分很準。」

　　說笑著走出族堡，來到平地。走沒多遠，地邊站個漢子嘟嚷：「這工

作還沒完哩，喊叫個球哩！」

唐頭和他說話，他喜喜地問：「哦，唐侯回來啦！」

「回來啦，聽口氣，你這火氣不小嗎！」

「你看氣不氣人，自家的粟桿還沒整完，叫去幫別的族哩！」那人的氣又來了。

唐頭走近他告訴狐族的情形，然後說：「咱的粟穀收回來了，桿子遲捆幾天漚不爛。狐族要不收，粟穗掉到地裡人就沒吃食了。」

聽他這麼一說，那人氣消了，說：「該去，見難不救還算人嗎？」

說過，跳出地來，朝窟裡跑去。

唐頭一邊走著，一邊和眾人說道，漸漸攀上山來。山高樹密，收過粟穀的地裡到處靜悄悄的。一對花蝴蝶在空中飛旋打轉，逗弄得比人還親熱。他看得正上眼，一陣嘰喳聲響起，飛起一對鴉鵲，對著臉兒唱著，比那對蝴蝶還要親熱。唐頭笑了，笑這蝴蝶、鴉鵲怎麼和人一樣成雙成對的。

唐頭笑得臉上燥烘烘的，他想起娘的話。娘要他找個媳婦，說該了，這個歲數不應再單過。他沒有回絕娘，也覺得該找，可總得找個上眼的吧。來到唐族，他一眼看上的是唐禾，她不光長得耐看，心眼也多。可唐禾喜歡的是羲仲，他怎麼能再在當間插一楔子？這心思他沒有和任何人說過，只是閒下身想想她，見到她多瞅幾眼。那趟去散宜族，有個人擱在他心裡，回到唐族還常想起她的顏臉。她就是女皇。他真想再去散宜族，把話說開。要是人家也有意思，就把她娶回來。可惜父王不幸殯天，他哪裡還有這心思？

翻過一座山，往上爬不多遠，到了望日峰。遠遠看見人影晃動，他雙手拱在嘴邊大叫：「羲仲——」

山谷裡迴響著：羲仲——

第二十五章　冤枉

　　義仲沓沓地跑過來，背後緊隨著唐禾。唐頭忍著疼朝他倆跑去，在峰巔上和義仲抱在一起。唐禾呆看著他們，眼熱地說：「看把你們親熱的，可見面啦！」

　　倆人鬆開互相瞅著。唐頭看著義仲，本來很瘦的他又瘦了。額頭橫搭上皺紋，頂上的頭髮脫落不少，稀稀的，和他的歲數很不相稱。見唐頭動情地瞅他，義仲鼻子一酸，忍著淚水說：「你可回來啦！」話剛出唇，就哽咽不成聲：「我大沒了……」

　　唐頭拉住他的手說：「別難過，我都知道了，你受苦啦！」

　　唐頭這麼一說，不但沒止住義仲的哽咽，他反而嚎啕大哭，哭著跪在山石上。大死時義仲也這樣哭過，哭是哭了，卻哭不出心裡的憋屈，見到唐頭他竟然又失聲痛哭。不知為何，還不到一載，唐頭竟變成他的靠山，有他在，日子怎麼過都是安穩的。他一離開，就覺得單薄的像是梢頭的樹葉，風一刮便會飄跌進溝谷。唐侯一去王垣，他便空空落落的，唯恐出什麼亂子，說話都挑揀著出嘴。可亂子還是蹦出來，大竟死在槁摯的手下。義仲怎能不憋屈得大哭呢！

　　義仲的哭聲刺扎著唐頭的心，他隨著流淚。他為義仲流淚，也為自己流淚。他想起父王，父王是他的遮蓋，可以給他掩風，可以給他擋寒，要是父王在他肯定不會被擼掉唐侯，還要罰他在唐族受苦。唐頭想得心酸，伴著義仲的哭聲淚水流個不停。義仲哭過一陣，憋屈小多了。唐禾一拉，他斂住哭。唐頭淚汪汪地對他說：「咱都命苦，我也沒大了。」

　　唐禾聽到也淚汪汪的，把她拉扯大的唐爺死了，哥也死了，心頭揪揪的難受。頓時，望日峰沉寂得沒有一點聲息。還是枝頭的鴉鵲打破峰頂的沉寂，嘰嘰喳喳的叫聲吵醒他們。唐頭仰起臉，說：「別傷心啦，過去的事就讓它過去吧！」

　　唐禾揉揉眼說：「對，這麼多日子沒見，快說點高興事。」

義仲擦掉淚水，拉他們朝崖壁走去。一邊走著，義仲將他最近的想法告訴唐頭。唐頭肯定地說：「你說得沒錯，今載的好收成比說啥都強。」

義仲說：「可我還有些不踏實，總覺得咱要穩妥些，不要折騰大夥。」

「是應該把準，不過出點岔子也不怕，先祖留給咱的法子也不周全嘛！」唐頭相信義仲，開口就為他壯膽。

唐頭給義仲壯膽，唐禾也來了勁：「義仲就想搞周全，不出岔子。這不，好些日子都嚷叫要到遠處去觀看日頭呢！」

「到遠處去？」唐頭不解地問。

義仲忙對唐頭解釋：「待在望日峰這麼久，主要是看日頭、月亮的輪轉，往後在這裡觀看有唐禾就行。」

「那你們呢？」

「我與和仲一個往東，到太陽出來的地方；一個往西，去日頭落下去的地方。看一看那裡日月輪轉的情形和咱這裡是不是一樣，然後再說咱這想法對不對。」

義仲這想法令唐頭眼前一亮，這個瘦柴棍又有了新的招數。他止不住瞅他一眼說：「好主意！你哪來的這麼多點子，怪不得落頭髮，那冒出來的新點子快把頭皮拱破了吧！不過，你不能一個人去。」

「就是，他一個人去我也不放心。」唐禾牙尖嘴快，說過又覺得冒失，不禁吐一下舌頭。

唐頭衝著義仲逗趣地說：「你倒想走，有人心疼呢！」

見義仲羞怯地低頭，唐禾扭脖子，唐頭真有些眼饞，有這麼個精明的女子相伴多好啊！他趕緊收住心，笑著說：「你不能一個人去，和仲也不能一個人，都要帶個幫手。」

「那我和孰去？」義仲問。

唐頭答：「讓唐禾和你去！」

第二十五章　冤枉

「我走後，望日峰孰來看呢？」唐禾說。

「我來，你看行嗎？」

「不行，不行，族裡那麼多事，你哪能有空！」義仲不放心。

唐頭告訴他倆，這次回來就是想和他們一塊兒觀日！族裡的事回頭他安頓給眾人料理，騰出手來在望日峰上多待著。他讓義仲和唐禾放心地遠去！至於和仲，讓他選個伴，樂意和孰去由他挑。

唐頭這麼一說，義仲當然沒啥不情願的。唐禾卻故意嗔說：「我不和他去，一男一女算啥事呢！」

「是有些不合適，這不是讓旁人說閒話嘛！」義仲也說。

「這還不好辦，咱不讓他們說，他們就張不開嘴。」唐頭蠻有把握地說，但沒有將那把握說透，惹得唐禾急著說：「我不信，你能把眾人的嘴全堵住？」

「能啊！」唐頭信心十足。

唐禾更為驚疑：「你有幾隻手？怎麼捂得住那麼多的嘴？」

義仲不急不火地說唐禾：「你別鬧啦，聽聽唐侯有啥好主意。」

「要說主意，是有，還真能堵住眾人的嘴，讓他們沒有啥說的。這事說難也難，說易也易。」唐頭說著朝他倆臉上一掃，看他們都犯疑惑，又說：「就看你倆願不願意。」

唐禾搶先著說：「願意，怎麼不願意！」

義仲也急著問：「快說，啥好主意？」

唐頭不緊不慢地亮出他那主意：「你倆合鋪過成一家不就把眾人的嘴全堵住啦！」

義仲和唐禾還真沒這麼想，唐頭的話讓他們臉都有些紅。唐禾捶打著唐頭，撅著嘴嚷：「嘻嘻，你還打著光棍，倒撮合起我倆。」

「我當光棍，是沒有人看上我嘛。有人看上義仲啦，怎麼還能讓他打

光棍?我給義仲當這個家。」唐頭的話逗得唐禾更加開心,嘻嘻哈哈笑個不停。看看義仲沒有推脫,他又說:「就這麼吧,回頭選個吉利日子,為你倆合鋪,也算是送行。」

又吹來一陣輕風,日頭雖然亮亮的,但望日峰上卻涼涼爽爽的。樹梢的兩隻鴉鵲嘰喳得更響亮,不知是在拉話,還是在唱歌。

唐頭看一眼頭上的鴉鵲,再看一眼身邊的義仲、唐禾,舒心地笑了。

第二十六章　握手聯族，你幫我助

✦ 94

　　西斜的日頭把大槐樹映照下來，樹影落在窟前的平地上，留下一片陰涼。地上突出著一塊塊青石，風吹雨淋，打磨得光光滑滑。唐頭吆喝些要人合計唐族的事情，來的就坐在那光滑的石頭上。槐樹梢落著不少麻雀，嘰喳個不停。木樨撿起一粒石子，往上一甩，麻雀驚飛了。他剛坐下，又飛回來。木樨還要撿石子再打，皋陶攔住他，皺起嘴唇打個口哨。口哨一響樹上的麻雀不再叫喚，靜悄悄的，像是聽他說話。一霎間嚷叫著全飛沒了蹤影，樹下不再鬧嚷。

　　木樨奇怪地問：「啊喲，你這使的是哪路魔法？」

　　皋陶鬆開皺緊的鳥嘴，嘻嘻笑著說：「我哪有魔法，是要牠們去堡南的地裡吃粟穀，這夥兒貪吃鬼就全飛去啦！」

　　「你這傢伙真能，還會學鳥叫，趕明日你為咱學老虎叫，嚇得狼不敢再來。」木樨逗趣說。

　　皋陶卻當真了：「我哪能學會老虎叫呢！會鳥叫，是見天能聽見鳥叫，聽多了就弄明白些牠們的意思。要學老虎叫，得靠近牠們，一挨邊，說不定就餵了老虎。我可不敢學老虎叫。」

　　木樨見皋陶當真，樂了：「你不學，那我就學呀！你可別後悔。」

　　逗得大家都哈哈大笑。

　　趁大夥說笑，唐頭和族娘說出他的想法。族娘信服唐頭，哪有不願意的。看看人都到齊，唐頭開口說話。他說義仲做的是件大事，不光對唐族有利，對天下人都有利，他要在望日峰多花點工夫。族裡的事大家多擔當

些，有啥大事一塊合計定點，一般的事情還是和放齊合計。他說過，放齊接著話說：「唐頭信得過，我就為咱牽個頭。前些日子，他不在大家都很給我面子，各自的事都管得不錯。咱把飢餓這坡坎闖過來了，把那個殉人的坡坎也闖過來了，我看只要心齊，啥事兒都難不住我們。」

眾人都說是，放齊添了精神吩咐大家：皋陶還當族理，處理紛爭鬥毆。木樨擔當農理，把種地的事管好。木樨插話說，還要管打製石耜。放齊贊成，又安排后羿當獵理，把護族的事情也管上。葫蘆口那幫堡衛從今日起歸他調教。

后羿說：「獵隊一載有半載閒著，閒下生餘事，要給他們點活做。」

放齊說：「那是你的事，你看著辦。」

后羿又說，前次去散宜族看見他們養豬、養羊，咱也學著來養，打的獵物多了就不發愁吃不掉變壞。唐頭立即接嘴說，是好事，學會養獸，還能讓牠們下崽長肉。唐頭說過，大家沒有一個不同意的。由孰來養，都說還是后羿去管。后羿考慮堡門的人常待在族裡，可以輪流餵養。這事交給伯益去管。槁摯死後，伯益當上門頭。放勳就問伯益把毛驢擺弄得怎樣？放齊答這事有門道，毛驢順溜多啦！放勳聽得欣喜。

話說到這裡，句木帶來三個生面孔。那三個人一個胖些，兩個瘦點。胖子個頭不高，走在前面，顯然是個頭頭。他們是從宮裡來的，原來歡兜雖然應承孔王去散宜族討要殉人，卻覺得這麼太便宜后羿，就打發人來唐族找他。句木近前指著后羿對胖頭說：「這就是你要找的后羿。」

沒待胖頭張嘴，后羿即問：「找我有事？」

胖頭說：「我是王宮的差人，是你劫走為先王陪葬的傭士？」

「是！」后羿毫不膽怯地答。

「大王要我來帶你和傭士。」胖頭直說王令。

后羿近前一步，盯著胖頭說：「我要不去呢？」

第二十六章　握手聯族，你幫我助

「不去，那可不行！他們說衛隊的士卒會打過來。」句木急切地嚷叫。

在場的人聽到無不驚怕，都將目光轉向唐頭。唐頭心一緊，見大家看他立即沉住氣，站起來朝胖頭走去。這時，后羿已逼近胖頭，果敢地說：「尿你哩，走，咱到堡外頭去說。」

胖頭說：「那不行，你躲在唐族，唐族就有罪。大王有令，你要不去，就把族頭帶去。」

這時，唐頭已走近胖頭，說：「我就是族頭，那我跟你走。」

胖頭看他一眼，說：「你不是先王的兒子放勛嘛，大王把你貶成平民，你怎麼還充族頭？」

皋陶站起來說：「他這族頭，是我們大夥兒推舉的。」

胖頭還不放心，打量著唐頭，猶豫一霎說：「那你跟我們走！」

后羿冷笑著說：「看你的鬆樣子，唐頭不能去。」

「給我帶人！」

胖頭轉身命令那兩個隨從上手。兩人上前要拉唐頭，還未到身邊，就被后羿一拳一個打倒在地。胖頭也不示弱，飛起一腳就朝后羿踢來。這一腳有點功夫，出腿快捷，用勁極猛。虧得后羿機靈，飛身一閃，躲到旁邊。胖子轉身一轉，又抬腿掃來。兩個瘦子爬起，都朝后羿撲上去。后羿一跳，彎到他們身後，雙手伸去，一手推一個，就把兩個瘦子搢到胖頭跟前。胖頭那飛揚的一腳從兩人身上踢過，兩個倒楣鬼栽在地上疼得嗷嗷叫。胖頭一瞅地上的隨從，留下個空隙。后羿趁機一衝，繞到胖頭身後，右手一捏，便掐住他的脖頸。胖頭痛得一縮，蹲在地上。

后羿稍一用勁，提起胖頭，怒斥：「爺我把你捏扁，看你還當狗咬人嗎！」

說著，左手上來，雙手扼住胖頭的喉嚨。胖頭尖叫一聲，沒音了，臉憋得通紅，眼珠鼓得圓圓的。唐頭忙上來勸說：「鬆手，鬆手，他是個跑

371

腿的可憐鬼，快放了他。」

后羿一鬆手，胖頭軟跌在地上。那兩個隨從嚇壞了，連聲求告饒命。后羿厲聲說：「看在唐頭的分上，老子饒了你們的狗命。滾，快滾！」

胖頭趕緊爬起，跟著句木往堡外走。兩個隨從縮頭縮腦，活像鬥敗的狗。

宮人走後，眾人都誇后羿不愧是個好漢。后羿拍著胸膛說：「這骨頭正癢得難受，他們就送上門來啦！」

說過，后羿對唐頭說：「這唐族我不能再待下去。」

「為什麼？」唐頭問。

「你想他們能這樣罷休？還要來抓我。我不連累大家，這就帶著嫦娥和於菟離開，躲到密林深處過活。」后羿說。

「不行，你們不能走！哪能讓你們過那種孤苦日子。」唐頭堅定地說。

眾人齊聲挽留：「不能走，唐族就是你們的家！」

后羿見大家這般真誠挽留，深受感動，渾身發熱。過一會兒才說：「我不走怕給族人惹事，那你們要聽我的。」

放齊說：「聽你的啥？」

后羿說：「這夥囊包回宮一說，狗王說不定會派士卒來攻打唐族，我們要防著點。獵手閒著也是閒著，我教他們點拳腳功夫。」

皋陶首先贊成：「對對，要提防著點。」

「后羿說得對，讓咱的人練練拳腳，說不定會有用。」

唐頭和大家贊成后羿的想法。后羿立即說：「那等人從狐族幫忙回來，我就操練他們。」

唐頭和眾人都說好。

第二十六章　握手聯族，你幫我助

✦ 95

　　族事安頓順當，唐頭來見伯益，要看看毛驢調教得如何。他急著來看是惦記義仲遠行，要是毛驢馴順，不要說騎著去，能給他們馱個東西也會輕省許多。未進馴獸場，隔著柵欄唐頭就喜從眼生。只見一個人騎在毛驢背上，一個人牽著草繩，毛驢慢慢悠悠地走著。看這架勢，毛驢是給擺弄順溜了。他三步並作兩步跨進柵欄，見是唐頭，伯益和後生們圍上前來，給他說道調教毛驢的過程。伯益喜滋滋地說：「還是你說得對，別看這傢伙又踢又咬，性子確實不惡，沒磨多少日子就安順下來。」

　　說著，伯益走近毛驢，伸手摸摸頭，撫撫背，毛驢安安穩穩，就是摸牠的屁股也不再踢騰，毛驢完全變了個模樣。唐頭驚奇地說：「你們可真是能人啊，把這麼個大傢伙給擺治順溜啦！」

　　後生們聽見唐頭誇獎都忽閃著眼睛，喜喜的，讓他騎騎看怎麼樣。伯益怕唐頭摔著，牽著草繩先騎上轉過一圈，邊轉邊說：「一點也不害怕，你膽子放大，眼睛看前頭，能隨著毛驢的步伐顛達身子最好。」

　　毛驢走得穩穩當當，看得唐頭好不眼熱，伯益一跳下來他就騎上去。小心翼翼地轉過兩圈，毛驢走得雖然沒有伯益騎著隨和，卻也穩當。他跳下來誇說：「嗨呀，行，你們真行！往後騎著行走就便易多啦！」

　　大夥兒你一言他一語，都說我們正合計多捕幾頭毛驢，擺治順當，以後孰出族辦事就騎上去。唐頭和他們一樣樂呵。

　　再上望日峰，唐頭說到這事，話音剛落唐禾就叫好，連聲說：「真能騎？那好，羲仲，我拉著繩，你騎上。」

　　羲仲說：「你不騎，我怎麼好意思騎？」

　　唐禾一揚脖子說：「那我就騎。唐頭，把他的蒿桿腿磨短可別怪我。」

　　幾個人嘻嘻哈哈說過，接著觀看日頭的移動變化。

下卷

　　隔日，唐領袖著義仲、唐禾來到馴獸場，給他們開開眼，先試著騎一下。孰料，他們來時伯益和馴養的後生急得直蹬腳。毛驢不僅不轉，連站都不站，臥著不動。伯益歉疚地說：「唐頭你看，還說讓義仲他們騎哩，這樣子怎麼騎？」

　　唐頭彎下腰看著，後生們都奇怪地說道，這傢伙倒是怎麼啦？沒人惹牠就蔫軟著不再起來。

　　「病啦，和人一樣，也會病。」唐頭一點也沒責怪的意思。

　　伯益還是覺得奇怪：「這好吃好喝的得啥病呢？」

　　是呀，伯益奇怪，大家更奇怪。自從毛驢捕回來，吃的是嫩草，飲的是清水，黑夜歇息安安然然，還不比牠在外頭擔驚受怕強呀！這東西不識抬舉。

　　他們不嚷，唐頭也不明根由。一聽說在馴獸場待得安安然然，不再擔驚受怕，他就想起毛驢在外頭狼追豹子趕，那一日不瘋跑逃命呢！在這裡日子安然是安然，可瘋跑慣啦不跑倒會受不了。唐頭這麼一點，大家都覺得有理，就嚷：「給福不會享，這可怎麼辦？」

　　嚷著，都看唐頭，想從他那裡看出個辦法。唐頭不說話，看著伯益。伯益說：「還真沒辦法，我看這也要磨牠。拉著牠轉圈，是磨牠的野性，這是磨牠的筋骨。」

　　「是這個理，把牠的筋骨也要磨轉過來。」伯益話音一落，唐頭覺得對。說著指指毛驢的鼻孔，又說：「我看牠流鼻涕，是不是有點傷風？他不瘋跑了，身體沒有過去硬實，容易傷風。」

　　伯益仔細看看，毛驢是有鼻涕，就說：「傷風好辦，咱拿把艾葉幫牠燻燻。」

　　這麼一議說，還真把毛驢的病給治啦。艾葉燻過，毛驢漸漸好起來。好是好了，不過，毛驢真要能騎可不只是磨性子，馴順溜就行，還要讓牠像狼變成狗一樣。這就不是一日兩日能辦成的，看來義仲遠去是沒有騎毛

第二十六章　握手聯族，你幫我助

驢的可能。

打消這心思，唐頭一意謀劃義仲和唐禾合鋪的事情。原來打算大辦一場，幫義仲添些光彩。自來唐族，沒見義仲過了一日好光景，身子受苦不說，精神上的磨難就沒停。為他辦好婚事，讓族人知道今載多收粟穀是他的功勞。唐頭考慮得很細，甚而把擊石跳舞的場景都想好啦。孰料把這事跟放齊一說，他當面就潑過一頭涼水，一下把唐頭澆醒了。放齊說得完全對，他守孝在身，早晚都要面朝父王陵墓燃香磕頭，怎麼就能把這檔子事給忘記！即使不考慮父王亡故，也要考慮義仲他大，唐爺、且承也死去日子不長呀！他拍著頭說：「糊塗，真是糊塗，還在守孝怎麼能動樂起舞呢！」

義仲和唐禾的合鋪就辦得沒有原先想的複雜。

是夜，月明風清，地上迷迷濛濛。篝火點燃，映紅了每個圍觀者的容顏。雖然沒有奏樂，也沒有跳舞，大家拍著巴掌向一對新人祝賀。呼鬧聲中，義仲挽著唐禾走進人圈。倆人仰頭望月，注目行禮，又下跪在地，朝日頭升起的地方磕頭跪拜。接著，他們默不作聲伏首在地哀思去世的親人。伏地好一會兒才直起身，倆人對臉相拜。互拜一過，就有後生抱來乾草鋪在窟前。幾乎在同時，篝火撲滅了，亮堂的窟前一眨眼變得模模糊糊。男仔們轟然鬧嚷起來，叫喊：女子合好，合好——

喊鬧聲中，族娘搖晃到人圈中，男女成親合鋪她都要領唱合身歌。她在人圈中站定，張大嘴唸叨：

女有女身，

子有子身。

天神造人，

各算半身。

若要生身，

女子合身。

■ 下卷 ■

　　族娘唱完就該男女合身，圍觀的人都高聲喊叫：好呦——合身！
　　男仔們喊鬧得最響。唐頭坐在裡圈看著，他沒見過唐族人合鋪，不明白男仔們為什麼這麼起勁的鬧騰。男仔推義仲，女子推唐禾，都往鋪草上擁。義仲臉紅不紅看不見，只見他低著頭不動，眾生往前推一下，他趕緊退兩步，羞怯得很。他越退，男仔們搢騰得就越來勁。
　　急得族娘叫喊：「義仲，上呀，怎麼不上？老娘不是教給你了嗎？」
　　義仲點著頭，本該上前卻一個勁兒往後掙扎。族娘更急啦：「這憨蛋，都像你這樣世上還有人嗎？」
　　驀然，唐禾一躍竄到人們當間，往地上一躺，大仰八叉挺直在地。她一撩葛衣遮住臉，白白的肌膚卻裸露出來。雖然在月光下看不真切，可唐禾這潑辣勁還是令眾人很為意外。要知道，往常都是漢子抱起女子摺倒在地的。人群突然安靜下來，靜得連高空中月亮移動的聲響似乎也能聽到。唐頭環掃一下人群，看著被搢前來，掙後去的義仲好不為難，暗暗為他尷尬。唐禾挺身躺下，後生們犯怔，義仲也犯怔。他怔怔地站在，看著裸露躺倒的唐禾，前也不是，後也不是。就聽唐禾喊叫：「來吧，義仲——」
　　男仔、女妮都隨著喊鬧：義仲快上，還不上等個屁呀！
　　見他不動，有個男仔順手就扯下他的葛衣，義仲的肌膚也朦朧在眾人面前。頓時，口哨聲、歡叫聲沖天響起。義仲還待著，那男仔把他朝唐禾身上搢去。手一觸，義仲猛然前躍，飛一般地撲向唐禾那白白的肢體。唐頭被弄憒了，羞怯地轉過頭去。正不知下面的事該如何辦，就聽男仔叫嚷：不行，不行！回頭看時，箭步躍出的義仲沒有將肢體與唐禾重合，而是抱起她撒腿就往窟中竄。
　　男仔們高喊：「不行！不行！」
　　喊著擁堵住窟門口。看來這二人不在月光下合身還真收不了場，族娘上前說：「怕啥啊！祖祖輩輩都是這樣，有啥怕的！」

義仲進不去窟門，只好把唐禾撂在鋪草上，順勢貼上身去，兩人緊緊抱在一起。

✦ 96

合過鋪一起遠行，有唐禾照料義仲唐頭放心了。那個和仲更精明，找個義仲的本家小弟義叔，未等義仲動身他們就先蹦跳著遠去。這一來，觀日望月成了唐頭的要事。他一早起來，趕日頭出山前要攀上峰頂。晚上還不能早歸，要等月亮上來，劃好記號才能往回返。來往幾日，唐頭更體會到義仲這些載的辛勞。

這天，他看過日頭出山，劃過記號走下望日峰。回到窟中一看，兆女和眈來了，更要緊的是還有老地官黎。他們見到唐頭親熱地問這問那，都說他黑了，瘦了。寒暄過，兆女懇切地說：「唐頭，我是專門來道謝的，多虧你們和黎族幫忙啊！」

唐頭謙和地說：「這點小事是我們能做的，還勞妳跑一趟啊！」

「不是我要跑，是族裡老老少少非要我來不可。我就怕你把我堵在外頭，這不，把老地官給搬來啦！」兆女說話響亮，直率，逗得窟裡的人沒有不笑的。

唐頭笑著對兆女說：「我看妳當族頭挺行，比我們這些男人辦事還麻利。」

兆女手搖得如同風中的樹葉：「別再寒磣我，我這是螞蟻裡的大個子，再大也是個小蟲蟲。我來，不光是道謝，還要給你們還工。」

「還什麼工？」唐頭問。

「重活、苦工作，你們幫我們做了，族裡的老人們說要替你們做些輕巧活，編草鞋呀，織葛衣呀！不光給唐族。」說到這裡，她轉向眈：「還要

給黎族做些。」

唐頭沒這麼想過，有些突然，他說：「這還成幫扶了？這不是圖報嗎？」

眈也是這般意思，他說：「唐頭，狐族誇讚，我們族也風光，大家都挺樂呵。可一聽說人家要還報，都覺得有點兒不對勁。」

二人說著，黎插上話：「兆女說得有理。那日唐頭走後我就思謀，這狐族是要幫，可幫過今兒個那往後怎麼辦？這老老小小都得養，不把小的養大，老的就沒人養。這不是一載兩歲的事情，要幫就幫到底，應該有個長遠法子。」

剛說到這裡，唐頭就高興地說：「對，還是老地官有見識，要有個長遠辦法。」

「兆女，我可不是來給妳敲門的，還有別的用處。」黎嘿嘿一笑，隨即認真地說：「狐族人不少，不是一個族能幫動的，我是想讓唐族和黎族聯起手來一塊兒相幫，把他們那種呀、收呀的苦重活全包攬下來⋯⋯」

唐頭點頭同意，他挨近眈說：「對，咱聯手一塊兒幫他們。」

眈滿是喜悅地笑著，未及張嘴兆女搶上說：「我們也和你們聯手，讓我們那些婆婆、女人幫你們做些輕巧活。」

黎說：「這更好，這更好啦！唐頭你看呢？」

唐頭正思謀，聽老地官問他，略一頓說：「這是個好主意，咱聯起手你幫我，我幫你，就不是什麼還工。這好，各自盡力，互相幫扶。」

一直插不進口的放齊找個空隙忙說：「看看，我說唐頭會同意吧，咱就聯起手吧！」

眈說：「聯什麼？咱總不能叫聯手吧？」

幾個人合計一氣兒，都認為三個族落聯在一起，應叫聯族。一時沒有好說法，就這麼先叫著。至於史書寫部落聯盟，那是很久以後的說法。說

第二十六章　握手聯族，你幫我助

著話，放齊已讓人備好吃食和果酒，取碗盛上，兆女、眈和唐頭一人端起一碗盟誓。唐頭喊：「不行，老地官也來！」

黎說：「你們三族聯手，我不摻和啦！」

唐頭還叫他：「哪是摻和，是要你當個見證人。」

「哦，老身還有用啊！那我也不白喝酒。」黎樂呵呵笑著端起一碗酒，乘興唱道：

握手聯族，

你幫我助。

日月行天，

興旺聯族。

四人同聲唱過，把碗舉過頭頂祭天，然後一飲而盡。盟誓完畢各自坐下，邊吃邊說。眈說看到唐族的男子操練拳腳功夫眼都癢癢。黎族那些獵手閒下沒事，惹是生非，也該練練。唐頭說，我們操練，那是被逼得沒有法子，隨口告說王兄派人討要殉人的情形。眈放下手中的吃食，說：「我們聯起族，就是一家人，把我們那人手也練練，事情緊急拉過來添把力氣。」

唐頭不願意把他們拉進是非圈裡，再三推託。他不答應，眈就不吃東西，唐頭只得應承。他們越說越近乎，還約定讓木樫去黎族、狐族教種地。兆女問他們的女人做啥？放齊說，也都是編草鞋、織葛衣，不過從散宜族來的嫦娥謀劃養蠶呢！兆女要把這一手傳給他們，讓狐族的老老小小都做這工作。大家越說越對勁，好久好久不願散席。

✦ 97

送走老地官黎、眈和兆女，唐頭來到馴獸場。他惦記著那頭毛驢，不知能不能站起，要是死掉，前頭的工夫就白費了。趕到一看，挺幸運，毛

驢又在柵欄裡轉開圈，不用問傷風那點小毛病已經治好。治是治好了，卻把伯益他們嚇得不輕。毛驢臥地的那幾日，他們整天提心吊膽。說來好笑，為讓毛驢早點站起，伯益不光用艾葉燻灸牠的鼻孔，還燒香磕頭請求天神保佑。這一嚇也有好處，伯益覺得只馴一頭毛驢不行，應該多捕幾頭來調教，就是死個一頭兩頭，也不礙大事。唐頭得知這主意，連連點頭說好。臨走時他給伯益鼓勁，馴獸是個長遠事，不要著急。走出柵欄，唐頭又返身進來，他想起散宜族圈養的那些豬，不少是在窩裡生養的。生在豬圈裡的小崽，沒有在外頭撒過野，比捕來的要好養得多。他告訴伯益，捕毛驢時公的、母的都逮幾頭，看能不能在柵欄裡下崽。伯益應過，他才離開。

　　剛出柵欄，就聽見族堡亂哄哄的，這是怎麼啦？

　　是族娘和放齊吵架。吵架是因為粟穀。粟穀少，不夠吃，日子難熬。孰會想到粟穀多了也有麻煩。今載粟穀打得多，族庠、窟庠都堆得滿滿的。堆在地上不幾日就會漚爛，放齊就把寧封子從陶族喚來。寧封子是陶族的泥工，族人吃東西的碗，裝粟穀的甕，都是他用黃土捏成的。捏成後，在烈烈的日頭下狠狠晒幾日，再晒幾日，裡裡外外都乾透，乾得能敲出聲響，才拿去使喚。當然啦，要是陶碗可不能直接舀水，裡頭還要鋪上一片大大的樹葉。陶族的人就把這些東西叫做陶器。放齊把寧封子喚來趕製出些罐和甕發給族人裝粟穀。這本來是件好事情，可沒想到就是這好事弄出個壞事。

　　這日族娘去串門，聞到窟裡有些霉味，四處嗅嗅，是從甕裡散出的。低頭一看，是甕底變軟，已快塌碎。這不把粟穀糟蹋了嗎？想想沒有粟穀，餓肚子討吃的日子，族娘能不生氣嗎？生氣就不會說好話，找到放齊指指畫畫，說他找的寧封子是啥人？做的是啥事？可把族人坑苦啦！要是放齊一人在窟裡族娘說就說，罵就罵，偏巧寧封子正在窟裡和他說事。族

第二十六章　握手聯族，你幫我助

娘一指罵，寧封子臉上紅一陣，白一陣，不知該說啥。這寧封子是陶族的能人，常常被族人捧著，敬著，啥會幾受過這種委屈？放齊趕緊庇護。不庇護還好，或許族娘叫嚷幾聲火氣一消也就沒事了。他一庇護，族娘火氣更大，指著他的鼻子就說：「我知道你們都是陶族來的，好的一個鼻孔出氣。再好也不能害人啊！」

聽說害人，放齊也生氣：「甕沒做好，是工夫不到，怎麼是害人呢？」

害人這話族娘也不是隨便出嘴的，這口氣她窩憋在肚子裡已有一段日子。當初讓木殖去當殉人不就是放齊定下的嗎？要不是這麼定點槁摯怎麼會打死巫首？要不打死巫首槁摯怎麼會跳崖摔死？你說，這不是害人嗎？木殖僥倖沒去送死，那是唐頭把摯王的命令硬給抗住，若不然兒子早被活坑了。族娘想起這些氣呼呼的，他指著放齊說：「你就是害人哩！」

寧封子見因為自個的過失弄得族娘和放齊爭吵，心裡很不是滋味，趕緊解和：「族娘，都是我的過錯，妳別怪罪放齊。」

他不說還好，一說族娘把火氣撒到他的身上，氣哼哼地說：「你閉上嘴，哪有你插嘴的空！」

寧封子討個沒趣，實在難下臺，就說：「好，好，我不說，不說，這就回陶族去。」

這會兒聽見吵嚷，跑來好多族人，不用說都替族娘說話。見族娘生氣，都給她幫腔，接著寧封子的話高喊：「你走吧，滾回去！」

皋陶跑來得不遲，他勸了放齊勸族娘。放齊忍著不張嘴，族娘還不依不饒，逼著說：「你說呀，怎麼不說啦？是沒理吧！」

逼得放齊實在忍不住，就又吵嚷。

皋陶勸不住，只好去找唐頭。未出堡門，心裡轉個彎，就是唐頭來了，族娘火氣難消，要是不給臉面，那不是讓唐頭難看嗎？這麼一想，腳下也拐個彎，找到木殖讓去勸說他娘。還算木殖頭顱清楚，聽皋陶一說，

■下卷■

他連聲說老糊塗啦，怎麼能說害人這話？皋陶趕緊告他，去後不要評說對錯，老人家火氣正大，道理這會兒說不清格，等她冷靜下來再說。現在要緊的是先把她拉走，不要讓她再吵嚷生氣，傷害身體。再說，族人跟著吵架起鬨實在不好。皋陶的話句句在理，木殖不是糊塗人怎麼能不聽？趕到後，他不急不躁地說：「娘，早吵累了吧，快回去歇息。」

娘不動，他上前輕輕推著她走。娘轉身掙扎，木殖對身邊那些和他歲數不差啥的後生說，快幫把手，我娘累得走不動啦！幾個後生上前就把族娘架回她那高高的窟裡。

唐頭趕到時，人們已散去，窟中就剩下皋陶、放齊和寧封子。寧封子受了委屈，難過得很：「我這就走，回陶族去。」

皋陶給他寬心：「你別生氣，族娘一時糊塗，別和她計較。」

放齊也寬慰寧封子，別走，別使性子。話是這麼說，他卻氣呼呼的。見唐頭進來，衝著他就說：「咱這圖啥？好心沒有好報！」

唐頭問清根由，明白過錯不在放齊和寧封子身上，就開導一番，給他們消氣。然後，他對寧封子說：「你可千萬不要走，這粟穀打多了沒東西裝可不行，要是漚掉還不和沒有收下一樣，那不把大夥兒的力氣白費啦！我看，把你那陶器弄好是個大事，你再想法子擺弄擺弄。」

說到陶器，寧封子不再生族娘的氣，反而生自己的氣。怎麼晒來晒去，晒得硬邦邦的，為什麼還會變軟？這毛病到底出在哪裡？難道是祭祀不誠天神有意作怪？他說破怨氣，唐頭、放齊和皋陶你看我，我看你，孰也不明根底，無言對答。還是唐頭打破窟裡的沉悶，領著他們到各窟查看。一看，差錯出在族堡低處的幾個窟裡。那裡緊靠唐泉，流水淙淙，窟地潮溼，甕底變軟，才爛掉粟穀。

皋陶說：「壞事就壞在神水上。」

寧封子不知他是說啥，就問：「什麼水？」

第二十六章　握手聯族，你幫我助

「神水。」

「神水？」唐頭和放齊也頭一回聽說，好奇地問。

皋陶給他們說，是神水。一般的水能看見，神水看不見。看不見，可啥地方都有。你不見，日頭下去時，草葉上乾乾的，二日早上葉尖尖卻掛著水珠珠。那水是哪裡來的？不就是神水嗎？寧封子問他怎麼知道的，他說是從巫首嘴裡聽到的。可惜巫首死了，要不一問就明白啦。皋陶還說：「那硬硬的甕變軟，肯定是神水作怪。」

皋陶說得幾個人直瞪眼，要是神水作怪還真沒有啥法子，寧封子只能嘆氣。看過各窟，他們相隨來到寧封子捏做陶器的棚場。棚場在緊靠澮河的土垣上，靠河是圖打水方便，在土垣上是因為那些器物都是黃土捏的，這裡有的是土。走進棚場，唐頭幾個無不奇怪。日頭烈烈的，草棚邊上卻燃著一堆火，柴枝慢慢燒著，冒起細細的青煙。看他們生疑，給寧封子打下手的後生，指著火堆旁邊擺放的陶器說，那是嫌日頭晒乾得太慢，就打火烘烤。真是個好點子，唐頭正要誇寧封子精明，可是，沒等這話出嘴，寧封子抬腳就把一個陶罐踢進火堆。皋陶伸手拉他，一把沒揪緊，他又踢進一個。邊踢邊嚷道：「要這害人的東西做啥！」

皋陶放開寧封子彎腰就去火裡撿那陶罐，放齊趕緊拉住他。皋陶還要撿，放齊說：「別燒著你！陶罐燒壞還能再捏，把你燒壞可捏不成啊！」

皋陶、寧封子和唐頭禁不住都笑了。唐頭也不讓皋陶去撿，他圍著火堆轉過一圈，看看那陶罐沒有摔壞，笑著說：「別撿，燒燒，興許乾得會更快。」

放齊對寧封子說：「別發躁，你這法子不錯。燒火烤著乾得快，咱隔幾日不等神水把陶甕弄軟就另換個新的，粟穀不就漚不爛嗎？」

皋陶也說是個辦法，寧封子卻說：「這還是辦法？是沒有辦法的辦法。」

下卷

「這也行呀！只要不把粟穀爛掉就是好辦法，不過你就太辛苦啦！」唐頭說。

「我辛苦不算啥，就是族人要不斷倒騰粟穀。」

說著，寧封子朝天看看：「天神啊，你就不能讓大家輕省些啊！」

他的話音一落，放齊就對唐頭說：「那日開場祭天你不在，今日重祭！」

唐頭也是這個意思，幾個人一起走近棚場邊的土壟，那上面有個小祭壇。寧封子點燃黃爐柴，唐頭接過插進泥土捏成的香爐，跪下禱告：

天神聖靈，

保佑事成。

收回神水，

陶器變硬。

唸叨畢，放齊他們跟著唐頭連磕三個頭。

祭祀過，寧封子走近泥堆捏製開來。他們幾個也上前搭手，挖土的挖土，和泥的和泥，棚場上熱火朝天，一直做到日頭下去，天黑的啥也看不見才住手。

二日一大早，唐侯去望日峰，剛出堡門迎面碰見寧封子和他手下的後生。寧封子笑得合不住嘴，高聲說：「哈哈，唐頭好事啊！」

說著，就把個陶罐舉到唐頭臉前，「你看，這是昨日我踢進火堆的那個陶罐。」

唐頭接過手中，看見粟黃的陶罐變成灰黑色的。正好奇的打量，寧封子拿起手中的石刀，使勁在上頭刮刮，說：「唐頭看看，刮不掉土渣吧！」

是，怎麼刮陶罐都實硬硬的，一點土渣都沒掉。不等唐頭開口，寧封子奪下陶罐就往河邊跑，唐頭隨後跟過去。寧封子已彎腰把陶罐捺在水裡，這一浸泡不又軟成一團泥嗎？他擔心地喊：「快撈出來，別泡軟！」

第二十六章　握手聯族，你幫我助

寧封子扭頭笑笑：「泡不軟，你放心。」

他還嫌上面泡不著，轉一轉又泡。順手用石刀敲打著剛轉上來的那面，不軟，還叮噹發響。這一下輪著唐頭髮笑了，陶罐變硬了，河水也泡不軟啦，哈哈！

不等唐頭開口，寧封子喜不自禁地說：「唐頭，你昨日一祭，天神就顯靈啦，咱趕緊謝神去！」

唐頭不去望日峰了，跟隨寧封子沿著澮河邊的小徑朝棚場跑去。河水歡快地跳動著，裡面閃耀著他們的身影，響動著他們的腳步。

■ 下卷 ■

第二十七章　血神聖靈

✦ 98

　　藍天上鋪著一層薄薄的白雲，日頭不甚亮。趁著天氣不熱，后羿在堡門前的空地上操練族衛和獵手。他先讓練臂力，大家卻急著出手射箭。獵手們繃著臉，咬著牙，使勁拉弓放箭。射過，一個個都以為射得不賴，等他誇讚。孰料，后羿卻看得發笑。在他眼裡，那箭射得不遠，還輕飄飄的，那怎麼能射準獵物呢！他斂住笑，板著臉問：「射得好嗎？」

　　獵手們你看我，我看你，都不知該如何回答，就聽后羿訓說：「射的是啥？那箭軟不拉沓的沒有一點氣力。不射箭了，先練臂力。臂力不大，箭就射不遠，射不準。」

　　訓完，后羿命一個人找一塊石頭，兩隻手高高舉起，舉過頭頂，還要站穩，雙腳不能亂動。後生們舉起石頭站著，后羿讓句木來回轉著，看著。孰站不穩，句木就踹一腳，或是捅一拳。有兩個小後生偷懶，舉起塊小石頭，句木看到，就給他們換上個頂大的，壓得他們齜牙咧嘴。不多會兒，每個人都是一身汗。流汗也不敢歇，都使勁挺著。后羿看得高興，說就要這麼苦練。正說著，有人告說女皇來了。后羿轉身就往堡裡走，走出拳腳場，卻見於菟跟在身後，扭頭說：「你去做啥？」

　　於菟說：「女皇姐來啦，不讓我見見她？」

　　想想也是，后羿沒再說什麼，他在前頭走，於菟隨身跟。爬上一個坡快到窟裡，后羿忽然多了個心眼，這女皇來做啥還不清楚，要是來說於菟那事，不是又讓他心裡發沉嗎？回頭就說：「你先練力氣去吧，等我們說完正經事，你來見女皇不遲。」

第二十七章　血神聖靈

　　女皇來的原因還真被后羿猜對了，她一到就弄得唐族焦慮不安。不過，女皇和相隨的女伴進窟時，嫦娥卻高興得差點沒有跳起來，姐妹倆伸臂就抱在一起。離開散宜族，嫦娥不時就想起族裡，想起從小給她們領頭的女皇，她們一起採桑葉，一起養蠶，一起抽絲……真想悄悄回去和姐妹們好好笑一笑，鬧一鬧！她哪裡會想到，女皇帶著倆小妹像天神一樣飄忽在自己的眼前。

　　歡笑過一陣，嫦娥細細看女皇一眼，發現她臉上隱藏著憂愁，就問：「姐姐，妳來有事吧？」

　　女皇張張嘴，沒有出聲，想一想又說：「好妹妹，我是沒法子才來求法子的，說出來妳可不要多心。」

　　嫦娥說：「自家姐妹，有啥顧慮呢，快說吧！」

　　女皇這才開口敘說。因為於菟跑到唐族，摯王扣下族裡的吃食。那日，飢餓的族人動手要打散宜頭，幸虧女皇領著她那些姐妹趕到。她們擠上前去，護住了散宜頭，鬧事的男人就是有天大的勁頭也無法使喚。族裡早有規矩：男不和女鬥，男人打女人是犯眾惡的。散宜頭沒捱了打，卻氣得不輕。族人吵吵嚷嚷不散，他又氣又急，一下栽倒在地，病了。這不，有些日子啦還躺在鋪上。嫦娥氣得火冒竄天，大罵天不長眼，怎麼不殛殺那主事陪葬的惡鬼！罵歸罵，罵得再厲害也解不了散宜族的困境啊，只好把后羿叫回來合計。

　　后羿得知，比嫦娥的火氣還大，破口就罵：「狗屁大王，有種你來找我嗎，欺負散宜族算啥本事！」

　　罵聲再高，也頂不了粟米吃。事情要緊，趕快去見放齊。放齊聽得頭也疼，這才去喚唐頭。聽說去叫唐頭，女皇心裡一咯噔，不是唐侯嗎，啥會兒變成了唐頭？她說出疑問，嫦娥生氣地告訴她實情，看來為了搭救於菟禍連的人真不少。她要來唐族，她大死活不讓來，恐怕后羿、嫦娥，還

有於菟難受，卻沒有想到還有讓他們更難受的。她後悔來得太冒失。她是趁他大睡著偷偷跑出來的，跑到唐族倒不是催於菟去王宮服罪，是想見見唐侯。自從那次碰面後，就影影糊糊覺得他靠得住，有話可以給他敞開心扉說。為什麼是這樣，她說不清，打上一回交道就這麼相信他，是有點怪。可看著族裡亂糟糟，看著她大熬煎得病懨懨，她就想見他，讓他給她，給散宜族支個招。沒料到唐侯竟然被擼掉，她替他擔心，不知他難受成了啥樣子。

女皇來時，唐頭還在望日峰上。他刻完記號口有點渴，去旁邊的白茅嶺喝了幾掬泉水，剛轉回來。木檖跑來喚他，說是散宜族來了人。

聽說散宜族來人，唐頭想到的是散宜頭。他真有主見，辦事一是一，二是二，把那麼大的族治理得吃穿不愁。他來了定要好好接應。對，還有個正經事要辦。嫦娥要教唐族養蠶，蠶從哪裡來？這要向散宜族換呀！早幾日嫦娥就說過，給他們些粟穀，換些蠶籽，順便就把這事說定。

這事好說，唐頭認為散宜頭不會不答應，可有一件事卻讓他翻來覆去不知該怎麼說。他想娶女皇，散宜頭來了真該把心思端給他。唐頭真心地喜歡女皇。她那不高不低的身段，不黑不白的顏面，不急不慢的話語，他都喜歡。他把女皇和唐禾做過比較，她沒有唐禾那麼嘴快，說話行事卻藏著精明。唐禾的精明露在臉上，女皇的精明藏在心裡。當然，他更喜歡將精明藏在心裡的女皇。哈哈，散宜頭來啦，正好把這事挑明，他有了媳婦，娘也了卻一樁心願。只是這話怎麼張嘴？

唐頭想著，走著，快進族堡還是想不出個法子。

可是，唐頭怎麼也不會料到來的不是散宜頭，而是他想過不知多少回的女皇。他一進窟，女皇就叫：「唐侯。」

見來的是女皇，唐頭意外地驚喜，應著說你來了，又解釋自個兒不再是唐侯，然後看著女皇說：「妳瘦了。」

第二十七章　血神聖靈

「你瘦了。」

幾乎就在同時，女皇也說。

說過，倆人都怔著。好在嫦娥的說話打破短暫時的靜寂：「唐頭，快救救我們散宜族吧！」

接著嫦娥的話，后羿怒氣沖沖地倒出散宜族的禍端，聽得唐頭心裡沉甸甸的。后羿說著來了氣，蹦跳著叫嚷：「真是欺軟怕硬。這些日子我就覺得古怪，咱把大家的拳腳都練硬邦啦，等著那幫混蛋打來，他們卻縮著骨頭不敢來。不敢來就當孫子吧，怎麼去攪擾散宜族啊？好個混蛋，你欺負好人算什麼能耐？有骨頭你來啊，來了能爬回去就算好漢！」

放齊勸說后羿：「消消氣，把你氣壞也填不飽散宜族的肚子。」

后羿還是氣憤難平，憤怒地說：「我帶族人打到王垣，滅掉他們，讓咱唐頭當大王，天下人的日子就好過啦！」

放齊忙攔擋：「別，別，那不是翻天嗎？」

「翻天就翻天！哼，他不要咱活，咱還怕他死嗎？」

后羿越說火氣越大，像是就要去帶族隊出發。唐頭也冒火，但是不敢再給后羿火上添柴，壓住怨氣，平靜地勸他：

「不要冒火，打到王垣，可不是在咱這裡。王宮衛隊士卒多，打不贏還不是救不下散宜族嗎？」

唐頭說得有理，窟裡的人都點頭，后羿仍火氣直冒：「我才不怕那些囊包哩，他們的人多是多，可哪有我們這麼好的拳腳？別把他們太當事！」

后羿這是實話，連日的操練沒有白忙乎。唐頭看過多次，大夥兒舞棒、投石，都有一套路數，就是走幾步比往常也俐落得多。可是，打鬥是要傷人命呀！父王東征西殺一輩子，臨到晚年常唸叨：不要征伐打鬥，那是傷人害命哩！想到父王的話，唐頭說：「別說打不贏，就是打贏，還不

■ 下卷 ■

知道要傷多少人命。」

「天下就你唐頭心善，唉——」后羿一蹬腳說。

唐頭沒急於接話，看一圈大家，才說：「你們看，我們去王垣做啥？不是救人嘛！結果，救下一個人，死上一大群，這合算嘛？」

窟裡的人都點頭，覺得這話說得對。后羿看看大家，沒有張嘴，只聽唐頭又說：「再說，死的那些人哪個是壞人，還不是各族去的子弟啊！他們有啥罪要替人送死？」

唐頭的話說到要害處，后羿無法再叫嚷，窩憋地說：「那你說咱就乖乖交人？於菟不是條命？」

「於菟也不能交！到了唐族，就是咱唐族的人，孰要不把唐族的人當人都不行！」唐頭咬緊牙一字一頓地說。

女皇見唐頭那麼冷靜沉著暗暗敬服，可一聽說於菟心就揪緊了。人不交，還不去打王垣，那不是撂下他們不顧嗎？這擔心她沒說破，皋陶替他說出：「那散宜族怎麼辦？」

唐頭接口就說：「幫！咱沒吃的，他們給咱豬羊。這回咱幫他們，先勻些粟穀送給他們。」

放齊擔憂地說：「這是個法子，只怕勻不夠他們吃。」

這是實情，雖然今年收的粟穀不少，唐族吃不完，可是要勻出來給散宜族那麼多人吃，肯定不夠。唐頭笑一笑，說：「那就煩勞你到黎族、狐族跑一趟，讓他們也勻出一些。」

窟裡的人全輕鬆了，都說這是個好主意。唯有女皇不明白那兩個族為什麼會捨得勻出粟穀？她說出來，皋陶將三個族聯手的事告訴她。女皇眼裡閃著喜氣說：「聯族，好啊！回去我給大說，散宜族也和你們聯上。」

唐頭帶頭應承，大家都說好。后羿叫喊得最高，連聲說把散宜族的後生也操練操練，往後真動拳腳人手更多啦！

390

| 第二十七章　血神聖靈 |

　　唐頭撲哧一笑說：「怎麼就老想著打鬥？」
　　說得后羿也咧嘴發笑，窟裡的人全笑了。嫦娥沒想到大夥兒一籌莫展的難事，唐頭這麼輕鬆就化解了，女皇更是想不到，禁不住痴痴盯住他。那痴迷的神情沒有逃脫嫦娥的眼睛，她驀然一想，這女皇和唐頭不就是很好的一對嘛！要不是窟中人多，她真想張嘴撮合他倆。剛想到這裡，就聽女皇問於菟呢？怎麼不見小弟呢？嫦娥告說於菟和獵手們去練拳腳，說著拉開家常。
　　這邊唐頭和放齊他們合計，由后羿帶著獵手去給散宜族送粟米。說著笑著，一切都安排停當。孰料接下來的事情，又讓大家手忙腳亂。

✦ 99

　　令大家手忙腳亂的是於菟。
　　窟裡人說妥事情，女皇要見於菟。可這於菟拳腳場沒有，族裡也找不見。從王垣趕到唐族後，嫦娥怕於菟被抓走，不準他一個人出堡門。后羿也怕出差錯，就派逢蒙跟著於菟，倆人一塊吃，一塊住，好像是一個人和他的影子。他能去哪兒呢？
　　后羿把逢蒙叫來問：「於菟呢？」
　　逢蒙愣著眼睛直瞅他，后羿急得指著逢蒙就嚷：「快說，於菟哪裡去啦？」
　　逢蒙也急，急得不知該怎麼說。后羿更急，連聲叫嚷。唐頭勸后羿：「別著急，急也無用。」
　　逢蒙想起來了，趕緊說，於菟是跟在師父身後走的，他才沒一塊去。
　　后羿忙問逢蒙：「你是說於菟離開拳腳場再沒回去。」
　　逢蒙點點頭。后羿明白了，脫口就說：「於菟肯定偷聽到我們的話嚇

■ 下卷 ■

跑啦！」

　　於菟還真是跑啦，不過不是嚇跑的，是氣跑的。后羿不讓於菟去見女皇，他沒說啥就往堡門返，沒走幾步停下隱在一棵大樹背後。這於菟伶俐著哩，心想為什麼不讓我去，莫不是我的事又有麻雜？看見后羿走進窟裡，他便悄悄跑前去，躲在外頭聽他們談說。這於菟若是不機靈還罷，一機靈就把自個兒弄懵了。這殺人還有個頭落地，為什麼大王殯天這麼些日子，這殉人的事情還沒完？擼掉唐侯，他就心疼難受。這又把散宜族的粟米也給停發，那老老小小的族親餓著肚子怎麼過活？聽到族人鬧事他心裡抓撓的疼痛，再聽到散宜頭被折磨得一病難起，他聽不下去了，埋怨自己：你於菟還是個人嗎？是人也是個害人精，害得孰也不安然。他們等唐頭回來，回來能有啥辦法，大王不給吃的你能把唐頭當粟穀吃？於菟想到這裡，飛身就竄。他怕出堡門有人看見，扒上一棵樹跳到堡外開溜。他不能再在唐族待下去，他安然著，大家的日子就過不安然。溜出唐族，於菟撒開腿飛跑。

　　趕到女皇要見於菟時，哪裡還找得見呢？眾人猜說這會兒還跑不遠，趕緊去附近的山林裡找。嫦娥急得哭哭泣泣，就要出窟去尋。女皇拉住她說：

　　「先別走，我覺得於菟不是嚇跑的，不會躲進山林裡。」

　　「為什麼？」眾人都禁不住問。

　　女皇說：「於菟心善，要是知道情由，不會只顧自個不管族人。」

　　「那他跑啥哩？」

　　「恐怕是去王垣投罪了！」女皇答說。

　　唐頭接口就說：「女皇說得對，咱先往王垣那頭追。」

　　逢蒙腿腳快，早箭一般飛跑出去。后羿緊跟著就跑，放齊叫上幾個獵手一塊去撞。嫦娥、女皇隨後跟著。

第二十七章　血神聖靈

　　跑啊，跑啊！翻過一座山，於菟跑得氣喘喘，實在跑不動了，就放緩步伐走著。猛抬頭吃了一驚，卻怎麼眼前站著個逄蒙。說來還是逄蒙能行，不光腿腳靈動，跑得飛快，頭顱也好使喚。從堡裡出來，他一口氣就跑得看見了於菟的背影。緊趕一陣就會撞上，但是他腳下卻拐了個彎。他怕驚動於菟，要是他再跑起來，還得多趕一陣子。他便拐進樹林裡，從旁邊悄悄趕轉前去，站在山徑當間候著於菟。

　　於菟見到逄蒙心想糟糕，他怎麼來啦？逄蒙不急不忙地問：「你做啥去？」

　　於菟忙編說：「女皇姐讓我回散宜族傳個話。」

　　逄蒙想笑沒有笑出聲來，心想還蒙我哩，去散宜族為什麼跑的是去王垣的山徑？不過開口說得卻是：「你不用去啦，師父讓我替你去。」

　　於菟沒有再說什麼，他明白逄蒙是來堵他的，再要和他繞說就走不脫了。猛然，他往前一撲，把逄蒙推了個趔趄，撒腿又跑。可是，跑起來他還真不是逄蒙的對手，沒跑多遠，就被逄蒙拽住。於菟氣呼呼地抱怨：「你擋我做啥？難道讓大家都跟著我受害！」

　　「受啥害？唐頭他們都合計好法子啦，快回吧！」

　　「我不去王垣投罪，他們能有啥法子？」於菟硬是不回去。

　　二人僵持著，后羿跑上來。於菟乾脆蹶在地上不動，后羿好說歹說，他就是拗著不起。後頭的獵手趕到後，架起他就走。於菟掙著，走得跌跌撞撞。這時就聽見後頭追趕的嫦娥高叫：「於菟——」

　　於菟一應，嫦娥看見了，順著山徑往下就跑。突然一閃，嫦娥沒影啦，后羿驚得大聲喊著就往過跑。嫦娥只顧前邊，沒留意腳下，一步踩空，跌倒在崖邊。僥倖樹木擋著沒有滾下溝去，可也摔得滿身是血。緊跟在後頭的女皇彎腰拽她，怎麼使勁也拉不上來，連聲叫喚：「嫦娥，嫦娥！」

后羿跳下去，把她抱上來，也喚：「嫦娥，嫦娥——」

嫦娥不應聲，癱軟在后羿懷裡。於菟撲過來大哭：「姐——姐——妳醒醒，妳醒醒！」

嫦娥眼睛露出一條縫，伸出手，慢慢抓住於菟，抓得緊緊的不再鬆開。

✦ 100

世上的事情千變萬化，謀劃總是趕不上變化。

本來說好后羿帶人跟著女皇去散宜族送粟穀，可是他去不成了。嫦娥摔下溝，雖然沒有跌傷筋骨，卻肚子疼痛，流血不止。后羿急得團團轉，於菟內疚得直嘆息。女皇進進出出地忙著照護，忙也沒有保住腹中的胎兒，嫦娥墮胎了。墮胎就墮胎吧，胎兒下來還流血不止。這要是一直流下去，還不把嫦娥的命也流垮啦？族娘跑來，一見嫦娥煞白煞白的臉，就嚷：「血崩啦，血崩啦，趕快祭祀血神！」

祭祀血神離不開羊，族娘一說后羿就去捕獵。帶著獵手轉過幾架山梁，可是沒有遇見一隻羊。最可氣的是碰到了狼。有狼，還能有羊嗎？不會有，狼不把羊吃掉，也把羊嚇跑啦！后羿直嘟囔：「倒灶，倒灶！」氣得他拉弓就要射那逃竄的狼，獵手忙攔住，這祭神捕獵是不能心有他物的。要是獵到別的野獸，就不是一心敬神。后羿只得長出一口氣罷手，眼看著狼逃遠，他們緊著往前搜尋。

日頭一點一點下落，就是不見羊。要是不趕在日落時分祭祀，那就只能等到明日。若是別的事情等就等吧，可這是給嫦娥治病，早一會兒是一會兒啊！后羿心裡燒煮著熱湯，煎熬的頭上都在流汗。他強忍著再往前走，孰料，又一隻狼出現在眼前。那狼沒有逃竄，看他們一眼，慢悠悠地

第二十七章　血神聖靈

離去。氣得后羿猛蹬一腳，恨不能把山石踢翻，滾下溝去。這還能獵到羊嗎？不可能啦！后羿和獵手灰心地往回返。

說來也怪，轉過一道山崖，竟有一隻羊急匆匆跑來。那羊跑得太猛，停不住飛奔的四條腿，一下跌跪在后羿膝前。羊怎麼就會自投懷抱呢？后羿和獵手抬頭一望，不遠處站著一隻狼，看來這羊是牠趕來的。狼靜靜地站著，看著他們抓到牠的獵物，轉身走開。后羿撲通跪倒在地，朝著那狼磕頭，嘴裡唸叨：「救星，救星！」從那以後，后羿帶人打獵就是一無所獲，也絕不打狼。這自然是後話，當下這白絨絨的羊被牽回族裡，成為安神的祭品。

日頭全落下去，霎時滿天飛紅，照得窟前紅彤彤的。槐樹上拴著的那隻祭羊，白絨絨的毛也映得粉紅粉紅。后羿點起黃櫨，向紅光閃耀的高天叩首。女皇把嫦娥攙扶出來，落地跪拜。他們跪拜血神時，族娘喃喃念著祭詞：

血神聖靈，

佑女安寧。

止住血崩，

永祭聖靈。

祭詞念畢，木殖捉刀向羊刺去，羊血從脖頸裡滔滔流出，流進一個陶碗。后羿接過盛滿羊血的陶碗，在櫨香前祭過，遞給嫦娥。嫦娥接過，仰起脖子喝下去。

這一忙亂，給散宜族送粟穀的事就不得不做變更。后羿不能去，句木帶著獵手去送。女皇也走不脫，留下照顧嫦娥，隨她來的姐妹跟著句木先行回去。還算血神靈驗，祭祀以後嫦娥不再大出血，總算保住性命。可是還沒有根治，血仍然絲絲縷縷的不斷。所幸女皇是個有心人，想起娘對她說過，白茅根能治出血。到族裡一打聽，澮河邊到處長著白茅。女皇走出族堡，沒跑多遠就到了河邊。白茅長得滿河沿都是，她彎腰就挖。挖出來

一看,卻傻了眼,這根是紅的,不是治病的那種,不能用呀!女皇這才感到事情太急,一急就忘記娘說過止血的白茅長在山巔。又一想,來唐族時不是經過個白茅嶺嗎?那兒會不會就有止血的白茅根呢?女皇沒有回堡,轉過身就向山上攀去。

白茅嶺離唐氏堡不是很遠,就在望日峰的旁邊。女皇心急腿快,沿著山徑輕捷地行走,不多會兒就盤旋上山頂。哈呀,白茅嶺就是白茅嶺,山垣上密密麻麻的都是白茅草。這喜水的茅草為什麼會長到山頂?仔細一看,嶺上有一眼汨汨流淌的清泉,泉水滲漏開去,滋養得綠草嫩油油的,白茅根長在這裡也就不為怪。女皇彎腰挖起一根,細細的長根果然白生生的,沒錯,這就是娘說的那種止血的白茅根。她興奮地挖呀挖呀,挖出一棵又一棵,停住手時已挖下一大把。她掂量保準夠用,就轉身下山。然而,走沒幾步,卻無法再走。

女皇埋頭挖著白茅根,天已悄悄地變了臉。紅紅的日頭隱去,大塊的烏雲飄忽過來。一眨眼狂風颳得草倒樹彎,烏黑的濃雲變成大滴的天雨傾倒下來。女皇被風吹得搖搖晃晃,衣服被天雨澆得水滴滴溼。她掙扎著移動腳步,高天卻還嫌她走得不夠艱難,一陣狂風把她刮到懸崖邊沿。她慌忙伸手,抓住一棵小樹。這一抓樹,手裡的白茅根散在地上。她趕緊去撿,沒承想一鬆手,身子被風旋颳起來,往溝裡跌去。女皇嚇得閉緊眼睛尖叫出來:啊——

栽下溝非跌個死無全屍不可,女皇的心咚咚跳著。驀然,她的葛衣被掛住,像是掛在樹杈,身體不再飄旋,是在下落,像是悠悠晃晃落在樹梢。她不敢睜眼,心揪得更緊。可就在這時,她聽見一聲:「怎麼是你?」

女皇睜眼一看,竟然躺在個男人的懷裡。她趕緊一掙,卻看到這人就是在她頭顱裡晃動過不知多少回的那人。這如同是在會神,可確實不是會神。

第二十七章　血神聖靈

　　事情突然得唐頭也不會想到。安頓走去散宜族送粟穀的人，他又撂下一樁緊事。嫦娥得救了，實在幸運。這日，一大早他就來到望日峰。看過日出，他數道那些刻劃好的記號。那些道道圈圈，又一次讓他興奮，每數一遍他就忍不住笑一次，哈哈，天神的脾氣終於觸摸到啦！他想起羲仲、和仲，不知他們這會兒在哪裡，有沒有新的見識。他盼著他們回來，一起把這前面的辛勞合計成個規矩。在他的興奮裡，天變了，起風了，颳起鋪天蓋地的狂風，還潑灑著大雨。他趕緊就跑，哪裡跑得動呢，狂風颳得直打旋，不好，再跑非被刮進深溝不可。唐頭不再跑，扭頭鑽進峰邊的一個小山洞。

　　剛躲進來，就發現洞前一黑，再看時慌得跳出來就拽，一把拉住狂風颳起的那人，抱著退回洞中。別說女皇像在會神，唐頭也像在會神。就是會神，那個令他心動的女皇也不會恰巧躺在他的懷裡。如同他想不到她會來唐族，他也不會想到她會出現在望日峰。在后羿窟裡一見，他就想趁個空隙向她表白自個的心意。偏偏於菟逃走，偏偏追趕於菟還弄得嫦娥墜掉腹中的胎兒……這一切似乎都是天緣，似乎他和女皇的天緣還很遠，他只能耐心地等待，等待天緣慢慢悠悠地到來。偏偏那慢慢悠悠的天緣說來就來，來得突兀緊迫，讓他禁不住有些慌亂。

　　比唐頭還慌亂的是女皇，睜開眼見在個男人懷裡，臉就紅了，一使勁從那懷裡猛掙開來。可就在這一剎，她看到掙開的竟是她嚮往過不知多少回的懷抱，她閉著眼睛猛撲上去，緊緊地抱住唐頭。這時，一股暖流注入她的全身，那是他的一雙大手箍緊了她，讓她覺得這世界只要有他，再大的狂風不怕，再大的天雨也不怕。他就是她的天，她閉住眼恬恬地躺在他的懷裡享受著突然降臨的安穩和溫馨。

　　女皇流出眼淚，那滾燙的淚滴在唐頭的肩頭，湮進他的心裡。兩顆心在望日峰上跳動在了一起。

■ 下卷 ■

第二十八章　曆法雛形

✦ 101

　　安葬父王後，摯王和契、棄二位小弟整整守陵三載。在摯王看來，這三載天下還算安然。這安然全靠他下手快、下手狠。父王殯天一畢，當即懲治了多事的放勛，把他貶為庶民。這一手確實有震動，王宮中的官員都懼懼的，摯王對兄弟都不留情，都敢下手，何況他們呢！先王在時他們還倚勞賣老，自以為沒功勞還有苦勞。先王一走，孰還記著他們那些苦勞呢，地官黎就是樣子，找個茬就打發回去啦！因而，宮官們都看摯王的臉色行事，孰也不敢多說什麼。這些事傳得天下各族無不知曉，只要是王宮的事都趕緊去辦。後來聽說，散宜族也遭到重罰，因為沒有交殉人，應該換回的粟穀也被摯王扣下。大家都驚驚怕怕的，咱族也沒有交殉人呀，要是哪一日大王追究起來還不知會降下什麼大難。眾人提著心戰戰兢兢地過。

　　各族提心吊膽過了幾載，摯王平平穩穩過了幾載。孰會料到，摯王的平穩日子突然會被打破。

　　王垣泛狼了！

　　父王給摯王說過泛狼，說的時候他還很小。那是個夜晚，正在熟睡的人們都被狂風的呼嘯聲吵醒。迷濛的人們聽慣了風聲，又要睡去，忽然聽到風聲裡夾雜著奇怪的狗叫聲。狗像是嘶喊，但被呼嘯聲壓得很低，像是憋著氣喘不出來。叫聲很快變了，變得驚驚乍乍，像是在逃竄中慘叫。風聲呼嘯得更大了，完全壓住狗叫聲。人們猛然醒悟，不是風叫，是在泛狼！父王那會兒還是個小仔，嚇醒後狗一般緊貼在他大的懷裡。整個寨子

第二十八章　曆法雛形

都在呼嘯、尖叫、垮塌，每個人都能聽到自個的心在跳，不由得將手摟在胸前，似乎不摟住心就會跳出來。不，是狼隨時可能撞塌屋舍，張開大口猛撲過來。父王說的比這還要驚怕，說他大是個勇猛無比的壯漢，那個夜晚除了摟緊他說「不怕」外，沒有一點兒別的奈何。那場劫難是隨著天色泛亮過去的。外頭突然安靜下來，風聲停了，踢踏聲停了，垮塌聲停了，一下靜得好像天地間從來沒有這麼寂靜過。屋舍的人們好久好久就在這寂靜裡待著，孰也不敢開門外出。

日頭老高了，屋外才有一聲叫鬧，接著，門一家一家打開。走出屋的人驚得目瞪口呆，寨子裡血肉模糊，住在棚窩裡的人一個也不見了，全被狼吃光了。那日站在晨色裡的人們，被瀰漫的血腥味燻暈了頭，迷迷糊糊像是遭遇到鬼怪。

父王說過的那驚怕事摯王從沒和人提起，可是沉在心底一直沒能忘記。他以為那是往事，像許許多多陳舊往事一樣，過去就不會再來。哪裡會想到，不會再來的往事竟然來了，而且是在白晝來的，來得飛沙走石，昏天黑地，像突然刮來一陣猝不及防的狂風。

那日，他看完父王圍陵的土牆往回返，剛進王垣，就看見狂風挾裹著沙石撲捲過來。他邁著慣常的大王步行走，走得要把每一步都印在地上，讓腳印如同他的話語那樣結實有力。當大王以來，在外頭走動他就是這樣從容鎮定。可是，四下裡的人亂紛紛地往屋裡鑽，宮衛也喊他快跑。他喝斥，怕什麼？風還能把你們颳走！就有宮衛喊叫：「大王，這風不對勁，快跑！」

是不對勁，風呼嘯時像打口哨，這風裡也有口哨聲，卻不尖利，而是嗷嗷的嚎叫。他還沒想到這是狼叫，只覺得沙石在飛，飛得不夠高。他正想哪兒不對勁，宮衛卻推搡著他狠跑，不歇氣地狠跑。他跑得腿軟腳酥，還是被推搡著使勁跑。他猛然醒豁，那不是風在呼嘯，是狼在嚎叫。兩隻

399

發顫的腿支撐不住他搖晃的身體，要不是宮衛們使勁地推擁他，摯王真要癱倒在地。他終於被推進了王宮，身後的大門剛剛閉合，呼嘯踢踏的狼群就從門前撲騰過去。好險吶！摯王哪裡站得住呢？軟軟坐在地上，嚇得臉色蒼白。外頭的狗叫著叫著，不叫了。一個勁叫的是雞，雞不是在草棚裡叫，是在房頂屋簷上叫。叫得尖尖紮紮，驚的人頭皮發麻。猛然，傳進一聲轟響，像是狂風颳塌窩棚，接著就是人破開喉嚨的哭號。哭號聲戛然停止，顯然哭號的人已成為狼的吃食。垮塌，哭號，一陣連著一陣。王垣被尖叫聲肆虐著，每一聲尖叫都讓摯王心驚肉跳！他不住地唸叨：啊！泛狼啦，泛狼啦！

王垣沒有出現父王說過的寂靜。狼群退走後，屋頂上的雞仍然尖叫個不停。有膽大的飛下來，啄食狼吃剩的殘腸餘血。王宮的大門一開，血腥撲面而入。宮衛們出去打探，摯王還待在裡頭，但是，人們那悽慘的哭號聲仍然震驚著他。

這回泛狼比父王說的那次還厲害，還可怕。不光狗被吃光，豬被吃光，小棚窩的人也被吃光了。

摯王走出王宮，面對的是一個個呆痴的面孔，人們還在驚怕，都驚怕惡狼再來。

驚怕主宰了王垣的日子，接連過去數日，人們還在驚怕。垣路已經清理乾淨，殘肢全都掩埋，但是驚怕清理不掉，掩埋不掉。一陣小風都可能撩起人們的狂跑亂竄，摯王的平穩日子破碎得再難彌合。他挖空心思要彌合這平穩，可就是挖不出一點兒辦法。這一日，他坐在王宮，無奈的他要聽聽別的宮官有何主見。他是真心實意要聽別人的意思，往常哪一回都是他有了主見才宮聚，說是要大家言說，其實只是走個過場，把早已謀劃好的主見一亮，讓他們明白大王就是不凡。這回他是真心實意要聽別人有啥好主意的，卻沒有人張嘴。他急得冒火，氣惱地說：「怎麼都不吭氣？我

第二十八章　曆法雛形

不是狼，吃不了你們！」

摯王發過火，下頭有了聲音，是鯀開口說話。他是個小官，這些載開墓造陵都是他領頭做的。他說：「我說說。」話一出口，閉了嘴，眼睛直直對著摯王。摯王認準了他，他個頭高，嗓門粗，每回到陵地查看，遠遠就能聽到他在喊叫。他帶人為父王挖好墓坑，堆起陵塚。後來，又帶人夯高土牆，將陵塚圍裹在當中。他們這幾載守陵就在牆裡，雖然住的是棚舍，可是和王宮沒啥兩樣。他挺看得上這個小頭目，便催他直說。

鯀不敢直說：「我說出來請大王不要怪罪。」

「不怪罪，說吧！」

「我是說，」鯀剛張嘴，又把目光對準摯王，見他鼓勁才往下說：「我是說，在王垣也像先王陵塚那樣，壘一圈牆。」

「那王宮不成陵墓了嗎？不行，不行！」地官歡兜頭一個反對。

摯王沒有反對，斜瞥一眼，歡兜連忙閉住嘴。他有些擔心地問：「壘個牆，像陵牆那麼單薄，擋不住狼吧？」

鯀答：「咱壘厚、壘高，要讓狼群爬不上去。有風吹草動，只要把王垣的大門一堵，保準裡頭安穩無事。」

「對，對，只要能安穩無事就好。」摯王被狼嚇破膽，聽說能安穩無事，爽口答應：「我看就這麼幹，壘道垣牆。」

隨即讓鯀當垣理，帶著原先堆陵造牆的人堆築垣牆。鯀說人太少，摯王便讓他把王垣還活著的漢子全都用上。

第二日，王垣的圍牆即開工堆築。鯀畫一道，這是外沿；再畫一道，這是裡邊。漢子們就往裡頭填土。填一層，搗一搗，搗實後，又填一層，厚厚的垣牆一日一日增高。

✦ 102

　　王垣緊張築牆時，唐族裡的日子卻過得舒適安閒。不光是唐族，還有黎族、狐族、散宜族、陶族。凡是和唐族聯手的都沾了光，沾了光的族人到處傳說著唐族的興旺光景，惹得不少族都想和他們聯手。陶族和周邊那些氏族都是近載加入的。

　　唐族光景興旺的因由是地種得好，粟穀收得多。地種得好，是他們摸準了天神的脾氣，不再和他老人家撐勁，而是順著天意播種、耡苗。這樣，不僅種下去就能收回，苗還長得壯，籽還結得多。眾人都說還是唐頭的主見好，唐頭則說是羲仲他們的功勞。

　　說是羲仲的功勞沒錯，別看羲仲與和仲他們一個走東，一個走西，一走就是幾載沒有回來。可唐族使喚的還是他們的招數，按照羲仲燕子來了下種的說法去辦，沒有一載收成不好。羲仲他們走後，唐頭費心最多的還是日月輪轉那事。這幾載，只要天晴，沒有一日他不朝望日峰跑。他確定到底一載是多少長日。看過一載，果然十個大日是錯的，輪轉過來對不上茬口。要對茬口應該是十二個長日，只有這般輪轉，才能暖對暖，熱對熱，涼對涼，冷對冷。看過幾載，他覺得十二個長日的說法也不對頭，什麼長日？這載來載去不是隨白晝的日頭輪轉的，是隨夜晚的月亮輪轉的，為什麼就叫長日，不叫月呢？應該叫月。他仔細看過，月亮從一條藤蔓般的掛在天上，到圓成一顆熟果果，他劃出十五道，也就是過去了十五日；再劃十五道，哈呀，那月亮便隱沒了，連藤蔓大小的細絲也看不見了。這從細藤到圓果是十五日，從圓果到細藤又是十五日。這兩個十五日是三十日，是月亮的從缺到圓、從圓到缺地來回轉動啊！對，應該叫月才對。

　　唐頭把一載視為十二個月。十二個月的第三個月，燕子就會來。羲仲說過，燕子一來天就會暖和，就可以種粟禾。他驗證過也對，便在這時候

第二十八章　曆法雛形

　　讓放齊下令播種。連著種過幾載，哪一載都沒遭受什麼天殺粟禾，都收得甕裡、窖裡、庠裡滿滿的。當然，天還照樣殺草木，每回寒凍到來，樹葉、綠草都躲不過這一劫，蔫了，軟了，癱了。只是再也殺不著人們種下的粟禾，族人早把籽實收打回了窖庠。

　　這法子真靈。唐族人聽命下種，黎族、狐族也仿著他們的樣子。你仿他仿，仿來仿去，周邊各族的人都按唐頭的時令種地。這幾載木樫也沒閒著，他讓亥子打製出不少石耜，安上長長的木把，種起地來便易得多，快得多。他把這些耜送往黎族、狐族，他們照著樣子也做了不少。木樫還辦了件大事，挑選種子。每到收割粟禾，先不急著割倒，他領著人在裡頭挑揀穗長的，頭大的，摘下來留做種子。這沒白費力，來載結出的穀穗又長又大。

　　種子這事，讓木樫說也沒啥，不過就是用點心思。可在別的族裡卻傳神啦！說唐族那裡得到天神賜予的嘉禾，就是神農氏先前用的那種子！那唐族的頭目不是個凡人，是下到塵世的神人。摯王不讓人家當侯，是怕人家本領大，奪去他那王位。人家才不眼熱那個侯呀王呀，就當平民。當平民也神，人家不光知道天神的冷暖，還懂得天神的靈法，土捏的陶器在那兒硬實得不再變軟。就連瘋野的毛驢都乖乖讓唐頭騎著趕路。唐族人推擁他當族頭，可跟著沾了光，日子過得從來沒有那麼興旺。一傳十，十傳百，傳得越來越神乎。剛剛從王垣守陵回去的兄長棄聽說了，也跑來觀看。唐頭見到兄長，高興得嘴都合不住，連聲說：「兄長莫誇，小弟哪有什麼神種，是木樫用點心思，挑選出些種子。」

　　說著，唐頭把木樫叫來。棄是個種地的高手，卻也佩服木樫的做法。他在種地上沒少費心，製工具，翻土地，就是沒在種子上下工夫。因而，唐頭帶回去不少種子給兄長，還不用他背，送他頭毛驢馱回去。棄兄未上路，契兄來了。看到唐族的好日子眼熱，得到種子和馴順的毛驢好不高興。契兄也要和唐族聯族，他要聯族，棄怎麼能不聯？聯族更大啦！

403

■ 下卷 ■

　　到唐族求種子的氏族更多了，不光聯族的，外族也來求。求也不白求，是帶著粟穀來換。唐族留下他們的粟穀給族人吃，把顆大粒飽的粟穀送給他們下種。木樫更為忙乎，收割前就不再選大穗，而是挑小穗，挑出來小不起眼的留著吃，其餘的全部送給各族做種子。

　　天下族多，唐族那點種子怎麼能夠用？這一來聯族可派上了大用處。黎族、狐族都種唐族挑選出的種子。唐族、黎族的男人們賣力地種，狐族的女人們精細地挑，他們的種子越長越好，越傳越遠。

　　隨著種子的傳播，唐族的名聲越來越大。

　　唐族人不圖這名聲，名聲不能吃，也不能穿。他們樂呵的是過著從來沒有的好光景，吃的不愁，穿的不愁。唐族人不圖名聲，有人一聽這名聲卻動了真情。

　　這一日，在雲丘山頂摘野果的唐禾碰見一個樵夫。樵夫看著破衣爛衫的唐禾問：「你是哪兒的？怎麼撿這乾果吃呀？」

　　是呀，天已轉涼，枝頭熟過的果子都已乾癟，他們就靠這些沒人要的乾果充飢。唐禾對樵夫說是唐族的。那人聽見扭著脖子就說：「胡謅！唐族是個神族，光景過得比天神還好，你們在這裡遭個啥！」

　　唐禾聽得瞪大眼睛，樵夫嬉笑著說：「嘿嘿，我沒說錯吧，你不是唐族的。」

　　接著，他給唐禾描畫了一番唐族的光景。人家種的是天神的種子，小種子長的是大粟穗；吃的是天神的吃食，一小點兒就會飽一日；穿的天神的絲衣，別看薄薄的，寒天也是暖的；裝東西用的是天神的神罐，硬邦得泡在水裡都化不掉；走路都不用兩條腿，騎的是天神的神獸。描畫過後，樵夫問她：「你要是唐族的，不在那裡享福跑出來遭這殃圖啥？」

　　樵夫把唐禾說呆了，聽痴了，她心裡一熱，流出來淚水。鑽回山洞，將這情形一說，義仲心裡也忽閃開來。待在這雲丘山巔已近三載，這日出

和日落的時分與唐族不一樣，可長日的輪迴和那兒並不差啥。這些日來，他一門心思思索天神這脾氣，總算是摸到幾分：熱過就要冷，冷過就要熱；晴過就要陰，陰過就要晴；長過就要短，短過就要長。天是神，不是人。神和人有一樣的，也有不一樣的。人要按神的脾氣過日子，神卻不按人的脾氣過日子。神就是神，人哭著是掉淚，天不落淚是下雨。天還能遮掩人們的眼，這不算什麼，就是地上萬物，天神想遮掩，誰也就看不見了。那遮掩的神物義仲把它喚作霧。有了這叫法，義仲思索那叫法，那有時天神下雨，還暴怒不止，吼聲大得駭人，那該叫啥？義仲管他叫雷。一個個揣摸下去，他把天神的脾氣變化叫喚出好多名堂。唐禾喜滋滋地說：「把這說給唐頭，不知他會多高興！」

這一日，唐禾把樵夫的說法告訴義仲，義仲好不激動。他們在遠方日日琢磨天神，沒想到唐頭卻變成了天神。義仲想起唐族，還有他那靠山唐頭，熱淚流得比唐禾還多。他給唐禾交代，快收拾東西，咱回吧！

✦ 103

鯀夯壘的垣牆築成一小截。全都築成後要圍繞王垣一圈，但現在看上去不是圍臥著，倒像是聳立著，似乎是搬來個小山頭。

就這個小小的山頭，摯王看到也挺滿意。他原來怕牆太矮，狼踩著狼背會爬上去，跳進來。現在看除非狼長出翅膀，要不根本爬不過來。原來還怕太薄，狼猛勁撲騰牆會倒塌，真沒想到這個鯀還真會做，築得比十個陵牆還要厚，再多的狼來撲騰也損毀不塌。他放心啦，順口誇說幾句。鯀黝黑的臉上閃出光彩，他知道，要讓摯王說聲不錯都很難，討個誇說就更不容易。鯀沒想錯，摯王誇說過往外頭走幾步，就指著他說：「哈呀！你怎麼不再開個竅呢？」

■下卷■

　　鯀手足無措，不明白摯王是啥意思。摯王見他犯怔，笑著點明：「你看，你就不會挖一耟頂兩耟呀！」

　　鯀沒有回話，心裡卻不服氣，壘一耟土是一耟，怎麼能挖一耟頂兩耟？看著鯀犯怔，摯王揭開他的葫蘆蓋：「別再從牆裡頭取土，就在外頭挖，沿牆挖土，牆堆多高，坑就有多深，挖成一道壕溝，狼再往上爬不就更難啦？」

　　「對，對，大王真高明！」

　　鯀興奮地喊叫出來，隨行的人都跟著他叫喊，歡兜的叫聲最高。歡兜叫嚷過，像是還難表達對摯王的佩服，對鯀說：「學著點，你看大王就是比我們高明吧！」

　　「對，地官說得對，大王就是比咱有能耐。」鯀大聲說，那是發自內心的佩服。

　　摯王喜喜地問鯀，這牆多少日子能壘成？鯀按當下幹活的人數估摸，快也要半載。摯王搖頭說太慢，寒日快到了，那時野外荒禿，狼找吃食很難，若是再要泛來怎麼辦？拚死拚活也要在天冷前壘成。鯀要他增加幹活的人，摯王交給歡兜去辦。歡兜說：

　　「現在王垣能幹活的人都來了，要增加人只有讓各族再派。」

　　摯王說：「那就是你的事了。」

　　一直沒有開口說話的天官重聽到歡兜要各族再派人，有些顧慮，他說：「眼下各族剛著手打獵，要是派人，那他們寒日的吃食就難備齊。」

　　歡兜隨口反駁：「不派人，這垣牆怎麼能趕在寒日前築成？」

　　天官重沒接歡兜的話，對摯王說：「請大王考慮，過多擾害天下不好。他們派來築陵的人來了很長日子，沒有回去就接著築垣牆，再派人各族能不能受得住？」

　　天官重說的是實情。各族派一個人，就少了一個幹活的，這個人的老

第二十八章　曆法雛形

人要族人去養。派的人多，族裡負擔就重，要是打不下獵就會斷掉吃食。族人要是沒有吃的，那可比泛狼還厲害啊！

摯王沒有見過人們餓瘋的場景，只見過泛狼的驚險，至今那血沃一攤的慘狀令他毛骨打戰。他對天官重的說法很不滿意：「照你這麼說，這垣牆就別壘啦？」

天官重連忙說明：「不是不壘，是別再派人，就這麼做。」

「那要是寒日再泛狼，王垣的老老少少不又要遭大難？」摯王憂心地說。

「不會的，近期不會泛狼。」天官重說這話是有根梢的。原以為泛狼是天災，是天神降怒縱狼禍害。近日他才摸清楚，那日泛狼，是因為有人去掏狼窩，掠走好幾個狼崽。激怒的群狼，瘋成一夥兒進攻王垣。天官重將這情況告訴摯王，為他寬心：「大王莫憂，依我看只要按規矩打獵，狼就不會泛鬧。我們不能只顧王垣安穩，不顧天下安穩。」

摯王還被泛狼驚嚇著，天官重的話聽起來很扎耳朵，想也沒想就駁斥他：「王垣要不安穩，天下還怎麼安穩！」

還有一句話他沒有說出嘴，那是：大王我要是把命撂掉，要這天下還有啥用！這句話雖然沒說，天官重也聽出了裡頭的味道，他不敢再多說，閉住嘴退到後邊。

巡視回宮，地官歡兜很快傳下去派人修築垣牆的王令。

出人意料的是人到的很齊全，幾乎各族都沒有空缺。這令摯王很是高興，最令他高興的是，唐族也派來人，而且來得還早。他聽說，放勛被貶去侯，那裡的人卻把他推舉成族頭。還聽說前去討要傭士的宮差被打回來。他便想派衛隊去攻打唐族，卻聽說后羿操練族人，怕是打不過。他不服這口氣，準備有一日帶王宮的士卒去征伐，非把這小弟擺治順當不可。只是，眼下不能去，去了要吃虧。吃虧的事情他摯王從來不幹。他想過很

多，偏偏沒有想到他這個小弟還是怕他，早早就派來人。

其實，唐族從來沒有害怕過摯王。王令傳到唐族，眾人都喊叫著不去，叫喊最厲害的當然是后羿。唐頭沒有和大家擰勁，待大家喊叫過才問：「他要人做啥？」

眾人說：「修垣牆哇。」

唐頭又問：「他為什麼修牆？」

眾人答：「還不是泛狼把王垣糟蹋得不成樣子啊！」

「這不就對了嘛！修牆是護王垣哩，王垣住的又不是他大王一人，平民還是多哇。你想，狼就是再泛鬧還能闖進王宮去，受傷喪命的還不是眾人呀！要是不派人，這是和我那王兄鬥氣，還是見死不救呢？」

唐頭話音不高，大家一聽卻覺得有理，連后羿都說：「派，派！咱不派人，不也成了個沒有良心的小人。」

後來派去的人還是操練過的個頭高，力氣大的漢子。

人多，勢大，做起事來聲威高漲。鯀又是個滿腔激情的領袖，很會營造幹活的氣氛。前番壘陵塚、陵牆，他便想弄熱火些，可那是個哀事，又在先王守陵的限期裡，只能帶著人默不作聲地苦幹。現如今是造垣牆，先王的守陵期已經過去，鯀放聲鼓動眾人大幹，工地上響著高昂的吼喊聲：

快壘土哇，

用力夯哇——

築高牆哇，

擋住狼哇——

高昂的喊聲此起彼伏，響在工地，震動王垣。摯王聽得心中舒服，如此熱火朝天做下去，不用日寒，垣牆就會壘成。那一來，閉緊垣門住在裡頭，哪裡還有憂慮？

若是這麼進展下去那可真是天遂人願，可惜世事沒有這麼順當。後來

第二十八章　曆法雛形

發生的事沒有應驗天遂人願，卻來了個人算不如天算。

藍藍的天空不見了，蒙上一層淡淡的雲彩。天不再那麼炎熱，幹活的人不流那麼多汗了。鯀帶頭吼喊：

天涼不用多流汗，

快快乾──

眾人高聲著喊道：

快快乾──

天涼不用多流汗。

喊著做著，不光挖土、墊土的來勁，用石頭往實砸土的也來勁。大大的石頭在他們的手中上上下下地蹦跳著，震得遠遠近近騰騰作響。石頭跳著跳著，人也不由自主地跳起來。光上頭砸土的人跳也罷，卻怎麼下頭挖土的人也蹦跳個不停？跳得費力扔上去的土嗖嗖下落，還跳個不停。在下面指點的鯀正要喊：跳什麼，別跳啦！話未出嘴，自己也跳起來。築垣牆的人糊里糊塗跳成一團，活像一群瘋瘋魔魔的人擠在一起。鯀雙腿搖擺著胡想，著鬼了，真是著鬼啦！就聽垣裡頭的人叫喊：地鬼翻身啦！地蹦啦！

這喊聲吵醒了大夥，牆上牆下的人彎三倒四地蹦跳出好遠。多虧人們被甩開，轉眼間那垣牆呼啦一下就傾塌倒地，要不非捂死在土裡不可。

壓住地鬼！

壓住地鬼！

人們喊鬧著在垣地上爬倒一片。壘土的人趕緊趴在地上，隨著眾人喊叫：

壓住地鬼！

壓住地鬼！

409

■ 下卷 ■

　　眾人拚命地喊叫，嗓子都能喊破。總算沒有白喊，地鬼被壓住了，身子下面的地不再蹦跳。只是，隔不多遠就裂開一道縫隙，有的寬，有的窄，有的深，有的淺。最可惜的是，費力堆高的土牆全都攤散在地上。收工後往人窩裡一紮，有人憂憂地談說，地鬼翻身，徵兆不好，不是要換大王，就是要遭大難。

　　這說法傳到摯王耳朵裡，他一驚。他驚的不是怕換大王，他這大王，早就坐穩天下。他不相信除了他還有第二個人能治理這天下。先前不是說過放勳嗎？他冷笑一聲，太嫩太嫩，這不，修築垣牆的命令一下，他不是乖乖地派來了人嗎？麻雀一樣的膽子還能成啥大氣候？那麼，還有孰可以當大王？棄嗎？契嗎？不行，不行，他一個個搖著頭。他不擔心有人來搶他的王位，他擔心的是要遭大難，他又想起泛狼，頭皮一陣陣發麻！

　　摯王趕緊把鯀喚進宮去。當著宮官的面，他咬緊牙重複，還是原先的主意，垣牆必須在寒日前完工。鯀說那就要再加人，摯王果斷地說加就加。歡兜應聲去辦，卻又有人說不妥。摯王看時，還是天官重。天官重憂心忡忡地說：「大王，這地鬼一翻身，把土地全蹦跳地裂開縫。各族都得整修土地，要他們派人，恐怕沒那麼容易。」

　　摯王見是天官重就沒好氣，他仗著歲數老邁，總是吹冷風。摯王沉著臉說：「上次派人，你怕這怕那，各族的人不是來得很齊嘛！」

　　天官重說：「上次和這回不一樣，大家為給王垣免災，各族都撂下自個的事情。」

　　摯王打斷他的話說：「我們的災不是還沒免嘛，讓他們再派人有啥不對？」

　　「這回地鬼翻身，各族都遭了災，大王要替他們想想啊！」天官重更為憂慮地說。

　　摯王聽得麻煩，不再理他，便要歡兜傳令派人。

第二十八章　曆法雛形

宮聚結束後，天官重垂頭喪氣走出來。出了門回望一眼王宮，嘆息道：

「難道真要換大王？」

✦ 104

天官重說得沒有錯，地鬼翻身給天下各族都帶來災難，連衣食豐裕的唐族也受到影響。這日木樫來找唐頭，破裂的地塊太多，必須加快修補。若是遲緩，縫隙的土會乾透，就難打結實。唐頭就讓放齊從獵隊分些人去做，族裡能幫手的老人和小仔跟著下地幫手。要是常日，他們的吃食綽綽有餘。可獵手一少，窩在族裡吃粟米的人多了。坐吃山空，族庠的粟穀很快下去好多。唐頭連忙又把獵手交給后羿，讓他帶著去捕獸。

就在此時，增加派人的王命到來。唐頭沒有怠慢，要放齊去辦。放齊去找后羿，后羿連日住在山野，獵隊也不回來，每日只有幾個獵手往族裡送獵獸。讓他們捎話過去，后羿正獵得上勁，說過幾日再派吧！放齊便讓木樫分些人去王垣，木樫沒說行，也沒說不行，領著他在地裡轉了一大圈，老老少少都忙得腳不停，手不閒。每到一處都有人朝放齊叫喊：「你看這日頭多烈，土乾得太快，再加點人來吧！」

他們也急著要人，放齊哪能從地裡抽人？如實說給望日峰上的唐頭，他憂慮地說：「抽不出人，那不耽誤了王垣的大事嘛！」

「要不是這地鬼鬧騰，咱人手哪會這麼緊。」說到這裡，放齊氣有些不順，「他王垣是災，咱這也是災，咱為他想，他就不為咱想一想？依我看，再過些日，待地整得差不多就去。」

放齊說的是實情，族裡整地正打緊，誤不得。要抽打獵的人，吃食就會斷頓，看來只能推遲些日子再去。

下卷

這一日，唐頭在望日峰上劃著記號，迴轉身嚇得一抖。一個蓬頭垢面的土人朝他走來，頭髮蓬蓬亂亂，身上的葛衣爛成一綹一綹的麻條。這是哪兒來的野人？唐族早沒了這樣的人。人們吃飽肚子，懂得了乾淨。老地官黎把族裡沒事的老人聚起來先整潔自身，再傳教別人。黎族變淨，唐頭將他請到唐族教化，一來二去，族人都理會乾淨。今兒猛然見個骯髒人，唐頭有點吃驚。他正犯怔，那人開口說話：「啊呀，唐頭，我沒猜錯，估摸你在這裡就直接來啦！」

一說話，唐頭聽出來這是和仲，前去抱住他說：「和仲，辛苦啦！怎麼一個人？羲叔呢？」

和仲答羲叔先回族堡了，然後興奮地對唐頭說：「你真了不起，外面把咱唐族傳得可神哩！說我們過的是天神的日子。我給他們說，這都是你有好主意，領著族人做的。」

和仲接嘴就說他在東方觀看日月的情況。唐頭止住他，先拉他回族歇息。和仲哪裡按得住心內的熱乎氣，走著說個不停。他們可看清楚了，日出月升不斷在變，但一載下來就定了位，再一回和上一回沒啥兩樣。他興奮地說：「咱那一載十二長日的說法沒錯，一載下來就是三百六十來個日子。」

安頓好和仲歇息，唐頭沒有再去望日峰，待在窟裡想事。和仲的說法給他添了心勁，這幾載種粟證明他們的看法沒錯。應該把這些趕快告知各族，省得他們再走彎道。

剛梳理了個開頭，羲仲帶著唐禾風塵僕僕回到族堡。倆人又瘦又黑，卻很精神。羲仲見到唐頭，像沒見過面一樣，亮亮的眼光在他身上掃來掃去，瞅得唐頭未免有些奇怪：「這是怎麼啦，你沒見過我？」

「我看還認識你嗎，遠處的人都說你是下凡的天神。」

羲仲剛開口，唐禾就接過話：「可不呢，都說你長著三頭六臂，眼睛

第二十八章 曆法雛形

能看到天邊的東西,耳朵能聽到天神說話。我說你和我們一個樣,一個頭顱,兩隻手臂,人家還說我們日哄他呢!」

趕來看他們的人聽得都發笑。唐頭對羲仲說:「我一直牽掛你,怕你身體吃不住。」

「我這不是挺好嘛!虧得你幫我找了個好幫手。」羲仲笑著指指唐禾。

唐禾得意地說:「你要是瘦成個乾柴火棍,我哪有臉見唐侯?」

說笑過,唐頭要他們歇息。他們不歇,吃點東西就和唐頭說起觀天的大事。和仲、羲叔聞知羲仲回來,也跑過來。於是,幾個人就一起議說開來。在唐頭那個舊石窟裡,他們興致勃勃,徹夜不眠。松明燃完又換上,換上又燃完,他們的話語仍然滔滔不絕。有多少話語說過就過去,過去再無留下蹤跡。然而,這日的話語永遠傳續下來,它已凝結為中華民族第一部曆法的雛形。

唐族人最先聽到窟中的聲音:一載三百六十多日,十二個月。往後不再按十大日推定一載,而是以十二個月去迴轉。從暖日前的寒日算起,十二個月過完為一載,再開頭就是新的一載。

這對唐族和聯族的人不算新鮮,他們已按唐頭的吩咐這麼過日子。他們新鮮的是羲仲那些說法:天響是雷,天閃是電;天降粉是雪,天降粉末是霜,天地迷茫是霧;地上流動的水要是不再動,變成白色的硬塊,以後不叫僵水,改叫冰。

羲仲說著,大家入迷地聽著,都說往後就好分辨啦!只有木樫叫道:「還不全,不全。熱日響雷閃電下大雨,雨中還夾著菽顆大的硬果果,那該叫啥?」

羲仲吐一下舌頭說:「這,我還真沒想過呢!」

和仲說:「那東西別看是熱日才下,可捏在手裡冷得指頭都疼,我看就叫冷子吧!」

大家都說就這麼叫，至於冷子叫成冰雹，那是過去很久後的事了。當下，放齊高興地說：「那我就把這些都告訴咱的聯族。」

　　「對！」唐頭也很興奮，自從來到唐族，他一心牽掛的就是這件大事。如今這事有了頭緒，他怎麼能不興奮？他對放齊說：「不光告訴聯族，天下各族都可以告訴，讓大家的日子都過得順當些。」

第二十九章　天神喻示

✦ 105

自從王垣泛過狼，摯王時常煩躁不安，尤其是那些小仔的歌謠讓他大為惱火。這日，他在宮中小憩，垣巷裡小仔的吟唱又傳進來：

地鬼翻身，

惡狼入室，

天下混亂，

大王更替。

躺在宮榻上的摯王翻身躍起，大喊：來人——。

天官重一進來，他便指著那遠處的聲音吼道：「你聽聽，這作亂的聲音都擾到宮中啦，你們怎麼就不管！」

天官重低沉地說：「大王別怒，這不是說你……」

摯王怒怒地打斷他的話：「還不是說我，都要更替大王啦，你是聾子！」

天官重被摯王喊嚷得很是無趣，硬忍住氣又說：「大王別往心裡去，這是老輩子流傳下來的歌謠。我這就喝斥小仔別再嚷叫。」

天官重慌忙出去，不一會兒外頭的歌謠聲沒了。這也沒有減輕摯王的煩惱，他仍然很煩躁。他沒有料到各族竟會抗命，增人修築垣牆的王令早就傳達下去，遲遲不見有人來。工地上人手不夠，這麼做，做到日寒地凍也壘不成。要是再泛狼……那可怎麼辦？他為此煩躁不安。

最為令他煩惱的還不是這，是放勛，是那個被他貶為平民的小弟。還

■ 下卷 ■

　　以為他膽小，早就被擺治順當，孰料他竟敢生亂。放勛生亂的事是孔王告他的，初聽說摯王沒有在意，只問：「生啥亂？」

　　「推翻一載十個長日的祖規，亂搞什麼一載十二個月！」

　　摯王還是沒有在意，十二個月就十二個月，那有啥了不起？但是，孔王再一進言他的脊梁便有些發涼：「一載十個長日是祖先的規矩，上天的神命。他放勛另搞一套就是不遵神命，違背祖規。這神命祖規是隨便可以更改的嗎？不是，要是孰也能更改，這天下還能安然？就是更改也不該他這個小族頭插手，改變神命祖規要由大王你頒布王命呀！他這不是有意作亂嗎？」

　　哦，摯王頭髮夈起，頭皮發麻，不再把這當成小事。垣牆壘不成就挺煩心，再添這麼一檔子事他更加惱火。他盡量克制怒氣，反思當王以來的做法，怎麼都想不起自己有啥過錯。他雖然下手整治過小弟放勛，可還不是因為他總是生亂添煩？如果不那麼整他，這幾載天下能太平安穩嗎？摯王想得滿腹委屈，他想哭，想訴訴這屈怨，可一個指撥天下的大王怎麼能像平民那樣隨意流淚呢！這大王真不好當，不知父王那幾十載是怎麼執掌過來的？

　　摯王心情沉重地來到王陵。相陪他來的有天官重、地官歡兜和孔王等宮官。陵塚已不光禿，茵茵的綠草覆蓋上一層，塚邊栽植的柏樹長出新葉。這些草木為肅殺的陵園增添了生色。摯王得到些安慰，這都是他操辦的呀！他一心孝敬父王，父王在天上的神靈肯定會保佑他。

　　摯王接過天官重點燃的爐柴香炷，插在塚前，揖禮跪拜，出聲禱唸：「父神在上，兒王垂念。自父王殯天成神，兒王一心禮敬父神，安穩天下，事事不敢怠慢。受父神庇佑，天下三載安寧，諸事順遂。然而，近來王垣泛狼，子民死於無常。兒王痛苦難安，日夜自責。為避狼災，下令壘牆，以保王垣安泰。孰料，事不遂願，天雨連日，垣牆至今未成。更令兒

第二十九章　天神喻示

王難安的是小弟放勳擾害，背棄神命，違抗祖規，照此下去，天下恐生變亂。兒王就會辜負父神厚望，愧疚無限！」

摯王訴說得聲淚俱下，在場的宮官受到感染，陪著憂傷。只聽摯王又說：「為守護祖規神命，兒王將嚴治物事，威懾各族，妥不妥當，請父神明示。」

這是要以煙示事。人們遇到煩難事情，就燃香跪拜先祖，訴說心事。如果先祖同意，煙縷直直向上；如果不同意，那煙就會撲散開去。摯王訴說完畢，眾官看見那煙輕飄直上，悠悠升空，都說：「大王的意思先王准許啦！」

摯王謝過父神，轉身要走，可就在這一霎間，那悠然升起的白煙朝下撲散。他不敢再走，慌忙又跪地磕頭。漸漸那撲散的煙縷重又聚攏，向上升去。他不敢站起，恭恭敬敬等那爐柴燃完，才領著官員回到王宮。摯王對宮官說：「先王與咱心意相投，你們說咱該怎麼辦？」

宮官都說垣牆要建，不能停下。放勳作亂要管，不能放鬆。那麼怎麼管？管法各有不同。歡兜和孔王主張緊說緊辦，尤其是垣牆，必須在寒日前建成。對現在沒派人的族，立即扣掉他們的鹽。天下人都要吃鹽，不吃就鬆腰軟胯，沒有勁頭。摯王不是已派狐功去當鹽理嗎？告訴他凡是沒增派人的氏族，不再給鹽吃。這真是絕招。

天官重認為不要這麼著急，更不要停止發鹽，這會損害大王的名聲。眼下各族都在緊著整修土地，再等等可能會來。他這麼一說，一般老官都贊同。摯王心急，偏向歡兜和孔王的意思，主張催逼各族派人。天官重提高聲音勸道：「大王一心求王垣安穩，下官完全明白。但是，地鬼翻身，各族都遭受禍害。停鹽催人，恐怕人心生變。人心變，天下亂，天下要是混亂，王垣更不會安然。請大王慎做定奪！」

摯王本來就很煩躁，聽見天官重這話心裡更煩。這老官總是瞻前顧後，

怕這怕那，和那個被革職的黎一樣。他瞥了重一眼，顯然是嫌他多嘴多舌，冷冷地說：「別說啦，父神已經明示，可以威懾各族，還有什麼害怕的？垣牆全靠人幹，這事地官歡兜去辦，哪個族不派人就別再給發鹽。」

天官重還想爭辯，一看摯王冷厲的面孔，便退到一邊暗暗告誡自個閉緊嘴。可是，在說到處罰放勛時他不知不覺又移往前頭。歡兜和孔王主張，別讓放勛再待在唐族，抓回來，關起來，他想作亂也無法禍害。天官重緊著就問：「怎麼個抓法？」

歡兜說：「派衛隊的士卒去抓！」

「后羿在那裡，咱的士卒抓得到嗎？」

歡兜張口結舌答不出，孔王說：「那就把他哄回來，再關起來。」

天官重冷冷一笑說：「使這手段，遭天下人小看哩！」

歡兜生氣了，衝著天官重高聲指責：「硬的不行，軟的不對，那你說該怎麼辦？」

天官重被嗆得說不出話來。

摯王見天官重阻攔懲治放勛，就想喝斥他，好在不用張嘴歡兜替他出了氣。再一想重那話也不全錯，他便多個心眼，拐彎說：「天官到底是歲數老邁，辦事怕這怕那。這事不必爭論，我思謀思謀再辦。」

宮聚散後，出宮時歡兜還裝著一肚子氣，對天官重狠狠一擰脖子，走過去。天官重呆呆站著，半天才移動腳步。

✦ 106

不派人就停鹽的王命傳到唐族，族人都很憋氣。

放齊怒衝衝地說：「這是哪家的王法？不派人是有災情，你不問青紅皂白就掐人的脖子啊！」

第二十九章　天神喻示

皋陶也說：「當初就不該派人，這一派他以為咱好拿捏，有意欺負咱。」

唐頭也有火氣，見大家冒火，他不敢再加勁，緩口氣說：「你們不要生氣，當家才知粟穀難，王兄是怕再遭群狼擾害啊！各族都不派人，他肯定焦急，才停鹽催人呀！」

放齊還是有氣：「他王垣是人，各族就不是人。各有各的難處，總得互相照應著點，不能這麼不顧眉眼。」

「是這樣，應該互相照顧。把咱換成王垣那地方，是不是也犯急呢？」

唐頭接著放齊的話一說，大家雖然都窩著氣，也不好再說別的。唐頭問過木樫，整地的工作快要做完，便要他分些人去王垣。木樫提出，是不是讓獵手也派幾個人？唐頭搖搖手，他是怕后羿知道再冒火氣，生出意外事端。

派往王垣的人剛動身，唐族來了一個人。這個人的到來把剛剛平靜的唐族又捲進漩渦。

來的是唐頭的老娘慶都。離開王垣，唐頭時常想娘，要不是沒交於菟和王兄結下怨恨，他早抽空回去看望她老人家。可是他不敢回去，王兄還派人要於菟，不交於菟就要抓族頭。他回去肯定走不脫身，那就會毀掉他觀日的大事。想起日漸蒼老的娘他常常徹夜難眠，暗自落淚。王垣修牆，他派人去了。再要人，雖然遲些，他還是說服大家給派去。他理解王兄的難處，也想與他和好。他倆和好，便可以回王垣看望老娘。孰料老娘竟來了，這麼遠的山徑她上高爬低一步一步走來，他心疼啊！唐頭趕緊安頓娘吃飯歇息，娘卻瞅著兒子不轉臉，連聲說：「瘦啦，又瘦啦！」

唐頭連忙給娘寬心：「娘，不瘦，還不是老樣子呀！」

唐頭娘到來的消息傳開，族裡老老少少趕來一大群，都來看望這位先

419

下卷

王的夫人。慶都對族人說：「放勛給族親們添麻煩了，大王罰他當平民，你們不嫌棄他，還讓他當族頭。我早就要恩謝你們，雖然遲了，今兒總算來了，我給各位施禮啦！」

說著欠身要拜，族人急忙扶住，七嘴八舌誇說唐頭心好。族娘說：「夫人命好，積德了個好兒子，我們都跟著他沾光哩！」

眾人齊聲說是，誇說一會兒，方才散去。

人散後，唐頭要娘歇息。娘不歇，憂心地問：「兒呀，你怎麼又惹禍事？」

唐頭以為娘是說派人築牆的事，忙說地鬼翻身弄裂不少地塊，緊著整修，這不一騰下手就趕緊派人去啦。娘說：「不是那事，聽說你搞什麼月曆，可有這事？」

「有這事。我在王垣給娘說過探摸天神的脾氣，就是這事啊！」唐頭說。

「那怎麼王宮的人都說你違抗神命祖規？」娘問道。

「是這樣，我們觀測過幾載，發現祖上的規矩不對，就想變一變。」

唐頭沒說完，娘睜大眼睛說：「你就沒想過，這神命祖規是隨便能變的？要變就是大逆不道，就是犯上作亂啊！」

一旁裡靜聽的放齊忍不住插話：「姑呀，妳的兒子妳還不知道，他會做那種出圈的事？」

「我活糊塗啦！我知道放勛不會亂做，況且還有你這位兄長照護哩，怎麼能做那些作亂的事？可王宮的人都這麼說啊！」慶都困惑地說。

唐頭說：「大哥，我看在王垣人的眼裡，我和當初的羲仲差不多，成了個瘋言妄語的魔人啦！」

娘忙說：「沒那麼輕省，人家是說你違抗神命，有意作亂，是要奪你王兄的天下。」

第二十九章　天神喻示

　　唐頭和放齊不禁發怔，這是哪兒對哪兒，怎麼能是作亂？唐頭更是失笑，啥會他也沒有奪取王兄天下的想法啊！他趕緊說：「娘，兒讓妳擔心啦！妳就為這事跑來的？」

　　「是啊！」娘憂心地說：「這回你王兄不錯，沒有說要懲罰你，讓我來勸勸你，和你一塊回王垣。只要你回去，前頭的事就不再追問。保證你有好吃的，好喝的，就守著娘過光景吧！」

　　其實，慶都哪裡知道摯王的心思。為這摯王確實用心想過，他是要慶都把唐頭哄回王垣再作懲罰。儘管唐頭不知道摯王怎麼想，卻也為難。看著皺眉焦慮的娘，他真不知該怎麼回答。說不回去，娘遠涉山水，辛辛苦苦趕來了，還不是為他呀！他怎麼能違拗娘呢？說回去，那不就把這些載的心血白踢踏啦！觀天測時撲弄成這個樣子容易嗎？現在正要傳遍天下，讓各族都過好日子，怎麼能半道撂棄？不能！絕不能只顧自個安穩，毀掉眾人的好光景。他愣怔著真不知怎麼對娘說，幸虧放齊看出他的為難，打個圓場：

　　「姑，妳別急，先歇息歇息，隨後我領妳到族裡轉轉再和放勳相隨回去。」

　　慶都說：「行，不急！不過，你們也別不當回事。我臨走時你王兄再三囑咐，只要放勳回去，怎麼都好說。要不，他就要斷唐族的鹽！」

　　聽到斷鹽，放齊氣又憋圓：「又是斷鹽，就會用王權壓人。」

　　「你們想，要是放勳不走，族人就吃不上鹽。每日吃沒味的淡飯，哪個願意？」慶都平心靜氣地勸說：「族人要是因為你受害，那你怎麼有臉再待下去？」

　　這真比暴打唐頭一頓還難受，他胸中火上火下，又怕娘為他擔憂，按住滿肚子火氣故作輕鬆地說：「娘，妳先歇幾日，咱多合計合計！」

　　放齊不敢再火上添柴，安頓姑母去歇。

■ 下卷 ■

✦ 107

　　夜裡唐頭沒有睡著覺，整整翻騰到天亮。他的心如同放在燒燙的水中，忍受著煎熬的痛苦。他的確不願離開唐族，更不願回王垣。可是，如果不走，那族人就吃不上鹽。即是聯族勻給一些，也不夠呀！撇開這些不說，若是他不回王垣，娘怎麼在王宮再住？王兄派娘來的用意很明白，你不聽我的，還不聽你娘的？不聽娘的，豈不是忤逆不孝？更讓唐頭揪心的是，當初王兄讓地官黎向他討要殉人，沒討到，不就把他打發成平民？如果娘把他領不回去，那王兄怎麼處治她還不是一句話呀！放勛啊放勛，你這麼大了，不能侍奉老娘，還讓她老人家跟著你擔驚受怕，遭受處罰，枉為人子啊！越想越急，越想越氣，越氣越翻騰地睡不著，唐頭覺得這黑暗的夜晚太長，長得不知啥時才會見亮！

　　熬到窟裡泛亮，唐頭熬出個主意。回王垣，隨同娘回去！一回去就砍斷是非，娘不再受驚怕，唐族人也有了鹽吃，為什麼自個兒偏要一個窟窿鑽到底呢！那麼，觀天的成果不遠傳啦？哪能，還要繼續，不能撒手。眼下是外傳，讓大哥放齊和義仲主管就行。這樣他離開唐族，不會再引起王兄的注意，不是更好嗎？

　　唐頭終於打定回王垣的主意。

　　放齊聽到唐頭的主意很是意外。這事他早想過，放勛不能走，也不會走。唐族的光景過得這麼好很不容易，探摸到天神的脾氣更不容易，斷定他不會撂棄就走。不走，那就和摯王弄得更僵，僵就僵吧，反正再順從都難在他那兒討個好字，更別說捏合他們之間的裂縫。唐頭不走，他不就是停鹽嗎？停就停吧！既然如此，派人去修垣牆也是白搭，那何必要去？昨夜，他從唐頭窟裡出來，暗暗差人去追修垣牆的人。但是，他怎麼也沒料到當唐頭的小弟竟是這等主意，這窩囊得還有點男人樣嗎？

第二十九章　天神喻示

　　唐頭要他主管唐族，還要傳播觀天成果，他真想結結實實扔給他一句：我不幹，我不管！讓這話像石頭一樣，把他那發懵的頭顱砸醒！是呀，好小弟哩，現在唐族成了天下各族嚮往的地方，要聯手的族越來越多，這樣幹下去，嘿嘿，說不定天下就是我們的啦……

　　放齊看著唐頭好一會兒沒有吱聲。不過，他明白再拗也拗不過這個小弟，發火沒用，撒氣更沒用。忽然，腦子一拐彎說：「你走也行，你娘來一趟不容易，讓她在族裡轉一轉，看一看。還有，趁你娘來啦，快點給你和女皇合鋪。」

　　合鋪這事還真抓住了唐頭的心。他倆在望日峰相遇後，女皇回族用白茅根治好了嫦娥的病。抽空她把和唐頭的事告訴嫦娥。沒幾日，族人都已知曉，急著要給他倆合鋪。唐頭說合鋪要娘主理，王垣回不去，這事只好擱著。不合鋪，女皇待在唐族總有些彆扭，就在兩族間來回跑著照應。跑的散宜頭都有些著急，便請唐頭去他那裡合鋪。唐頭說娘不在，也不合適。這事一拖再拖，就擱到今天。如今娘來啦，真該辦了，放齊一說他點頭答應。

　　唐頭走後，放齊哪能在族裡坐得住？跨出堡門，抄條小徑就往黎族跑。這時候他最需要的是主意，平日有事就和唐頭合計。可現在小弟這主意對不對，他吃不準，他要找個有高招的人指點自己。他是去找老地官黎。黎見多識廣，遇事不慌，常常別人還在謀劃該怎麼辦，他早有了主意。放齊趕得風風火火。

　　黎見放齊汗涔涔、氣喘喘的，就知道是有緊事。他讓放齊坐下歇息，放齊不歇，一口氣就把面前的難事全吐露出來。倒完，他焦急地說：

　　「老地官，快幫我拿個主意。」

　　黎一點也不急，這幾載王宮和天下的事情他看得清清楚楚。摯王雖然還是天下的大王，可名聲很差。各族聽話不是服氣他，而是害怕他。唐頭

■ 下卷 ■

雖然只是個族頭,可是,各族的人都佩服他,知道他是一門心思辦好事,告訴大家種地的時分,換給大家粒大的種子。天下人心漸漸都轉向唐頭,大勢悄悄變更著。不過,他不怕這變,他盼這樣變。當然,這是件大事,平日黎是不會輕易把埋在內心深處的意思流露出來的。聽放齊這麼一說,黎猛發覺就要變天,略一頓,反問放齊:「你是說,唐頭若不回王垣,那個摯王就要斷唐族的鹽?」

「對!」

「你是說,各族要是不再派人去王垣,摯王也要斷他們的鹽?」

「對!是這樣。你說該怎麼辦?」

黎沒有說話,卻仰起頭哈哈大笑。急得放齊抱怨:「老地官,人家肚子裡點個火就能燒著,你還有心思發笑哩!」

黎像是沒聽見放齊的話,仍然在笑,笑過一陣才說:「好啊,大好事!」

放齊愣怔住,老地官到底怎麼想?他正猶疑,黎的話把他嚇了一跳:「哈哈,天下要更換大王啦!」

說完,不管放齊眼睛瞪得多大,黎喊眈將占卜用具拿來。眈拿來一片龜甲,點著柴薪。黎燃起一支黃櫨香,跪地拜祈:

天神在上,草民敬祈。

當今天下,王如烈日。

炎酷有餘,寡情少義。

民雖不語,卻頗畏懼。

天神喻示,天下走勢。

嘴裡唸叨著,將夾著龜甲的手伸向火苗。祈禱一畢,就有一絲輕響,龜甲裂開一條縫。這縫隙一頭寬,一頭似裂未開還連著點。黎指著縫隙給放齊看:「這就是天神所示的大勢。天下還沒有大亂,要是大亂龜甲會紋

第二十九章 天神喻示

路四開。這條裂縫說明天下已經分裂成兩塊，這不就是摯王和唐頭嘛！唐頭雖然沒有稱王，但不少族堡已把他當做大王。不過，從這裂紋也可以看出，天下還在摯王手中，你看這道紋不是還沒有完全裂開嗎？」

放齊欣喜異常，眨巴著眼睛問：「老地官，這神示和你說的意思完全相投？」

「相投！」黎蠻有把握地說。

「那你說下一步該怎麼辦？」放齊催問。

「順應天神，打開縫隙。」黎回答得極為俐落。見放齊還不明白，又說：「我問你，這龜甲還能捏合住嗎？」

放齊說：「不能，怎麼捏也有一條縫。」

「是這樣。我再問你，從這些載的情況看，孰掌管天下對眾人有利？」

放齊想也不想就說：「當然是唐頭，他心慈手軟，損人的事情一點兒都不會做！」

「那就好，今後的事就是盡快把那條縫隙全都打開，讓唐頭掌管天下！」

放齊幾乎能跳起來，激動地說：「那我這就回去告訴唐頭，讓他橫下心來，打開這條裂縫。」

黎搖搖手沒有應聲，過一會兒才說：「這樣恐怕行不通。唐頭像你說的那樣，心腸太軟，做不出有損他王兄的事，告訴他還會誤事。」

放齊有些為難：「那該怎麼辦？」

黎略一沉思告訴放齊：「這事你讓我知道了，不然有兩個人就能做成。」

「哪兩個人？」

「你和后羿。」

「我和后羿？」

「對，你和后羿。你主事，后羿做事。不過，后羿現在還不能動手。我再問你，聯族是不是都給王垣增派去人？」

放齊回答：「別的族不知派去沒有，唐族去的人我已往回追。」

「這就好。沒去的別讓再去，已去的追趕回來。」老地官黎轉身喊眈，快把去修垣牆的人喚回來。

「老地官是要逼著摯王斷掉各族的鹽：「對！他一斷鹽，后羿就可以帶人去奪他的鹽池。」黎揮揮手說。

「啊，奪鹽池？」放齊驚奇地問。

「是，奪他的鹽池。」黎果敢地答。

放齊心頭一下亮豁了，這老地官真有高見。他唯一顧慮的是后羿帶人出動，唐頭肯定攔擋。

「不讓他知道，他就無法攔擋。后羿不要從唐族帶人，獵手們仍舊打獵。讓他把黎族、陶族的人手帶去，若怕不夠，就悄悄從散宜族再拉些人。」

老地官黎辦什麼事都想得滴水不漏。放齊敬慕地看著他，他哪裡老呢？不老，精神大著哩！你看他說話的神情，那麼乾脆俐落，一點也不老。放齊竟然替摯王惋惜，把這樣有能耐的老官攆出宮來，不是抽掉王宮的支柱嗎？

大事合謀妥當，放齊要回去，臨走又問：「老地官，那要是唐頭非回王垣不可呢？」

黎說：「他回不去，他娘也回不去。要不我為什麼說這是好事呢？你想，要是他娘待在王垣，我們敢起事奪取鹽池？不敢，那不等於坑害他娘嘛！她來，我們就省心了。你先回族，我隨後就到。」

第三十章　不讓走

✦ 108

　　黎來到唐族，還真穩住了慶都的心。

　　倆人一見，高興得不知說什麼好。是呀，一晃就是數載不見，慶都動心地說：「夫王去世後，你們這幫老官都受屈了。」

　　黎掩住內心的傷痛說：「這也好，閒在，省心。王姐，你看我發胖啦！」

　　慶都舊情難忘：「你們給夫王出了大力，可他一蹬腿閉眼，孰也撂下不管啦！唉……重在宮中的日子也不好過。」

　　「我離開王宮對啦，省得憋氣。」黎換口氣說：「王姐，來了就多住些日子。你這裡子可不一般，會給大家謀福氣。」

　　慶都來後在唐族一走，見到的人都誇唐頭功大，讓他們吃得飽，穿得暖。那些上了歲數的老頭婆娘，一說話笑咧著少齒露豁的大嘴，那是真心的高興。尤其聽說兒子還找到個如意的媳婦，喜得慶都立即要為他們合鋪。她來時憂憂的，現在憂愁都已散去，聽老地官誇說兒子，更添一份兒喜氣。

　　黎沒有離去，乾脆陪著慶都轉悠。轉完唐族，又領著她來到狐族。兆女聽說唐頭的老娘來啦，伸手就把她拽到自家窟裡。待她坐下，就哭著笑著把往事抖摟個痛快。說到陪葬，慶都為她們落淚；說到種地，慶都為她們焦慮；說到幫工，慶都長出一口氣，說：「這應該，應該幫妳們這些可憐的孤兒寡母。」

　　兆女興奮地告訴她：「現在更好啦！我們聯族啦，粗笨工作唐族、黎

族的男人給做啦，我們就坐些輕巧活！」

黎插話逗趣：「王姐，不是我奉承妳，這都是妳那兒子的能耐。」

慶都笑著說：「他有多大能耐我清楚，還不是眾人抬舉他啊！」轉臉又誇黎：「我看你老地官沒少費心思。」

黎忙說：「話可不能這樣說，在王宮我是不給摯王操心呀？人家不聽！」

轉過一日，慶都要走，哪裡走得了呢！兆女非要她住下不可，看她們繅絲、編織。養蠶的時節雖已過去，但繅絲、編織的都在做。兆女領著慶都一處一處去看，邊看邊說：「這都是唐頭讓人教的，是散宜族的人。」

慶都喜氣更多，看來兒子是大啦，理會操心辦事。轉著，看著，兆女留下慶都一待就是幾日。轉過狐族，慶都要去散宜族。這正合黎的心思，就讓兆女叫來在族裡指教眾人繅織的嫦娥陪她一起去。嫦娥把小弟於菟也叫來，路上好有個照應。

嫦娥領慶都走後沒幾日，唐族接到停鹽的王命。唐頭是在望日峰上得知的，近些日他和羲仲、和仲天天待在那裡，是羲仲的新想法又把他迷住。羲仲想把一月的日子再劃開個小段，那樣種粟禾的時分就更容易把準。這當然是好事情，說做就做，羲仲把日子又過在望日峰上。唐頭見娘遊走得這麼開心，並不急著回王垣，乾脆就跑上山來和他們一起觀天。

停鹽的命令一到，唐頭才覺得事情弄得更僵了。他知道王兄敢說敢做，卻沒有想到這麼快就會下手。族裡存的鹽很少，不能害的大夥兒吃東西寡淡沒味，他急著要和娘回王垣去。

從望日峰跑回族裡，唐頭才知道娘跟嫦娥姐弟去散宜族轉悠，肯定是去看女皇。

那日說到合鋪，唐頭也急著想辦。這麼長日子，讓女皇在兩族裡來來往往地跑他心中何忍？不讓她來，女皇丟不下他。過來常住，可不合乎那邊的規矩。在散宜族裡，只要家有老人，就要光明正大地合鋪，不合鋪女

第三十章　不讓走

子就不能住到男家。這樣，女皇即使來也只能匆匆來，匆匆去。回去了，不光女皇想著他，他也擱不下女皇。這邊才走，那邊就想念她。要不是族裡的事體纏身，他真想伴著她去散宜族待些日子。如今娘和大哥要為他倆合鋪，他怎麼能不高興？

高興是當時的心情，事後一想不對。這回娘來，不是要自己回王垣嗎？若是回到王垣，王兄說是不懲治自己，誰又知道他是真是假？若是把自己打發到荒涼的遠方，那不是讓女皇跟著擔驚受怕嗎？不妥，不妥。後來，再說到這事，他就推脫眼下事多，回到王垣再說。他不著急，娘可放不下這事。娘去散宜族，肯定是急著要見這沒有合鋪的兒媳婦。

當然，他不知道這裡面沒少了放齊和老地官黎的心思，他們是要慶都拖住唐頭，不能讓他回王垣。

唐頭得知娘去往散宜族，一沉思，對放齊說：「我這就去散宜族，領著娘從那裡回王垣。」

放齊勸阻唐頭：「你這麼趕去也是遠水不解近渴，等你回到王垣，摯王解除禁令，大家不知已寡淡過多少日子？」

唐頭一跺腳，生氣地在窟裡來回走動。

放齊又勸：「彆氣，生氣也無用。我看走大路不如抄小徑快，咱先借鹽度日，待你回去摯王發下鹽再還給各族。」

唐侯想想也是，生氣又有何用，還是放齊的法子解急，只好讓他去聯族借鹽。不過，他還是要去散宜族，說是聯族的鹽也不多，從那裡回王垣會快些，免得大夥兒吃完接不上。他的話有理，放齊不想讓他走也無法擋住。

唐頭一走，放齊趕緊去找老地官黎。

走出堡門一想，要是老地官黎同意這就去奪鹽池，再回來喚后羿和句木不是多費事嗎？還不如乾脆把他倆帶上。這樣，他們三人相隨著朝黎族

走去。后羿走得氣勢洶洶，看那架勢只要是整治摯王，就是刀山火海他也敢闖。那次摯王逼得於菟出走，雖然追趕回來，可害的嫦娥摔跌掉胎，還摔得大出血。多虧緊著祭祀血神，多虧女皇拔來白茅根，才治好嫦娥的身子。可憐的兒子還沒出生竟然亡命，恨得后羿能把嘴裡的牙咬碎。真想打到王垣，把害人的摯王趕下位去，讓唐頭主管天下。可又怕孤掌難鳴，把事情辦壞，只能悶在肚子裡忍著。得知老地官黎和他是一個心思，簡直是喜從天降。

黎見到他們，開口即問：「摯王下令扣鹽啦？」

「是，先扣了唐族的。」后羿搶先回答。

放齊說：「這是逼著唐頭回王垣呢！」

「唉，這可是他摯王把天下往外推啊！」黎不由得嘆口氣，停一停才說：「他不要這天下，咱還能不要！」

說畢，黎就讓眈召集族衛和獵手。人很快到齊了，畢竟受過操練，集合一點兒都不拖沓。黎看過，問后羿人少不少？后羿說：「不少，不少，人不在多，只要齊心就行。」

說完傳令：出發！

大隊走出族堡，老地官黎叫住后羿交代：「不要隨意殺人，就是抓住狐功，只要他不動手，就給留個活命。他是個可憐蟲，當初也是被日哄的。」

后羿應著，領著大隊快步向解池出發。

✦ 109

散宜族處在一片歡樂當中。

這歡樂是唐頭老娘慶都帶來的。

散宜頭剛見到慶都高興是高興，畢竟慶都是先王的夫人，過去他們把

第三十章　不讓走

先王和他身邊的人看得和天上的神仙一般。驀然，這天仙一般的神人降臨到身邊哪能不拘束？可一見慶都嘻嘻哈哈，隨和得沒有一點架子，就不再打生。安頓好她喝著吃著，一口氣就把唐頭誇說個天花亂墜。誇得也對，那回族人因摯王斷糧鬧事，要不是唐頭著人送來粟穀，眾人有了吃食，真不知道族裡會亂成啥樣子？這幾載多虧大家聯族，你幫我，我幫你，日子才過得平平安安。

慶都一到，散宜頭就把女皇喚來陪她。女皇不只陪著心目中的婆婆說話，還和嫦娥領著她到族裡四處轉悠。連著幾日，那些養蠶的棚舍，養獸的柵欄都去看過。看得慶都連連誇說，怪不得唐族、黎族，還有狐族日子過得都那麼好，是你們把這好法子傳帶過去了。

慶都最為高興的不是這些，是見到了女皇。她真沒有想到兒子眼光這麼好，挑下個打著火把也難找的好媳婦。女皇不光長著花朵一樣的容貌，更要緊的是明事理，有主意。她和兒子過日子準是他的好幫手。

這一日大早，天晴風輕，慶都把女皇帶出族舍，來到河邊的草地上。她們剛站定，於菟牽著毛驢和嫦娥說笑著過來。慶都來散宜族前，放齊怕她累，就牽來頭毛驢供她騎。她見到毛驢怯怯的，不敢上去，放齊就跳上驢背走一走給她看。看著穩當，放齊才把她扶上去。轉過幾圈，慶都不再怯怕，放齊就讓於菟幫她牽著上路。一路走來，可省下她的腿腳。今兒她把女皇叫來是要她騎驢，要是不怕，往後來來往往就輕鬆多啦！

於菟把草繩交給女皇要她騎，慶都告訴她膽子大些。哪知，女皇比她的膽子不小，跳上去平平穩穩走了一圈，還嫌毛驢步伐慢。左手一拍那廝的屁股，毛驢竟然顛達顛達跑開來。嚇得慶都叫喊：慢點，慢點。再看女皇，沒有一絲慌張，於菟和嫦娥都誇女皇騎得好！騎轉回來，她一下驢，嫦娥抱住女皇快嘴快舌地說：「好姐姐，這下可好啦，妳趕快騎著毛驢去看唐頭吧！」

逗得慶都哈哈大笑。

說來奇怪，笑聲未落唐頭就出現在大夥兒面前。他剛到散宜族邊，正好碰見族衛，就把他領到這裡。見到唐頭，幾個人無不高興。慶都高興是高興，卻有些奇怪：「兒啊，你怎麼也來啦？」

唐頭正想該怎麼對娘說回王垣的事，就聽嫦娥逗趣道：「哈哈，女皇姐正要騎著毛驢去看你，你就來啦！」

一句話逗得慶都、女皇樂呵得嘻嘻哈哈。說說笑笑回到族寨，人們先後散去。慶都對散宜頭說想為放勛和女皇合鋪，散宜頭說這對他的心思，早該了。不只是對他的心思，也對女皇的心思。她早就盼望著這一天，盼著能早一點住到唐頭身邊，給他張羅吃穿，讓他一心謀事。她覺得這也合唐頭的心意，沒想到他竟然冒出一句：「別著急，再等等。」

唐頭一句「再等等」刺疼了女皇的心，她斜瞥唐頭一眼真不知道他是啥意思。他倆拖下幾載沒有合鋪，不就是要等老娘慶都主婚嗎？如今老娘來啦還等什麼？女皇直犯糊塗，難道先前唐頭心裡就沒有裝進自己？他是藉著老娘沒來推脫自己？——霎間，女皇明朗的顏臉罩上一重濃雲。要不是身邊有唐頭他娘，她早就撒腿跑開了。唐頭這話刺疼的還有散宜頭，唐頭對這事不急不熱，莫不是女兒看走了眼，自討沒趣？還是慶都了解自己的兒子，她斷定他是有別的心思。這才想起還沒有弄清他急著趕來有啥事情。擱下合鋪的話，她即問兒子趕來做啥？趁著老慶都和唐頭說話，女皇一閃身跑出棚舍。

慶都話音未落，唐頭一下斂去笑容，沉重的心事浮在臉上。他嘆口氣將王兄扣鹽的情況告訴娘，說是要和她一起回王垣。頓時，慶都的心裡也沉甸甸的。不容她說話，散宜頭就嚷：「不回去，孰知道摯王安的是啥心！」

慶都剛到唐族那會兒，急著要兒子回去。回去了斷是非，就能過安然

第三十章　不讓走

日子。可來後一轉，心裡活絡好多。這唐族和他們聯族做的事情，根本就不是王垣傳的那樣。他們是熱火朝天地撲攬好光景呢，哪裡想過欺弄神靈，違背祖規？這就更不是犯上作亂，要奪王位啦！她動搖了，不再勸導唐頭回去。兒子急著要走，她還真是猶豫不定。散宜頭見她遲疑，撂下話頭，連忙招呼遠道而來的唐頭歇息進食。

✦ 110

　　日頭隱去，白天的聲響隨著日頭消隱去。月亮上來，散宜族靜得除了低低的蟲鳴再沒別的響動。四處的靜寂卻沒有沉定唐頭的心緒，他的心仍然煩亂無比。他把回王垣的事情想簡單了，原以為老娘來就是催促自己回去，到散宜族帶著她上路是個順當事，沒料到她會改變主意。不僅不走，還勸他住幾日別急著動身。散宜頭也再三攔擋，難道自己真的不應該回去？可是，不回去唐族哪來的鹽吃？就是聯族勻給一些，那也有限，吃完該怎麼辦？眼睛不看長遠，就會有吃不完的苦頭，唉，說啥也不能讓大夥兒過無味的日子。族舍外月色朦朧，到處靜悄悄的，唐頭走出族寨，想轉散心裡的愁悶。

　　頭上的月亮還沒有圓，雖然有著不小的缺口，卻已明明亮亮，照得高樹低草影影綽綽。唐頭慢慢走著，忽然背後傳來腳步的響聲。回頭一看，腰身細長，像是女皇。該怎麼對她說呢？他正犯難就聽那人叫他：「唐頭，你在這裡呀！」

　　哦，是嫦娥，所幸不是女皇，他稍覺輕鬆。他輕鬆，嫦娥卻不輕鬆，要不，她絕不會追到這裡來。這麼晚了，她還沒吃東西。不是她不吃，是女皇哭得她顧不上吃。女皇從族舍跑出去，一下跑到嫦娥的住舍，抱住她就放聲痛哭。嫦娥問她哭啥，她不說，只是痛哭。哭痛快了，才把心裡的

委屈倒騰出來。嫦娥一聽就發火，好個唐頭，過去你不和女皇姐合鋪是老娘不在，如今老娘來了，你還推脫個什麼？不管女皇攔不攔她，她撒腿就跑。在族舍沒找見他，就找尋到這裡。唐頭應聲，她上前來就問：「唐頭，你怎麼還不和女皇姐合鋪？」

聲音裡無疑帶著責怪，唐頭輕輕嘆口氣真不知如何給她說清。見他不答，嫦娥更急，催著又說：「唐頭，你說話呀！你到底打的是啥主意？這幾載女皇姐跑來跑去，還不都是為了你，你怎麼就不懂她的心思！」

嫦娥的嘴越說越快，若是眼前這人不是大夥兒都佩服的唐頭，她真想嗆白他一頓。嫦娥急，唐頭更急，急得不知如何給她說清。嫦娥哪裡知道他那滿肚子的苦水啊！他還沒想好如何張嘴，嫦娥急得連聲叫喚：「說呀，你倒是說呀，唐頭！」

不說真不行，今夜要是說不清楚，嫦娥肯定纏住他不放。唐頭只好如實相告，將王垣傳說他欺辱神靈，違背族規的情形；將王兄對他的惱火，和趕老娘來的用意，一口氣倒了個痛痛快快。然後，語氣沉重地問：「嫦娥，妳說女皇對我好嗎？」

「好啊，孰敢說不好！」嫦娥隨口就答。

「那我該怎麼待她？」

嫦娥不張嘴，沉默著。只聽唐頭又說：「她對我好，我總不能讓她跟著我受苦吧？眼下明擺的是，我回到王垣肯定要遭懲罰。怎麼罰？現在孰也不知道，若要是把我趕到蠻荒的遠處，那女皇不是跟著我去吃苦嗎？你說，我到底該怎麼辦？我自己吃苦也罷，讓女皇跟著受害我這心裡怎麼能好受？我還是個為女人遮風擋寒的男人嗎？」

唐頭說得急切動情，嫦娥聽得跟著為難。她不再怪罪唐頭，反而覺得他這麼入情入理，真是天下難找的好男人，她為女皇幸運。可也替女皇傷心，為什麼天神就不顯靈，要讓好人受苦？她點點頭說：「我明白了，唐

第三十章　不讓走

頭。我和女皇姐都錯怪你啦！」

話音未落，嫦娥轉身就跑。

倒出滿肚子苦水，唐頭心裡不再憋悶。嫦娥和女皇說過，她肯定不再生氣。只要女皇好，他就放心了。他打定主意，老娘要是不願意走，就讓她待著。聯族的人會照顧好他的，再說還有放齊大哥啊！好漢做事好漢當，就一個人回去，王兄想怎麼懲治由他吧！反正，天神的脾氣已經摸到，孰也無法再退回去。嘿嘿，只要這麼種粟禾，天下各族就會不愁吃的。唐頭想得自己苦苦發笑，笑著朝河邊走去。

剛走兩步，就有人摟住他的脖子，是女皇，聽過嫦娥的話她跑來了。女皇摟著唐頭說：「你別走，別回王垣，我不讓你走！」

唐頭聽見這熟悉的聲音就動心，他真不想走，想和她就這麼待在一起。可不走，吃苦的不是他倆，而是大夥兒啊！他難過地說：「唉，我也不想走，可不走怎麼行？」

「不，你不能走，我離不開你。」

「不能因為我坑害大夥兒，讓眾人吃沒味的東西。」唐頭果斷地說。

女皇比他還果斷：「那我跟你一塊走！」

「我回去是受整的。」

「受整就受整，累死苦死我都和你在一起！」

唐頭更不忍心：「那怎麼行？一個人的罪孽為什麼要兩個人受！」

女皇把唐頭摟得更緊：「不，不，我和你就是一個人。」

唐頭想把女皇推開，別讓苦難也把她纏住。可是伸出去的手卻把她緊緊抱住，女皇貼近唐頭一動也不動，靜靜地享受著他的心跳。

月色更為明亮，像是這一會兒，短缺的那一綹就已復圓。

■下卷■

第三十一章　奪鹽池

✦ 112

　　后羿帶著族隊連續奔波數日，趕到解池邊上。

　　日頭偏西好多，光芒斜撒在浩渺的水面，微風吹起粼粼的波紋。這閃耀粼波的池水晒乾就是鹽。池邊晒成的鹽白茫茫攤開一地，好大一片啊！族隊的人都說，真不知道大王為什麼那麼小氣，每載只給我們一小撮。說著，心生怨氣，摩拳擦掌就要往池畔的棚屋裡衝。后羿攔住：「別急，天黑再去。現在打過去，裡頭人一看就知道咱人不多，會和咱拚死活。」

　　族隊遠遠散開，在草地上閒歇著。有的坐著，有的躺著，還有的悄悄溜近池邊，掬起池水品嘗：「喲，這水就是鹽，好鹹。」

　　大大的日頭緩緩落下去，紅光輝映的高天好一會兒才發暗。待到棚院裡點起火把，族隊才聚攏在一起，呼啦啦跑著喊著包圍上去。句木扛根木棍就要打門，后羿示意別動手，先喊話。眈拍拍木柵門大聲喊：「狐功，你聽著，我是眈，來接管鹽池啦！」

　　裡頭有人接話，是狐功的聲音：「你再說一遍，你是孰？」

　　「我是眈，黎族的眈。」

　　「眈，你不安生種地，到這裡搞什麼亂？這是大王的鹽池，作亂要被處死！」狐功聽見眈的聲音鬆了口氣，沒把他的話放在心裡，還訓教他。

　　「狐功，摯王日哄你，坑苦了族人，你再替他做事還有良心嗎？」

　　這話擊到狐功的痛處，他不再說話。眈知道狐功在猶豫，再加一把勁：「狐功，我們的領袖是箭王后羿，你不開門，箭王就要下令打進去！」

　　聽到帶頭的是箭王后羿，狐功的確有點吃驚。他早就風聞后羿的威

名，連王宮的衛隊都不敢惹他，這幾個池衛哪是他的對手？狐功提心吊膽不知該怎麼辦，正急得冒汗，又聽眈高聲喊：「讓你的弟兄背著手出來，啥事都好說。」

「……哦，別動手……」

狐功抖索著回答，剛要開門，被人拽住。拽住狐功的是二頭目棘枸，他怒喝一聲：「慢著，怎麼能隨便把大王的鹽池送給別人！」

趁狐功發怔，棘枸高聲喊道：「開籠！」

話音剛落，門外的族隊裡有人尖叫著亂跑。后羿正要喊怕啥，就聽見句木高叫，啊！蛇，放蛇啦！叫喊間已有幾個隊員被蛇纏住雙腿，一挪步栽在地上。接著便有人大聲喊疼，那是被蛇咬住。族隊頓時亂了套，你擠我，我擠你，紛紛後退。有的被撞倒在地，不是被蛇咬，就是被踩傷，疼得你喊他叫。這一手后羿沒有料到，他也慌亂。平日人們就怕蛇，那東西沒腿沒腳卻行走如飛，大家把牠看做神蟲。從來沒人敢傷害牠，要是打獵遇上還嚇得躲避。蛇要是追來，人可不能直著跑，那樣跑不了幾步，就會被趕上。后羿有個妙法，那就是彎曲著跑，三拐兩扭蛇就會暈頭轉向。可這會兒，夜黑黑的，人擠擠的，那法子根本使不上。尖叫一聲連一聲，族隊更加混亂，后羿跳退幾步才沒被蛇咬住。不過，后羿就是后羿，眨眼工夫就安定驚魂，朝著句木高喊：「快點火！快點火！」

對，禽獸蛇蟲沒有不怕火的。句木醒悟啦，趕緊擊打火石燃起幾個火把，可是緊點慢點又有幾個隊員倒在地上。火把一燃，隊員拿著朝蛇晃動。這一招蠻靈，蛇嚇得紛紛亂竄，溜到遠處不敢再來。就這一會兒，十幾個隊員被咬傷。大隊潰散到池邊，眼前只躺著幾個傷重的。眈使勁喊叫才喚住後逃的隊員，他們沒有一個敢前來，探頭探腦地朝這邊張望。這散亂樣子惹惱后羿，他奪過一個火把，一隻手高高舉起，幾步跳到門前，邊跳邊喊：「有種的，跟我來！」

下卷

　　后羿往前一衝，給大夥壯起膽子，隊員們湧上來拚命打門。后羿朝院裡高喊：「開門，快開門！我就是后羿，再不開門等我打進去，非把你們一個個踩成肉泥不可！」

　　狐功見棘枸放蛇，又聽見外頭痛得亂叫，早已嚇壞，指著棘枸嚷叫：「你可惹下了大禍！」后羿跳過來一喊，他慌忙叫開門。話音未落，棘枸撲過來拽住狐功。狐功氣惱地嚷：「再不開門，弟兄們都要死在你手裡！」

　　棘枸還是死死拽著他不放，狐功使勁與棘枸推搡，后羿喊鬧得更為凶猛。颼的一聲，眼前驟然變暗，是后羿一箭射滅棚院中高翹的火把。

　　狐功大驚失色，衝著手下喊：「你們還想活嗎？」

　　「想活！」池衛嚇壞了，哆嗦著說。

　　狐功指著棘枸厲聲說：「想活給我把他捆住！」

　　早有人上前扭住棘枸的手臂，棘枸還想甩脫，哪裡掙得動呢？幾個池衛用葛繩把他捆綁結實。

　　狐功慌忙把門打開，大聲說：「弟兄們，全給箭王跪下。」

　　說著，他先撲通跪倒在地。

　　后羿蹦跳進來，正要發火，看著地上黑壓壓跪著的池衛，一時不知從哪兒下手。稍一怔就聽狐功說：「箭王息怒，小人已把放蛇的頭目捆住，請箭王發落。」

　　后羿上前左手揪住棘枸的胸衣，右手對準他臉上就是幾個巴掌，怒聲喝斥：「你傷害我多少弟兄，我就讓你死多少回！」

　　喝斥畢，命令將棘枸綁在院中那高聳的火把桿上。后羿掃一眼門外跌倒的弟兄，抽出一把箭，甩給狐功。狐功趕緊給挽弓的池衛一人遞過一支。拿到箭的人抬手就朝高桿上射去，每放一箭就聽棘枸慘叫一聲。叫聲越來越小，漸漸低沉的不再出聲。箭還沒放完，棘枸耷拉下頭，死了！

　　后羿不再搭理棘枸，轉向狐功。狐功見后羿朝他走來，連聲哀求：「箭

王，饒命，饒命！」

后羿最見不得這種軟骨頭的小人，狐功那軟松樣子他連正眼也不想瞧，要不是想起老地官的囑咐，他真能雙手一掄，將這個小人扔到鹽池醃了鹹肉。后羿斜他一眼，說：「滾吧，滾回去！」

狐功爬起身來卻不挪步。他不能再回狐族去，哀求去遙遠的南方躲避度日。后羿想想也是，他的家人都被族人石頭開花了，他怎麼敢回狐族？一抬手准許他去。狐功萎縮著要走，后羿看他那孤零零的樣子實在可憐，就讓他帶走幾個手下人。其餘的人都願意歸順，后羿便收留下他們。

鹽池到手啦，后羿趕快找人給對員治療蛇傷。安頓好，后羿宣布句木當鹽頭，看管解池，他便帶著大隊回返。快要走出鹽池，后羿給送行的句木交代：「耳朵夆高些，王垣要是來征討，快點告我。」

句木答，這就派人去王垣打聽風聲。

✦ 113

數日後，后羿和他的大隊回到黎族。黎一見挺胸闊步走在前頭的后羿，不用問全明白了。他緊行幾步上前去，一掌拍在后羿肩頭，說：「成啦？」

后羿朗聲答：「成啦！」

黎仰天大笑：「哈哈哈！如今天下握在我們的手心啦！」

回到黎族，后羿急切地說：「那就快告訴唐頭，讓他代替摯王，當大王吧！」

黎卻只笑不語，他清楚唐頭的性情。若是說他們派人去奪鹽池，他肯定不幹，更別說讓他代替兄長去當大王。要他轉過這個彎，還要些日子，若是過急就會前功盡棄。見老地官猶豫，后羿不免焦急：「老地官，你怕

啥？這天下已捏到咱的手心，你還有啥害怕的？」

黎看一眼后羿說：「我和你一樣，恨不得這就將唐頭推上大王的位置。可是你還不明白唐頭的性情？他連一點兒損人的事都不願意做，難道願意奪取王兄的鹽池，再把他揎下王位自己坐上去？」

黎說得完全在理，只是，事情已到這種地步，難道退回去不成？后羿更為著急：「老地官，你快拿個主意，我們還能把吃下去的再吐出來？」

「不，不不！我不是這意思，天下已經到手，怎麼能推出去，再讓摯王禍害百姓子民。」黎略一沉思告訴后羿：「事情到此，更不要太急，著急反會弄壞大事。」

黎這麼一說，后羿耐住性子問：「那要等到怎麼會兒？」

「這要看他摯王。」黎不緊不慢地答。

后羿沒有聽明白，就問為什麼要看摯王？黎說：「占卜的神示和當下的情形一樣，龜甲還沒完全開裂，仍然連著一絲。如果摯王使些心計，這一絲還能多連些日子。其實這一絲不是別的，就是唐頭那慈善心腸。要讓唐頭斷掉對王兄的善念，不是別人能做到的……」

「老地官，你法子那麼多，連這也做不到？」

「做不到。」

「那可怎麼辦？」

「我做不到，你也做不到，不過有人能做到。」

「孰諾？」后羿催問。

「不是別人，就是摯王本人。」黎說出看法，見后羿還不放心，又告訴他，「這天下肯定是唐頭的，你莫著急。」

「我還是不明白，他摯王為什麼要把王位往外推？」

「不是推，是往回拉。他不懂得，這時候拉得越緊，葛繩就越容易繃斷。葛繩一斷，天下就會完全丟掉。」黎蠻有把握地說。

第三十一章　奪鹽池

后羿說：「老地官，摯王怎麼就這麼糊塗呢？」

黎嘆口氣說：「摯王不是糊塗，是太精明，精明過頭才弄壞大事啊！」

后羿沒有接話，靜聽老地官繼續說道：「這不是他的過錯，是天神使的手段。你看天神造人只讓人頭上一面有臉有眼，看得見前面，看不見後頭。一個人只看臉前，不看背後，就會犯糊塗。」

「哈哈，我明白了人怎麼才會不犯糊塗。」后羿突然心頭豁亮。

黎像是要考后羿，反問：「好啊，怎麼才會不犯糊塗？」

后羿毫不遲疑地說：「這不難呀！天神不是讓世上只有一個人，還有好多人啊！旁邊的人就能看見他的後頭呀！」

「對，對！」黎雙手一拍，高興地說：「摯王就糊塗在他太精明，不把別人放在眼裡。他目中無人，孰還敢當他背後的眼睛，給他說實話呢？」

「那摯王身邊就沒有敢說實話的？」

「還有一位。」

「孰？」

「天官重，就不知道摯王能不能聽進他的話。」

黎一席話撥雲見日，后羿不再著急。剛拿下鹽池，他恨不得長出翅膀像鳥一般飛回去，隨手就將唐頭推擁到大王的座位。聽老地官入情入理的一講，他心裡有了底，不再心焦火燎。大隊散歇後，便悄悄回到唐族的狩獵棚中。遠在散宜族的唐頭當然不會發覺后羿已經奪得王兄的鹽池。

✦ 114

不光唐頭不知道后羿奪得王兄的鹽池，就連摯王也不知道鹽池已不在他的掌中，還在王宮頒令停鹽哩！

這一日，狐族、黎族的人來找放齊，摯王把他們的鹽也停發了。兆女

441

著急,眈也像模像樣的著急。放齊對停鹽不急,卻怕唐頭動身回王垣,慌忙火急地往散宜族趕去。他還在路上,散宜族也接到停鹽的王令。那夜,唐頭和女皇合計,二日就相隨回王垣。慶都心疼兒子,這麼遠趕來,怎麼都該歇個一日兩日。唐頭不願違拗老娘的意思,只好住下。哪裡知道,他這一住就無法走脫。散宜族的鹽也被停發,散宜頭告訴他,弄得他不知是該進,還是該退。見他猶豫,散宜頭說:「你回到王垣聯族就會有鹽吃?不會。這不是因為你沒回去扣鹽,是因為沒有派人去修垣牆停發的。」

這真讓唐頭左右為難。就在這時,放齊急火火地趕到散宜族,見面水不喝一口就說:「唐頭,狐族、黎族的鹽都被扣啦!」

唐頭雖然心急火燎,卻安慰放齊:「別急,我知道了,散宜族也一樣。」

「還不急呢,聯族的人都急得團團轉呢!你快回去看看。」放齊想要唐頭回唐族,就把事情說得急火火的。

「我回唐族能有啥用?」唐頭心裡忐忑不安,又無可奈何。

「大家都說你那王兄禍害天下,要奪過他的王位讓你當!」

這句話真把唐頭惹急啦,他忙說:「別,千萬不敢。」

這一來,著急回唐族的不是放齊,變成唐頭。他要走,放齊和老娘只好跟著走。老娘要帶女皇,說看著她心裡就高興。嫦娥姐弟本來想多住幾日,女皇要走就陪著一塊回唐族。

其實,摯王不只是停發聯族的鹽,所有沒派人的族都被停發。摯王是被泛狼的慘景嚇怕了,無論如何不能再讓王垣遭受狼群擾害,一定要趕在寒日前將垣牆築成。頒令時,他牙根咬得很緊。儘管宮官掂量停鹽有些過頭,可一看他臉皮緊繃,雙眉緊皺,別的話不敢再說。天官重和眾官一樣,把已到嘴邊的話使勁嚥下去。就在這一霎間他想到了先王,先王要他幫扶摯王,他不能不盡心呀!他張開嘴中肯地說:「大王,還是不要催逼

地太緊,太緊恐怕會生變亂……」

聽說變亂,摯王一下火冒竄天,大聲喝斷他:「這變亂,那變亂,就沒聽你說過一句吉利話。這不是明擺著和本王有二心嘛!」

「二心?這……」

天官重大吃一驚,張大嘴不知該說什麼。先王在世時,他有話就說,不管和先王的心思投不投,都讓他說個痛快。先王去後,他一心輔佐摯王。為此,他沒少吃冷話,沒少看冷臉,他都忍著。可是,他斷然沒有想到摯王竟然會說他有二心!他冤枉呀,生氣呀,顫抖著倒退幾步貼近牆角。摯王的命令便在天官重的倒退中傳布下去。這正應了老地官黎的話,只有重能救摯王,摯王卻沒有把他當事,還以為他是棵扎手的刺。

放下王宮的事情暫時不說,先說唐頭一行回到唐族。進堡後,女皇跟嫦娥去見后羿,他和娘回到窟中。等候多時的眈和兆女,見面就告說他們的鹽都被摯王停了。眈還加上一句:「唐頭,大家都等著你拿主意,要不早去解池搶鹽啦!」

唐頭焦慮地連聲說:「不敢搶,那樣不就天下大亂啦?」

慶都見兒子犯愁,想讓他寬心,可是,說幾句空話能頂鹽吃嗎?她不知該說啥,看著兒子發愁,也跟著發愁。她想起老地官黎,興許他會有辦法,就點撥兒子去見他。

唐頭正要去找老地官黎合計,他便來了。黎的到來打破了窟裡的愁悶,不,應該說是打破了天下人的愁悶。他蠻有把握地來見唐頭,摯王這一停鹽,已把那點黏連龜甲的絲縷打破,在他看來天下變易就在眼前。進到窟裡,沒等他張嘴,慶都就催他說:「老地官,你來得正好,快出個主意,別再讓放勛受熬煎。你不來,我正催放勛去請你哩!」

看看火候已到,黎接著就說:「王姐,我早該來,可怕唐頭怪罪,遲遲不敢登門。」

■ 下卷 ■

「你為他解愁，有啥怕的？」慶都問。

「解愁的法子倒是有，可我這法子怕唐頭不領受。」黎說到這裡閉住嘴。

慶都不解：「你出的主意，他還敢不領受？」

「是不領受，恐怕還要怪罪。」

慶都更為不解，唐頭也說：「老地官說到哪裡去啦，我怎麼會怪罪。你快告我是啥主意？」

黎這才把奪取鹽池，安頓眾生的主意講出來。果然，唐頭一聽就搖頭，連聲說：「不行，不行，我怎麼能奪王兄的鹽池？」

虧得慶都在一旁相勸：「不奪也好，你有啥主意讓眾生吃上鹽？」

慶都問得唐頭無話對答，難過地低下頭。

黎再加一把勁：「我明白唐頭心腸仁慈，不願做對不起王兄的事情。可是，你就不想想，你對王兄仁慈，天下眾生就要遭殃啊！眾生遭殃，你還算仁慈？」

唐頭抬起頭，看著老地官黎為難地說：「老地官，不是我不聽你的，你想父王將王位傳給王兄，我只能幫他，哪能損他？損他，我對得起父王嗎？」

「說得對，是應該幫他。可是，當初你為什麼不給他送殉人？」黎反問唐頭。

「我怎麼能眼睜睜看著活人去送死呢？」

「對呀！可是你想沒想過，你那不也是損害王兄呀？」黎進而又問。

唐頭語塞，一時不知該說啥。沒等他張嘴，黎接著說：「結果怎麼樣？你落了個不服王令，忤逆不孝的名聲，那麼多人還不是喪了命？你那仁慈心腸有什麼用呢？」

慶都插話說：「老地官說得對，你好好想想，我看這麼下去，你白白

第三十一章　奪鹽池

仁慈，眾生還得遭殃。那可不是你父王的意思啊！」

唐頭看看老娘，又看看老地官，心裡不住地翻騰。老地官的話句句在理，可下手奪取王兄的鹽池，他怎麼也狠不下心。倒是老娘那句「不是你父王的意思」打動了他，他怎麼能看著眾生遭殃不管呢！他焦慮地問：「老地官，你說該怎麼辦？」

這是問話，卻表明唐頭已傾向他的主意。黎不再繞圈子，直率地說：「再沒別的辦法，只有一條路：奪過鹽池，掌握在咱手裡，才能安頓眾生。」

慶都心頭更為亮豁，眼裡流露出喜氣，大聲說：「老地官，這不光是奪鹽池，是爭奪天下的大事，你可要撐幫放勛呀！」

唐頭還在猶豫，黎見慶都和他心意相投，乾脆捅破暗藏多日的大舉：「實話說吧，我已讓后羿將鹽池奪到咱手裡啦！唐頭，你說怎麼辦？你要是不同意，我就把人撤回來，把鹽池還給摯王。」

沒等唐頭說話，慶都接口就說：「哪能再還給他，再讓他禍害眾生，不能。老地官，鹽池奪得好！」

黎心裡更加踏實，停一停又說：「老姐，妳也想好，這鹽池不還，王垣妳可就回不去啦！」

「不用想，我不回去了，就和你們待在一起。」慶都回答得毫不遲疑，轉臉又對還在猶豫的兒子說：「你還怕啥？怎麼就沒你父王的樣子！男子漢要頂天立地，不能前怕狼後怕虎！你快說句亮響話，不要讓老地官作難！」

唐頭憂慮地問：「老地官，你就再沒有個更妥當的主意？」

黎語氣堅定地告訴他：「沒有！這事我早就想過好多遍，只有這一條道可走。看上去奪摯王的鹽池是不仁，其實是大仁。鹽池奪到我們手裡，就是到了天下眾生手裡。他們吃多少，我們給多少。」

接著,黎便將他占卜天下的情形全倒給他們,慶都又勸兒子說:「兒啊,天命和民心一樣,你還有啥不放心?」

黎和慶都的話驅散壓在頭頂的煩愁,唐頭心裡慢慢亮豁開來。他緩口氣,說:「那就這樣吧……」

然後吩咐放齊,趕快告知天下,讓各族去領鹽。唐頭這麼一說,黎放心了,放齊更是暗暗心喜。唐頭不喜,竟還惦著王兄:「不過,一定要對他們說清楚,領到鹽也不能不聽王命,待活計一鬆,就派人去王垣築牆。」

黎和慶都沒有阻攔,放齊應聲去辦。

奪到鹽池的事情一說妥,大家心頭的重負全都去掉。隔過一日,散宜頭也趕來了。唐頭他們回族後,他坐臥不安,乾脆來看他們怎麼應對。一看,放心了。趁機他對慶都說,那就選個吉日為唐頭和女皇合鋪吧!他和慶都想到一起了,她怎能不應承?這王垣回不去了,唐頭不再顧慮女皇受連累,哪會不答應?放齊也喜,趕緊找到族娘、后羿、皋陶忙著張羅。

第三十二章　入洞房

✦ 115

　　摯王下達過停鹽的命令，等著各族派人來修築垣牆。他對領工的鯀說，這回你放心，人很快就會來，你要安頓好，保證寒日前完工。然而，他沒有等來人，只等到個令他氣急敗壞的消息：鹽池被小弟放勛奪去，還發鹽給各族。他氣得一跳好高，立即命令歡兜帶著衛隊前去收復解池。

　　摯王生氣的暴跳時，唐族的人們卻無不歡喜。唐頭不再回王垣，這事一傳開，族人像是熬過多日的天雨突然見到鮮亮的太陽，高興得比唐頭還高興。自從聽說唐頭要回王垣，每個人都愁煞煞的。唐頭來後大夥兒才吃不愁，穿不愁，可怎麼就要把他弄走呢？因為族人，唐頭得罪了摯王，真不知回去摯王會如何整治他。眾人替唐頭憂心，也為自個的光景發愁，發愁唐頭走後族裡不知會變成啥模樣？那回不是唐頭去了王垣，巫首被打死，槁摯也跳崖摔死了嗎？想想那禍害的日子，沒有人不怵怵的。好啦，這下就好啦，唐頭不走又能過安穩日子啦！再聽說慶都要給唐頭合鋪娶親，那就更喜歡的不得了。把女皇迎回唐族，唐頭就扎下根，那往後的日子還不是軟棗開花枝枝高嘛！不是族娘、皋陶急著要把唐頭合鋪的事辦好，眾人都叫嚷著要辦得紅紅火火。

　　散宜族合鋪有個規矩，男家要給女方送些東西。東西不論大小，也不管多少，只是不送可不行。他們說這是男人尊重女人的心意。早先男人看上哪個女人搶就搶了，如今早不是那時候，要和人家合鋪就得送點禮物。散宜頭說過族規，當下就說唐頭不在王垣的家裡，東西不用再送。族娘可不願意，她說族人還不是靠唐頭過上好光景的呀，散宜族不種粟禾，就把

族庠裡的粟穀送上一些。散宜頭推託，族娘執意要送，他也不再攔擋。

接下來還有個難辦的事，過去族人合鋪都是男人背女人。女人一上男人的身子，腳就不能再落地。男人必須一口氣把女人揹回自家族裡。唐族離散宜族那麼遠，要翻幾座山，越幾道嶺，別說唐頭，就是比他還壯實的漢子也背不回去。他們合計這事，散宜頭就說不能讓唐頭再背女皇上路，那是早先搶親留下的規矩。一路不放下女人，是怕後頭有人追來，也怕女人掙脫跑走。如今這是兩情相願，女皇不會半路跑回來。說得一窟的人都哈哈大笑。笑歸笑，笑過後大家都嚷不能壞了先人的規矩，就是唐頭不背，也不能讓女皇腳上黏土。可不背怎麼辦？還是木樫有辦法，連日忙碌纏綁成個新奇的支架。支架上有個小木棚，裡頭鋪著獸皮，是讓新人女皇坐的。

見到的人問木樫：「這該叫啥好？」

木樫搖搖頭，他只顧埋頭捆綁，還真沒有想過該叫啥名字。

「管它該叫啥，咱先坐坐，看看牢靠不牢靠，別把女皇給摔著。」唐禾笑嘻嘻坐進去。

一幫後生爭相上前抬起來，走一走，穩穩當當的。義仲衝著高高坐在裡頭的唐禾就喊：「抬高，這東西叫抬高最好。」

眾人都說這名字好，就用抬高把女皇高高抬回族裡。

是日，迎親的人一到散宜族，看熱鬧的人就擠滿族院。一見挑來那麼多的粟穀，後生們樂呵著趕緊接過。族人說說笑笑，指指點點，指點最多的還是那個抬高。眾人都覺得稀奇，散宜頭也沒見過這東西，奇怪地觀看。那日他沒說破，卻打算讓女皇騎著毛驢去唐族，見到抬高更是滿意。

大夥兒稀奇一陣，才發現只顧稀奇抬高，怎麼不見娶親的唐頭呢？

唐頭哪裡去啦？散宜頭一問，放齊趕緊說，唐頭去追趕后羿了。不容放齊說清因由，後生們已不耐煩，拉下臉喊嚷：娶親怎麼能不見新郎？不

第三十二章　入洞房

行，女皇又不是嫁不出去？他唐頭耍啥派頭！

散宜頭明白唐頭的性情，不會耍派頭，也替放齊解釋。可是喊鬧的後生不依不饒，仍在叫嚷：「不行，女皇不能走！」

聽見後生叫喊，放齊急得頭上冒出細密的汗珠，心裡直怨小弟不聽勸說。

在唐族，唐頭拜過老娘，迎親的大隊熱熱鬧鬧地出發。唐頭出窟一看，怎麼不見后羿？那日抬高綁好，后羿叫喚著他要帶領獵手去抬。他的獵手常常在山徑上彎轉，抬著比別人走得穩當。今兒怎麼不見他？唐頭一問，焦急得什麼也不顧了。晚間句木捎回話來，王垣派衛隊去奪鹽池。情況緊急，后羿帶著族衛連夜趕去攔截。這一去少不了一場搏鬥，打死人如何是好？弄清去向，唐頭當即要去追趕。放齊上前攔擋，這娶親的大事早就與散宜頭達致好了日子，怎麼能說變就變？唐頭不聽，執意要走。他說：「合鋪的事遲個幾日女皇跑不掉，打死人還能復活嗎？」

二人爭執的聲音越來越高，皋陶、木樨都幫放齊勸唐頭。可是，勸也拉不回唐頭的拗脾氣。慶都聽見外頭吵吵嚷嚷，走出窟來數道唐頭：「這是兩家達致好的大事，怎麼能說變就變？」

唐頭撲通跪倒在慶都面前，懇求：「娘就聽兒一回吧，人命關天，兒不能不管啊！」

不管唐頭怎麼說，慶都就是不准。唐頭只好跟著眾人上路。不過，迎親隊一出唐族堡，唐頭便停住不走。他讓放齊領著迎親隊先走，自己則帶著皋陶去追后羿。放齊哪裡攔擋的住，唐頭拉著皋陶急火火便跑，轉過山頭沒了人影。放齊只能跺跺腳，帶著迎親的人悠悠慢慢朝散宜族走。

放齊走得不快，歡兜急著要去奪鹽池，領著衛隊走得卻不慢。當然，他不會料到后羿的人手會堵截在半路，衛隊趕得正緊，突然聽見有人大聲吼喊：「衛隊慢走，后羿等著你們！」

■ 下卷 ■

　　這突如其來的吼喊令士卒大吃一驚，歡兜也不無驚怕。士卒們停下腳步，瞅著歡兜，不知是該前進，還是該後退。見士卒愣怔，后羿高喝一聲：「放箭！」

　　只一聲，就響起颼颼的風聲。哪是風聲，衛隊的士卒仰首看時，只見先頭的大纛上扎滿了飛箭。舉著大纛的士卒嚇得渾身發抖，手一鬆，桿傾纛倒。隨著大纛倒地，士卒們倉皇四散，撒腿就逃。急得歡兜連聲喊：「別怕，別跑，后羿沒有幾個人。」

　　卒散如山倒，歡兜再喊鬧也是白搭。趁勢后羿帶著聯族的衛士，衝下山坡，邊跑邊喊：「追啊！」

　　「趕啊——」

　　「抓住歡兜，不要讓這個害人精跑了——」

　　歡兜顧不上再喊叫挺住，鑽進散亂的士卒中就逃，真怕跑慢了被后羿的神箭射死。

　　唐頭就在聯族衛隊追趕的吼聲中趕到了。聽見吼聲，他急步飛跑，唯恐后羿打死那些王宮的士卒。他快，皋陶更快，快步衝進族隊。族隊的人看見皋陶，忙問：「你怎麼來啦？」

　　皋陶不答，急切地反問：「快說，獵頭在哪兒？唐頭找他。」

　　就有族衛告訴后羿，他跑過來對唐頭說：「唐頭，你等等，待我活裂了歡兜個害人精再說！」

　　看看散逃的衛隊，唐頭說：「他們逃走就算啦，別再費力！」

　　嫦娥掉胎的那口悶氣一直憋在后羿胸中，真想逮住歡兜，像軒轅大王肢解蚩尤那般治死這個東西。他對唐頭說：「怎麼能讓他逃走？不除掉這個害人精天下就難安寧！」

　　說著，轉身又要去追。哪裡走得脫呢，唐頭一把拉住他的手臂，皋陶伸手摟住他的後腰。皋陶也勸：「別再追了，你看唐頭連新娘都不去娶，

第三十二章　入洞房

趕來找你，還不聽他的。」

這一下后羿醒豁了：「哎呀，唐頭你不去娶親，跑到這裡做啥！」

后羿哪裡還有心思追趕，忙叫木殖喊住族衛，歡兜和衛隊的士卒趁空倉皇溜沒了蹤影。后羿令木殖帶著族衛回返，他匆匆跟著唐頭插近路直奔散宜族。

緊趕慢趕，他們還是落在放齊一行的後邊，快進散宜族時就聽見寨子裡吵吵嚷嚷，亂哄哄的。

後生們將放齊圍在當中連聲叫喊：「返回去，返回去，帶著新郎再來！」

放齊紅著臉直說好話：「大夥兒別急，唐頭很快就到……」

「那你們到族外去等他，他到了再進來！」後生們還是不行。

散宜頭也給放齊解圍：「人家是遠道來迎親的，我們怎麼能慢待？」

「不是我們慢待他們，是他們把我們不當人！」後生們還是有氣。

見外頭爭吵不休，女皇哪裡還坐得住，跑出來也勸：「族親的好意我領受，今兒是我女皇合鋪，我不能慢待人家。說啥也不能把人家趕出去！」

女皇一出面，不少人閉住嘴，不再吱聲。可還有個後生嘟囔：「女皇，不是我們慢待他們，是他們慢待我們！」

他這一嚷，又點起別人的火氣，又是一陣吵吵嚷嚷，女皇再說啥，也沒人聽得見，族寨亂作一團。

突然，族寨靜了，靜得再沒有一個人說話，像是天神降下一般。不是天神，是唐頭。唐頭擠進人群，拱起手轉一圈，向大家道歉：「我來遲啦，給大夥兒賠禮！」

趁著靜寂，放齊趕緊給大家說明情由。眾人聽過，哪裡還有氣，都誇唐頭心善，是個大好人。族管隨和地安排迎親的人歇息吃喝。說說笑笑日頭已經升高，族管領著唐頭行禮。他給女皇的先祖磕過頭，又拜散宜頭。

拜畢，族管喊道：迎親囉——

話音一落，散宜族的後生呼啦圍上去，把女皇住的棚舍堵了個嚴實。皋陶帶著迎親的後生上去拽拉，可是畢竟人少，拉開這個，堵上那個，怎麼也拉不開，進不去門怎麼娶親？這也是散宜族的規矩，迎親還是搶親的習俗。以往別個迎親，拉來拉去，不鬧騰的後生們累了，孰也打不開門。見這場景，后羿笑嘻嘻上前，伸出雙臂，往開一撥，後生們就分開兩邊。再一撥，後生們退後幾步。有不服氣的，使勁往裡擠。哪裡擠得動？這才領教了后羿的力氣。后羿縮臂拱手，笑著說：「給我點面子，嘿嘿！」

這當口唐頭一步跨進門裡，抱起女皇就往外奔。族管看見又喊：送親囉——

後生們不再取鬧，讓出一條通道，唐頭抱著女皇直衝抬高。待女皇坐好，后羿喊道：抬高新娘回族——

唐族的四個獵手就把女皇抬起，晃徘徊悠踏上次族的路。放齊轉身告別，散宜頭讓後生們送上葛麻和絲綢。放齊不明白是啥意思，散宜頭笑笑說：「禮講來回，唐族送來粟穀給我們，我們回敬些衣物。」

「這……」放齊不知該說什麼，就聽散宜頭又說：「這就叫陪嫁吧！」

放齊只能高興地收下。

不說從此女兒出嫁要陪嫁妝，只說迎親的大隊很快走出唐族，獵手們高抬新娘還是頭一回，興奮地唱道：

高高抬，

抬抬高，

抬起新娘，

快快跑。

高高抬，

抬抬高，

第三十二章　入洞房

娶個新娘，

日子好。

後生們吼唱起來勁頭更足，抬高晃徘徊悠地閃著，唐頭騎著毛驢顛達顛達地跟在後頭，留下一路的歡笑。

……

回到唐族，一對新人跪拜過天地，跪拜老娘慶都，然後男女對拜。對拜完後，族娘唱起合身歌：

男有男身，

女有女身；

若要生身，

洞房成婚。

唱畢，後生們正要嬉鬧裸身交合，卻聽見族娘喊說得不對，不是往常的男女合身，而是洞房成婚。這是黎的意思，他沒有讓新人當著族人的面裸體合身。後生們不敢過頭取鬧，聽見族娘喊說：新郎新娘入洞房——

唐頭猛然彎腰，抱著女皇進入洞窟，圍看的人們爆發出熱鬧的鬨笑聲。

據說從那時起，入洞房就成為合鋪結親的代名詞，一直沿用到今天。

✦ 116

歡兜跌跌撞撞跑回王垣，將后羿堵截衛隊的事一說，摯王氣恨地直咬牙。恨不得把唐族踏平，把他那個鬧事的小弟放勛撕個稀爛。可是，除了在王宮暴跳咬牙，他沒有別的能耐。他的衛隊打不過唐頭的族隊，他撕不爛人家，還會被人家撕爛。暴跳過後，摯王只能無奈地坐下嘆息：「完啦，完啦！」

■ 下卷 ■

　　摯王是嘆息不會再有人來，垣牆肯定無法築成。他怕惡狼再來，禁不住脊背發冷，打個寒顫。那樣王垣遲早要完蛋。然而，摯王想錯了，過些日子，各族陸續派來人，連唐族的人也來啦。他直犯糊塗，這放勛到底是啥心思？

　　唐頭放勛沒啥心思，他還像往常那麼做人辦事。按他的吩囑，放齊發鹽時給各族交代地很清楚，地裡的活計一能鬆手，趕緊派人去王垣。本來各族都把唐頭傳成神人，敬慕著呢，他又發鹽，讓大夥寡淡的日子有了滋味，孰能不聽他的話？天下各族都把他的話當成神示，不敢有絲毫怠慢，拿到鹽很快就派去人。

　　人多好幹活，垣牆築成了。

　　高高的垣牆環繞聳立，將王垣圍裹得安然穩固。鯀還命人做了個木門，門扇閉合，再一支頂，別說狼，就是比狼更兇猛的野豬、豹子也闖不進來。還有一點是摯王沒有想到的，這牆不僅能擋住惡狼，還可以防範叛亂。即使有族人起事，根本打不進來。看著高大牢固的垣牆，摯王非常滿意，不住地誇獎領工的鯀：「有能耐，做得好！」

　　垣牆完工的那日，摯王在宮中預置酒席招待有功者，不用說鯀是頭一個。摯王端著酒碗和他相碰對飲，鯀笑瞇雙眼，舉碗仰頭，一口喝下去。摯王都給鯀敬酒，哪個宮官敢不敬呢，一個個走上前來。鯀來者不拒，碰碗就喝，喝得搖搖晃晃，還要喝。摯王也喝多了，舉著碗對眾官說：「喝，都喝，怕啥？把垣門關上，就是后羿打來都不怕啦！」

　　鯀高舉著酒碗，說：「大王，垣牆大功告成，我看該叫個好名字。」

　　「對，應該有個名字！」摯王完全贊同。

　　「那就請大王起名吧！」歡兜、孔王與宮官接口就說。

　　摯王搖晃著頭顱隨口就說：「起名，起什麼名？咱這牆是土築成的，就是城嘛！城牆，嘿嘿，城牆。」

454

「城牆，好，成功之牆！」歡兜趕緊奉迎。

孔王說得更好：「那咱這是王垣，就該叫王城了！」

「王城，王城，好！」

摯王聽說王城更為得意，興奮得與鯀接連碰碗痛飲，喝過問起鯀的族地。鯀告說是崇地，他噴口酒氣說：「你立下大功，就把崇地封給你，你當那兒的伯吧！往後你就是崇伯鯀啦，哈哈！」

哈哈哈，鯀笑得比摯王聲音還高，轉臉就變成了崇伯鯀，哈哈！鯀得意洋洋，散席後出宮，胸膛挺得從來沒有這麼高，步伐邁得從來沒有這麼大，眼光不再看兩旁，一半朝上看哩！

✦ 117

那邊王城裡舉碗痛飲，這邊唐頭窟裡擠滿了人。除過唐族管事的人還有外族來的不少領袖，黎也坐在當中。族頭濟濟一窟，說說笑笑，都誇唐頭給各族發下鹽，眾生的日子過得更有味道。還說，大家推舉他當大王，往後唐頭就號令天下，你說怎麼做就怎麼做。唐頭趕緊站起，連連搖手，說：「別，別，不要這樣！給大家分鹽是老地官的主意，把鹽池拿過來是后羿帶人去的，要謝，就謝他們。大王是我長兄，王位是父王交給他的，我不能違背父命。」

唐頭推辭不當大王。眾族頭再三勸他，他還是不當，搖著手說：「我不能奪兄長的天下，大家不要再為難我。」

黎說：「先王讓摯當大王，是讓他為天下眾生謀劃好日子，這幾載他不僅沒讓大家過好光景，還弄下不少禍害，這可是敗壞先王的名聲。依我看，只有你執掌天下，才符合先王的心意！」

「老地官說得對，我們都是這麼想。」

■ 下卷 ■

「唐頭你就遂了大家的心願吧！」

……

　　各族領袖紛紛擁戴唐頭當王，唐頭仍然推辭不當。黎看一時扭不過他，就給眾位族頭使個眼色，不再勉強。唐頭見沒人再為難自己，就說：「當下要緊的是，把日事月曆傳播到天下各個角落，不要再讓遠處的人瞎摸瞎種。還有，這幾載我們經常交換種子，還有吃的、穿的。往後還要多交換，把聯族的好東西帶回去，把你們的好東西也傳開去。」

　　族頭們都說好，黎趁火添柴說：「你看，唐頭一心記掛著天下人。就說日月輪迴這事，他們費的心血可真不少。唐頭辦事可頂真啦，吃準才告訴大家。我還想說的是，近幾載我們的日子過得好，是因為有了聯族，互相幫扶。大家都知道狐族吧，對，就是被殉人的那個族。他們有力氣的男人都被活坑了，要不是唐族、黎族、散宜族，哦，還有後來聯手的陶族幫扶，真不知他們的日子該怎麼過哇！唉——」

　　黎換口氣，接著再說：「傷心話就不說啦，我看大家要是想一起過好日子，就都聯起手來，好不好？」

　　「好！」

　　各位族頭都發自內心地喊好，有人一拍巴掌，大家都跟著拍手。唐頭窟中從來沒有這麼熱鬧過。

　　唐頭見各族的頭人都同意聯族，也很興奮：「這好，這好，往後我們就一起幹，有粟同吃，有難共擔！」

　　眾位族頭都舉手高喊：「對！有粟同吃，有難共擔！」

　　放齊見眾位族頭這麼心齊，趕緊弄些酒來，黎便提議大家舉碗盟誓。倒下酒，一人一碗端起來，跟著黎同唱：

　　　握手結盟，

　　　你幫我助。

第三十二章　入洞房

日月行天，

興旺聯族。

唱過，有人說：「我們這聯族總該有個領袖啊！」

「是應該有，我看唐頭為咱當吧！」兆女帶頭說。

眾位族頭都說好，黎順水推筏，笑嘻嘻地說：「唐頭，往後你不光是唐族的領袖，還是天下聯族的領袖！」

唐頭略一停頓說：「我不是不想給天下人操心，是怕能耐不夠呀！」

說到這裡，他把目光盯住黎說，「老地官，我看你別再閒著，就給大家謀事吧！」

黎搖手謙讓，唐頭說：「你要是不出來幫扶，我真怕幹不好，那我也不敢當這領袖。」

眾位族頭都懇求老地官幫扶，他只好答應。大家說：「你還給咱當地官吧！」

接著，眾人推舉放齊做天官，皋陶做大理，義仲做天理，后羿做衛理……

這邊推舉著聯族的領袖，那邊喝得迷迷糊糊的摯王，躺在王城裡滿意地睡著了。他怎能想到，天下的中心已經移位啦！

聚會完畢，眾位族頭紛紛散去，放齊走近地官黎說：「你真有辦法！」

「有什麼辦法？」

「嘿嘿，這天下聯族的領袖還不和大王一樣嗎？」

地官黎不回答，笑笑，放齊也開心地笑著，兩個人的笑聲交融在一起。

■ 下卷 ■

—— 尾聲

■ 尾聲 ■

　　時光過得好快，轉眼又是幾載。這幾載，聯族的人吃得更好，穿得更暖，日子過得都很安穩。當然，也有不安然的族，鄂族就遭了災。眼看粟禾成熟要收，偏偏天降一場夾著冷子的暴雨。冷子打折粟穗，籽粒散在地裡，人們收回去沒有多少。要在往常族人非逃荒討吃不可，時下可好，各族都勻出一些，鄂族的災難就頂擋過去。經過這事，各族更加齊心，都說還是聯族擔負最大，天大的災禍都抗得住。

　　這幾載，摯王的日子也還過得去。本來，按各族領袖的意思，有了聯族，就不給王宮再貢粟穀。唐頭不同意，堅持讓繼續進貢給王宮。王城有粟吃，有衣穿，又有堅固的城牆護衛，日子平平安安。不過，摯王的心裡並不好受，天下各族都去朝拜小弟放勳，沒人再把他當一回事。他嫌在宮中待得冷落，就帶著歡兜、孔王他們下去巡視，想找回點大王的面子。當初巡視那是多麼風光呀，天下各族熱烈接應，吃得好，住得好，好不威風！這一回到了哪裡都冷冷淡淡，族頭根本不把他這個大王當回事，給吃給住就算不錯。有的族連吃的也不給，他們還得吃自己帶來的乾糧，氣得歡兜蹦跳亂罵。來到鄂族，領袖把他們安頓在一個荒落的洞窟就不再問。他們乾等著，等不來吃的，也等不到喝的。地官歡兜找到鄂頭開口要罵，族人卻捏緊拳頭朝他走近，嚇得他閉緊嘴不敢再張。摯王忍住氣問鄂頭為什麼連水也不給？鄂頭沒回答，身邊的那位黑臉壯漢卻指著他喊道：「這就是坑人害命的那個摯王，把他們攆走。」

　　族人一擁而上，推推搡搡把摯王和隨從趕出族堡。歡兜犟嘴說啥，頭上就被拳頭打了個疙瘩。一行人倉皇逃出來，坐在山徑邊的石頭上大喘粗氣。他們不敢往前再走，蜷縮著退回王城。

　　這一折騰，宮官看見摯王塌倒架子，朽木難扶。天官重說是歲數老邁，不再進宮理事。他不來，好些宮官也不再來。這哪裡還像王宮的樣子？摯王一生氣，就按歡兜的意思斷掉他們的吃食。不斷吃食還好，一

第三十二章　入洞房

斷，重和這些宮官都不再露面，離開王城各自去找生路。

天官重不來，摯王就讓孔王當天官理事。孰料，這一下惹惱崇伯鯀，叫嚷他築王城出了這麼大的力，說啥也該當個天官。

摯王勸他：「王宮都塌落到這個地步，還爭那官做啥？」

崇伯鯀卻反問他：「大王，既然沒爭頭，那讓孔王當天官為什麼？」

說完，崇伯鯀怒氣沖沖地走出去，往後再也沒有進宮。

刮過幾陣寒風，天氣一日日見冷，摯王坐在宮中瑟瑟發抖，該換厚衣服了。但是，散宜族遲遲沒有送來。那年摯王扣掉散宜族該換回的糧食，結下怨恨，他們不再送衣服給宮中。唐頭聞知連忙勸散宜頭不要為難王兄。礙於唐侯的情面，只得送去，送是送了，火氣仍然沒有消。這一載忽然生出個心思，何必再給王宮絲衣，只派人送去些葛麻粗衣。摯王見到不免生氣，這不是公然蔑視他這大王嗎？蔑視又能怎麼？他知道自家這大王不再能指撥動天下各族，忍住氣，對來送葛衣的人說，念及他還是個大王，就送一身厚點的絲衣吧！又刮三分鐘熱風，又添一重寒，散宜族的厚絲衣還是沒有送到。摯王的薄絲衣再也擋不住寒冷，只得用葛麻厚衣裹住凍得發抖的身體⋯⋯

散宜族的厚絲衣早就送了，只是沒有送往王宮，他們將精心縫製的厚絲衣獻給了唐頭。

這一日，是不是摯王無奈穿上葛麻厚衣的日子，沒人記得。只記得唐頭見到厚絲衣皺起眉說：「這是大王袍，我怎麼敢穿？」

地官黎哈哈一笑說：「唐頭，在眾人眼裡你早就是大王啦！」

放齊、皋陶和在場的人都說：「你操的是大王的心，辦得是大王的事啊！」

唐頭仍然推脫：「就這，我穿大王袍也不合適啊！」

地官黎沒有張口，笑瞇瞇地上前，抖開大王袍披到唐頭身上。唐頭要

尾聲

脫,被他按住,說:「你就試試吧!」

窟裡人說笑著,就聽窟外有人叫喚:「快來看呀!日月同輝啦,日月同輝啦!」

這日月同輝可是極為少見的呀!窟裡的人趕緊跑到外邊,都來看這奇景。是的,東面升起一輪紅彤彤的日頭,而西面的山頭上還有又大又圓的月亮。日頭在東天照著,月光在西面映著,這可是極為罕見的呀!唐族的老老少少都衝著高天談說:「老輩人說,日月同輝,天下祥瑞啊!」

不遠處還傳來了歌謠:

日月同輝,

大王庇民;

天下安穩,

各族一心。

「好兆頭,好兆頭,這是大王仁愛子民的天象啊!」

唐族的人們看著天上,聽著歌謠,指指畫畫,說說道道。地官黎問大夥兒:「你們說,咱那個摯王愛民嗎?」

這一下把眾人問懵了。是呀,那個摯王還能說愛民啊,不擾民,不害民就很不錯了。地官黎又說,既然他不愛民,那為什麼會日月同輝?難道這日月同輝不對啦?眾人更是發懵。

見眾人犯懵,地官黎乾脆挑明:「日月同輝沒錯,是天下早就易王啦,我們的唐頭早就成了掌管各族的大王!」

「哦!」

眾人恍然大悟,立即高聲呼喊:「唐頭就是大王,唐頭才是大王!」

歡呼聲從堡中響起,傳到山上,又由群山向外蕩漾。聽見外面歡鬧,唐頭匆忙跑出窟來,人們看見他身上披著散宜族敬獻的大王袍。東天的紅光照在大王袍上,豔豔的,亮亮的,把唐頭映得也光彩彩的。

唐頭猛然察覺身上還披著大王袍，抬臂要脫，后羿和皋陶都伸過手按住，眾人都說：「唐頭，你早該穿這大王袍啦！」

唐頭看著激動的人們，伸出的手慢慢放下。

這日月同輝的時辰，沒有人記得是何年何月何日。但是，往事留下了永恆的記憶，唐頭放勳接續兄長摯的王位，成為掌管天下部族的大王。

正如《帝王世紀輯存》記載：

摯在位九年，政微弱，而唐侯德盛，諸侯歸之。

司馬遷《史記》亦載：

帝嚳崩，而摯代立。帝摯立，不善，而帝放勳立，是為帝堯。

蒼皇堯天：
民俗、傳說、史詩，追溯遠古文明，見證帝堯崛起

作　　　者：	喬忠延
發　行　人：	黃振庭
出　版　者：	複刻文化事業有限公司
發　行　者：	崧燁文化事業有限公司
E - m a i l：	sonbookservice@gmail.com
粉　絲　頁：	https://www.facebook.com/sonbookss/
網　　　址：	https://sonbook.net/
地　　　址：	台北市中正區重慶南路一段61號8樓 8F., No.61, Sec. 1, Chongqing S. Rd., Zhongzheng Dist., Taipei City 100, Taiwan
電　　　話：	(02)2370-3310
傳　　　真：	(02)2388-1990
印　　　刷：	京峯數位服務有限公司
律師顧問：	廣華律師事務所 張珮琦律師

-版權聲明-

本書版權為北嶽文藝所有授權複刻文化事業有限公司獨家發行電子書及繁體書繁體字版。若有其他相關權利及授權需求請與本公司連繫。

未經書面許可，不可複製、發行。

定　　　價：650元
發行日期：2025年03月第一版
◎本書以 POD 印製

國家圖書館出版品預行編目資料

蒼皇堯天：民俗、傳說、史詩，追溯遠古文明，見證帝堯崛起 / 喬忠延 著 . -- 第一版 . -- 臺北市：複刻文化事業有限公司, 2025.03
面；　公分
POD 版
ISBN 978-626-7671-49-8(平裝)
1.CST: 傳記 2.CST: 中國史 3.CST: 上古史
621.17　114001852

電子書購買

爽讀APP　　臉書